ZWISCHEN DEMOKRATISCHEM AUFBRUCH UND TOTALITÄRER HERRSCHAFT

Entstehung und Krise der modernen Gesellschaft

Von Anton Golecki, Heinrich Hirschfelder, Lorenz Maier,
Wilhelm Nutzinger, Bernhard Pfändtner und Reiner Schell
unter Mitarbeit von
Harald Focke, Klaus Dieter Hein-Mooren, Volker Herrmann,
Gudrun Marci-Boehncke, Sybille Oßwald-Bargende,
Holger Thießen und Roland Wolf

BUCHNERS KOLLEG. THEMEN GESCHICHTE

Buchners Kolleg. Themen Geschichte

Zwischen demokratischem Aufbruch und totalitärer Herrschaft

Bearbeitet von Anton Golecki, Heinrich Hirschfelder, Lorenz Maier,
Wilhelm Nutzinger, Bernhard Pfändtner und Reiner Schell
unter Mitarbeit von Harald Focke, Klaus Dieter Hein-Mooren,
Volker Herrmann, Gudrun Marci-Boehncke, Sybille Oßwald-Bargende,
Holger Thießen und Roland Wolf

Dieses Werk folgt der reformierten Rechtschreibung und Zeichensetzung. Ausnahmen bilden Texte, bei denen künstlerische, philologische oder lizenzrechtliche Gründe einer Änderung entgegenstehen.

1. Auflage 1 4 3 2011 10
Die letzte Zahl bedeutet das Jahr dieses Druckes.

Alle Drucke dieser Auflage sind, weil untereinander unverändert, nebeneinander benutzbar.

www.ccbuchner.de

Lektorat: Britta Köppen

Herstellung: ARTBOX GRAFIK & SATZ GmbH, Bremen
Druck: creo Druck & Medienservice GmbH, Bamberg
Bindearbeiten: Stürtz GmbH, Würzburg

ISBN 978-3-7661-**4686**-1

Inhalt

So gekennzeichnete Arbeitsaufträge sind besonders geeignet, die Methodenkompetenz zu trainieren.

1 Die amerikanische Revolution und die Entfaltung der demokratischen Gesellschaft

1.1 Eine amerikanische Identität entsteht

▲ *Jamestown: Von hier nahm die angelsächsische Besiedlung Nordamerikas ihren Anfang. Das im Frühjahr 1607 errichtete Fort war als gleichschenkliges Dreieck mit den Kantenlängen 91 und 127 Meter angelegt. Da Holzbauten und Palisadenwände bereits Anfang 1608 abbrannten, fehlte von der Festung jede Spur. Erst Grabungen in den Jahren 1994 bis 1996 ermöglichten eine Rekonstruktionszeichnung. Bis zur 400-Jahr-Feier im Jahr 2007 hoffen die Archäologen auf weitere wichtige Funde.*

1604
Französische Soldaten und Händler stoßen ins Landesinnere Nordamerikas vor

1607
In Jamestown (Virginia) entsteht die erste dauerhafte britische Niederlassung

1619
Die ersten Afrikaner werden nach Amerika verkauft

1620
Die ersten religiös verfolgten Gruppen aus England landen in Nordamerika (Pilgrim Fathers)

M1

Der „Mayflower Compact"

Unter den Auswanderern auf dem Schiff „Mayflower" befand sich eine Gruppe englischer Calvinisten. Bevor sie an Land gingen, legten die 41 Familienoberhäupter am 11. November 1620 ein feierliches Gelöbnis (engl. compact) ab.

Bevor wir an diesem Tag vor Anker gingen, hielt man es – da einige wenig Neigung zur Einigkeit und Eintracht, vielmehr Zeichen von Parteisucht erkennen ließen – für angebracht, eine Vereinigung zu bilden und eine Vereinbarung einzugehen, nämlich uns zu einem einzigen Körper zusammenzuschließen und der Regierung und den Leitern zu unterstellen, deren Einrichtung und Wahl wir unter allgemeiner Zustimmung vereinbaren wollten, und uns an das zu machen, was Wort für Wort hier folgt …: Im Namen Gottes, Amen. Wir, die Unterzeichner dieses, treue Untertanen unseres erhabenen Herrschers und Herrn König Jakobs I., von Gottes Gnaden König von Großbritannien, Frankreich und Irland, Hüter des Glaubens usw., haben zur Ehre Gottes und zur Ausbreitung des christlichen Glaubens und zum Ruhm von König und Vaterland eine Fahrt unternommen, um die erste Kolonie in den nördlichen Teilen von Virginia zu gründen. Und wir kommen hiermit feierlich und wechselseitig, vor Gottes Angesicht und voreinander, überein und vereinigen uns selbst zu einem bürgerlichen politischen Körper; zur besseren Ordnung unter uns und zu Schutz und Förderung der oben genannten Absichten; und kraft dieses wollen wir von Zeit zu Zeit verordnen, errichten und einrichten rechte und billige Gesetze, Verfügungen, Erlässe, Einrichtungen und Ämter, wie es uns am zuträglichsten und zweckmäßigsten für das allgemeine Wohl der Kolonie erscheint: Und wir versprechen dazu alle schuldige Unterwerfung und Gehorsam.

Fritz Wagner, USA. Geburt und Aufstieg der neuen Welt. Geschichte in Zeitdokumenten 1607–1865, München 1947, S. 18 f.

1. *Wozu verpflichten sich die Unterzeichner? Nennen Sie ihre Gründe und ihre Zielsetzung.*
2. *Erörtern Sie anhand von M 1 und der Abbildung das Verhältnis zwischen christlichen Siedlern und den indianischen Ureinwohnern.*

◀ *The Peaceable Kingdom, Gemälde des Quäker-Predigers Edward Hicks (1780–1849) aus dem Jahre 1840. Im Hintergrund der allegorischen Darstellung schließt der aus einer reichen englischen Familie stammende William Penn (1644–1718) einen Vertrag mit den Delaware-Indianern über die Abtretung eines Territoriums ab (1682). Dort sollten seine Glaubensbrüder, die Quäker, ihre Religion frei ausüben können.*

M2
„Der Franzosen Schlange"

Der Franzose Louis-Armand de Lahontan (1666-1715) beschreibt 1703 Charakter und Ansichten der Irokesen.

Die Wilden in Kanada wissen nichts von Mein und Dein, denn man möchte wohl sagen, was dem einen gehöre, sei auch des anderen. Wenn's einem Wilden auf der Biberjagd nicht glückt, helfen ihm seine Mitbrüder ungebeten. Springt ihm seine Flinte oder bricht entzwei, drängt sich einer vor den anderen, die seine anzubieten. [...] Nur die, so Christen und vor den Toren oder doch unweit der französischen Pflanzerstädte wohnen, wissen vom Geld. Die anderen wollen weder damit umgehen noch nur einmal es sehen. Sie nennen's der Franzosen Schlange. Sie sagen, man schieße sich bei uns tot, man plündere, schmähe, verkaufe und verrate sich um das Lumpengeld. Um Geld gebe ein Mann sein Weib und die Mütter ihre Töchter weg. Es kommt ihnen seltsam vor, dass einer mehr Güter hat als der andere, und ein Reicher mehr Respekt als die Armen. Kurz: Sie sagen, der Titel eines Wilden, wie wir sie schelten, reime sich besser zu uns, als dass wir Menschen heißen sollen, indem aus all unserem Tun nichts weniger als ein verständiger Mensch hervorleuchte. [...]

Übrigens zanken sie miteinander nicht, sie schlagen noch plündern noch lästern sich nicht. Sie spotten den Wissenschaften und Künsten und haben ihr Gelächter über den Unterschied der Ehrenstellen unter uns. Sie schelten uns für Sklaven und sagen, wir seien elende Leute, deren Leben nichts wert, wir stürzten uns selbst von unserm Stand durch Unterwerfung an einen einzigen Menschen, der alles vermöge und kein anderes Gesetz als seinen Willen habe; wir hätten stete Händel, die Kinder spotteten der Väter; niemals seien wir einig, einer lege den andern ins Gefängnis, und öffentlich gar rieben wir uns auf.

Sie halten sich höher als man sich nur immer einbilden kann, und führen dazu die Gründe an. Sie seien einer ein so großer Herr als der andere, weil die Menschen alle aus einem Holz gemacht, es sei kein Unterschied noch Stufen unter ihnen zu dulden. Sie meinen, ihre Gemütsvergnügung gehe unserm Reichtum weit vor; alle unsere Wissenschaften seien nicht so viel wert als die Kunst, das Leben in vollkommener Gelassenheit zuzubringen. [...] Die Alten gelten bei ihnen als Orakel. Sagt etwa ein Vater zu seinem Sohn, es sei Zeit, dass er sich verheirate oder in den Krieg, auf die Jagd oder den Fischfang gehe, wird er ihm zuweilen antworten: Das ist wichtig, ich will mich darauf bedenken. Ist's aber der Altvater, wird er gleich antworten: Es ist gut. Ich will's tun. Tötet etwa ein Wilder Rebhühner, Gänse, Enten, oder er fängt einen leckeren Fisch, wird er's gewiss seinen ältesten Blutsfreunden verehren.

Die Wilden sind recht sorglose Leute. Ihr ganzes Wesen bestehet in Essen, Trinken, Schlafen, und wenn sie daheim sind, laufen sie im Dorf des Nachts herum. Zur Mahlzeit haben sie keine gewisse Zeit. Sie essen, wenn sie hungert, und machen insgeheim eine starke lustige Gesellschaft zusammen.

▲ *The Native Americans, Gemälde von Charles Bird King, 1821.*

Wolfgang Behringer (Hrsg.), Lust an der Geschichte: Amerika. Die Entdeckung und Entstehung einer neuen Welt. Ein Lesebuch, München 1992, S. 336 ff.

1. *Analysieren Sie die wesentlichen Unterschiede zwischen der indianischen und der europäischen Gesellschaft, die Lahontan sieht.*
2. *Der Text enthält idealisierende und utopische Züge. Benennen Sie diese und diskutieren Sie die vom Autor beabsichtigte Wirkung.*

M3

Ein ehrenwerter Handel?

In der britischen Hafenstadt Bristol fand im Sommer 1999 eine Ausstellung mit dem Titel „Ein ehrenwerter Handel? Bristol und der transatlantische Sklavenhandel" statt. Die „Frankfurter Allgemeine Zeitung" berichtet darüber am 6. August 1999.

Die Ausstellung weist deutlich darauf hin, dass afrikanische Häuptlinge selbst am Handel interessiert waren und ihresgleichen den Europäern bereitwillig zum Kauf anboten. Die Menschen wurden im Tausch vor allem gegen Gewehre und Munition veräußert – Waffen wurden bald für einzelne afrikanische Stämme zur Notwendigkeit, um sich gegen andere Stämme zur Wehr setzen zu können. Zunächst hatten sich einige afrikanische Oberhäupter dem Handel verweigert. Doch ihre Ablehnung schlug schnell in Kollaboration[1] um: Widerstand führte oftmals erst recht zur brutalen Versklavung des eigenen Stammes. Sie hofften, durch die Gefangennahme von Mitgliedern anderer Stämme, die sie dann den weißen Händlern als Sklaven anboten, der eigenen Ausrottung zuvorzukommen. So entzündete der Sklavenhandel grausame Kriege, die zwischen den verschiedenen afrikanischen Stämmen ausbrachen. Den britischen Händlern war es recht: Je leichter sich der Kauf von Menschen in Afrika gestaltete, desto weniger mussten sie auf eigene Gefahr entführen und verschleppen.

Trotz breitester Übersicht wird das Individuum in Bristol nicht vergessen. So kann der Besucher beispielsweise das Schicksal von Olaudah Equiano verfolgen. Geboren im Gebiet des heutigen Nigeria, wurde der Schwarze im Alter von zehn Jahren an englische Sklavenhändler verkauft. Nachdem er mit seinem ersten Besitzer, einem Offizier der britischen Marine, den Siebenjährigen Krieg[2] überstanden hatte, brach dieser sein Versprechen, verweigerte ihm die Freiheit und verkaufte ihn stattdessen auf die westindischen Inseln. Erst 1766 gelang es Equiano, sich freizukaufen. Er schrieb seine Geschichte auf: „The interesting narrative of the Life of Olaudah Equiano, or Gustavus Vassa, the African" erschien 1789 in England. [...] Geschildert wird die Schiffspassage von Afrika nach Amerika, wo der arme Teufel mit Hunderten anderer Schwarzer dicht an dicht im Bauch des Schiffes saß. Er hörte die Schreie der Gequälten und das Wimmern der Sterbenden, doch konnte er sich nicht bewegen – nicht um ihnen zu helfen, nicht einmal, um die Latrineneimer zu erreichen. Der Plantagenbesitzer John Pinney, damals ein Vorzeigebürger Bristols, dessen georgianisches[3] Stadthaus ein paar Straßen weiter zu besichtigen ist, wird ebenfalls zitiert. Er war zunächst über den Menschenhandel schockiert. Doch seine Skrupel wichen rasch: „Sicherlich hat Gott sie für unseren Nutzen vorgesehen."

Felicitas von Lovenberg, Frankfurter Allgemeine Zeitung, 6.8.1999, S. 45

▲ *Bestrafungsarten für Sklaven. Stich nach einer Vorlage aus dem Jahr 1647.*

1. *Erläutern Sie die sozialen und politischen Folgen des Sklavenhandels für Afrika.*
2. *Diskutieren Sie die moralische Argumentation des Plantagenbesitzers John Pinney. Beziehen Sie die Abbildung in Ihre Diskussion mit ein.*

---

1) *Zusammenarbeit mit dem Feind*

2) *See- und Kolonialkrieg zwischen England und Frankreich; gleichzeitig führten in Europa Preußen (als Verbündeter Englands), Österreich und Russland (verbündet mit Frankreich) Krieg gegeneinander (1756–1763).*

3) *Epochenbezeichnung für die Zeit der englischen Könige Georg I.–IV. (1714–1830)*

Voraussetzungen

Der Gründung der *Vereinigten Staaten von Amerika* im Jahr 1776 (siehe Seiten 24 ff.) ging ein rund 150 Jahre dauernder Prozess der Kolonisation voraus. Die Erfahrungen aus dieser Epoche beeinflussten Entstehung und Geschichte der USA und wirken bis heute nach. Drei Faktoren im Besonderen erwiesen sich als bedeutsam:

1. das Aufeinandertreffen dreier unterschiedlicher Kulturen (siehe Seite 11)
2. die ethnische und religiöse Vielfalt der Siedler (siehe Seiten 11 f.)
3. die Beziehungen der Kolonien zum englischen Königreich (siehe Seite 14).

„Rot", „Weiß" und „Schwarz" in der „Neuen Welt"

Die „Neue Welt" war nur vermeintlich eine neue Welt, denn die Geschichte Amerikas begann nicht erst mit der Entdeckung durch die Europäer. Schon 40 000 bis 25 000 Jahre vor Christus siedelten hier die ersten indianischen Ureinwohner. Obwohl seit ca. 1000 n. Chr. skandinavische Seefahrer, Kaufleute und Missionare bis zur nordostamerikanischen Küste Neufundlands segelten, trat erst mit der navigatorischen Pioniertat des *Christoph Kolumbus* (1492) die westliche Hälfte der Erde in den Gesichtskreis der Europäer.
Ebenso wie in Mittel- und Südamerika wurden die *Indianer* auch im Norden Opfer der europäischen Expansion (➧ M 2). Schutzlos waren sie eingeschleppten Krankheiten ausgeliefert; Hungersnöte und Alkoholismus dezimierten ihre Zahl zusätzlich. Der Kultur und Waffentechnik der Weißen unterlegen, wurden die indianischen Stämme von den immer weiter nach Westen vordringenden Siedlern vor allem durch Zwangsarbeit umgebracht. Heute schätzt man, dass die ursprünglich sechs bis sieben Millionen Ureinwohner auf dem Gebiet der USA und Kanadas gegen Ende des 19. Jahrhunderts um mehr als 90 Prozent geschrumpft waren.
Als eine andere, bis in die Gegenwart dauernde Belastung der amerikanischen Gesellschaft sollte sich die Versklavung von *Afrikanern* erweisen (➧ M 3). Die ersten Schwarzen waren bereits 1619 von einem holländischen Schiff als Arbeitskräfte in die Kolonie *Virginia* verkauft worden. Anfangs wurden sie nach Ablauf einer Frist in die Freiheit entlassen, aber etwa ab der zweiten Hälfte des 17. Jahrhunderts blieben sie auf Lebenszeit mit Kind und Kindeskindern persönlicher Besitz ihrer weißen Herren.
1776 lebten etwa 500 000 *Sklaven* in den britischen Kolonien, das waren knapp 20 Prozent der Bevölkerung. Besonders die Plantagenwirtschaft hatte Bedarf an billigen Arbeitern, so dass in manchen südlichen Regionen um diese Zeit schon mehr Farbige als Weiße lebten. Dort entwickelte sich eine afro-amerikanische Kultur mit eigener Sprache und Musik.

Der Süden: Koloniegründungen aus wirtschaftlichen Motiven

Im Norden Amerikas drängten die Franzosen seit 1604 über den von *Jacques Cartier* (1491–1557) erkundeten Sankt-Lorenz-Strom in das Landesinnere vor und gründeten 1608 Québec. In gutem Einvernehmen mit den lokalen Indianerstämmen widmeten sie sich vornehmlich dem Pelzhandel und begnügten sich mit der Errichtung einzelner Forts, Missions- und Handelsstationen.
Weiter im Süden erwies sich das 1607 im Auftrag der *London Company of Virginia* gegründete Jamestown als erste lebensfähige Ansiedlung der Engländer. Kaufherren und adelige Geschäftsleute hatten in einem königlichen Freibrief (*charter*) das Recht erhal-

ten, an der Atlantikküste Handel zu treiben und später Grundbesitz zu vergeben. Siedlungswillige Engländer erhielten, sofern sie ihre Überfahrt selbst bezahlt hatten, ein Stück Land zugewiesen. Mittellose, die ohne Entgelt die abenteuerliche Reise antraten, aber auch Sträflinge, waren als Arbeitskräfte ebenfalls willkommen. Als Kontraktarbeiter (*indentured servants*) arbeiteten sie für drei bis fünf Jahre auf den Höfen der Siedler, bis sie ihre Überfahrt verdient oder ihre Schuld gesühnt hatten.
Von den ersten 120 wagemutigen Siedlern, die sich in Jamestown niedergelassen hatten, lebten acht Monate später noch 38. Missernten, Krankheiten und Indianerüberfälle stellten das Unternehmen in Frage. Erst nach 25 Jahren stand diese früheste britische Kolonialgründung in Amerika, die den Namen *Virginia* erhielt, wirtschaftlich auf eigenen Füßen. Sie verdankte dies dem ab 1612 einsetzenden Tabakanbau, den die Siedler von den Indianern erlernten und mit der Arbeitskraft afrikanischer Sklaven betrieben. In der Folgezeit entwickelte sich in den südlichen Regionen ein gesellschaftliches Leben, das sich am Leitbild des englischen Landadels und der englischen Staatskirche orientierte.

Neu-England: Koloniegründungen als religiöse Aufgabe

Nicht aus wirtschaftlichen Motiven, sondern auf der Flucht vor religiöser Verfolgung verließ 1620 eine Gruppe besonders strenggläubiger *Calvinisten*[1] England. Die ersten *Pilgrims* landeten 1620 in *Neu-England*, nördlich des bisherigen englischen Hoheitsgebiets. Noch an Bord ihres Schiffes *Mayflower* schlossen die 41 Männer der Gruppe einen Gesellschaftsvertrag, in dem sie sich, fernab jeder weltlichen Obrigkeit, verpflichteten, den selbst erlassenen Gesetzen zu gehorchen und ein Gott und dem König gefälliges Leben zu führen (➧ M 1).
Während die „Pilgerväter" (*Pilgrim Fathers*) weltliche Macht und Wohlstand ablehnten, strebte die bald nachfolgende gemäßigte calvinistische Glaubensrichtung der *Puritaner* nach wirtschaftlichem Erfolg als Zeichen ihrer göttlichen Auserwähltheit. Von elitärem Selbstbewusstsein getrieben, wollten sie in der 1629 vom König genehmigten Kolonie *Massachusetts* ein für die Welt vorbildliches christliches Gemeinwesen errichten. Politische Rechte besaßen nur die männlichen puritanischen Kirchenmitglieder – etwa ein Fünftel der Gesamtbevölkerung.
Freiwillig unterwarfen sich die Puritaner einer rigorosen Gruppenmoral. Abweichendes Verhalten wurde hart bestraft. Auch in der „Neuen Welt" waren Außenseiter nicht von Hexenprozessen sicher. Die Verdrängung und Vernichtung der Indianer war in puritanischen Augen ein Gott wohlgefälliges Werk, da diese „Wilden" dem göttlichen Gebot nicht nachgekommen waren, sich die Erde untertan zu machen, und demnach keinen Anspruch auf das Land geltend machen konnten.

[1] Jean Calvin (1509–1564) wollte die „Halbheiten der lutherischen Reformation" überwinden. Nach seiner Lehre ist der Mensch von Anfang an von Gott vorherbestimmt (prädestiniert), entweder zum ewigen Heil oder aber zur ewigen Verdammnis.

Die Mittelatlantik-Kolonien: Vielfalt und Toleranz

Wegen der strengen puritanischen Herrschaft in Massachusetts spalteten sich drei Kolonien ab. In *Rhode Island* wurden erstmals Kirche und politisches Gemeinwesen getrennt und die religiöse Freiheit des Einzelnen rechtlich abgesichert. Andere religiöse Minderheiten aus dem englischen Königreich siedelten sich in *Maryland (Katholiken)* oder in *Pennsylvania (Quäker)* an.
In diesen *Mittelatlantik-Kolonien* herrschte in kirchlicher und in ethnischer Hinsicht ein buntes Bild. Hier lag das ursprünglich von Niederländern gegründete Hafen- und Finanzzentrum New York, hier siedelten sich bevorzugt deutsche und skandinavische Einwanderer an. Nirgends sonst lebten so viele ethnische und religiöse Gruppen auf der Grundlage gegenseitiger Toleranz und gleichberechtigt nebeneinander.

▼ *Der Osten Nordamerikas im 17. und 18. Jahrhundert.*

Politisches Leben unter dem Schutz der britischen Krone

Während die französischen Besitzungen von einem königlichen Intendanten zentralistisch geleitet wurden, räumten die Freibriefe der englischen Krone den Auswanderern aus der „Alten Welt“ innerhalb des Rahmens englischer Rechtsbräuche weitgehende Freiheiten ein. Nach dem Vorbild Virginias bildete sich deshalb in den insgesamt 13 Kolonien ein eigenständiges politisches Leben heraus. Es entstanden Volksvertretungen, die dem englischen Ober- und Unterhaus ähnelten. Die Siedler erhielten so im Laufe der Zeit Mitbestimmungsrechte.

Im englischen Mutterland erwachte das Interesse an den Kolonien erst, als der Handel zur See an Bedeutung gewann. Teilweise wurden bis 1752 die Freibriefe widerrufen und vom König ernannte Gouverneure in den einzelnen Kolonien an die Spitze von Verwaltung, Gerichtswesen und Militär gestellt. Aber überall regelten die Siedler ihre lokalen und regionalen Angelegenheiten relativ autonom.

Politische Mitbestimmungsrechte waren an Bedingungen wie Eigentum, Steueraufkommen und Aufenthaltsdauer gebunden. In den nördlichen Kolonien konnten etwa drei Viertel, in den südlichen immerhin bis zu 50 Prozent der weißen Männer an den Wahlen zu den Kolonialparlamenten teilnehmen. In England waren dagegen in der Mitte des 18. Jahrhunderts nur 15 Prozent der männlichen Bevölkerung wahlberechtigt. Allgemein waren Standesgrenzen oder Unterschiede zwischen Arm und Reich in den Kolonien weitaus geringer ausgeprägt als in Europa.

Wirtschaftliche Expansion der Kolonien

1690 lebten etwa 200 000 Auswanderer im Gebiet der britischen Kolonien, 1790 bereits 3,9 Millionen. Die überseeischen Besitzungen sollten Rohprodukte (besonders Baumwolle aus Virginia für die aufblühende englische Textilindustrie) billig liefern und als Markt für Fertigwaren aus England dienen. Ein eigener Seehandel war den Kolonien verboten. Es war ihnen nicht einmal erlaubt, aus dem in Neu-England gewonnenen Eisenerz einen Nagel in Manufakturen selbst herzustellen.

Zum Ausgleich gewannen die Kolonien eine Monopolstellung für den Verkauf ihrer Produkte in England, solange damit keine Konkurrenz für die im Mutterland produzierten Güter entstand. Dieses wirtschaftliche Zwangssystem wurde vielfach durch einen florierenden, von den Kolonialbehörden kaum unterbundenen Schmuggel umgangen. Seit die Engländer 1713 den Spaniern den Sklaventransport aus Westafrika abgepresst hatten, schalteten sich amerikanische Kaufleute und Reeder immer mehr in dieses Gewinn bringende Geschäft ein. Der transatlantische Handel zwischen Europa, Afrika und Nordamerika sorgte für den wachsenden Wohlstand der Kolonien.

1.2 Eine Nation erschafft sich selbst

1763
Aus dem Siebenjährigen Krieg geht England als dominierende Kolonialmacht in Amerika hervor

1773
Die „Boston Tea Party“ verschärft den Konflikt zwischen den Kolonien und England

1775–1783
Im Unabhängigkeitskrieg siegen die Kolonien über England

1776
Die Verfassung von Virginia („Virginia Bill of Rights“) wird zum Vorbild der internationalen Verfassungsentwicklung
Die amerikanischen Kolonien erklären ihre Unabhängigkeit

1781
Die 13 Kolonien schließen sich zu einem Staatenbund zusammen

1789
Die USA gründen sich als Bundesstaat
George Washington wird erster Präsident der USA

▲ *In der Nacht vom 16. auf den 17. Dezember 1773 überfielen 60 als Indianer verkleidete Mitglieder des Geheimbunds „Sons of Liberty“ drei Schiffe der East India Company und warfen die geladenen Teeballen ins Meer. Die nachträglich kolorierte Darstellung der „Boston Tea Party“ stammt aus W.D. Coopers 1789 in London erschienener „History of North America“.*

M1

Stempelsteuer-Kongress contra britisches Parlament

Die Vertreter von neun amerikanischen Kolonien baten in ihrem Kongress-Beschluss vom 19. Oktober 1765 die britische Regierung um die Rücknahme der Sondermaßnahmen, besonders der Stempelsteuer. Sie erklären:

▲ *Protest des Pennsylvania Journal gegen die Stempelsteuer.*

III. Dass es ein unzertrennlicher Bestandteil der Freiheit eines Volkes und das unzweifelhafte Recht von Engländern ist, dass ihnen Steuern nur mit ihrer eigenen, persönlich oder durch ihre Vertreter erteilten Zustimmung auferlegt werden.

IV. Dass die Bevölkerung dieser Kolonien im Unterhaus von Großbritannien nicht vertreten ist und wegen der räumlichen Entfernung nicht vertreten sein kann.

V. Dass die Vertreter der Bevölkerung dieser Kolonien nur Personen sein können, die daselbst von ihr selbst gewählt wurden, und dass ihr niemals Steuern auferlegt wurden, noch verfassungsmäßig auferlegt werden können, außer durch ihre entsprechenden gesetzgebenden Körperschaften.

VI. Da alle Geldbewilligungen für die Krone freie Spenden des Volkes sind, ist es unbegründet und unvereinbar mit den Grundsätzen und dem Geist der britischen Verfassung, wenn das Volk von Großbritannien Seiner Majestät das Eigentum der Kolonisten bewilligt. [...]

VIII. Dass die Stempelsteuerakte, die den Einwohnern dieser Kolonien Steuern auferlegt, und mit ihr verschiedene andere Akte [...] offenbar den Umsturz der Rechte und Freiheiten der Kolonisten erstreben.

Obwohl das Stempelsteuer-Gesetz widerrufen wurde, beharrte das britische Parlament in der „ausdrücklichen Akte" vom 18. März 1766 auf seinem Rechtsstandpunkt.

Die genannten Kolonien und Pflanzungen in Amerika waren und sind rechtmäßig und notwendig der Reichskrone und dem Parlament von Großbritannien untergeordnet und von ihnen abhängig; und des Königs Majestät, durch und mit Rat und Zustimmung der geistlichen und weltlichen Lords und der Gemeinen von Großbritannien im versammelten Parlament, besaß und besitzt rechtmäßig und notwendig volle Gewalt und Vollmacht, Gesetze und Statuten zu erlassen, kraft deren die Kolonien und das Volk von Amerika, Untertanen der Krone Großbritannien, in allen erdenklichen Fällen verpflichtet werden [...]. Und alle Beschlüsse, Abstimmungen, Anordnungen und Verfahren in irgendeiner der genannten Kolonien und Pflanzungen, wodurch die Macht und Vollmacht des Parlaments von Großbritannien, Gesetze und Statuten wie oben gesagt zu erlassen, geleugnet oder bezweifelt wird, sind vollständig nichtig und kraftlos bezüglich aller und jeder Absichten und Zwecke, und sie werden hiermit dazu erklärt.

Fritz Wagner, USA. Geburt und Aufstieg der neuen Welt. Geschichte in Zeitdokumenten 1607–1865, München 1947, S. 44, 52

1. *Beschreiben Sie die Stellung der amerikanischen Kolonien im britischen Rechts- und Wirtschaftssystem.*
2. *Erläutern Sie, warum die Kolonisten die Stempelsteuer verweigerten. Auf welche Rechte beriefen sie sich?*
3. *Vergleichen Sie die Argumentation des englischen Parlaments mit den Beschlüssen des Stempelsteuer-Kongresses.*
4. *Untersuchen Sie, inwiefern der Konflikt, der später zwischen Kolonien und Mutterland ausbrechen sollte, bereits im ursprünglichen Kolonialsystem angelegt war.*

M2

Thomas Paine: Common Sense

Thomas Paine (1737–1809) war erst im November 1774 aus England eingewandert. Seine im Januar 1776 zunächst anonym veröffentlichte Streitschrift „Common Sense"[1] setzte die Gedanken der europäischen Aufklärung und des Naturrechts in eine einfache und wirkungsvolle Sprache um und wandte sie auf die aktuelle amerikanische Situation an. Die Schrift wurde zum ersten politischen Bestseller Amerikas und erreichte innerhalb von drei Monaten eine Auflage von 120 000 Exemplaren. Paine starb nach langem Aufenthalt in Europa arm und unbeachtet in Amerika.

Über die Monarchie und die Erbfolge

Da alle Menschen nach der Ordnung der Schöpfung ursprünglich gleich waren, kann diese Gleichheit nur durch spätere Ereignisse zerstört worden sein [...], ohne dass man dabei auf solch harte und böse klingende Begriffe wie Unterdrückung und Habgier zurückgreifen muss. [...]
Aber es gibt noch eine andere und wichtigere Unterscheidung, die auf keinen wahrhaft natürlichen oder religiösen Grund zurückgeführt werden kann, nämlich die Unterscheidung der Menschen in KÖNIGE und UNTERTANEN. Die Natur unterscheidet nur nach männlich und weiblich, der Himmel nach gut und böse; aber wie ein Menschengeschlecht auf die Welt kam, das so hoch über den anderen steht und von ihnen unterschieden wird wie eine völlig neue Spezies, und ob es den Menschen Glück oder Unglück gebracht hat, das lohnt sich genauer zu untersuchen. [...]
Kurz gesagt: Monarchie und Erbfolge (und dies nicht nur in diesem oder jenem Königreich) haben nichts anderes bewirkt, als die Welt in Schutt und Asche zu legen. Es ist eine Regierungsform, gegen die das Wort Gottes Zeugnis ablegt und die mit Blut befleckt ist. [...]
Je mehr sich eine Regierungsform der republikanischen annähert, desto weniger Aufgaben gibt es für einen König. [...]
In England hat ein König wenig mehr zu tun, als Krieg zu führen und Ämter zu vergeben oder, einfach gesagt, die Nation arm zu machen und Streit zu säen. In der Tat eine schöne Aufgabe für einen Mann, dem man dazu 800 000 Pfund Sterling pro Jahr bewilligt und den man obendrein noch verehrt. Ein aufrechter Mann ist für die Gesellschaft und in den Augen Gottes wertvoller als all die gekrönten Schurken, die jemals gelebt haben. [...]

Gedanken über den gegenwärtigen Stand der Sache Amerikas

[...] Da ganz Europa der Absatzmarkt für unseren Handel ist, sollten wir keine parteiische Verbindung mit einem Teil davon eingehen. Es liegt im wahren Interesse Amerikas, sich aus europäischen Streitigkeiten herauszuhalten, was es niemals tun kann, solange es durch die Abhängigkeit von Großbritannien zum Zugewicht in der Waagschale der britischen Politik wird.
In Europa gibt es einfach zu viele Königreiche, als dass es lange in Frieden leben könnte, und sobald zwischen England und irgendeiner fremden Macht ein Krieg ausbricht, wird der amerikanische Handel *wegen seiner Bindung an Großbritannien* ruiniert. [...] Alles was wahr und naturgemäß ist, spricht für die Trennung. Das Blut der Getöteten, die klagende Stimme der Natur schreien: ES IST ZEIT SICH ZU TRENNEN. Sogar die Entfernung voneinander, in der der Allmächtige England und Amerika geschaffen hat, ist ein starker und natürlicher Beweis dafür, dass die Herrschaft des einen über den anderen niemals im göttlichen Plan lag. [...]
Um die Sache auf einen Punkt zu bringen: Ist die Macht, die eifersüchtig auf unseren Reichtum ist, geeignet, uns zu regieren? Wer auch immer auf diese Frage mit *Nein* antwortet, ist ein Unabhängiger [independent], denn Unabhängigkeit bedeutet nichts anderes, als dass entweder wir unsere eigenen Gesetze machen werden, oder der König, der größte Feind, den dieser Kontinent hat oder haben kann, uns sagen wird: *Es soll keine anderen Gesetze geben als solche, die mir gefallen.*
Aber wo bleibt, sagen einige, der König von Amerika? Ich sage dir, mein Freund, er regiert oben im Himmel und richtet keine Gemetzel unter der Menschheit an so wie der königliche Unmensch

---

[1] Der englische Ausdruck „Common Sense" ist nicht mit einem deutschen Begriff zu übersetzen; er bedeutet zugleich gesunder Menschenverstand, Gemeinsinn, Nüchternheit und praktische Vernunft.

aus Großbritannien. Aber damit es nicht so aussieht, als ob es uns an irdischen Ehren mangelt, soll man einen Tag bestimmen, an dem feierlich die Charta proklamiert wird: Sie soll dann auf das göttliche Gesetz, das Wort Gottes, gelegt und herbeigebracht werden, darauf eine Krone, an der die Welt erkennen mag, dass, wenn wir eine Monarchie anerkennen, in Amerika ALLEIN DAS GESETZ KÖNIG IST. Denn wie in absoluten Regierungen der König das Gesetz ist, *sollte* in freien Ländern das Gesetz König sein und nichts anderes. Aber damit nicht später Missbrauch betrieben wird, sollte die Krone nach der Zeremonie zerstört und unter das Volk verstreut werden, das ein Recht darauf hat.

Eine eigene Regierung ist unser natürliches Recht; und wenn man ernsthaft über die Vergänglichkeit menschlicher Dinge nachdenkt, wird man zur Überzeugung kommen, dass es sehr viel sicherer und weiser ist, uns gelassen und überlegt eine eigene Verfassung zu schaffen, solange wir noch die Möglichkeit dazu haben, als ihre Entstehung der Zeit und dem Zufall anzuvertrauen.

Thomas Paine, Common Sense, übersetzt und herausgegeben von Lothar Meinzer, Stuttgart 1982, S. 16, 27 ff., 31, 37, 45 und 52 f.

1. *Beschreiben Sie Paines Haltung zur Staatsform der Monarchie.*
2. *Erläutern Sie, wie Paine das jetzige und das künftige Verhältnis zwischen den Kolonien und England sieht.*
3. *Vergleichen Sie Paines Argumentationsweise mit der Rechtsauffassung der Verfasser des Stempelsteuer-Protests (➧ M 1).*
4. *Prüfen Sie, auf welche verfassungsrechtlichen Prinzipien das unabhängige Amerika gegründet werden soll.*

M3
Die „Virginia Bill of Rights“

Am 15. Mai 1776 forderte der Zweite Kontinental-Kongress die zur Trennung von Großbritannien bereiten Kolonien auf, sich eigene Verfassungen zu geben. Die verfassunggebende Versammlung von Virginia stellte der Constitution am 12. Juni 1776 eine Rechteerklärung voran. Sie wurde zum Vorbild für alle späteren Grundrechtserklärungen.

Abschnitt 1. Alle Menschen sind von Natur aus in gleicher Weise frei und unabhängig und besitzen bestimmte angeborene Rechte, welche sie ihrer Nachkommenschaft durch keinen Vertrag rauben oder entziehen können, wenn sie eine staatliche Verbindung eingehen, und zwar den Genuss des Lebens und der Freiheit, die Mittel zum Erwerb und Besitz von Eigentum und das Erstreben und Erlangen von Glück und Sicherheit.

Abschnitt 2. Alle Macht ruht im Volke und leitet sich folglich von ihm her; die Beamten sind nur seine Bevollmächtigten und Diener und ihm jederzeit verantwortlich.

Abschnitt 3. Eine Regierung ist oder sollte zum allgemeinen Wohle, zum Schutze und zur Sicherheit des Volkes, der Nation oder Allgemeinheit eingesetzt sein; von all den verschiedenen Arten und Formen der Regierung ist diejenige die beste, die imstande ist, den höchsten Grad von Glück und Sicherheit hervorzubringen [...]; die Mehrheit eines Gemeinwesens hat ein unzweifelhaftes, unveräußerliches und unverletzliches Recht, eine Regierung zu verändern oder abzuschaffen, wenn sie diesen Zwecken unangemessen oder entgegengesetzt befunden wird, und zwar so, wie es dem Allgemeinwohl am dienlichsten erscheint. [...]

Abschnitt 5. Die gesetzgebende und ausführende Gewalt des Staates sollen von der richterlichen getrennt und unterschieden sein; [...].

Abschnitt 6. Die Wahlen der Abgeordneten, die als Volksvertreter in der Versammlung dienen, sollen frei sein; alle Männer, die ihr dauerndes Interesse und ihre Anhänglichkeit an die Allgemeinheit erwiesen haben, besitzen das Stimmrecht. Ihnen kann ihr Eigentum nicht zu öffentlichen Zwecken besteuert oder genommen werden ohne ihre eigene Einwilligung oder die ihrer so gewählten Abgeordneten, noch können sie durch irgendein Gesetz gebunden werden, dem sie nicht in gleicher Weise um des öffentlichen Wohles willen zugestimmt haben.

Abschnitt 8. Bei allen schweren oder kriminellen Anklagen hat jedermann ein Recht, Grund und Art seiner Anklage zu erfahren, den Anklägern und Zeugen gegenübergestellt zu werden, Entlastungszeugen herbeizurufen und eine rasche Untersuchung durch einen unparteiischen Gerichtshof von zwölf Männern seiner Nachbarschaft zu verlangen, ohne deren einmütige Zustimmung er nicht als schuldig befunden werden kann; auch kann er nicht gezwungen werden, gegen sich selbst auszusagen; niemand kann seiner Freiheit beraubt werden außer durch Landesgesetz oder das Urteil von seinesgleichen. [...]

Abschnitt 9. Es sollen keine übermäßige Bürgschaft verlangt, keine übermäßigen Geldbußen auferlegt, noch grausame und ungewöhnliche Strafen verhängt werden. [...]

Abschnitt 12. Die Freiheit der Presse ist eine der starken Bollwerke der Freiheit und kann nur durch despotische Regierungen beschränkt werden.

Abschnitt 13. Eine wohl geordnete Miliz, aus der Masse des Volkes gebildet und im Waffendienst geübt, ist der geeignete, natürliche und sichere Schutz eines freien Staates; stehende Heere sollen in Friedenszeiten als der Freiheit gefährlich vermieden werden; auf alle Fälle soll das Militär der Zivilgewalt streng untergeordnet und von dieser beherrscht werden. [...]

Abschnitt 15. Eine freie Regierung und die Segnungen der Freiheit können einem Volke nur erhalten werden durch strenges Festhalten an der Gerechtigkeit, Mäßigung, Enthaltsamkeit, Sparsamkeit und Tugend und durch häufiges Zurückgreifen auf die Grundprinzipien.

Abschnitt 16. Die Religion oder die Ehrfurcht, die wir unserem Schöpfer schulden, und die Art, wie wir sie erfüllen, können nur durch Vernunft und Überzeugung bestimmt sein und nicht durch Zwang oder Gewalt; daher sind alle Menschen gleicherweise zur freien Religionsausübung berechtigt, entsprechend der Stimme ihres Gewissens; es ist die gemeinsame Pflicht aller, christliche Nachsicht, Liebe und Barmherzigkeit aneinander zu üben.

Günther Franz (Hrsg.), Staatsverfassungen, München, 2. Auflage 1964, S. 7 ff.

▲ *Am 9. Juli 1776 wurde in New York das Standbild des englischen Königs gestürzt (französischer Kupferstich).*

1. *Beschreiben Sie das Verhältnis zwischen Individuum und Regierung.*
2. *Benennen Sie die zentralen politischen Prinzipien, die für moderne Demokratien unverzichtbar sind.*
3. *Informieren Sie sich über die staatsphilosophischen Vorstellungen der Aufklärung. Prüfen Sie die Gemeinsamkeiten mit der Virginia Bill of Rights.*
4. *Vergleichen Sie die Virginia Bill of Rights mit der französischen Erklärung der Menschen- und Bürgerrechte von 1789 (vgl. M 7, S. 278). Erläutern Sie Unterschiede und Gemeinsamkeiten.*

M4

Die „Declaration of Independence"

Am 2. Juli 1776 beschloss der Zweite Kontinental-Kongress, dass die 13 Vereinigten Kolonien freie und unabhängige Staaten seien. Zwei Tage später, am 4. Juli, billigte der Kongress ohne Gegenstimmen, aber bei Enthaltung des Staates New York, die Unabhängigkeitserklärung der „Vereinigten Staaten von Amerika".

Wenn es im Zuge der menschlichen Geschichte für ein Volk notwendig wird, die politischen Bande zu lösen, die es mit einem anderen Volke verbunden haben, und unter den Mächten der Erde den selbständigen und gleichen Rang einzunehmen, zu dem Naturrecht und göttliches Gesetz es berechtigen, so erfordert eine geziemende Rücksichtnahme auf die Meinung der Menschheit, dass es die Gründe darlegt, die es zur Trennung veranlassen.

Folgende Wahrheiten halten wir für selbstverständlich: dass alle Menschen gleich geschaffen sind; dass sie von ihrem Schöpfer mit gewissen unveräußerlichen Rechten ausgestattet sind; dass dazu Leben, Freiheit und das Streben nach Glück gehören; dass zur Sicherung dieser Rechte Regierungen unter den Menschen eingesetzt werden, die ihre rechtmäßige Macht aus der Zustimmung der Regierten herleiten; dass, wann immer irgendeine Regierungsform sich als diesen Zielen abträglich erweist, es Recht des Volkes ist, sie zu ändern oder abzuschaffen und eine neue Regierung einzusetzen und diese auf solchen Grundsätzen aufzubauen und ihre Gewalten in der Form zu organisieren, wie es ihm zur Gewährleistung seiner Sicherheit und seines Glückes geboten zu sein scheint. […]

Die Regierungszeit des gegenwärtigen Königs von Großbritannien ist von unentwegtem Unrecht und ständigen Übergriffen gekennzeichnet, die alle auf die Errichtung einer absoluten Tyrannei über diese Staaten abzielen. Zum Beweise dessen seien der gerecht urteilenden Welt Tatsachen unterbreitet:

[Es folgt eine Auflistung von 18 Beschwerden, darunter:]

Er hat wiederholt Abgeordnetenkammern aufgelöst, weil sie mit männlicher Festigkeit seinen Eingriffen in die Rechte des Volkes entgegengetreten sind. Er hat Richter hinsichtlich der Amtsdauer und der Höhe und des Zahlungsmodus ihrer Gehälter von seinem Willen allein abhängig gemacht.

Er hat eine Unzahl neuer Ämter geschaffen und Schwärme von Amtsträgern hierher gesandt, um unser Volk zu drangsalieren und seine Substanz aufzuzehren.

Er hat in Friedenszeiten ohne Zustimmung unserer gesetzgebenden Versammlung auf unserem Boden stehende Heere unterhalten.

Er hat danach gestrebt, das Militär von der Zivilgewalt unabhängig zu machen und es ihr überzuordnen.

Er hat sich mit anderen zusammengetan, um uns eine Form der Rechtsprechung aufzuzwingen, die unserer Verfassung fremd und von unseren Gesetzen nicht anerkannt war […].

Er hat seinen Herrschaftsanspruch hier dadurch aufgegeben, dass er uns als außerhalb seines Schutzes stehend erklärte und Krieg gegen uns führte.

Er hat unsere Meere geplündert, unsere Küsten verheert, unsere Städte niedergebrannt und unsere Mitbürger getötet.

Er schafft gerade jetzt große Heere fremder Söldner heran, um das Werk des Todes, der Verheerung und der Tyrannei zu vollenden, das er bereits mit Grausamkeit und Treuebrüchen begonnen hat, die ihresgleichen kaum in den barbarischsten Zeiten finden und des Oberhauptes einer zivilisierten Nation völlig unwürdig sind.

Er hat im Inneren Aufstände in unserer Mitte angezettelt und versucht, die erbarmungslosen indianischen Wilden gegen unsere Grenzbewohner aufzuhetzen, deren Kriegführung bekanntlich darin besteht, ohne Unterschied des Alters, Geschlechts oder Zustands alles niederzumetzeln. […]

Daher tun wir, die in einem gemeinsamen Kongress versammelten Vertreter der Vereinigten Staaten von Amerika, unter Anrufung des Obersten Richters über diese Welt als Zeugen für die Ehrlichkeit unserer Absichten namens und im Auftrag der rechtschaffenen Bevölkerung dieser Kolonien feierlich kund und zu wissen, dass diese Vereinigten Kolonien freie und unabhängige Staaten sind und es von Rechts wegen bleiben sollen; dass sie von jeglicher Treuepflicht gegen die britische Krone entbunden sind, und dass sie als freie und unabhängige Staaten das Recht haben, Krieg zu führen, Frieden zu schließen, Bündnisse einzugehen, Handel zu treiben und alle anderen Handlungen vorzunehmen und Staatsgeschäfte abzu-

wickeln, zu denen unabhängige Staaten rechtens befugt sind.
Und zur Erhärtung dieser Erklärung verpflichten wir uns gegenseitig feierlich in festem Vertrauen auf den Schutz der göttlichen Vorsehung zum Einsatz unseres Lebens, unseres Gutes und der uns heiligen Ehre.

Willi Paul Adams (Hrsg.), Die Amerikanische Revolution in Augenzeugenberichten, München 1976, S. 262 ff.

1. *Beschreiben Sie den Aufbau der Unabhängigkeitserklärung. Geben Sie den Inhalt der einzelnen Abschnitte wieder.*
2. *Beurteilen Sie die Funktion der gegen den englischen König vorgebrachten Anklagepunkte.*
3. *Bestimmen Sie die über den aktuellen Anlass hinausweisende Bedeutung der Erklärung.*
4. *Begründen Sie, inwiefern die Überlegungen von Thomas Paine (➧ M 2), der Virginia Bill of Rights (➧ M 3) und der Unabhängigkeitserklärung einen staatsphilosophischen Neuanfang darstellen.*

M5
Die amerikanische Bundesverfassung von 1788

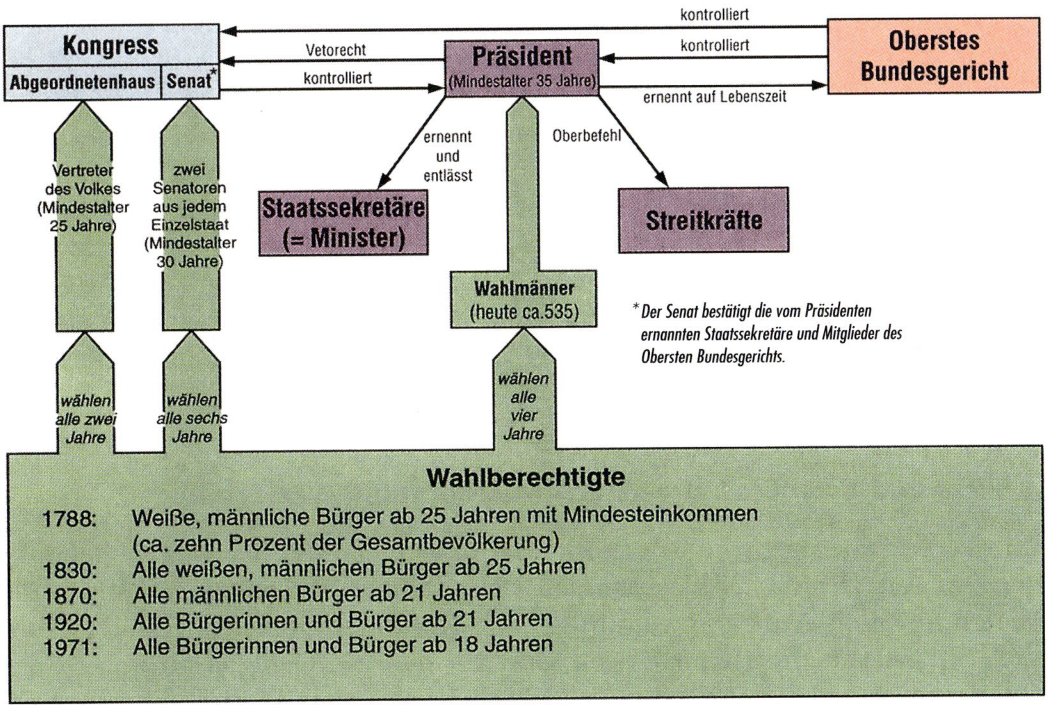

- *Vollziehen Sie anhand des Schemas das Prinzip der „Checks and Balances“ nach.*
- *Vergleichen Sie mit dem bundesdeutschen System.*

M6

Politische Rechte für alle?

Viele Frauen hatten sich in den Siebzigerjahren des 18. Jahrhunderts an patriotischen Demonstrationen und Boykotten beteiligt. In diesem Zusammenhang schrieb Abigail Adams am 31. März 1776 an ihren Mann, John Adams, einen der Führer des kolonialen Widerstands. Er war von 1797 bis 1801 der zweite amerikanische Präsident.

Ich sehne mich nach der Nachricht, dass Ihr die Unabhängigkeit erklärt habt. Und, nebenbei, in dem neuen Gesetzbuch, das Ihr – meiner Meinung nach – notwendig machen müsst, solltet Ihr – wie ich wünsche – an die Frauen denken und sie großzügiger und günstiger behandeln als eure Vorfahren es taten. Gebt keine solche unbegrenzte Macht mehr in die Hände der Ehemänner. Erinnert euch, dass alle Männer Tyrannen wären, wenn sie könnten. Wenn den Frauen keine besondere Sorge und Berücksichtigung zuteil wird, sind wir entschlossen, einen Aufruhr zu schüren. Wir werden uns nicht durch irgendwelche Gesetze gebunden fühlen, bei denen wir kein Stimm- oder Vertretungsrecht haben.

Dass euer Geschlecht von Natur aus tyrannisch ist, ist als Wahrheit so völlig bewiesen, dass es keine Erörterung mehr erlaubt. Aber die von Euch, die glücklich sein wollen, geben freiwillig das strenge Anrecht des Herren auf zugunsten des sanfteren und teureren als Freund. Warum dann nehmt Ihr es nicht aus der Macht der Bösen und Zügellosen, ohne Strafe mit uns grausam und entwürdigend umzugehen? Männer von Verstand verabscheuen in allen Zeiten solche Sitten, die uns nur als die Mägde Eures Geschlechtes behandeln. Betrachtet uns also als von der Vorsehung unter Euren Schutz gestellt. Und in Nachahmung des höchsten Wesens macht von dieser Gewalt nur zu unserem Glück Gebrauch.

John Adams antwortet am 14. April 1776:

Was dein außerordentliches Gesetzbuch betrifft, da kann ich nur lachen. Man hat uns erzählt, dass unser Kampf (gegen England) die Bande der Obrigkeit überall gelockert habe, dass Kinder und Lehrlinge ungehorsam würden, dass Schulen und Universitäten aufgewühlt würden, dass Indianer ihre Wächter missachteten und Neger unverschämt gegen ihre Herren würden. Aber dein Brief war der erste Hinweis, dass noch ein anderer Klüngel – zahlreicher und mächtiger als alle anderen – zur Unzufriedenheit herangezüchtet wird. Das ist ein ziemlich grobes Kompliment, aber du bist so frech, dass ich es nicht ausstreichen werde. Verlass dich drauf, wir wissen etwas Besseres, als unsere männlichen Einrichtungen außer Kraft zu setzen. Obwohl sie in voller Rechtskraft stehen, sind sie – wie dir bekannt – wenig mehr als Theorie. Wir wagen es nicht, unsere Gewalt auszuüben. Wir sind verpflichtet, fair und sanft vorzugehen: Und in der Praxis – du weißt es – sind wir die Untergebenen. Wir haben nur den Namen von Herren, und ehe wir diesen aufgeben (was uns völlig dem Despotismus des Unterrockes untertänig machte!), würden hoffentlich General Washington und alle unsere tapferen Helden kämpfen.

Abigail Adams an John Adams am 7. Mai 1776:

„Ich kann nicht sagen, dass Ihr – meiner Meinung nach – sehr großzügig gegen die Frauen seid. Denn während Ihr Frieden und Wohlwollen für die Männer verkündet und alle Völker freilasst, beharrt ihr darauf, eine absolute Gewalt über die Frauen festzuhalten. Aber Ihr müsst daran denken, dass willkürliche Macht wie alle anderen sehr harten Dinge sehr leicht dem Zerbrechen ausgesetzt ist. Und trotz all Eurer weisen Gesetze und Grundsätze haben wir es in unserer Macht, nicht nur uns selbst zu befreien, sondern unsere Herren zu unterdrücken. Ohne Gewaltanwendung können wir beides, Eure natürliche und gesetzliche Autorität zu unseren Füßen niederwerfen …

Bodo von Borries, „Im Paradies der Frauen"?, in: Annette Kuhn/Jörn Rüsen (Hrsg.), Frauen in der Geschichte II, Düsseldorf 1982, S. 129f.

1. *Klären Sie die historische Situation zum Zeitpunkt der Entstehung des Briefs.*
2. *Arbeiten Sie die verfassungspolitische Argumentation von Abigail Adams heraus.*
3. *Diskutieren Sie die Antwort von John Adams.*
4. *Stellen Sie fest, welche Gruppen der Bevölkerung von den Errungenschaften der Verfassungsdebatte in der jungen Republik nicht profitiert haben.*

M7

Die französische Reaktion auf die amerikanische Revolution

Ein französischer Zeitgenosse, Pidansat de Mairobert, berichtet 1778 über die französische Begeisterung für den amerikanischen Unabhängigkeitskrieg:

Der Aufstand der Amerikaner hat in Marseille eine so lebhafte Erregung verursacht, dass ein Fest geschaffen wurde, um die Erinnerung daran für immer zu bewahren und zu feiern; es gibt da einen Klub nach englischem Vorbild; er setzt sich aus 13 Personen zusammen, die die 13 vereinigten Kolonien symbolisieren. Bei jedem dieser Festbankette werden Lieder gesungen, Verse und literarische Texte vorgelesen, die sich auf das Thema des Klubs beziehen, und dann wird das Publikum zugelassen und kann an der Sitzung teilnehmen. [...] Als ich den Saal betrat, war ich überrascht, als ich eine Fülle von Portraits wahrnahm, die alle berühmte Rebellen darstellen; aber das Franklins[1)] hat vor allem meine Aufmerksamkeit auf sich gezogen, und zwar durch den Wahlspruch: „Eripuit caelo fulmen sceptrumque tyrannis". („Dem Himmel hat er den Blitz und den Tyrannen das Zepter geraubt.")

Irmgard Hartig/Paul Hartig (Hrsg.), Die Französische Revolution. Quellen zur Geschichte und Politik, Stuttgart 1984, S. 23

Beschreiben Sie die Reaktion der Bürger von Marseille auf den amerikanischen Unabhängigkeitskrieg.

M8

Die Wirkung der amerikanischen Revolution

Thomas Jefferson, der von 1785 bis 1789 amerikanischer Gesandter in Paris ist, schreibt am 8. Januar 1789 an einen Bekannten:

Da ich von Anfang an hier an Ort und Stelle war und die Entwicklung als neutraler Zuschauer, nur bestimmt von Liebe zur Menschlichkeit, beobachtet habe, will ich Ihnen meine Gedanken darüber vortragen. Wenn auch schon berühmte Schriftsteller aus diesem und auch anderen Ländern gute Grundsätze über das Regierungswesen dargelegt haben, so hat doch wohl zuerst der amerikanische Unabhängigkeitskrieg den denkenden Teil des französischen Volkes aus dem Schlaf des Despotismus, in den es versunken war, erweckt. Die Offiziere, die in Amerika gekämpft haben, waren zumeist Männer, die sich durch Gewohnheit und Vorurteil weniger gebunden und aufgeschlossener für die Gebote des gesunden Menschenverstandes und allgemeiner Rechte fühlten. Hiervon stark beeinflusst kehrten sie nach Frankreich zurück. Die Zeitungen, wenn sie auch gefesselt waren, fingen an, diese Gedanken zu verbreiten; auch die Unterhaltung gewann mehr Freiheit. Die Politik wurde das Thema aller Gesellschaften, der männlichen wie auch der weiblichen, und es bildete sich eine sehr ausgebreitete und eifrige Partei, die man die Partei der Patrioten nennen könnte. Die Patrioten, die empfindlich waren gegenüber der Missbrauch treibenden Regierung, sehnten sich nach Gelegenheiten, sie zu reformieren. Diese Partei umfasste alle ehrbaren Leute des Königreichs, die über genügend Muße verfügten, um nachzudenken: die Schriftsteller, das wohlhabende Bürgertum, die jungen Adligen, teils auf Grund von Nachdenken, teils um der Mode willen, denn diese Angelegenheiten wurden zu einer Modesache, und das verband die meisten jungen Frauen mit dieser Partei. [...] Sie werden mich fragen, wohin all das führen wird [...]. Ich bin der Auffassung, dass die Grundlage des gegenwärtigen Streites die Aufklärung der öffentlichen Meinung über die Rechte des Volkes ist, dass die Franzosen gemäß dem natürlichen Fortschritt der Dinge auf die Errichtung einer Verfassung, die ihnen ein gutes Maß an Freiheit gewährt, vorwärts drängen müssen.

The Life and Selected Writings of Thomas Jefferson, New York 1944, S. 453 ff. Übersetzt von P. Hartig

Erläutern Sie, inwiefern die amerikanische Revolution Vorbild für die französische war.

---

1) *Benjamin Franklin (1706–1790), amerikanischer Schriftsteller, Politiker und Diplomat, der außerdem den Blitzableiter erfand*

Der Widerstand gegen das Mutterland formiert sich

Den Kampf um die Vormachtstellung in Europa und der Welt führten im 18. Jahrhundert vor allem England und Frankreich. Die Auseinandersetzung entschied sich im *Siebenjährigen Krieg* (*French and Indian War,* 1756–1763), dessen Schlachten auch in Nordamerika (bereits seit 1754) und Asien geschlagen wurden. England siegte, und im *Frieden von Paris* (1763) musste Frankreich in Nordamerika auf Kanada und die Gebiete östlich des Mississippi verzichten. Der Macht der britischen Krone schienen zwischen der Hudson Bay im Norden und dem Golf von Mexiko im Süden keine Grenzen mehr gesetzt zu sein.

Als kurz darauf König *Georg III.* (1760–1820) zum Schutze der Indianer eine weitere Ausdehnung des Siedlungsgebiets verbot, sorgte dies für eine Entfremdung zwischen den Kolonien und der englischen Regierung. Diese wuchs, als die Kolonisten, die weniger Steuern zahlten als die Bürger im Mutterland, an den Kosten der auch in ihrem Interesse geführten Kriege beteiligt werden sollten: Das britische Parlament hob die Zölle an (*Sugar Act*, 1764) und dehnte eine geringfügige – in England seit langem erhobene – Stempelsteuer für Urkunden und Druckerzeugnisse aller Art auf die Kolonien aus (*Stamp Act*, 1765). Es kam zu offenen Protesten. Die Kolonien proklamierten den Grundsatz „No taxation without representation." Demgegenüber vertrat das Parlament in London die Auffassung, jeden Engländer, wo immer er lebe, zu repräsentieren (➧ M 1). Nach Massendemonstrationen und einem Boykott britischer Waren wurde das Gesetz zurückgenommen.

Doch als die Engländer 1767 einen erneuten Versuch unternahmen, Zölle für Einfuhren auf dem amerikanischen Kontinent zu erheben, wurde deutlich, dass es grundsätzlich um eine Einbindung der Kolonien in das britische Königreich ging. Aus dem Streit um Abgaben war ein Kampf um politische Prinzipien geworden. Bei einer Demonstration gegen die englische Macht starben fünf Menschen unter den Kugeln britischer Soldaten (*Boston Massacre*, 1770). Amerika hatte seine ersten Märtyrer, und erneut musste London nachgeben. Nur der Teezoll blieb bestehen.

1773 gestattete die englische Regierung verbilligte Teeimporte in die Kolonien. Die amerikanischen „Patrioten" befürchteten, dass der seit drei Jahren durchgehaltene Boykott britischen Tees unterlaufen werden sollte. Dies hätte indirekt die Anerkennung der britischen Zollhoheit bedeutet. Der Widerstand entlud sich in der Versenkung einer Teeladung im Hafen von Boston (*Boston Tea Party*). Für die englische Regierung war dieser Protest ein Akt „offener Rebellion". Sie verstärkte die Truppen, sperrte vorübergehend den Hafen für den Handel, löste das gewählte Oberhaus von Massachusetts auf und machte Gemeindeversammlungen von der Genehmigung des königlichen Gouverneurs abhängig. Diese für die Bürger von Massachusetts „unakzeptablen Maßnahmen" (*Intolerable Acts*) lösten eine Welle der Solidarität in den anderen Kolonien aus.

„The Revolutionary War": Der Kampf um die Unabhängigkeit beginnt

Erst die offene Konfrontation mit England führte zu einem Zusammenschluss der Kolonien. Im September 1774 begann der *Erste Kontinental-Kongress (American Continental Congress)* in Philadelphia. 55 Delegierte aus zwölf Kolonien (die Vertreter Georgias fehlten) waren zusammengekommen, um ihr Vorgehen abzusprechen. Dieses erste Repräsentativorgan der *Vereinigten Kolonien* stellte zwar „die unveränderlichen Gesetze der Natur" über die englische Verfassung und vereinbarte einen Handelsboykott, doch stand eine Trennung

▲ Washingtons Übergang über den Delaware am 25. Dezember 1776. Ende 1776 schien Washingtons auf 3 000 Mann geschrumpfte „Rebellenarmee" schon geschlagen. Durch die riskante Flussüberquerung entzog er sich jedoch einer Entscheidungsschlacht und rekrutierte mit freien Schwarzen und Sklaven eine neue Armee.

• Das Gemälde des Deutsch-Amerikaners Gottlieb Leutze (1816–1866) wurde Mitte des 19. Jahrhunderts von der amerikanischen Öffentlichkeit enthusiastisch aufgenommen. Erläutern Sie die Gründe.

▼ Robert Colescott, George Washington Carver Crossing the Delaware, 1975. In den Sechzigerjahren des 20. Jahrhunderts entsteht eine Bewegung afroamerikanischer Künstler, die mit originellen Techniken und Ausdrucksformen die amerikanischen Mythen mit eigenen Traditionen verbinden.

• Diskutieren Sie diese afroamerikanische Interpretation des Delaware-Mythos.

von England nicht zur Diskussion. Nachdem aber Georg III. entschlossen war, die „Rebellen" mit Gewalt zu unterwerfen, kam es im April 1775 in Massachusetts zu den ersten Gefechten. Aus einem Kampf um die Rechte der Kolonien war ein *Unabhängigkeitskrieg* geworden.

Der im Mai 1775 einberufene *Zweite Kontinental-Kongress* organisierte den *Revolutionary War*. Zum Oberbefehlshaber der vereinigten Miliztruppen ernannten die Delegierten *George Washington*. Gleichzeitig weckte eine breit angelegte Kampagne für die Unabhängigkeitsbewegung auch bei den zögernden *Loyalisten*[1] der bürgerlichen Mittelschicht die Bereitschaft zur Trennung von England (➧ M 2).

Eine neue Dimension des Rechts: die Erklärung der Grundrechte in Virginia

Ausdruck des einsetzenden Unabhängigkeitsstrebens war das Bemühen einer Reihe von Kolonien, sich eigene Verfassungen zu geben. Zu besonderer Bedeutung gelangte die *Virginia Bill of Rights* vom 12. Juni 1776 (➧ M 3). Sie enthielt einen aus dem *Naturrecht*[2] abgeleiteten Katalog von Grund- und Menschenrechten und schrieb erstmals die Gewaltenteilung, die regelmäßige Wahl der Abgeordneten, Geschworenengerichte, Pressefreiheit und Religionsfreiheit in einer Verfassung fest (siehe auch S. 274ff.).

Indem die Erklärung den Vorrang der individuellen Freiheitsrechte des Menschen gegenüber allen Ansprüchen des Staates proklamierte, kommt ihr über den aktuellen Anlass hinaus universale Bedeutung zu. Deutlich wird „das Modell einer Zivilgesellschaft (*civil society*), das keine Trennung von Staat und bürgerlicher Gesellschaft kennt, sondern Politik als Konsequenz des Mehrheitswillens und der öffentlichen Meinung (*public opinion*) definiert" (Jürgen Heideking). Von hier aus wurde die folgende inneramerikanische und die zukünftige internationale Verfassungsentwicklung maßgeblich beeinflusst.

„Selbstverständliche Wahrheiten": die Unabhängigkeitserklärung

Am 4. Juli 1776 verkündeten die Delegierten des Zweiten Kongresses die *Unabhängigkeitserklärung (Declaration of Independence)*. Die Urkunde war unter der Leitung von *Thomas Jefferson* von einem Ausschuss erarbeitet worden. Dessen herausragende Mitglieder wie *John Adams* und *Benjamin Franklin* verkörperten das puritanische Freiheitsbewusstsein und die angelsächsische Rechtstradition der gebildeten und besitzenden Oberschichten der Kolonien.

Die Unabhängigkeitserklärung hatte eine doppelte Funktion: Sie nannte die Vergehen der englischen Krone und begründete damit formal, warum die Kolonien sich von England lossagten. Gleichzeitig legte sie in der Einleitung ein politisches Glaubensbekenntnis vor, um den Schritt in die Unabhängigkeit zu legitimieren (➧ M 4). Auf dem Fundament der „selbstverständlichen Wahrheiten" der Gleichheit, der Freiheit und des Strebens nach Glück („pursuit of happiness") entstand der „American Dream".

---

[1] Die loyal zur britischen Krone stehenden Kolonisten (rund 20 % der Bevölkerung)

[2] Lehre von einem Recht, das im Wesen des Menschen begründet ist – unabhängig von Zeit und Ort, in denen er lebt. Dagegen steht das geschichtlich gewordene, gesetzte und daher veränderliche („positive") Recht.

Ausgang und Ende des revolutionären Krieges

Ihre Freiheit erkämpften sich die „Patrioten“ in einem fast acht Jahre währenden Krieg. Sie hatten dabei nicht nur gegen die Engländer und die etwa 30 000 Söldner aus deutschen Landen, die so genannten „Hessians“, zu kämpfen, sondern auch gegen etwa ein Drittel der Kolonisten, die weiterhin zur britischen Krone hielten. Insofern war der Unabhängigkeitskrieg auch ein Bürgerkrieg. Militärisch entscheidend wurde die Intervention der Franzosen, die zuerst mit Waffen und Geld, ab 1778 auch mit Truppen die aufständischen Amerikaner gegen den „Erzrivalen“ England unterstützten.

Im *Frieden von Versailles* (1783) musste England die Souveränität der dreizehn Vereinigten Kolonien anerkennen und ihnen das Gebiet zwischen den Appalachen und dem Mississippi abtreten. Die über 80 000 königstreu gebliebenen Loyalisten wurden ausgestoßen oder emigrierten freiwillig, meist nach Kanada. In nicht wenigen Fällen wurde ihr Besitz konfisziert und aufgeteilt. Nahezu die Hälfte der kolonialen Oberschicht wurde auf diese Weise ausgetauscht.

Auf dem Weg zu einer Verfassung für den Staatenbund

Noch während des Krieges hatten zwischen 1776 und 1780 elf von dreizehn Kolonien eigenständige Verfassungen verabschiedet und die Staatsmacht in Exekutive, Legislative und Judikative geteilt. Alle Verfassungen führten ein Männerwahlrecht ein, das durch Eigentumsklauseln eingeschränkt war (*Zensuswahlrecht*). Diese Verfassungen beeinflussten die nun einsetzende Diskussion über eine Bundesverfassung.

In den 1777 angenommenen, aber erst 1781 endgültig ratifizierten *Konföderationsartikeln (Articles of Confederation)* hatten die dreizehn souveränen Kolonien ihre Zusammenarbeit als losen republikanischen Staatenbund organisiert. Nach dem Fortfall der äußeren Bedrohung schien der Zusammenhalt der *United States of America* schnell zu zerbröckeln.

Die Last der Kriegskosten, eine einsetzende Wirtschaftskrise und ein Autoritätsverfall der kolonialen Eliten offenbarten Probleme, die ein hilfloser Kongress mangels Befugnissen nicht lösen konnte. Ein Staatsbankrott drohte. Weitere Argumente für eine stärkere Zentralgewalt lieferte nicht zuletzt eine Rebellion verschuldeter Farmer im Hinterland von Massachusetts. Sie hatten zu den Waffen gegriffen, um von den Behörden eine Reduzierung der Steuerlast und die Erschwerung von Zwangsvollstreckungen zu erzwingen (*Shays' Rebellion*, 1786/1787). Die Tatsache, dass das Parlament von Massachusetts dem Druck der Farmer zum Teil nachgab, mochte manchen Angehörigen der politischen Oberschicht in dem Willen bestärkt haben, die Macht der einzelstaatlichen Legislativversammlungen durch eine neue Bundesverfassung zu begrenzen.

▲ *Historical Monument of the American Republic*, Gemälde von Erastus Salisbury Field, um 1876.
• Analysieren Sie die Symbolik des Bildes.

„Checks and Balances“: die amerikanische Bundesverfassung

Mit der Verfassungsdiskussion sollte die *„Amerikanische Revolution“* beendet werden. Am 25. Mai 1787 kamen in Philadelphia 55 Delegierte aus zwölf Staaten mit dem Auftrag zusammen, „die Konföderationsartikel zu revidieren“. Hinter verschlossenen Türen einigten sich die Delegierten unter dem Vorsitz von George Washington stattdessen auf eine völlig neue Verfassung für eine präsidiale föderalistische Republik. Der Entwurf der Verfassungsväter (*Founding Fathers*) wurde am 17. September 1787 beschlossen. Er schuf ein System der Gewaltenteilung und wechselseitigen Kontrolle (*Checks and Balances*) zwischen Exekutive, Legislative und Judikative:

1. Die *Macht des Bürgers* findet ihren Niederschlag darin, dass alle politische Gewalt vom Volk ausgeht und das Gemeinwohl Maßstab allen staatlichen Handelns ist. Einer Allmacht des Volkes setzt die kontrollierende *Kraft der Rechtsprechung* Grenzen. Diese kann in letzter Instanz durch das oberste Bundesgericht (*Supreme Court*) auch die Gesetzgebungsakte des Bundes und der Einzelstaaten einer Kontrolle unterziehen (ab 1803).
2. Die *Macht des Kongresses*, der aus zwei Kammern, dem *Senat* (Vertreter der Staaten) und dem *Repräsentantenhaus* (direkt gewählte Volksvertreter) besteht, findet ihr Gegengewicht in der *Autorität des Präsidenten*, der zugleich Staatsoberhaupt und Chef der von ihm selbst ausgewählten Regierung ist. Er wird nicht vom Parlament, sondern vom Volk durch Wahlmänner indirekt auf vier Jahre gewählt und kann durch sein aufschiebendes Vetorecht auf die Gesetzgebung einwirken.
3. Der *Einheit des Bundesstaates* (zuständig für Verteidigung, Währung, Außenpolitik und Außenhandel) stehen *selbstständige Einzelstaaten* gegenüber (zuständig für Fragen der Kultur, des Verkehrs, der Justiz und der Polizei).

4. Den Interessen der *großen Staaten* wird dadurch Rechnung getragen, dass die Einzelstaaten im Repräsentantenhaus proportional zu ihrer Bevölkerung vertreten sind und allein dieser Kammer das Recht zusteht, Finanzgesetze zu verabschieden. Indem alle Staaten im Senat zwei Sitze erhalten, wird gleichzeitig den Interessen der *kleinen Staaten* entgegengekommen (➧ M 5).

In der Auseinandersetzung über die Annahme des Entwurfs bildeten sich zwei politische Lager. Die *Föderalisten (Federalists)*, hinter denen Handel und Gewerbe standen, befürworteten eine starke Bundesgewalt. Demgegenüber misstrauten die *Anti-Federalists* jedem staatlichen Zentralismus und wollten einen staatenbündischen Föderalismus verteidigen. 1788 nahmen die meisten Staaten die Verfassung an.

Bei den anschließenden Wahlen des Jahres 1789 gewannen die Föderalisten, und George Washington wurde der erste Präsident der Vereinigten Staaten. Hauptstadt war zunächst Philadelphia, bevor die Regierung im Jahr 1800 in das weiter südlich gelegene neu gegründete „Washington" umzog. Um Forderungen der Anti-Federalists entgegenzukommen, beschloss der Kongress im Herbst 1789, eine Reihe von Grundrechten (*Bill of Rights*) als Zusätze (*amendments*) in die Bundesverfassung aufzunehmen. Diese Artikel garantierten jedem Amerikaner unter anderem Glaubens-, Presse- und Versammlungsfreiheit, Unverletzlichkeit der Person, der Wohnung und des Eigentums.

Die Forderung nach dem Wahlrecht für Frauen blieb allerdings in der Bundesverfassung bis 1920 unberücksichtigt (➧ M 6).[1)]

Grundbegriff: Demokratie ➝ Der Begriff stammt aus dem Griechischen und heißt so viel wie *Volksherrschaft*. Indem die athenische Polis die Mitwirkung aller Bürger an den politischen Entscheidungen zur Grundlage des Staatslebens machte, unterschied sie sich grundsätzlich von anderen, im Altertum bekannten Regierungssystemen: der Herrschaft Einzelner (*Monarchie* oder *Tyrannis*); der Herrschaft Weniger (z.B. *Aristokratie* oder *Oligarchie*). Allerdings waren in Athen oder in Rom politische Rechte nur den männlichen Vollbürgern, und diesen nur in abgestufter Form, vorbehalten. Damit kontrollierten Minderheiten die staatlichen Entscheidungsprozesse.

Im Mittelalter lehnte die Kirche die Demokratie als Leugnung der gottgesetzten Verschiedenheit von Menschen ab. Erst in der Neuzeit bereiteten zwei gegenläufige Entwicklungen die moderne Demokratie vor: Der Absolutismus strebte eine Vereinheitlichung der Pflichten aller Untertanen an; die Philosophie der Aufklärung begründete gleiche Rechte der Bürger. Im 19./20. Jahrhundert entstanden auf dieser Basis in Nordamerika und Europa Demokratien modernen Zuschnitts, an denen tatsächlich alle Bürger teilhaben können.

Als Idealbild scheint Demokratie heute international weitgehend unumstritten. Die mit ihr verbundenen Vorstellungen sind jedoch zum Teil höchst unterschiedlich. Es bleibt deshalb eine ständige Aufgabe, sich überall dort für Demokratie einzusetzen, wo ihre Verwirklichung aus historischen, gesellschaftlichen oder religiösen Gründen gefährdet erscheint.

---

1) *Auf S. 309 finden Sie ein Mind-Map zum Thema „Die Entstehung der USA". Dies ist eine Form der Bearbeitung und Präsentation einer Themenstellung. Andere Formen wie Zeittafel oder Thesenpapier sind ebenfalls möglich.*

1.3 Ein Kontinent auf dem Weg zur Nation

▲ *Emanuel Gottlieb Leutze, „Westwärts geht der Weg des Imperiums“ (1861).*

1787
Die Northwest Ordinance regelt die Erweiterung des Siedlungsraumes nach Westen

1803
Die USA kaufen Frankreich das Louisiana-Territorium ab

1845
Das Manifest Destiny formuliert eine neue Form des amerikanischen Sendungsbewusstseins

1890
Mit der Schlacht am Wounded Knee Creek enden die Indianerkriege
Mit der Erschließung des Westens kommt die Frontier-Bewegung zu einem Abschluss

1924
Die Indianer erhalten das Bürgerrecht

M1

Was ist ein Amerikaner?

Der gebürtige Franzose Hector St. John de Crèvecœur kam 1754 als Soldat nach Nordamerika, wo er viel reiste. 1793 wurde er französischer Konsul in New York.

Hier gibt es keine aristokratischen Familien, keine Fürstenhöfe, keine Könige, keine Bischöfe, keine geistliche Oberherrschaft, keine unsichtbare Macht, die wenigen eine sehr sichtbare verleiht, keine großen Manufakturbesitzer, die Tausende beschäftigen, keine Übertreibung des Luxus. Die Reichen und die Armen sind nicht so weit voneinander entfernt wie in Europa. [...]
Rechtsanwalt oder Kaufmann sind die erhabensten Titel, die unsere Städte gewähren; der eines Farmers ist die einzige Bezeichnung für die ländlichen Bewohner unseres Gemeinwesens. Gewiss wird der Reisende einige Zeit benötigen, ehe er sich mit unserem Wortschatz anfreunden kann, dem es wohl an würdevollen Bezeichnungen und Ehrennamen gebricht. So sieht er an einem Sonntag eine Versammlung respektabler Farmer und ihrer Frauen, alle in schmuckes, selbsterzeugtes Tuch gekleidet, wohlberitten oder in ihren eigenen schlichten Wagen. Unter ihnen gibt es keinen Hochwohlgeboren außer dem unbelesenen Friedensrichter. Dort erblickt er einen Pfarrer, so schlicht wie seine Herde, einen Farmer, der nicht von der Arbeit anderer in Saus und Braus lebt. Wir haben keine Prinzen, für die wir uns abmühen, hungern und bluten; wir sind die vollkommenste Gesellschaft, die jetzt in der Welt existiert. Hier ist der Mensch so frei, wie er sein sollte [...].
In diesem großen amerikanischen Asyl haben sich die Armen Europas auf die eine oder andere Weise und im Ergebnis verschiedener Ursachen zusammengefunden; zu welchem Zweck sollten sie einander fragen, aus welchem Land sie kommen? Ach, zwei Drittel von ihnen hatten kein Heimatland. Kann ein Unglücklicher, der umherstreifen muss, der arbeitet und hungert, dessen Leben ständig voll tiefen Elends und bedrückender Armut ist – kann dieser Mensch England oder irgendein anderes Königreich sein Heimatland nennen? Ein Land, das kein Brot für ihn hatte, dessen Felder ihm keine Ernte lieferten, dem nichts anderes als das Stirnrunzeln der Reichen, die Härte der Gesetze, Kerkerhaft und schwere Strafen zuteil wurden; dem kein Fußbreit der unendlichen Oberfläche dieses Planeten gehörte? Nein! Gedrängt von einer Vielfalt von Beweggründen, kamen sie hierher, wo alles darauf gerichtet war, ihnen neues Leben einzuhauchen; neue Gesetze, eine neue Lebensweise, ein neues Gesellschaftssystem; hier sind sie Menschen geworden [...]. Welche unsichtbare Kraft hat diese überraschende Metamorphose[1] bewirkt? Die der Gesetze und die ihres Fleißes. Die Gesetze, die nachsichtigen Gesetze schützen sie bei ihrer Ankunft und verleihen ihnen das Siegel der Aufnahme; sie erhalten reichen Lohn für ihre Arbeit; der angehäufte Lohn verschafft ihnen Land; dieses Land verleiht ihnen den Titel freier Menschen, und diesem Titel haftet jeglicher Vorteil an, welchen Menschen je erlangen können. [...]
Sein Heimatland ist nun das, welches ihm Boden gibt, Brot, Schutz und Ansehen. Ubi panis ibi patria[2] ist das Motto aller Emigranten. Was also ist dann der Amerikaner, dieser neue Mensch? Er ist weder ein Europäer noch Abkömmling eines Europäers, daher diese seltsame Mischung des Blutes, welche Ihr in keinem anderen Land finden werdet. Ich könnte euch eine Familie nennen, wo der Großvater ein Engländer war, dessen Frau eine Holländerin, deren beider Sohn eine Französin heiratete, und dessen gegenwärtige vier Söhne nun vier Frauen verschiedener Nationalität geehelicht haben. Derjenige ist Amerikaner, der all seine alten Vorurteile und Verhaltensweisen hinter sich gelassen hat und aus der neuen Lebensform, die er angenommen hat, von der neuen Regierung, der er gehorcht, und von dem neuen Stand, den er bekleidet, neue empfängt. [...] Hier sind die Einzelwesen aller Nationen verschmolzen zu einem neuen Menschenschlag, dessen Taten und Nachkommenschaft eines Tages große Veränderungen in der Welt hervorrufen werden. Die Amerikaner sind die Pilger des Westens. [...] Der Amerikaner ist ein neuer Mensch, der nach neuen Grundsätzen handelt; er muss deshalb neue Gedanken hegen und neue Meinungen formen. Aus unfreiwilligem Müßiggang, sklavischer Abhängigkeit, Armut und nutzloser Fron ist er zu einem Schaffen ganz anderer Art übergegangen, das durch ein reichliches Auskom-

1) *Verwandlung*
2) *lat.: „wo ich Brot finde, dort bin ich zu Hause"*

▲ *Frühe Siedlerhäuser an der Ostküste. Rekonstruktionen im Jamestown Festival Park in Williamsburg.*
● *Beschreiben Sie die Verhältnisse, in denen die Menschen lebten, und ihren Lebensstandard.*

men belohnt wird. – Das ist ein Amerikaner. [...] Nun langen wir bei den großen Wäldern an, nahe den letzten bewohnten Gebieten; hier scheinen sich die Menschen noch weiter jenseits der Reichweite der Regierung zu befinden, wodurch sie in gewissem Maße sich selbst überlassen sind. Wie könnte diese in jeden Winkel dringen? Da die Menschen durch Unglück, den Zwang des Neubeginns, durch das Verlangen, große Landgebiete zu erwerben, durch Müßiggang, häufig auch mangelnde Sparsamkeit und durch alte Schulden dorthin getrieben wurden, bietet das Wiederzusammenführen solchen Volkes kein sehr angenehmes Schauspiel. Wenn Zwietracht, Mangel an Einmütigkeit und Freundschaft, wenn entweder Trunksucht oder Müßiggang in solch fernen Gebieten vorherrschen, müssen Hader, Untätigkeit und Elend folgen. Gegen solche Übel stehen nicht dieselben Heilmittel zur Verfügung wie in einer lange bestehenden Gemeinschaft. Die wenigen Friedensrichter, die sie haben, sind im Allgemeinen kaum besser als der Rest; oft befinden sich die Menschen in einem regelrechten Kriegszustand des einen gegen den anderen, wobei die Entscheidung zuweilen durch Schläge, zuweilen durch gesetzliche Mittel herbeigeführt wird; ein Kriegszustand ist auch ihr Verhältnis zu den wilden Bewohnern dieser ehrwürdigen Wälder, die ihnen zu entreißen sie hergekommen sind. Hier scheinen die Menschen nicht besser zu sein als Fleisch fressende Tiere einer höheren Stufe, die sich von anderen wilden Tieren ernähren, wenn sie sie fangen können, und falls sie dieses nicht vermögen, leben sie vom Ackerbau. [...] Die Kraft des Beispiels und der Kontrolle durch das Schamgefühl dort entratend, stellen viele Familien den abscheulichsten Teil unserer Gesellschaft dar. Sie sind eine Art verlorener Hoffnung und schreiten der höchst ehrenwerten Armee von erfahrenen Männern, die nach ihnen kommen, um zehn oder zwölf Jahre voraus. [...] Sie machen fleißigeren Menschen Platz, die die Landkultivierung abschließen und das Blockhaus in eine behagliche Wohnstätte verwandeln werden, und die Freude, dass diese ersten schweren Arbeiten beendet sind, wird das bislang barbarische Land binnen weniger Jahre in einen schönen, fruchtbaren, wohlgeordneten Distrikt verwandeln.

Heinz Förster (Hrsg.), Was ist ein Amerikaner? Zeugnisse aus dem Zeitalter der amerikanischen Revolution, Leipzig/Weimar 1987, S. 8 ff.

1. *Erläutern Sie, was Amerika nach Meinung Crèvecœurs von Europa unterscheidet.*
2. *Diskutieren Sie Crèvecœurs Vision vom „neuen Menschen".*
3. *Erläutern Sie die Position, die die ersten Siedler in den Wäldern nach Ansicht des Autors in der amerikanischen Zivilisationsgeschichte einnehmen.*
4. *Erörtern Sie, ob sich Elemente dieses Amerikabildes bis in die Gegenwart erhalten haben.*

M2
Auswandern nach Amerika?

In dem einflussreichen „Hand- und Reisebuch für Auswanderer" von Traugott Bromme (1. Auflage 1840) heißt es:

Amerika ist [...] kein Feenland, wo ewiger Friede und Genuss herrscht [...], wo man keine Gerichte, Priester, Polizei und Soldaten mehr habe und ihrer auch nicht bedürfe; kein Paradies, welches alle Bedürfnisse ohne Mühe und Arbeit in größter Fülle darbiete; es ist [...] das Land des Schweißes und der Arbeit! Derjenige Auswanderer, welcher ohne Vermögen, das ihn nährt, hierher kommt [...], muss hier recht schwer und mehr als anderwärts arbeiten. Der mit Urwald, Schlingpflanzen und Unkraut überzogene Boden erfordert mehr Kräfte zum Abräumen und zur Bearbeitung als der gewöhnliche Ackerbau in Deutschland. – Die Gewerbe werden zwar frei betrieben, aber diese Freiheit, alle treiben zu dürfen, schickt jedem, der ein einträgliches Geschäft gefunden zu haben glaubt, sogleich eine Menge Konkurrenten auf den Hals, und diese zwingen ihn, alle Kraft aufzubieten, um nicht von anderen aus dem Genuss und dem Besitz seiner Vorteile gedrängt und überflügelt zu werden. [...] Die Vorteile, welche Amerika dem Einwanderer verspricht und bietet, sind: ein leicht zu erwerbender Boden, volle Freiheit der Beschäftigungen und Gewerbe, milde Abgaben, allgemeine politische und religiöse Freiheit, zu denken und zu glauben, was er will, seine Meinung unbefangen zu äußern und seine Einsichten zum Besten seines neuen Vaterlandes geltend zu machen in Schriften und als frei erwählter Vertreter des Volkes. [...]
Nach einigen Jahren Aufenthalt erlangt der Einwanderer die Rechte des Bürgers und kann nun zu allen Ämtern und Würden seines neuen Vaterlandes gelangen – kann Geschworener, Volksvertreter, Beamter, ja selbst die erste Person des Staates werden[1)], wenn er das Vertrauen seiner Mitbürger gewinnt; wer mehr sucht und erwartet, der täuscht sich bitter. Es geschieht in Amerika sonst durchaus nichts für den Fremden; er muss alles sich selbst danken, bedarf aber auch nichts weiter und kann dabei recht wohl bestehen, denn es ist klar, dass ein Mensch, der sich nur sonst zu behelfen und in alles zu finden weiß, tätig, erwerbsfleißig, mäßig, sparsam ist, den Entbehrungen Trotz bieten kann, aber auch nur ein solcher, dort besser als irgendwo sein Glück finden kann. [...]
Wer hier leben und sich gefallen will, muss die europäische Haut abstreifen und nie wieder in sie hineinkriechen; dann aber erwacht auch in ihm ein Gefühl der Superiorität[2)] über alle anderen Nationen, das aus dem Bewusstsein hervorgeht: dass hierzulande als Glied der Gesellschaft niemand über ihm steht, dass durch Geburt die Menschen weder höher noch niedriger sind, dass ihr sittlicher und geistiger Wert alles ist. Selbst die Regierungen sind hier nicht Götter, sondern nur Diener des Volkes, das sie nach Wohlgefallen ein- und absetzt.

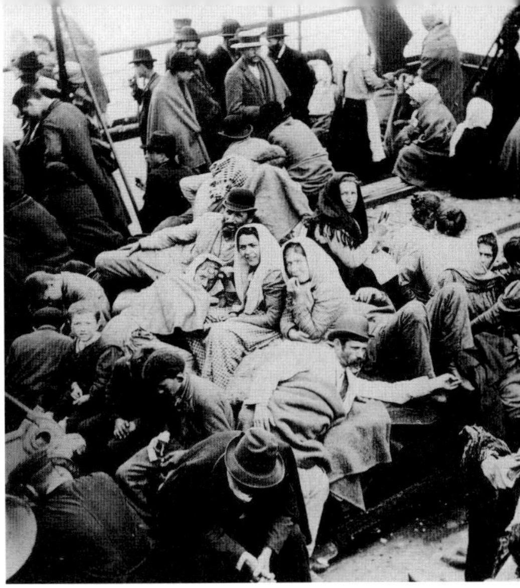

▲ *Auswanderer auf dem Deck der „S. S. Westernland", 1890.*

Traugott Bromme, Hand- und Reisebuch für Auswanderer nach den Vereinigten Staaten von Nordamerika [...], 5. Auflage, Bayreuth, 1848, S. 412 ff.

1. *Listen Sie die Vor- und Nachteile auf, die sich einem Auswanderer aus Deutschland boten. Berücksichtigen Sie auch das Erscheinungsjahr des Ratgebers.*
2. *Beschreiben Sie den Wandel vom „Einwanderer" zum „Amerikaner" und das Entstehen einer amerikanischen Identität.*

Vgl. auch das Modul „Migration", ➧ S. 300 ff.

---

1) *Die Verfassung von 1788 sieht in Art. II vor, dass nur „in den Vereinigten Staaten geborene Bürger" in das Amt des Präsidenten gewählt werden können. Alle anderen politischen Ämter stehen auch Einwanderern offen.*
2) *Überlegenheit*

M3

Die Bedeutung der Grenze für die amerikanische Geschichte

Anlässlich der Weltausstellung in Chicago setzte sich der Historiker Frederick J. Turner 1893 mit den Auswirkungen der Kolonisation des Westens auf den Charakter und das Denken des amerikanischen Volkes auseinander.

Bei den meisten Nationen hat sich die Entwicklung in einem begrenzten Raum abgespielt; und wenn die Nation sich ausdehnte, ist sie auf andere wachsende Völker getroffen, die sie erobert hat. Aber im Fall der Vereinigten Staaten haben wir eine andersartige Erscheinung. Beschränken wir unsere Aufmerksamkeit auf die Atlantikküste, haben wir die vertraute Erscheinung der Entwicklung von Einrichtungen in einem begrenzten Gebiet, wie etwa die Entstehung eines repräsentativen Regierungssystems; die Differenzierung einfacher Kolonialregierungen in vielschichtige Organe; den Fortschritt von einer primitiven Gewerbegesellschaft ohne Arbeitsteilung zur industriellen Zivilisation. Zusätzlich dazu aber haben wir eine Wiederholung des Entwicklungsprozesses in jedem Gebiet des Westens, das im Vorschreiten der Expansion erreicht wird. Derart hat die amerikanische Entwicklung nicht bloß ein Vorrücken entlang einer einzigen Linie dargestellt, sondern die Rückkehr zu primitiven Verhältnissen auf einer ständig vorrückenden Grenzlinie und eine neue Entwicklung für dieses Gebiet. Die gesellschaftliche Entwicklung Amerikas hat an der Grenze ständig wieder von vorn angefangen. Diese beständige Wiedergeburt, dies Fließende des amerikanischen Lebens, diese Expansion westwärts mit ihren neuen Möglichkeiten, ihrer dauernden Berührung mit der Einfachheit primitiver Gesellschaft, stellen die Kräfte, die den amerikanischen Charakter beherrschen. Der wahre Gesichtspunkt in der amerikanischen Geschichte ist nicht die Atlantikküste, sondern der Große Westen. […]

Das Ergebnis ist, dass der amerikanische Geist seine auffallenden Charakteristika der Grenze verdankt. Jene Rauheit und Kraft verbunden mit Scharfsinn und Wissbegier; jene praktische, erfinderische Denkungsart, rasch im Auffinden von Behelfen; jene meisternde Hand in materiellen Dingen, mangelhaft im Künstlerischen, aber machtvoll zur Erreichung großer Ziele; jene ruhelose, nervöse Tatkraft; jener dominante Individualismus, zum Guten und zum Bösen wirkend, und zu all dem die Spannkraft und Üppigkeit, die mit der Freiheit einhergehen – das sind Züge der Grenze oder Züge, die anderswo auf Grund des Daseins der Grenze hervorgerufen wurden. Seit den Tagen, da die Flotte des Kolumbus in die Gewässer der Neuen Welt segelte, war Amerika ein anderer Name für Möglichkeit, und das Volk der Vereinigten Staaten hat den Ton aufgenommen von der unaufhörlichen Ausdehnung, die den Leuten nicht nur freistand, sondern sogar aufgezwungen wurde.

▲ *Bautrupps feiern 1869 die Vollendung der ersten transkontinentalen Eisenbahnlinie im Bundesstaat Utah.*

Erich Angermann, Der Aufstieg der Vereinigten Staaten von Amerika. Innen- und außenpolitische Entwicklung 1607–1914, 2. Auflage, Stuttgart 1965, S. 45 f.

1. *Erläutern Sie Turners Begriff der „Grenze". Beurteilen Sie, was an der Grenze geschieht und wie sie das Leben der Siedler prägt.*
2. *Vergleichen Sie den Typ des in den Westen ziehenden Pioniers mit den puritanischen Siedlern.*

M4
Krieg oder Frieden?
Was sollen die Indianer tun?

Der Shawnee-Häuptling Tecumseh versuchte 1811, andere Indianerstämme für einen Krieg gegen die Weißen zu gewinnen.

Schlaft nicht länger, oh Choctaws und Chickasaws, in falscher Sicherheit und trügerischer Hoffnung. Unsere großen Landgebiete entgleiten immer mehr unserem Griff. Jedes Jahr werden die weißen Eindringlinge habsüchtiger, erpresserischer, erdrückender und anmaßender. Noch treten und schlagen sie uns nicht wie ihre Schwarzgesichter. Aber wie lange noch wird es dauern, bis sie uns an Pfähle binden und uns auspeitschen und uns zwingen, für sie auf ihren Feldern zu arbeiten? Sollen wir auf diesen Augenblick tatenlos warten oder kämpfen?
Haben wir ihre Absichten nicht klar vor Augen in den Beispielen ihres Verhaltens in der Vergangenheit? Sollen wir die Gebeine unserer teuren Verstorbenen preisgeben, sollen wir warten, bis sie so zahlreich geworden sind, dass es einen Widerstand gar nicht mehr geben kann? Sollen wir uns eines Tages zerstören lassen, ohne Kampf? Niemals, sage ich! Niemals! Also müssen wir uns zusammenschließen, eine große indianische Einheit bilden und sie an der ganzen Front zurücktreiben. Krieg oder Ausrottung ist unsere einzige Alternative, die wir haben. Welches wählt ihr? Deshalb rufe ich euch jetzt auf, tapfere Choctaws und Chickasaws, euch dem rechten Versuch anzuschließen, unsere Rasse aus dem Griff unserer treulosen und herzlosen Unterdrücker zu befreien. Die widerrechtliche Besitznahme unseres Landes muss gestoppt werden, oder wir, die rechtmäßigen Eigentümer, werden für immer zerstört und aufhören, als eine Rasse zu existieren. Ich führe nun viele Krieger an und werde vom starken Arm englischer Soldaten gestützt.
Choctaws und Chickasaws! Ihr gehört zu den wenigen, die sorglos beiseite sitzen. Ihr habt euch wirklich des Rufes erfreut, tapfere Krieger zu sein, aber wollt ihr diesen Ruf lieber der Überlieferung schulden als der Gegenwart? […] Wollt ihr – könnt ihr länger untätig bleiben, oh Choctaws und Chickasaws?

Der Choctaw-Irokesen-Häuptling Pushmataha antwortete auf Tecumseh:

Wenn wir die Waffen gegen die Amerikaner erheben, so müssen wir dies notwendigerweise gegen unsere täglichen Nachbarn und Mitbürger tun […]. Diese weißen Amerikaner kaufen unsere Häute, unseren Mais, unsere Baumwolle, unser überzähliges Wildbret, unsere Korbflechtereien und andere Waren, und sie geben uns hierfür in fairem Tauschhandel ihre Kleiderstoffe, ihre Waffen, ihre Werkzeuge, Hilfsmittel und andere Dinge, die wir benötigen, aber selbst nicht herstellen. Es ist wahr, dass wir freundschaftliche Beziehungen zu ihnen unterhalten, aber wer will leugnen, dass sie diese in Fülle erwidern? […] Sie haben uns bei der Produktion unserer Ernten geholfen, sie haben viele unserer Frauen zu ihren Ehefrauen gemacht und viele unserer Frauen in ihren Häusern angestellt, wo sie nützliche Dinge lernen, und sie bezahlen sie dafür, sie nützliche Dinge zu lehren. Sie lehren unsere Kinder zu lesen und zu schreiben aus ihren Büchern. Ihr alle erinnert euch der verheerenden Epidemie, die uns letzten Winter überfiel. Während der schwärzesten Stunden haben uns diese Nachbarn, die wir jetzt in tödlichen Kampf verwickeln sollen, großzügige Hilfe geleistet, unsere Kranken versorgt, die Gesundeten gekleidet, die Hungrigen genährt. […] So ergibt es sich, dass sich die Erfahrungen der Shawnees in keiner Weise mit den Erfahrungen, die Indianer in diesem Teil des Landes mit Amerikanern gemacht haben, decken, sondern dass wir – im Gegenteil – unter friedlichen und erfreulichen Bedingungen mit Amerikanern leben, die beiden Teilen zugute kommen.

Wolfgang Behringer (Hrsg.), Amerika. Die Entdeckung und Entstehung einer neuen Welt. Ein Lesebuch, München 1992, S. 423 f.

1. *Prüfen Sie die jeweiligen Argumente auf ihre Stichhaltigkeit.*
2. *Begründen Sie, wem der Gang der Geschichte Recht gegeben hat.*

M5

Aus einer Indianerrede

Die meisten Berichte über die schriftlosen Völker der nordamerikanischen Indianer stammen von „Weißen". Eine andere Perspektive zeigt die Rede, die der legendäre Sioux-Häuptling Sitting Bull (1832–1890) (siehe Foto) im Jahre 1866 gehalten haben soll.

Seht, Brüder, der Frühling ist da. Die Sonne hat die Erde umarmt. Bald werden wir die Kinder dieser Liebe sehen.

Jeder Same, jedes Tier ist erwacht. Dieselbe große Kraft hat auch uns geboren. Darum gewähren wir auch unseren Mitmenschen und unseren Freunden, den Tieren, die gleichen Rechte wie uns, auf dieser Erde zu leben.

Aber hört, Brüder. Jetzt haben wir es mit einer anderen Art zu tun. Sie waren wenige und schwach, als unsere Großväter die ersten von ihnen trafen; jetzt aber sind sie viele, und sie sind stark und überheblich.

Es ist kaum zu glauben, sie wollen die Erde umpflügen. Habgier ist ihre Krankheit. Sie haben viele Gesetze gemacht, und die Reichen dürfen sie brechen, die Armen aber nicht. Sie nehmen das Geld der Armen und Schwachen, um die Reichen und Starken damit zu stützen. Sie sagen, unsere Mutter, die Erde, gehöre ihnen; und sie zäunen uns, ihre Nachbarn, von unserer Mutter ab. Sie beschmutzen unsere Mutter mit ihren Gebäuden und ihrem Abfall. Sie zwingen unsere Mutter, zur Unzeit zu gebären. Und wenn sie keine Frucht mehr trägt, geben sie ihr Medizin, auf dass sie aufs Neue gebären soll. Was sie tun, ist nicht heilig.

Sie sind wie ein Fluss zur Zeit des Hochwassers. Im Frühling tritt er über die Ufer und zerstört alles auf seinem Weg.

Wir können nicht Seite an Seite leben. Vor sieben Jahren haben wir mit dem weißen Mann einen Vertrag geschlossen. Er versprach uns, dass das Land des Büffels für immer unser sei. Nun droht er, uns auch das zu nehmen. Sollen wir es geben, Brüder? Oder sollen wir sagen: „Bevor du mein Land nimmst, musst du mich töten!"

William Arrowsmith und Michael Korth (Hrsg.), Meine Worte sind wie Sterne, sie gehen nicht unter. Reden der Indianerhäuptlinge, München 1986, S. 41 f.

1. *Entwickeln Sie aus der Rede das Natur- und Menschenverständnis der Indianer.*
2. *Erläutern Sie, welche Vorgänge der Raumerschließung des amerikanischen Westens von Sitting Bull beschrieben werden.*
3. *Zeigen Sie, worauf sich sein Unverständnis für die Lebensweise des „weißen Mannes" gründet.*
4. *In vielen literarischen und filmischen Darstellungen der Eroberung des „Wilden Westens" wird der Kampf der weißen Amerikaner gegen die Ureinwohner des Landes heroisiert. Diskutieren Sie Motive, Verlauf und Ergebnis der Indianerkriege.*

„Westward" – ein Kontinent wird erobert

Der nordamerikanische Halbkontinent wurde in drei Schüben erobert, besiedelt und erschlossen.
– Die erste Expansionsphase war mit der Staatsgründung der USA abgeschlossen und umfasste das Territorium der dreizehn Gründerstaaten. Doch noch bevor es eine Bundesverfassung gab, zwangen eigenmächtig nach Westen vordringende Siedler den Konföderationskongress, die Weichen für die Erweiterung des Staatsgebiets zu stellen. Die *Northwest Ordinance* von 1787 versuchte, die Ausbreitung der weißen Amerikaner jenseits der Appalachen in gesetzliche Bahnen zu lenken. Dabei sollten die neu besiedelten Gebiete nach Erreichen einer Mindestbevölkerung von 60 000 Einwohnern als gleichberechtigte Unionsstaaten anerkannt werden. Der Grundstein für die föderative Erweiterung der USA war gelegt.
– Die Bewahrung des Status quo in einem *Zweiten Unabhängigkeitskrieg* (1812–1814) gegen Großbritannien und der Verfall der spanischen Herrschaft (Verkauf von Florida an die USA, 1819) schufen die Voraussetzungen für die zweite große Phase der amerikanischen Landnahme. Auf der Suche nach fruchtbarem und billigem Land trieben Farmer und Pflanzer die Siedlungsgrenze in die noch weitgehend unerschlossenen Gebiete des Ohio- und Mississippi-Beckens vor.
– Die riesige Landmasse des Louisiana-Territoriums zwischen dem Mississippi und den noch unerforschten Rocky Mountains, die Präsident Jefferson bereits 1803 von Frankreich für 15 Millionen Dollar erworben hatte, übte auf die Amerikaner zunächst keine Anziehungskraft aus. Man glaubte, dass die trockenen Prärien des *„Wilden Westens"* für eine landwirtschaftliche Nutzung unbrauchbar seien. Erst kurz vor der Jahrhundertmitte setzten Siedler in einer dritten Expansionswelle zur Überwindung der *Great Plains* an, um in großen Trecks die Pazifikküste anzusteuern. Goldfunde lockten ab 1848 Hunderttausende in den „Fernen Westen". Die kontinuierliche Erschließung des gebirgigen Nordwestens und der Trockengebiete im Südwesten gelang erst im Verlauf der zahlenmäßig größten Einwanderungsschübe nach 1890.
Innerhalb von acht Jahren (1845–1853) erweiterte sich das Staatsgebiet der USA von 4,63 auf 7,86 Millionen Quadratkilometer. Die Grenzziehung zu den Nachbarstaaten erfolgte dabei im Falle Kanadas durch Verhandlungen mit der britischen Regierung. Hingegen musste Mexiko vor allem als Ergebnis des verlorenen Krieges von 1846–1848 die Hälfte seines Staatsgebiets an die landhungrige Union abgeben („Poor Mexico! So far from God and so near to the United States").

Territoriale Expansion und Marktwirtschaft

Die Besiedlung Nordamerikas in der Epoche der „Marktrevolution" (market revolution) wurde angetrieben von drei einander wechselseitig verstärkenden Faktoren:

1. Der Zustrom europäischer Einwanderer hielt ungebremst an, die getrieben von „Druck-" und „Zugkräften" die Alte Welt jährlich zu Hunderttausenden verließen (➧ M 2).
2. Der Ausbau der Verkehrswege und die Nutzung neuer Massentransportmittel (Dampfschiff und Eisenbahn) beschleunigten die Westwanderung. Um 1860 herum lebte bereits die Hälfte der amerikanischen Bevölkerung in neu gegründeten Bundesstaaten westlich der Appalachen.

▲ *Die Entwicklung der Vereinigten Staaten von Amerika bis 1853.*

3. Die Wirtschaft entwickelte sich viel schneller als in Europa durch
   - die sich rasch vergrößernde Anbaufläche in der Landwirtschaft,
   - die technischen Neuerungen der Frühindustrialisierung[1] und den ungehinderten Übergang vom Manufakturwesen zum Fabriksystem,
   - den verschwenderischen Umgang mit Energie und Bodenschätzen, die im Übermaß vorhanden waren.

Was ist ein Amerikaner?

Parallel dazu bildeten sich Eigenschaften und Verhaltensweisen aus, die bis heute als „amerikanisch" gelten (➧ M 1). Der Auserwähltheitsglaube der Puritaner und der Fortschrittsoptimismus der Gründerväter hatten das Selbstverständnis der Kolonialamerikaner bestimmt. Hinzu kam der Kampf auf Leben und Tod an der Grenze der Zivilisation, der *frontier*. Er förderte das Freiheits- und Gleichheitsdenken und trieb zu einem fast unbegrenzten Gewinn- und Erfolgsstreben an. Eine ideologische Überhöhung erfuhr der amerikanische Pioniergeist, als der Journalist *John L. Sullivan* 1845 das Schlagwort vom „Manifest Destiny of God's own country" formulierte. Danach sei es die nationale Bestimmung der Nordamerikaner, ihr Territorium und zugleich ihre politischen und wirtschaftlichen Ordnungsvorstellungen über den Kontinent auszubreiten und ein „Imperium der Freiheit" zu errichten.

---

[1] *Amerikanische Erfindungen waren Eli Whitneys Baumwollentkernungsmaschine (1793), Robert Fultons Dampfboot (1807/14), Samuel Morses Telegraf (1838) und Edward Howes Nähmaschine (1845).*

Der Frontier-Geist der Pioniere im Westen, die sich ihre Lebensgrundlagen selbst schufen und sie unter Einebnung aller Standesunterschiede selbst verteidigten, hatte auch politische Folgen: Das Zensuswahlrecht wurde durch ein gleiches Wahlrecht für alle weißen Männer ersetzt. Allmählich bildete sich ein Parteiensystem heraus. Als Massenspektakel organisierte Wahlkämpfe betonten die demokratische Aufbruchsstimmung in einer zunehmend industriell geprägten Gesellschaft.
Als nach 1890 die Erschließung Amerikas so weit vorangeschritten war, dass es keine Gegenden mehr gab, von denen die prägenden Einflüsse der „Grenze" ausgingen, glaubte der Historiker *Frederick Jackson Turner* dem nationalen Selbstverständnis seiner Landsleute einen neuen Impuls geben zu müssen. Er deutete die Geschichte um, indem er 1893 die fortschrittlichen Züge der politischen und gesellschaftlichen Institutionen Amerikas nicht mit dem Einfluss europäischer Ideen und Traditionen erklärte, sondern aus den Erfahrungen der Siedler einen demokratisierenden Einfluss auf die nationale Gesamtentwicklung ableitete (*„grass root democracy"*) (➧ M 3). Turners Thesen ist oft widersprochen worden, doch der „Frontier-Mythos", die Überzeugung von der besonderen Sendung der USA, prägt die politische Kultur des Landes bis heute.

▼ *Die Entwicklung des indianischen Territoriums im 19. Jahrhundert.*

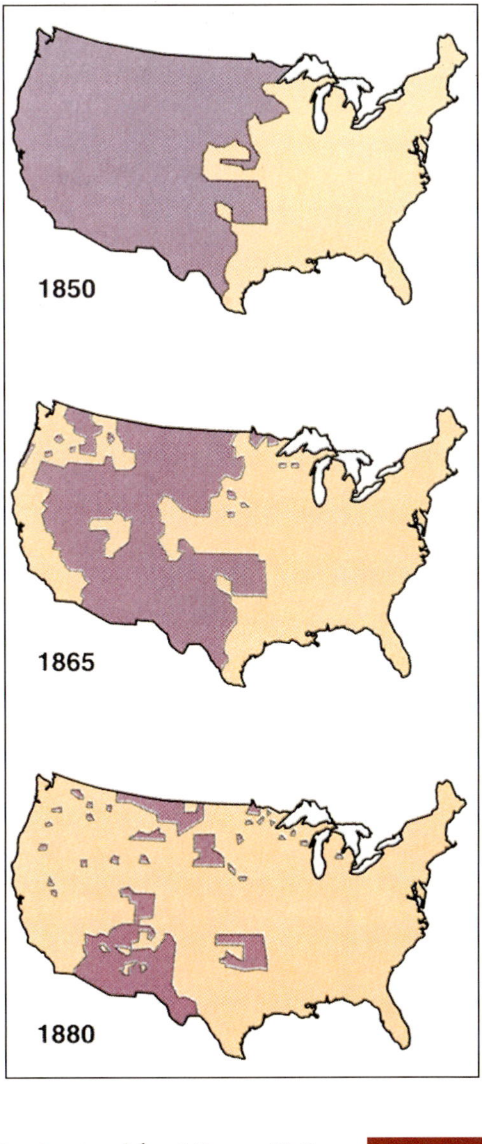

Weiße und Indianer

Nur wenige Weiße empfanden Skrupel gegenüber der eigenen Eroberermentalität, wenn sie im Zuge der Besitzergreifung im Westen auf die indianischen Ureinwohner des Landes trafen. Die Mehrheit glaubte, das biblische Gebot „Macht euch die Erde untertan" umzusetzen. Den Europäern fehlte das Verständnis für die indianische Natur- und Lebensphilosophie, wonach die Menschen als Kinder der „Mutter Erde" die Wildnis nicht zu bezwingen, sondern in Harmonie mit der sie umgebenden Natur zu leben hatten (➧ M 5).
Wo die Indianer dem puritanisch-kapitalistischen Besitzstreben der Siedler im Wege standen, sollten sie „wie Tiere aus den Wäldern in die Felsengebirge" (Jefferson) getrieben werden. Die in der „Northwest Ordinance" 1787 eingegangene Selbstverpflichtung, den Indianern friedlich und ehrlich zu begegnen und ihr Land und Eigentum „niemals ohne ihre Zustimmung" zu erwerben, blieb wirkungslos.
Über 400 Verträge schloss die Bundesregierung bis 1868 mit verschiedenen Indianerstämmen. Doch selbst die 1834 garantierte „ewige Grenze" des Indianerlandes westlich der Staaten Missouri, Arkansas und Louisiana hielt nur so lange, bis

▲ *Motiv: „Rettung der ‚weißen Squaw'". Im „Schwarzen Falken" bringt Ethan Edwards die vermeintlich „Geschändete" gewaltsam zu ihren Verwandten zurück.*

▲ *In dem Film „Der mit dem Wolf tanzt" wird die Verletzte an ihren jetzigen indianischen Lebensverband übergeben. Der weiße Mann heiratet sie später als Stammesfreund nach indianischem Ritus.*

Spielfilm und Western als Quelle

Spielfilme besitzen als fiktionales – also erfundenes, künstlerisch gestaltetes und kommerziell funktionales – Genre einen bestimmten Wert als historische „Quelle", weil sie den historisch-politischen Zeitgeist ihrer Entstehungsepoche widerspiegeln. Der Soziologe Siegfried Kracauer schrieb schon 1947: „Die Filme einer Nation reflektieren ihre Mentalität unvermittelter als andere künstlerische Medien, und das aus zwei Gründen: Erstens sind Filme niemals das Produkt eines Individuums. [...] Zweitens richten sich Filme an eine anonyme Menge und sprechen sie an. Von populären Filmen [...] ist es anzunehmen, dass sie herrschende Massenbedürfnisse befriedigen."

Besonders populär beim amerikanischen Publikum waren seit je Westernfilme, die die eigene junge Geschichte filmisch verarbeiteten, oft auch verklärten. Zentrales Motiv vieler „Western" sind Auseinandersetzungen an der Grenze (frontier), die seit Turner als wichtige Voraussetzung für die Ausbildung des „amerikanischen Geistes" beschworen wurden.

Der Western-Film macht diese Auseinandersetzungen endgültig zum Mythos. Das (fast immer männliche) Individuum muss an der Grenze zwischen Natur und Zivilisation um sein Leben oder zumindest um seine Zivilisationsvorstellungen kämpfen. Dass Entscheidungen gewaltsam herbeigeführt werden, wird dabei akzeptiert.

Der schwarze Falke

Der amerikanische Filmregisseur John Ford hat seinen Western „Der schwarze Falke"[1] (1956) charakterisiert als „die Tragödie eines Einzelgängers, der nie wirklich Mitglied einer Familie sein konnte". Der Film handelt von der Rache des Ethan Edwards (dargestellt von John Wayne) an einem Indianerstamm der Comanchen. Die Indianer hatten die Familie seines Bruders getötet und eine Nichte entführt. Ethan verfolgt fünf Jahre ihre Spur und findet schließlich die Nichte als Frau des Indianerhäuptlings. Entrüstet über ihre „Schändung" will er diese „Grenzverletzung" der Indianer vergelten. Indianer sind in diesem Film die Außenseiter im neuen weißen Amerika. Sie werden grotesk überzeichnet oder bleiben unpersönliche Aggressoren.

---

1) „Der schwarze Falke" (USA 1956, 119 min.) Regie: J. Ford; Video: Warner Home Video GmbH 1994

Der mit dem Wolf tanzt

Seit den Sechzigerjahren büßte das Genre des Westerns an Attraktivität ein. Der gesellschaftspolitische Zeitgeist passte nicht mehr mit den traditionellen Westernthemen zusammen. Die Ideen von Bürgerrechtsbewegungen wirkten sich auf den Medienbereich aus.

1989 übertraf Kevin Costners Film „Der mit dem Wolf tanzt“ [1] alle Erwartungen der Publikumsgunst und wurde vielfach ausgezeichnet. Gelobt hat die Kritik vor allem Costners Bemühungen um historische und ästhetische Echtheit. So werden alle Indianer von Angehörigen der Sioux gespielt. Man drehte in ihrer Sprache (Lakota), die nicht synchronisiert wurde, und arbeitete mit Untertiteln.

Anders als in Fords Film werden bei Costner die Sioux-Indianer charakterlich entwickelt, sie bleiben keine Typen. Die Sympathie des Erzählers liegt auf ihrer Seite, die Bekämpfung ihrer Grenze durch den weißen Helden ist nicht der bleibende Beweggrund für die Handlung. Im Gegenteil: Der Ausnahmeweiße erlangt durch die Akzeptanz der indianischen Lebensweise, die nur aus Sicht der übrigen Weißen „unzivilisiert“ scheint, eine moralisch höhere Bewusstseinsstufe als seine weißen Landsleute, die als dekadent und heruntergekommen gezeichnet werden.

Anders als im traditionellen Western geht es nicht um den Kampf gegen die Natur, sondern um ein Leben in und mit der Natur, deren Teil die Indianer sind. Costner bemüht sich darum zu zeigen, dass es gute und böse Charaktere in jeder Gruppe gibt, ob Yankees, Südstaatler, Weiße oder Indianer. Der Film will zu einem neuen, friedlichen und respektvollen Umgehen mit Grenzen und vermeintlichen „Feinden“ auffordern.

▲▼ Während Ethan Edwards seine Macht körperlich dadurch demonstriert, dass er dem Indianerhäuptling „auf den Leib rückt“, zeigt das Bildverhältnis beim Abschied des Heiligen Mannes der Sioux und seines guten Freundes John Dunbars respektvolle Distanz.

---

[1] *„Der mit dem Wolf tanzt“ (USA 1989/91, 236 min.) Regie: K. Costner; Video: Constantin-Video, VCL/Carolco Communications GmbH, München 1995*

1. *Während die beiden beschriebenen Western in einem deutschen Filmlexikon als „Literaturverfilmung“ und „Western“ kategorisiert werden, erhalten sie in einem amerikanischen Filmlexikon folgende Zuordnungen:*
   „Der schwarze Falke“: Kultfilm, Action, Abenteuer, Kinder, Drama, Spannung, Krieg, Western, Klassiker.
   „Der mit dem Wolf tanzt“: Romanze, Tragödie, Action, Abenteuer, Drama, Krieg, Western, Epos, Historienfilm, Tanzfilm.
   Kommentieren Sie diese Einteilung unter Berücksichtigung von
   a) der Erzählperspektive und
   b) dem in den Filmen vermittelten Geschichtsbild.
2. *Welcher „gesellschaftliche Zeitgeist“ der Neunzigerjahre könnte Ihrer Meinung nach auf die Rezeption des Costner-Films Einfluss gehabt haben?*

▲ *„The Trail of Tears." Fünf Indianerstämme, die sich in den 13 Gründerstaaten assimiliert hatten, Verfassungen entwarfen und sogar Sklaven hielten, wurden unter Präsident Jackson (1829–1837), gewaltsam nach Westen umgesiedelt. Die Deportation endete mit dem 2 000 km langen „Zug der Tränen" (1838). Dabei kam ein Viertel der verbliebenen 17 000 Cherokee-Indianer ums Leben (Gemälde von Robert Lindneux).*

Goldsucher und Siedler auch diese Linie in der zweiten Jahrhunderthälfte in Scharen überschritten und den Verdrängungskampf mit Hilfe der US-Armee in einen offenen Vernichtungskrieg überführten. Dennoch kam es nie zu einem wirkungsvollen überregionalen Bündnis von Ureinwohnern gegen die Eindringlinge (➧ M 4). Die Indianer erlagen in dem von beiden Seiten mit grausamen Ausschreitungen geführten Kampf nicht nur dem militärischen Druck der Weißen. In den Prärien des Westens wurde ihr Hungertod systematisch herbeigeführt, indem Büffeljäger den Bison, das Hauptnahrungsmittel der Indianer, gegen Zahlung von Abschussprämien und oft auch aus purer Lust am Jagen so gut wie ausrotteten.

Einen Wandel in der Einstellung der Öffentlichkeit gegenüber den Indianern machte Präsident *Rutherford B. Hayes* (1877–1881) deutlich, als er 1877 das an ihnen begangene Unrecht schonungslos ansprach. Dennoch markierte erst das Massaker am *Wounded Knee Creek*, bei dem 350 Sioux-Indianer 1890 von Regierungstruppen abgeschlachtet wurden, das Ende der 300 Jahre währenden Indianerkriege. In deren Verlauf war die indianische Bevölkerung auf dem Gebiet der USA auf etwa 250 000 Menschen dezimiert worden. Mit der erzwungenen Ansiedlung der Überlebenden in nochmals verkleinerten Reservaten und der formalen Gewährung der Bürgerrechte (1924) betrachteten die meisten Amerikaner das Indianerproblem als gelöst.

1.4 Der Bürgerkrieg als Zerreißprobe

▲ *Eine Baumwollplantage am Mississippi, Lithografie von William Walker, 1853.*

1860/61
Elf Südstaaten verlassen die Union (Sezession)

1861–65
Der Sieg der Nordstaaten im Amerikanischen Bürgerkrieg erneuert die Einheit der Union und führt zur Sklavenbefreiung im Süden

1896
Die Rassentrennung wird zum gesellschaftlichen Ordnungsprinzip

M1
„Schiffe gut auslasten“

John Newton war von 1750 bis 1754 Kapitän eines Sklavenschiffs. Später wurde er Pfarrer und wandelte sich zum entschiedenen Gegner der Sklaverei. Aus eigener Erfahrung berichtet er über den Sklaventransport:

Das Hauptziel besteht darin, unsere Schiffe gut auszulasten. Wenn das Schiff [an der afrikanischen Küste] ankommt, wird es für wünschenswert gehalten, so viele [Sklaven] wie möglich einzuladen. Als Fracht für ein Schiff von hundert Tonnen oder etwas mehr werden 220 bis 250 Sklaven berechnet. Ihre drei Unterkunftsräume unter dem Deck (für Männer, für Jungen und für Frauen) und außerdem ein Platz für die Kranken sind manchmal mehr, manchmal weniger als fünf Fuß hoch. Diese Höhe ist in der Mitte geteilt, denn die Sklaven liegen in zwei Reihen, eine über der anderen, auf beiden Seiten des Schiffs, einer dicht am anderen, wie Bücher im Regal [...]. Auf den meisten Schiffen werden sie in Eisen geschlossen, immer zwei und zwei zusammen. Und häufig sind sie nicht so aneinander gefesselt, wie sie am ehesten zu stehen oder sich zu bewegen vermögen, die rechte Hand und der rechte Fuß an die linken des anderen, sondern über Kreuz. Hand und Fuß des einen mit der gleichen Seite des anderen, so dass sie sich nur sehr behutsam und in völliger Übereinstimmung bewegen können. So müssen sie viele Monate lang – manchmal neun oder zehn – sitzen, laufen und liegen, ohne Milderung oder Erleichterung, falls sie nicht krank sind [...].

Ein Schiffsmaat[1)] in einem Beiboot kaufte eine junge Frau mit einem hübschen, etwa einem Jahr alten Kind in den Armen. Nachts schrie das Kind und störte seinen Schlaf. Er erhob sich verärgert und fluchte, er würde das Kind auf der Stelle zum Verstummen bringen, wenn es nicht still wäre. Das Kind schrie weiter. Schließlich stand er nochmal auf, entriss das Kind der Mutter und warf es ins Meer. [...] Aber was spreche ich von einem Kind, wir hörten und lasen die traurige Geschichte [...] von mehr als hundert erwachsenen Sklaven, die einmal von einem Schiff in die See geworfen wurden, als das Trinkwasser zu Ende ging. So sollte die Versicherung den Verlust tragen, der sonst, wenn sie an Bord gestorben wären, die Schiffseigentümer getroffen hätte.

Geschichte lernen, Heft Nr. 73 (2000), S. 40

Beschreiben Sie das Menschenbild des Sklavenhändlers.

1) Unteroffizier

M2
Verbot von Sklavenhandel und Sklaverei

Sklavenhandel	
1803	Dänemark
1806/07	Großbritannien
1808	USA
1810	Venezuela, Mexiko
1811	Chile
1812	Argentinien
1815	Frankreich, Portugal
1820	Spanien
1851	Brasilien
1862	Kuba

Sklaverei	
1779–1804	8 Staaten der USA
1820	nördliche Staaten der USA
1823	Chile
1829	Mexiko
1834/1838	Britisches Empire
1848	französische Kolonien, dänische Kolonien
1854	Peru
1863	niederländische Kolonien
1863/1865	USA
1880	Kuba
1888	Brasilien

Geschichte lernen, a. a. O., S. 42

1. *Erklären Sie die zeitlichen Unterschiede zwischen den beiden Verboten.*
2. *Erläutern Sie, warum die Verbote in der Regel für die Kolonien später ausgesprochen wurden als für das jeweilige Mutterland.*

M3
Verteidiger und Gegner der Sklaverei

Der Gouverneur von South Carolina, McDuffie, erhob 1835 die Forderung, Agitatoren für die Sklavenbefreiung mit dem Tode zu bestrafen.

Keine menschliche Einrichtung entspricht nach meiner Meinung deutlicher dem Willen Gottes als häusliche Sklaverei und keine seiner Verordnungen ist mit lesbareren Zeichen geschrieben als diejenige, die die afrikanische Rasse zu dieser Stellung bestimmt: Wird sie doch dadurch zu ihrem eigenen Glück geführt, weit mehr als durch alles andere, für das sie empfänglich ist. Ob wir die Heilige Schrift oder die Offenbarungen der Natur und der Vernunft zu Rate ziehen, so tritt uns diese Wahrheit unzählige Male entgegen. [...]
Dass der afrikanische Neger von der Vorsehung dazu bestimmt ist, diese Stellung dienstbarer Abhängigkeit einzunehmen, ist nicht weniger offensichtlich. Es steht auf seinem Gesicht geschrieben, auf seiner Haut gestempelt und geht deutlich aus der geistigen Unterlegenheit und natürlichen Sorglosigkeit dieser Rasse hervor [...]. Keine menschliche Macht kann die Eigenschaft verleihen, die zum Genuss der Freiheit befähigt. Sie ist eine Gabe Gottes, und eine der seltensten, die er in seiner unerforschlichen Weisheit den Völkern der Erde zu verleihen für gut hielt [...]. Es liegt klar am Tage, dass die Bestimmung der Negerrasse entweder die scheußlichste Art politischer Knechtschaft oder jene häusliche Sklaverei ist, wie sie jetzt in den Sklaven haltenden Staaten besteht. Und außer Frage steht der Vorzug häuslicher Sklaverei auch vor der günstigsten Art politischer Versklavung. Es ist nicht bloß die Pflicht, sondern das augenfällige Interesse des Herrn, für gute Nahrung und Kleidung seiner Sklaven zu sorgen; und was für Märchen und übertriebene Geschichten auch verbreitet werden [...]: Auf der ganzen Erde gibt es, ob hoch oder niedrig, keine zweite Volksklasse, die wie diese völlig frei von Sorgen und Angst ist [...]. Mit einem Wort, unsere Sklaven sind heiter, zufrieden und glücklich, und zwar weit mehr, als es die menschliche Rasse im Allgemeinen sein kann [...]. Häusliche Sklaverei ist daher keineswegs ein politisches Übel, sondern der Eckstein unseres republikanischen Gebäudes.

▲ *Old Kentucky Home. Ölgemälde des New Yorker Künstlers Jonathan Eastman Johnson (1824–1906).*
• *Beschreiben Sie, welche Atmosphäre das Bild vermittelt.*

Salomon Northup wurde als freier Schwarzer in New York geboren. Dennoch wurde er von Sklavenhändlern auf Plantagen im Süden verkauft, ehe er nach zwölf Jahren seine Identität nachweisen konnte. Seine Berichte über diese Zeit zählen zu den wenigen überlieferten Stimmen der Sklaven. Hier beschreibt er den Tagesablauf auf einer Baumwollplantage.

Der erste Tag (Anlernzeit)
Wenn ein neuer Handlanger, der sich bei der Arbeit noch nicht richtig auskennt, zum ersten Mal aufs Feld geschickt wird, wird er tüchtig mit der Peitsche angetrieben und den Tag lang gezwungen, so schnell wie möglich zu pflücken. Am Abend wird die Ladung gewogen, damit seine Leistung bekannt ist. Nun muss er an jedem folgenden Abend das gleiche Gewicht anbringen. Wird es weniger, so gilt es als Beweis dafür, dass er getrödelt hat, und das wird mit einer größeren oder kleineren Anzahl von Peitschenhieben bestraft. [...]

◀ *Sklavenmarkt in Richmond, Virginia. Kolorierter Holzstich nach einer Zeichnung von Edmond Morin (1824–1882).*

Arbeitszeit

Die Handlanger müssen bei Sonnenaufgang auf den Feldern sein, und, abgesehen von der Mittagspause von 10 bis 15 Minuten, in der sie ihre Ration kalten Specks herunterschlingen, dürfen sie keinen Moment Ruhe genießen bis es völlig dunkel wird. Wenn Vollmond ist, arbeiten sie oft bis mitten in die Nacht hinein. Nicht einmal zu Mittag wagen sie aufzuhören oder – egal wie spät der Abend wird – ins Quartier zurückzukehren, ehe der Driver ihnen den Befehl gibt.

Das Abwiegen

Wenn die Tagesarbeit auf dem Feld erledigt ist, werden die Körbe ins Entkörnungshaus gebracht, wo die Baumwolle zunächst gewogen wird. Egal wie müde er ist – egal wie sehr er sich nach Schlaf und Ruhe sehnt –, wenn der Sklave sich mit seinem Korb Baumwolle dem Entkörnungshaus nähert, begleitet ihn immer die Angst. Fällt es zu leicht aus – hat er das ihm zugemutete Pensum nicht geschafft – dann weiß er, dass er es büßen wird. Sollte er das Soll um zehn oder zwanzig Pfund überschritten haben, wird sein Herr wahrscheinlich die Aufgabe für den nächsten Tag höher einschätzen.
Daher ist, egal ob zu wenig oder zu viel Baumwolle, sein Weg zum Entkörnungshaus nie frei von Furcht und Zittern. […]

Die Ration

Die Sklaven bekommen nur Mais und Speck. Die Ration wird jeden Sonntagvormittag am Kornspeicher und an der Räucherkammer ausgeteilt. Jeder erhält eine Wochenration von 3 Pfund Speck und genug Mais für ein Pekh [9 l] Mehl. Das ist alles – kein Tee, kein Kaffee, kein Zucker, und, abgesehen von einer kleinen Prise hie und da, kein Salz.

Das Essen

[…] Die meisten Sklaven besitzen kein Messer, geschweige denn eine Gabel. Sie schneiden ihren Speck mit der Axt am Holzstapel. Das Maismehl wird mit etwas Wasser gemischt, ins Feuer gelegt und gebacken. […] Der Bewohner der Sklavenhütte darf sich zum Dinieren auf den Boden setzen. Jetzt ist es gewöhnlich schon Mitternacht.

Der Schlaf

Dieselbe Angst vor Strafe, die die Sklaven vor dem Entkörnungshaus erleben, packt sie wieder, wenn sie sich zur Ruhe hinlegen: Jedoch ist es jetzt die Angst, dass sie verschlafen. Dieses Vergehen zöge nicht weniger als 20 Peitschenhiebe nach sich.

Erster Text: Fritz Wagner, USA. Geburt und Aufstieg der neuen Welt. Geschichte in Zeitdokumenten 1607–1865, München 1947, S. 191 f.
Zweiter Text: Wolfgang Wimmer, Die Sklaven. Eine Sozialgeschichte mit Gegenwart, Reinbek 1979, S. 159 ff.

1. *Erläutern Sie das Bild, das Gouverneur McDuffie von Sklavenhaltern und Sklaven zeichnet.*
2. *Vergleichen Sie diese Schilderung mit dem Alltag auf einer Baumwollplantage, wie ihn der ehemalige Sklave Salomon Northup darstellt.*

M4
Das Dred Scott-Urteil

Der Sklave Dred Scott hatte längere Zeit in sklavenfreien Territorien gelebt. Seine Klage auf Freilassung gegen seinen ehemaligen Eigentümer behandelte der Supreme Court, das höchste Gericht der Vereinigten Staaten, 1857.

Wir stehen vor der Frage, ob die Klasse der Personen, die in dem Antrag die Hauptverhandlung nicht zuzulassen, beschrieben wird, einen Teil dieses Volkes darstellt und konstituierende Mitglieder dieser Souveränität sind. Wir sind der Ansicht, dass sie dies nicht sind und dass sie nicht darin inbegriffen sind, und es auch nicht die Absicht war, sie unter den Begriff „Bürger" in die Verfassung einzubeziehen. Von daher können sie keinen Anspruch auf irgendein Recht und Privileg ableiten, welches dieses Instrumentarium den Bürgern der Vereinigten Staaten zur Verfügung stellt und garantiert. Im Gegenteil, sie wurden zu jener Zeit als untergeordnete und geringere Klasse von Lebewesen angesehen, die von der herrschenden Rasse unterjocht wurden, und seien sie nun emanzipiert oder nicht, so blieben sie doch Gegenstand deren Autorität und hatten keine Rechte oder Privilegien, außer denen, die diejenigen, die die Macht und Regierung in Händen hielten, zu geben bereit waren.

Henry Steele Commager (Hrsg.), Documents of American History, Band 1, 5. Auflage, New York 1949
(Übers.: Dorothee Hartmann-Vincken)

1. *Beschreiben Sie die Rechtsstellung, die das Urteil den Schwarzen zuordnet.*
2. *Diskutieren Sie die Wirkung des Urteils in den Süd- und Nordstaaten.*

▶ *Abraham Lincoln, Präsident der Vereinigten Staaten von 1861 bis 1865; kolorierte Kreidelithographie.*

M5
Lincolns Kriegsziele

In einem Brief an Horace Greely, den Herausgeber der „New York Tribune", schreibt Präsident Lincoln am 22. August 1862:

Ich möchte die Union retten. Ich möchte sie auf dem kürzesten verfassungsmäßigen Wege retten. Je früher die nationale Autorität wiederhergestellt werden kann, umso näher wird die Union sein der „Union, wie sie war". Sollte es Leute geben, die die Union nicht retten wollen, wenn sie nicht gleichzeitig die Sklaverei zu retten vermögen, so bin ich nicht mit ihnen einverstanden. Sollte es Leute geben, die die Union nicht retten wollen, wenn sie nicht gleichzeitig die Sklaverei vernichten können, so bin ich auch mit ihnen nicht einverstanden. Mein höchstes Ziel in diesem Kampf ist die Rettung der Union, nicht der Schutz oder die Vernichtung der Sklaverei. Wenn ich die Union erretten könnte, ohne einen einzigen Sklaven zu befreien, würde ich es tun; und wenn ich sie retten könnte durch Befreiung aller Sklaven, würde ich es tun; und wenn ich sie retten könnte, indem ich die einen befreite und die anderen nicht, so würde ich auch dies tun. Was ich wegen der Sklaverei und der farbigen Rasse tue, das tue ich, weil ich glaube, dass es beiträgt, die Union zu retten, und was ich unterlasse, das unterlasse ich, weil ich nicht glaube, dass es zur Rettung der Union beitragen kann.

Fritz Wagner, USA, a. a. O., S. 197

Bestimmen Sie die Position Lincolns und bewerten Sie sie.

Der Nord-Süd-Gegensatz spaltet die Union

So sehr die Eroberung des Westens zur Entfaltung amerikanischer Gemeinsamkeiten beitrug, die Folgen der territorialen Expansion zwangen der Nation auch eine Schicksalsfrage auf, an der die USA zu zerbrechen drohten: das Problem der Sklaverei (➧ M 1, M 2).

Die Bewegung zur Abschaffung der Sklaverei, der *Abolitionismus*, hatte seine Ursprünge bei den Quäkern des 17. Jahrhunderts. Ein Jahrhundert später hatte Thomas Jefferson – als südstaatlicher „Aristokrat" selbst Herr über 500 Sklaven – den Widerspruch zwischen der Anerkennung der Menschenrechte und der Praxis der Sklavenhaltung zum Anlass genommen, die Forderung zur Befreiung der Schwarzen in die Unabhängigkeitserklärung der Vereinigten Staaten hineinzuschreiben. Doch wegen des Widerstands der Südstaatenvertreter blieb die Verfassung von 1788 ein Kompromiss: Die Sklaven*haltung* wurde in das Ermessen der Einzelstaaten gestellt, während der Sklaven*handel* zum Ende des Jahres 1807 verboten werden sollte (ein Verbot, das in der Praxis von den Südstaaten unterlaufen wurde).

Im Gegensatz zu den modernen, industriell geprägten Industrieregionen im Norden wollte die kleine Schicht der Plantagenbesitzer in den Südstaaten nicht auf die Sklaverei verzichten. Sie beantworteten die im Zuge der *Industriellen Revolution* in England sprunghaft steigende Nachfrage nach Rohbaumwolle mit der Ausweitung der Anbauflächen und kultivierten diese mithilfe von Sklaven.

Ungleich zwischen Nord- und Südstaaten verlief auch die Bevölkerungsentwicklung. Die meisten europäischen Einwanderer suchten Arbeit in den schnell wachsenden Städten des Nordostens. Die von hier aus in Ost-West-Richtung gebauten Eisenbahnrouten erschlossen das Hinterland wesentlich schneller als im Süden. So teilten unterschiedliche Industrialisierungsgrade und Wirtschaftsformen das Land zur Jahrhundertmitte in zwei sich zunehmend auseinander entwickelnde Hälften.

Für zusätzlichen Konfliktstoff sorgte der Streit um die Sklavenfrage. Der religiös und menschenrechtlich begründeten Propaganda der Abolitionisten aus dem Norden setzte der Süden seine gesellschaftspolitische Auffassung von der Sklaverei als einem *positive good* entgegen (➧ M 3): Das Bild des südstaatlichen „Master", der sich fürsorglich um alle Mitglieder seiner großen „Familie" kümmert, wurde zum Gegenentwurf des nordstaatlichen „Yankee", der im System der freien Arbeit seine Untergebenen ausbeutet. Die Kontroverse um die Sklaverei ließ den Süden seine Kultur als etwas Besonderes begreifen und ein eigenes Selbstwertgefühl entwickeln (*Southern Way of Life*). Trotz ihrer Unterdrückung entwickelten die Schwarzen in dieser Umgebung ein Gefühl der Zusammengehörigkeit (*black nation*). Zeitweilige Unruhen verrieten, wie sehr die Gesellschaft in den Südstaaten gespalten war.

Die Sezession der Südstaaten

Während ihrer Westexpansion hatten die Vereinigten Staaten immer wieder vor der Frage gestanden, ob die neu hinzukommenden Territorien die Sklaverei zulassen sollten oder nicht. Eine mehrfach drohende Spaltung konnte nur durch hinhaltende Kompromisse vermieden werden. Peinlich genau wurde auf einen Gleichstand zwischen „Sklaven haltenden" und „freien" Staaten geachtet (15:15 im Jahr 1849). Verschärft wurde der Gegensatz durch die verfassungsrechtlich ungeklärte Frage, ob der Kongress der Union in den neuen Gebieten über die Zulassung der Sklaverei entscheiden dürfe, oder ob jeder Staat einzeln dafür zuständig sei. Das vor allem im Süden vertretene Vorrecht der Territorien verband sich dabei mit dem

Konzept einer lockeren, jederzeit kündbaren Konföderation autonomer Staaten. Seit 1856 heizten in mehreren Staaten fanatische und gewaltsame Auseinandersetzungen den seit langem schwelenden Konflikt an (▶ M 4). In dieser Situation glaubten die Südstaaten, die Wahl *Abraham Lincolns* zum 16. Präsidenten der USA nicht hinnehmen zu können, da seine Partei – die 1854 neu gegründete *Republican Party* – jedes weitere Vordringen der Sklaverei verhindern wollte. Noch vor Amtsantritt Lincolns erklärte South Carolina seinen Austritt (*secession*) aus der Union (20. Dezember 1860); zehn weitere Staaten des *Deep South* folgten. Sie schlossen sich zu den *Confederate States of America* zusammen und bildeten eine eigene Regierung.
Präsident Lincoln sicherte den Südstaaten zwar den Bestand der Sklaverei zu, doch den Austritt der elf Sezessionsstaaten aus der Union wollte er nicht hinnehmen (▶ M 5).

Der Amerikanische Bürgerkrieg

Der *Sezessionskrieg (war between the States)* um den Erhalt der Union mündete in den *Amerikanischen Bürgerkrieg*, dessen Fronten quer durch die Bevölkerung aller Staaten, ja sogar durch einzelne Familien verliefen. Erst als entscheidende Erfolge des Nordens ausblieben, kündigte Lincoln mit der Emanzipationserklärung vom 22. September 1862 die Befreiung der Sklaven in den Südstaaten als Kriegsziel an. Unversöhnlich trafen die Kriegsparteien in dem ersten modernen Massenkrieg aufeinander. Erstmals wurde die Formel von der „bedingungslosen Kapitulation“ (*unconditional surrender*) als Kriegsziel benutzt. Allein in Georgia wurde ein Gebiet von 100 km Breite und 500 km Länge durch eine Strategie der „verbrannten Erde“ verwüstet.
Nach vier Jahren erlag die erschöpfte Konföderation der Südstaaten der Übermacht und dem „Kriegsglück“ des Nordens. 618 000 Tote – mehr als in allen weiteren Kriegen der USA zusammengenommen – waren der Preis, den die Amerikaner in dem blutigsten Krieg des 19. Jahrhunderts entrichteten, um die Einheit der Union zu wahren und über vier Millionen Schwarze zu befreien.

▲ *200 000 Afroamerikaner dienten in den Truppen der Union, 38 000 starben.*

Von der Sklavenbefreiung zur Rassentrennung

Noch kurz vor Kriegsende ermordete ein fanatischer Südstaatler am 14. April 1865 Präsident Lincoln. Die von Lincoln eingeleiteten Pläne für den Wiederaufbau und die Wiedereingliederung des Südens (*reconstruction*) trieb nun die republikanische Kongressmehrheit voran. Zwischen 1865 und 1870 setzten drei Verfassungszusätze Lincolns Emanzipationsproklamation in geltendes Recht um: Die Sklaverei wurde generell verboten; alle in den USA geborenen Personen – ausgenommen die „nicht besteuerten Indianer" – erhielten das volle Bürgerrecht; Wahlrechtsbeschränkungen aus rassischen Gründen waren nicht mehr zulässig. Frauen und Indianer wurden nicht erwähnt; sie blieben weiterhin vom politischen Leben ausgeschlossen.
Wenn auch zeitweilig mehrere Hundert Schwarze politische Verantwortung in den Südstaaten mittrugen, so waren doch die Ziele der Rekonstruktions-Politik auf Dauer gegen eine legale und illegale Opposition der weißen Bevölkerung nicht durchzusetzen. Zwar durften die Schwarzen nicht mehr als „Sache" behandelt werden und sahen sich nicht länger grausamen Strafen ihrer Eigentümer ausgesetzt, doch die sozialen Unterschiede zwischen „Weiß" und „Schwarz" waren noch lange nicht überbrückbar. Vor allem in denjenigen Staaten, in denen die Afro-Amerikaner die Bevölkerungsmehrheit stellten (Mississippi, South Carolina, Louisiana), waren die Vorbehalte der weißen Amerikaner so tief verwurzelt, dass auch Tricks (z.B. Lese- und Bildungstests), mit denen die farbigen Mitbürger an der Ausübung des Wahlrechts gehindert werden sollten, auf allgemeine Zustimmung stießen. Dazu erzeugten terroristische Geheimbünde wie der *Ku-Klux-Klan*[1)] ein Klima von Angst und Schrecken, das viele Schwarze veranlasste, auf die Ausübung ihrer verfassungsmäßigen Rechte zu verzichten.
Die Afro-Amerikaner lebten häufig unterhalb der Armutsgrenze in Slums, Aufstiegschancen blieben ihnen verwehrt. Immer mehr sorgten die Behörden für ein getrenntes Nebeneinander der schwarzen und weißen Bevölkerungsteile in öffentlichen Einrichtungen: in Schulen und in der Armee, in Krankenhäusern und Theatern, in Lokalen und sogar auf Friedhöfen. Im Jahr 1896 bestätigte das Oberste Bundesgericht die *Rassentrennung* (*segregation*) im öffentlichen Verkehrswesen. Der Leitsatz des Urteils „*separate but equal*" diente von nun an als gesellschaftliches Ordnungsprinzip und entsprach letztlich dem Überlegenheitsgefühl der Weißen – auch im Norden.

---

1) von kyklos (griech.): Kreis; 1866 in Tennessee gegründete rassistische Vereinigung, deren Ziel es war, die traditionelle koloniale Lebensform in den Südstaaten mit Gewalt aufrechtzuerhalten. Nach 1869 wurde der Klan, der zu dieser Zeit etwa 500 000 Mitglieder hatte, verboten und 1872 für verfassungswidrig erklärt. 1915 wieder gegründet erhielt er in den 1960er-Jahren erneuten Zulauf und hat heute (geschätzte) 6500 Mitglieder.

2 Die Industrialisierung verändert Wirtschaft und Gesellschaft

2.1 Voraussetzungen und Grundlagen

▲ *1851 fand die erste Industrie-Weltausstellung in London statt. Dafür wurde der „Kristallpalast" gebaut, der wegen seiner Konstruktion aus Eisen und Glas berühmt wurde. 1936 fiel er einem Brand zum Opfer. Die bald regelmäßig stattfindenden Weltausstellungen waren ein Ausdruck der zunehmend weltweiten Wirtschafts- und Handelsbeziehungen.*

Seit ca. 1750
In ganz Europa steigen die Bevölkerungszahlen stark an

1762–1782
James Watt verbessert die Dampfmaschine

1776
Adam Smith veröffentlicht sein Hauptwerk „The Wealth of Nations" („Der Wohlstand der Nationen")

1785
Edmund Cartwright entwickelt den mechanischen Webstuhl

1825
Zwischen Stockton und Darlington wird die erste Eisenbahnlinie eröffnet

M1

Die Begründung der Marktwirtschaft

Der englische Nationalökonom Adam Smith (1723–1790) begründet in seinem Buch „An Inquiry into the Nature and Causes of the Wealth of Nations" („Der Wohlstand der Nationen") 1776 ein Gegenmodell zum absolutistischen Merkantilismus.

Tatsächlich fördert er [der Einzelne] in der Regel nicht bewusst das Allgemeinwohl noch weiß er, wie hoch der eigene Beitrag ist. Wenn er es vorzieht, die nationale Wirtschaft anstatt die ausländische zu unterstützen, denkt er eigentlich nur an die eigene Sicherheit und wenn er dadurch die Erwerbstätigkeit so fördert, dass ihr Ertrag den höchsten Wert erzielen kann, strebt er lediglich nach eigenem Gewinn. Und er wird in diesem wie auch in vielen anderen Fällen von einer unsichtbaren Hand geleitet um einen Zweck zu fördern, den zu erfüllen er in keiner Weise beabsichtigt hat. Auch für das Land selbst ist es keineswegs immer das schlechteste, dass der Einzelne ein solches Ziel nicht bewusst anstrebt, ja gerade dadurch, dass er das eigene Interesse verfolgt, fördert er häufig das der Gesellschaft nachhaltiger, als wenn er wirklich beabsichtigt es zu tun. Alle, die jemals vorgaben, ihre Geschäfte dienten dem Wohl der Allgemeinheit, haben meines Wissens niemals etwas Gutes getan. [...] Der Einzelne vermag ganz offensichtlich aus seiner Kenntnis der örtlichen Verhältnisse weit besser zu beurteilen als es irgendein Staatsmann oder Gesetzgeber für ihn tun kann, welcher Erwerbszweig im Lande für den Einsatz seines Kapitals geeignet ist und welcher einen Ertrag abwirft, der den höchsten Wertzuwachs verspricht. Ein Staatsmann, der es versuchen sollte, Privatleuten vorzuschreiben, auf welche Weise sie ihr Kapital investieren sollten, würde sich damit nicht nur, höchst unnötig, eine Last aufbürden, sondern sich auch gleichzeitig eine Autorität anmaßen, die man nicht einmal einem Staatsrat oder Senat, geschweige denn einer einzelnen Person getrost anvertrauen könnte, eine Autorität, die nirgendwo so gefährlich wäre wie in der Hand eines Mannes, der, dumm und dünkelhaft genug, sich auch noch für fähig hielte, sie ausüben zu können. [...]

So wird in jeder Wirtschaftsordnung, in der durch besondere Förderung mehr volkswirtschaftliches Kapital in einzelne Erwerbszweige gelenkt werden soll, als von selbst dorthin fließen würde [...], in Wirklichkeit das Hauptziel unterlaufen, das man zu fördern vermeint. Sie verzögert den Fortschritt des Landes zu Wohlstand und Größe [...].

Gibt man daher die Systeme der Begünstigung und Beschränkung auf, so stellt sich ganz von selbst das einsichtige und einfache System der natürlichen Freiheit her. Solange der Einzelne nicht die Gesetze verletzt, lässt man ihm völlige Freiheit, damit er das eigene Interesse auf seine Weise verfolgen kann und seinen Erwerbsfleiß und sein Kapital im Wettbewerb mit jedem anderen oder einem anderen Stand entwickeln oder einsetzen kann. Der Herrscher wird dadurch vollständig von einer Pflicht entbunden, bei deren Ausübung er stets unzähligen Täuschungen ausgesetzt sein muss und zu deren Erfüllung keine menschliche Weisheit oder Kenntnis jemals ausreichen könnte, nämlich der Pflicht oder Aufgabe, den Erwerb privater Leute zu überwachen und ihn in Wirtschaftszweige zu lenken, die für das Land am nützlichsten sind. Im System der natürlichen Freiheit hat der Souverän lediglich drei Aufgaben zu erfüllen, die sicherlich von höchster Wichtigkeit sind aber einfach und dem normalen Verstand zugänglich: Erstens die Pflicht, das Land gegen Gewalttätigkeit und Angriff anderer unabhängiger Staaten zu schützen, zweitens die Aufgabe, jedes Mitglied der Gesellschaft soweit wie möglich vor Ungerechtigkeiten oder Unterdrückung durch einen Mitbürger in Schutz zu nehmen oder ein zuverlässiges Justizwesen einzurichten, und drittens die Pflicht, bestimmte öffentliche Anstalten und Einrichtungen zu gründen und zu unterhalten, die ein Einzelner oder eine kleine Gruppe aus eigenem Interesse nicht betreiben kann, weil der Gewinn ihre Kosten niemals decken könnte, obwohl er häufig höher sein mag als die Kosten für das ganze Gemeinwesen.

Adam Smith, Der Wohlstand der Nationen. Eine Untersuchung seiner Natur und seiner Ursachen. Aus dem Englischen übertragen und herausgegeben von Horst Claus Recktenwald, München 1978, S. 371, 572 und 582

1. *Diskutieren Sie Smiths These von der Übereinstimmung zwischen dem Interesse des Einzelnen und demjenigen der Gesellschaft.*
2. *Vergleichen Sie Smiths Konzept mit der gegenwärtigen Wirtschaftspraxis.*

M2

Bevölkerung europäischer Länder 1750–1910 (in Millionen)

	1750	1800	1830	1860	1890	1910
Deutschland[1)]	18,0	23,0	28,2	36,2	49,4	64,9
Frankreich	21,0	27,3	32,6	37,4	38,3	39,6
Großbritannien	7,4	10,5	16,3	23,1	33,1	40,8
Irland	3,2	4,8	7,8	5,8	4,7	4,4
Italien	16,0	17,2	21,2	25,0	30,3	34,7
Niederlande	1,6	2,1	2,6	3,3	4,5	5,9
Österreich	–	–	15,6	18,2	24,0	28,6
Russland	28,0	40,0	56,1	74,1	117,8	160,7
Schweden	1,8	2,3	2,9	3,9	4,8	5,5
Spanien	8,2	10,5	14,6	15,7	17,6	20,0

1) *für 1750 und 1800 zusammen mit Österreich*

Carlo M. Cipolla/Knut Borchardt (Hrsg.), Europäische Wirtschaftsgeschichte, Bd. 4, Stuttgart 1985, S. 489

Vergleichen Sie die Wachstumszahlen hinsichtlich a) der nationalen Entwicklung einzelner Länder, b) der europäischen Entwicklung.

M3

Veränderungen in der Beschäftigungsstruktur

Die Tabelle gibt die Anteile der einzelnen Wirtschaftssektoren an der Gesamtwirtschaft in Prozent an:

	ca. 1800			ca. 1850			ca. 1900			ca. 1950			1980/90		
	L	I	DL	L	I	DL	L	I	DL	L	I	DL	L	I	DL
Großbritannien	40	30	30	22	48	30	9	51	40	5	49	46	2	29	69
Dänemark	–	–	–	59	26	14	47	24	29	25	33	42	6	27	67
Deutschland	62	21	17	56	24	20	40	39	21	19	45	36	3	40	57
Frankreich	–	–	–	52	27	21	41	29	29	27	36	37	6	30	64
USA	74	–	–	55	21	24	40	28	32	12	30	58	3	26	71
Japan				**1872:**											
	–	–	–	74	–	–	67	14	19	50	22	26	7	34	59
Südkorea										**1965:**					
	–	–	–	–	–	–	–	–	–	59	13	28	21	35	45
Indien	–	–	–	–	–	–	67	10	23	74	8	18	70	13	17
ca. 35 ärmste Entwicklungsländer; Durchschnitt															
	–	–	–	–	–	–	–	–	–	–	–	–	72	13	15

L = Landwirtschaft, I = Industrie/Handwerk, DL = Dienstleistungen

Christoph Buchheim, Industrielle Revolutionen. Langfristige Wirtschaftsentwicklung in Großbritannien, Europa und Übersee, München 1994, S. 33

1. *Beschreiben Sie in der Entwicklung einzelner Länder das Verhältnis der drei Wirtschaftssektoren zueinander.*
2. *Ziehen Sie aus der Beschäftigungsstruktur Rückschlüsse auf die wirtschaftliche Situation eines Landes und begründen Sie Ihre Meinung.*

M4

Wachstum des Sozialprodukts

In der Tabelle ist das durchschnittliche jährliche Wachstum des Sozialprodukts pro Kopf in Prozent angegeben:

	1700–1820	**1820–1990**	**1820–1913**	**1913–1950**	**1950–1973**	**1973–1990**
Großbritannien	0,3	1,3	1,1	0,8	2,6	1,8
Belgien	–	1,5	1,3	0,7	3,6	2,1
Deutschland	–	1,7	1,1	0,7	5,0	2,0
Frankreich	0,2	1,5	1,0	1,1	4,1	1,9
Niederlande	–0,1	1,4	1,0	1,1	3,5	1,4
USA	–	1,7	1,7	1,6	3,1	1,5
Japan	–	**1870–1990**: 2,8	**1870–1913**: 1,4	0,9	8,1	3,1

Christoph Buchheim, a.a.O., S. 15

Vergleichen Sie die Wachstumszahlen hinsichtlich
a) der nationalen Entwicklung einzelner Länder, b) der weltweiten Entwicklung.

▲ *Die Stahlindustrie der Stadt Sheffield im Nordosten Englands, Lithografie von 1855.*

• *Vergleichen Sie das Erscheinungsbild Sheffields mit einem mittelalterlichen Stadtbild.*

M5
Ausbau des Eisenbahnstreckennetzes

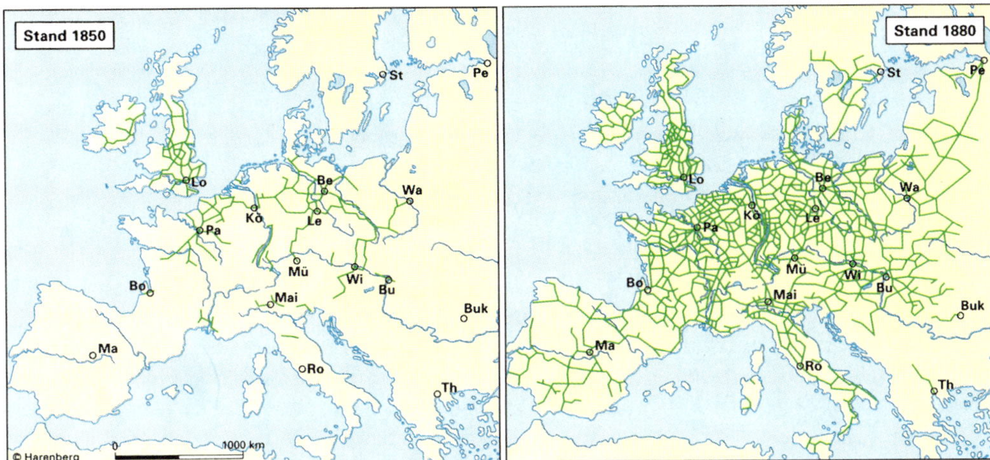

Befahrene Eisenbahnstrecken in Europa (in km)

Jahr	Großbritannien	Deutschland	Frankreich	Österreich-Ungarn
1825	43	–	–	–
1835	544	6	141	–
1845	3931	2143	875	728
1855	11744	7826	5037	1588
1865	18439	13900	13227	3698
1875	23365	27970	19357	10331
1885	26720	37571	29839	13329
1895	28986	46500	36240	16420

Entwicklung des Welteisenbahnnetzes

Kontinent/Land[1]	Eröffnung der ersten Eisenbahnlinie	Kontinent/Land[1]	Eröffnung der ersten Eisenbahnlinie
Europa	**1825**	**Lateinamerika**	**1837**
Großbritannien	1825	Brasilien	1854
Frankreich	1832	Argentinien	1857
Deutschland	1835	**Asien**	**1853**
Belgien	1835	Indien	1853
Rußland	1837	**Afrika**	**1854**
Nordamerika	**1830**	Südafrika	1860
USA	1830	**Australien/Ozean.**	**1854**
Kanada	1836	Australien	1854

1) mit dem größten Eisenbahnnetz auf dem Kontinent

Be	Berlin
Bo	Bordeaux
Bu	Budapest
Buk	Bukarest
Kö	Köln
Le	Leipzig
Lo	London
Ma	Madrid
Mai	Mailand
Mü	München
Pa	Paris
Pe	Petersburg
Ro	Rom
St	Stockholm
Th	Thessaloniki
Wa	Warschau
Wi	Wien

Imanuel Geiss (Hrsg.), Chronik des 19. Jahrhunderts, Dortmund 1993, S. 277

Vergleichen Sie die Entwicklung einzelner europäischer Länder hinsichtlich der Bevölkerung und des Eisenbahnnetzes. Begründen Sie Unterschiede, z. B. zwischen Deutschland und Frankreich.

M6
„Dramatische Revolution"

Der italienische Wirtschaftshistoriker Carlo M. Cipolla schreibt 1976 über die Bedeutung der englischen Industrialisierung:

Zwischen 1780 und 1850, in weniger als drei Generationen, wandelte eine weit reichende Revolution, die in der Geschichte nicht ihresgleichen hat, das Gesicht Englands. Von da an war die Welt nicht mehr die gleiche. Die Historiker haben das Wort Revolution oft gebraucht und missbraucht um eine radikale Veränderung zum Ausdruck zu bringen, aber keine Revolution war je so dramatisch revolutionär wie die „Industrielle Revolution" – ausgenommen vielleicht die neolithische[1]. Beide änderten [...] den Lauf der Geschichte, denn jede bewirkte einen Bruch im geschichtlichen Ablauf. Die neolithische Revolution entwickelte sich im Lauf Tausender von Jahren. [...] Der Mensch hatte Zeit sich nach und nach anzupassen. Die Industrielle Revolution hingegen hat die Welt überfallen, unsere ganze Existenz umgekrempelt, die Strukturen aller bestehenden menschlichen Gesellschaften über den Haufen geworfen – und das innerhalb von nur acht Generationen.

Carlo M. Cipolla, Die Industrielle Revolution in der Weltgeschichte, in: Carlo M. Cipolla/Knut Borchardt (Hrsg.), Europäische Wirtschaftsgeschichte, Bd. 3, Stuttgart 1976, S. 1 und 10

Erläutern Sie Cipollas Vergleich zwischen neolithischer und industrieller Revolution. Was macht jeweils den revolutionären Charakter aus?

1) *Die neolithische Revolution bezeichnet den Übergang der Menschheit vom Nomadentum zur Sesshaftigkeit in der Jungsteinzeit (um 8000–6000 v. Chr.).*

M7

Strukturwandel der Wirtschaft

Der Historiker Toni Pierenkemper problematisiert 1996 den Begriff „industrielle Revolution".

Eine Vorstellung von „industrieller Revolution", die sich eng am überproportionalen Wachstum des industriellen Sektors[1] orientiert, Industrialisierung also als Strukturwandel begreift, vermeidet zugleich auch Fehlinterpretationen hinsichtlich der historischen Einmaligkeit dieses Prozesses. Niemals zuvor ist Derartiges in einem solchen Umfang geschehen! *Carlo M. Cipolla* befindet sich daher völlig im Recht, wenn er den epochalen Charakter und die weitreichenden Konsequenzen dieser englischen Entwicklung mit der neolithischen Revolution, d.h. der Sesshaftwerdung des Menschen vergleicht. Andere Autoren [...] beziehen sich auf revolutionäre, technische Innovationen und offenbaren dabei ein gänzlich anderes Verständnis der Industrialisierung als hier vorgetragen. Natürlich spielen auch technische Innovationen [...] im Rahmen der Industrialisierung eine Rolle. Sie vermögen allein jedoch nicht zu einem derartigen, folgenreichen Strukturwandel zu führen, sondern nur im Zusammenhang mit anderen wichtigen Faktoren. Deshalb scheint es bei einer ausschließlich auf die Produktionstechnik abgehobenen Betrachtung von Industrialisierung, als habe eine „industrielle Revolution" tatsächlich bereits zu früheren Zeiten und möglicherweise mehrfach stattgefunden [...]. Mit dem Verständnis von Industrialisierung als sektoralem Strukturwandel [...] geht die Vorstellung einher, dass wirtschaftliche Entwicklung nicht als ein homogener Prozess zu begreifen ist, sondern im Gegenteil, dass es die Ungleichgewichte und Disproportionalitäten im ökonomischen Kreislauf sind, die entscheidend zum Fortschritt der Wirtschaft beitragen. [...] In Großbritannien wurde mit der Industrialisierung ein Prozess in Gang gesetzt, der sich in einer eindeutigen Verschiebung der Struktur der volkswirtschaftlichen Hauptsektoren niederschlug. Dieser Entwicklung sind zahlreiche weitere Industriestaaten gefolgt, weshalb sich eine Ansicht etablieren konnte, die im Rahmen der „Sektortheorie" Gründe für einen derartigen zwangsläufig ablaufenden Strukturwandel der Wirtschaft formulieren zu können glaubte. In Großbritannien verlor jedenfalls der Agrarsektor während des 19. Jahrhunderts dramatisch an Bedeutung, gleichgültig, ob gemessen am Anteil der Wertschöpfung oder der Beschäftigten. [...]

In England scheint es in der Tat so gewesen zu sein, dass [mit dem Durchbruch zur Industrialisierung] keineswegs ein plötzlicher und rapider Anstieg der gesamtwirtschaftlichen Wachstumsrate auf ein neues, nie gekanntes Niveau verbunden war. Die industrielle Revolution ist demnach nicht ausschließlich als der Ausgangspunkt zu einem gänzlich neuen Zustand der Wirtschaft, zum modernen Wirtschaftswachstum zu sehen, sondern zugleich als Kulminationspunkt[2] einer bereits Jahrhunderte andauernden Entwicklung mäßigen Wirtschaftswachstums.

Toni Pierenkemper, Umstrittene Revolutionen. Die Industrialisierung im 19. Jahrhundert, Frankfurt/Main 1996, S. 18 f. und 29 f.

1. *Fassen Sie Pierenkempers Ausführungen in kurzen Thesen zusammen.*
2. *Erläutern Sie, worauf sich der Prozess der Industrialisierung gründet bzw. nach Meinung Pierenkempers nicht zurückführen lässt.*

---

1) Die Wirtschaftsstruktur wird häufig durch drei „Sektoren" beschrieben: landwirtschaftlicher Sektor (primärer Sektor), gewerbliche Produktion (sekundärer Sektor) und Dienstleistungssektor (tertiärer Sektor). *Siehe auch S. 57*

2) Höhepunkt

England als Ursprungsland der Industrialisierung

Der Prozess der Industrialisierung Europas und weiter Teile der Welt begann in England am Ende des 18. Jahrhunderts. Er veränderte Staat und Gesellschaft umfassend. Verglichen mit England setzte die Industrialisierung auf dem Kontinent und in den Vereinigten Staaten später ein. Die Geschwindigkeit und der Charakter dieses Prozesses werden von Historikern unterschiedlich beurteilt. Die ältere Geschichtswissenschaft betonte vor allem die Rolle der technischen Erneuerungen (z. B. der Dampfmaschine und des mechanischen Webstuhls) und interpretierte die hervorgerufenen Veränderungen als „industrielle Revolution" (▸ M 6). Neuere Ansätze sehen in der Industrialisierung einen langfristigen Strukturwandel, der durch das Zusammenspiel unterschiedlicher Faktoren bedingt war (▸ M 7).

Neue Strukturen in Wirtschaft und Gesellschaft

Im Verlauf der Industrialisierung bildete sich eine neue Wirtschaftsordnung heraus. Folgende Merkmale kennzeichneten sie:

- verstärkter Einsatz neuer Techniken (Maschinen und deren Antriebsenergie);
- massenhafte Nutzung bislang wenig verwendeter Rohstoffe (vor allem Steinkohle und Eisen);
- Ausbau der Maschinenbauindustrie, mit deren Hilfe bestehende Apparate verbessert und neue Maschinen produziert werden konnten;
- Aufbau bzw. Ausbau der Verkehrswege (Kanäle, Straßen und Eisenbahn);
- Möglichkeit und Bereitschaft, Kapital in neue Wirtschaftsunternehmen zu investieren;
- Ausbreitung des Fabriksystems (als eine Form arbeitsteiliger Produktionsorganisation);
- Lohnarbeit als überwiegende Erwerbsform.

Die neue Wirtschaftsordnung änderte auch die Gesellschaftsordnung: Nicht mehr ständisch geprägte, sondern soziale Kriterien bestimmten über die Zugehörigkeit zu einer gesellschaftlichen Gruppe oder Schicht, neue Lebensweisen und politische Artikulationsmöglichkeiten entstanden.

Merkmale der Industrialisierung

Entscheidendes Merkmal der Industrialisierung war (und ist) ein überproportionales Wachstum der gewerblichen Produktion (des „sekundären" Sektors) im Vergleich zur Landwirtschaft („primärer Sektor") und den Dienstleistungen („tertiärer Sektor") (▸ M 3 und M 4). Diese Veränderung im Verhältnis der Wirtschaftssektoren lässt sich nicht allein auf einzelne technische Innovationen wie die Dampfmaschine und den mechanischen Webstuhl zurückführen. So war beispielsweise die Textilbranche entscheidend für die englische Industrialisierung. Dort wurde jedoch noch bis in die Mitte des 19. Jahrhunderts vielfach in der vorindustriellen Heimarbeit produziert. Die Gründe für den Aufschwung der englischen Textilindustrie lagen stattdessen in einem effektiven Zusammenspiel der vorhandenen Rahmenbedingungen:

- neue, mechanisierte Produktionsvorgänge,
- neu zur Verfügung stehende Arbeitskräfte durch den Wegfall zünftischer Begrenzungen und
- die Erschließung von Rohstoffvorkommen und Absatzmärkten, vor allem in den überseeischen Kolonien.

Bevölkerungsentwicklung

Seit 1750 stiegen in ganz Europa die Bevölkerungszahlen in einem raschen, sich ständig beschleunigenden Maße an, so dass man von einer Bevölkerungsexplosion sprechen kann (➧ M 2). Verantwortlich dafür war in erster Linie ein allmähliches Wirtschaftswachstum, so dass die vorher üblichen Hungerkatastrophen ausblieben. Außerdem sorgten der Wegfall ständischer Heiratsbeschränkungen und ein wachsender Bedarf an Arbeitskräften für vermehrte Familiengründungen und steigende Kinderzahlen. Fortschritte in der Medizin hatten im frühen 19. Jahrhundert noch geringen Einfluss auf die Bevölkerungsentwicklung. Das Bevölkerungswachstum führte zu einem zusätzlichen Angebot von Arbeitskräften, die in der Landwirtschaft auf Dauer nicht beschäftigt werden konnten. Mit der zunehmenden Bevölkerung stieg auch der Bedarf an Textilien, Kohle, Möbeln und anderem.

Agrarreformen

In Großbritannien erwies sich die *Kommerzialisierung des Grundbesitzes* als entscheidend für die Versorgung der Bevölkerung. Auf dem Kontinent wurde Landbesitz bis ins 19. Jahrhundert hinein als Grundlage besonderer sozialer Privilegien aufgefasst. In England dagegen war er bereits im 16./17. Jahrhundert zur *Kapitalanlage* geworden: Land wurde wie Ware ge- und verkauft bzw. ge- und verpachtet. Kleinere Bauernhöfe und bisher gemeinsam bewirtschaftete Flächen wurden von der englischen *Gentry*, dem niederen Adel, aufgekauft und zum Teil gegen bestehendes Recht zusammengelegt. So entstanden große Farmen, die für größere Märkte produzieren konnten.

Die Kleinbauern, die ihre bisherigen Rechte verloren, mussten sich als Lohnarbeiter in den landwirtschaftlichen Großbetrieben verdingen oder wanderten in die Städte ab. „Wenige tausend Grundbesitzer verpachteten ihre Ländereien an einige zehntausend Pächter, die diese ihrerseits bewirtschafteten mit der Arbeitsleistung einiger hunderttausend Landarbeiter, Knechte oder Kleinstbauern, die sich auf Zeit verdingten“ (*E. J. Hobsbawm*). Gleichzeitig konnte der Ackerbau durch neue Anbaumethoden (z.B. Fruchtwechselwirtschaft statt Brachlandverfahren) und durch verbesserte landwirtschaftliche Geräte intensiviert werden, so dass die landwirtschaftliche Produktion insgesamt stieg.

Kapital für Investitionen – Produkte für den Handel

Innerhalb der neuen, sich entwickelnden Wirtschaftsordnung, dem Kapitalismus, waren nicht mehr staatliche Interessen ausschlaggebend für wirtschaftliche Entscheidungen, sondern die Gewinnorientierung des einzelnen Unternehmers. Die wachsende gewerbliche Produktion in England wurde durch *Investitionen* in neue und effizientere Maschinen und Verfahrenstechniken gefördert. Diese Investitionen machten sich in aller Regel bezahlt, weil die wachsende Bevölkerung, die zunehmend in Städten lebte, die Nachfrage nach Nahrungsmitteln und Gütern des täglichen Bedarfs steigerte. Diese Nachfrage wurde von steigenden Durchschnittseinkommen getragen. Noch schneller wuchs der Außenhandel, vor allem nach Übersee. Die Engländer praktizierten ein weltweites Handelssystem: Sie importierten hauptsächlich Rohstoffe aus Afrika und Amerika und lieferten dafür verarbeitete Baumwollprodukte und günstige Massenwaren nach Übersee. Die europäischen Staaten beschränkten dagegen noch den Import fremder Waren.

▲ *Saal einer Baumwollspinnerei, Stich um 1830. Die Spindelwagen der Spinnmaschinen liefen auf Schienen und waren eine ständige Stolpergefahr. Zu schlimmen Verletzungen kam es, wenn die Arbeiter mit bloßen Füßen zwischen Schienen und Wagen gerieten.*

Technische Innovationen

Eine Reihe technischer Neuerungen bot die Voraussetzung für die Industrialisierung. Erst die Entwicklung von *Watts* Dampfmaschine (1765–82), die Spinnmaschinen von *Hargreaves* (1764) und *Arkwright* (1769) und der mechanische Webstuhl von *Cartwright* (1785) ermöglichten die Durchsetzung einer neuen mechanisierten Massenproduktion – zunächst in der Baumwollindustrie.

Mit Hilfe der technischen Erfindungen wurden jedoch auch neue Verfahren zur *Eisen- und Stahlherstellung* entwickelt. Diese schufen die Voraussetzung für die Maschinenindustrie und für die Entwicklung des Eisenbahnwesens. Die Eisenbahn wurde zunächst als Transportmittel im Bergbau eingesetzt: Schienenwagen brachten Erz oder Kohle zu den Hüttenwerken. Sie wurden von stehenden Dampfmaschinen mit Seilzügen oder von Pferden angetrieben. Die Entwicklung der Dampfeisenbahn durch *George Stephenson* und seinen Sohn machte die Eisenbahn zum Hauptverkehrssystem in England, obwohl das Straßen- und Kanalnetz relativ gut ausgebaut war. 1825 wurde die erste Personeneisenbahn von Stockton nach Darlington eröffnet. 1850 verfügte England bereits über ein Schienennetz von mehr als 10 000 km (➧ M 5). Mit dem Ausbau des Netzes und dem Bedarf an Wagen und Lokomotiven stieg wiederum die Nachfrage nach Eisen und Kohle an.

Fabriksystem

Die industrielle Produktionsweise wurde von der *Fabrik* bestimmt. Sie entwickelte sich geradezu zum Synonym der industriellen Arbeitswelt. In der Fabrik wurden Massengüter rationell und – im Gegensatz zur Manufaktur – mit Hilfe von Maschinen hergestellt. Dazu wurde der Produktionsprozess in einzelne Arbeitsschritte zerlegt. Genaue Zeit- und Ablaufpläne erzwangen hierarchische Befehlsstrukturen. Die „Erziehung zur Maschine" war für die Arbeiterinnen und Arbeiter ein oft schmerzhafter Anpassungsvorgang an eine neue Arbeitsdisziplin.
Fabrikarbeit bedeutete eine Trennung der Arbeitssphäre vom Wohn- und Familienbereich und unterschied sich darin von der vorindustriellen Heimarbeit. Fabrikarbeit hieß aber vor allem, dass der Betrieb selbst als fremdbestimmter Bereich empfunden wurde, denn die Arbeiter waren weder Eigentümer der Werkzeuge und Maschinen noch konnten sie ihren Arbeitsplatz nach eigenen Vorstellungen gestalten.

▲ *Textilbetrieb in Bedworth (Mittelengland), um 1800. Rekonstruktionszeichnung.*

Gesellschaftlich-politisches System

Auch die politischen und gesellschaftlichen Rahmenbedingungen waren für die Industrialisierung von Bedeutung. Die englische Regierungsform der *parlamentarischen Monarchie* förderte durch außen- wie innenpolitische Maßnahmen die neuen wirtschaftlichen Entwicklungen: Der Staat sicherte und eroberte neue Absatzmärkte (Kolonien) und ließ der Wirtschaft Spielraum zur freien Entfaltung. Im Vergleich dazu schränkten die noch absolutistisch regierenden Fürsten auf dem Kontinent die Wirtschaft ein.

Auch die *relative Offenheit der englischen Gesellschaft* begünstigte die wirtschaftlichen Entwicklungen. In den Revolutionen des 17. Jahrhunderts waren politische und persönliche Freiheitsrechte durchgesetzt worden. Die Sicherheit für Privateigentum war größer, die soziale Mobilität stärker und das ständische Denken weniger eng als auf dem Festland. Begründet war diese Offenheit in einer englischen Besonderheit: Die gesellschaftlichen Schranken zwischen Adel und Bürgertum waren durchlässig. Nach englischem Recht erbte bei den *Peers*, dem englischen Hochadel, ausschließlich der erstgeborene Sohn Titel und Land. Die jüngeren Söhne zählten zum Bürgertum und nahmen daher auch am bürgerlichen Arbeits- und Wirtschaftsleben teil. Die Zugehörigkeit zum niederen Adel, der *Gentry*, war rechtlich nicht fixiert. Zu ihm gehörte, wer ein großes Landgut besaß und den adligen Lebensstil teilte. So fand ein sozialer Austausch statt – im Gegensatz zum Kontinent, wo der Adel seinen Status durch Exklusivität und Abgrenzung nach unten abzusichern suchte und wo ihn noch bestehende Standesvorstellungen von Handel- und Bankgeschäften abhielten.

Wirtschaftsliberalismus

Die Industrialisierung in Europa wurde maßgeblich durch die Theorie des *Wirtschaftsliberalismus* vorbereitet und begleitet. Danach soll sich der Staat auf die Schaffung günstiger Rahmenbedingungen für die Wirtschaft beschränken. Nach dem englischen Volkswirtschaftler *Adam Smith* ist die Arbeit jedes einzelnen Menschen die Quelle des Volkswohlstandes. Aus natürlichen Eigeninteressen produziere der arbeitende Mensch Waren für den Markt; dort erhalten alle Waren ihren (Tausch-) Wert durch das Gesetz von Angebot und Nachfrage. Das Gewinnstreben des Einzelnen fördere letztlich das Gemeinwohl, weil am Ende nur ein Interesse an der Produktion solcher Güter bestehen bleibe, für die auch ein Bedarf (und damit eine Absatzchance) vorhanden sei (➧ M 1).

2.2 Industrialisierung in Deutschland

▲ *Adolf von Menzel, Das Eisenwalzwerk, Gemälde von 1875.*

1807–1811
Durch Reformen werden Bauernbefreiung und Gewerbefreiheit in Preußen eingeführt

1834
Mit dem Deutschen Zollverein entsteht ein deutscher Binnenmarkt ohne Handelsbarrieren

1835
Zwischen Nürnberg und Fürth nimmt die erste deutsche Eisenbahnstrecke ihren Betrieb auf

Um 1850
In Deutschland erreicht die Industrialisierung vor allem in den Bereichen Eisenbahn, Schwerindustrie und Maschinenbau ihre erste Hochphase

M1

Lebensstandard – damals und heute

Die Ausgabenstrukturen von 1810–1910/13 stammen von vier- bis fünfköpfigen Nürnberger Arbeiterfamilien mit durchschnittlichen Einkommen, vergleichbar den Einkommen von Bauhandwerkern (in Prozentwerten). Gegenübergestellt ist das monatlich verfügbare Einkommen (einschließlich Kindergeld etc.) eines mittleren Arbeitnehmerhaushalts mit zwei Kindern im Jahr 1997.

	1810	1849	1883	1899	1910/13	1997
1. *Nahrungs-/Genussmittel*						
Brot	31,1	26,7	18,9	13,9	7,0	
Fleisch, Wurst	9,6	9,4	14,0	16,8	14,8	
Bier	11,0	10,6	8,5	7,5	3,2	
Milch	9,0	8,2	6,8	5,6	5,5	
Mehl, Grieß, Reis	1,5	1,5	1,8	1,7	1,5	
Schmalz, Butter	1,5	2,1	2,3	2,3	2,5	
Kartoffeln	5,8	5,8	4,1	1,3	2,0	
Eier	0,5	0,7	0,9	1,6	3,0	
sonstige	–	–	2,7	5,1	9,0	
insgesamt	70,0	65,0	60,0	55,8	48,5	26,2
2. *Wohnungsmiete*	8,6	8,7	10,1	14,8	14,8	21,8
3. *Bekleidung*	8,0	8,0	7,5	7,4	7,5	6,1
4. *Heizung*	5,8	5,7	3,3	4,0	4,0	5,3
5. *Beleuchtung*	1,9	1,9	1,9	1,0	1,0	
6. *Hausrat*	2,0	2,0	3,0	3,4	4,5	
Zusammen	96,3	91,3	84,8	86,4	80,3	55,4
Nur 1, 2, 4, 5	86,3	81,3	74,3	75,6	68,3	49,3

Daten aus: Wolfram Fischer, Jochen Krengel, Jutta Wietog, Sozialgeschichtliches Arbeitsbuch I. Materialien zur Statistik des Deutschen Bundes 1815–1870, München 1982, S, 171, und Statistisches Bundesamt (Hrsg.), Datenreport 1999, 2. aktualisierte Ausgabe, Bonn 2001, S. 118f.

1. *Vergleichen Sie die Entwicklung der laufenden Kosten eines Arbeiterhaushaltes von 1810 bis 1910/13. Überlegen Sie, welche Gründe für die langfristigen Tendenzen verantwortlich sein dürften.*
2. *Welche Entwicklung wird für die in der Statistik nicht einzeln erfassten Ausgaben deutlich? Um welche Ausgaben könnte es sich dabei handeln?*
3. *Vergleichen Sie damit die Haushaltsstruktur einer mittleren Einkommensklasse aus dem Jahre 1997, und stellen Sie auffällige Verschiebungen und Konstanten in den Ausgabenstrukturen fest. Bedeutsam sind 1997 unter anderem: Verkehr und Nachrichtenübermittlung: 18,1 %; Bildungs-, Unterhaltung, Freizeit: 11,6 %; übrige Güter und Dienstleistungen für den privaten Gebrauch: 15 %.*

▶ *Barackenbau für Obdachlose in Berlin, Stich 1872.*

▲ *Postkarte aus Essen, um 1880.*
Der „Krupp'sche Esel", eine Sirene, warnte die Arbeiter: noch fünf Minuten bis Schichtbeginn.

M2
Fabrikordnung

Ein typisches Beispiel für die Disziplinierung in der Arbeitswelt ist die Fabrikordnung für die Mechanische Baumwollspinnerei der Herren J. H. Straub & Söhne im hessischen Altenstadt.

§ 7: Wenn in einem Arbeitssaal während der Arbeitszeit, wo alle Arbeiter zugegen sind, ein Gegenstand beschädigt wird, und der Täter Verhehlung wegen nicht auszumitteln ist, so sind die Arbeiter des ganzen Saales bis zur Nachweisung des Täters für den Schaden haftbar. [...]

§ 9: Ferner werden bestraft:

1. Unehrerbietiges Betragen gegen die Aufseher.
2. Verhehlung von Untreue.
3. Eigenmächtige Abänderung an den Maschinen, der Beleuchtung, Heizung und Werkzeugen.
4. Störung anderer Arbeiter.
5. Verspätung und Versäumnisse, besonders der Unfug des blauen Montags und das Herbeiholen von Speise und Trank. [...]
7. Das Tabakrauchen.
8. Lärm machen auf dem Weg zu und von der Fabrik. [...]

§ 14: Der Arbeitslohn wird von den Fabrikinhabern am ersten Zahltag nach dem Eintritt des Arbeiters festgesetzt und später nach Umständen erhöht oder erniedrigt. [...]

§ 15: Jedem Arbeiter wird gleich von Anfang sechs Tage oder ein vollständiger Wochenlohn als Decompte[1] zurückbehalten und bei Lohnerhöhung vervollständigt. [...]

Nur bei ordnungsgemäßen Austritt wird Lohn und Decompte bezahlt.

Jürgen Kuczynski, Die Geschichte der Lage der Arbeiter unter dem Kapitalismus, Teil I, Band 2, Berlin 1962, S. 196 ff.

1. *Diskutieren Sie die Regelungen. Berücksichtigen Sie dabei sowohl die Interessen des Unternehmers, die Erfordernisse der Fabrikarbeit als auch die Herkunft der Arbeiter.*
2. *Erläutern Sie, warum ähnliche innerbetriebliche Reglementierungen heute nicht mehr möglich sind.*

---
[1] *Abzug vom Lohn*

M3
Die Lage der Arbeiterinnen

Im Zeitraum von 1882 bis 1907 stieg die Anzahl der in Fabriken beschäftigten Frauen von 540 000 auf 1,5 Millionen, von denen rund ein Viertel verheiratet war. Hauptsächlich waren Frauen in der Textil-, der Nahrungs- und Genussmittel-, der Bekleidungs- und Reinigungsindustrie sowie in Ziegeleien beschäftigt. Ein 1899 von der Reichsregierung in Auftrag gegebener Bericht untersucht die Möglichkeiten, die zunehmende Erwerbstätigkeit verheirateter Frauen zu beschränken, da man die Vernachlässigung der „Hauswirtschaft" und der „Familie" befürchtete.

Die Gründe für die Fabrikbeschäftigung verheirateter Frauen sind im Wesentlichen keine anderen als diejenigen für die Beschäftigung von Arbeiterinnen überhaupt in der Fabrik. Sie liegen in der Unzulänglichkeit des Verdienstes des Familienoberhauptes für die notwendigen Bedürfnisse der Familie. [...] Vor allem aber sind es die niederen Löhne der Arbeiterinnen, die ihre Verwendung den Arbeitgebern überall erwünscht scheinen lassen, wo sie stattfinden kann. Genügender Beweis hierfür ist, dass die Löhne in den Industriezweigen am niedersten sind, in denen Arbeiterinnen in größerer Zahl verwendet werden. Auch erregen alle Nachweise, dass da und dort die Löhne der Arbeiterinnen denen der Arbeiter gleich oder nahezu gleich sind, stets besonderes sozialpolitisches Interesse. Man bedenkt aber nicht, dass dort stets das ganze Lohnniveau durch die Frauenarbeit beeinflusst ist. Auch der Hinweis auf die bei Akkordarbeit für Männer und Frauen meist gleichen Akkordsätze bewirkt vielfach nur eine Täuschung, denn den Frauen werden schon in großem Umfang vielfach nur die Arbeiten zugewiesen, bei denen überhaupt weniger verdient werden kann. [...]

In einer allgemeinen Verkürzung der Arbeitszeit liegt der Kern der ganzen Frage. Doch möchten wir nicht soweit gehen wie die württembergischen Beamten [,die einen achtstündigen Arbeitstag für Frauen forderten], sondern uns zunächst mit dem zehnstündigen Arbeitstag im Interesse der Durchführbarkeit begnügen.

Anne Conrad/Kerstin Michalik (Hrsg.), Quellen zur Geschichte der Frauen, Bd. 3: Neuzeit, Stuttgart 1999, S. 45 ff.

1. *Erläutern Sie die im Bericht genannten Gründe für die Frauenerwerbsarbeit.*
2. *Stellen Sie die Empfehlungen des Berichts den Interessen der Unternehmer gegenüber.*
3. *Ziehen Sie aus der Empfehlung des Berichts eine Schlussfolgerung auf die wirtschaftliche Bedeutung der Frauenerwerbsarbeit.*

Vgl. auch das Modul „Die Familie in der Neuzeit", ➧ besonders M 10, S. 268 f.

M4
Binnenwanderung in Deutschland während des 19. Jahrhunderts

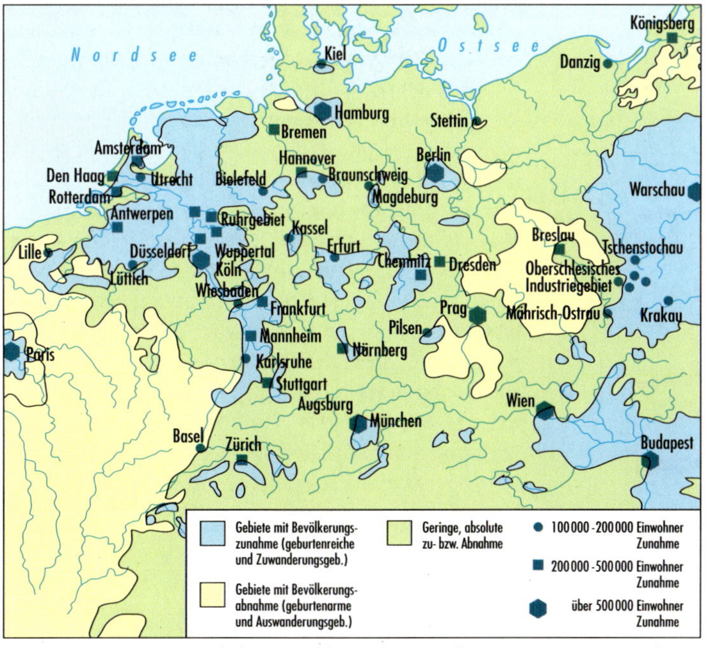

1. *Benennen Sie mögliche Ursachen für Bevölkerungsgewinne und -verluste.*
2. *Finden Sie anhand der Karte heraus, welche Bevölkerungsentwicklung in Ihrer Heimatregion im 19. Jahrhundert stattfand.*

▲ *Die Entwicklung des Deutschen Zollvereins seit 1834.*
Vergleichen Sie die Grenzen des Deutschen Zollvereins mit den Grenzen des Deutschen Bundes und des Deutschen Reiches von 1871 (siehe S. 112). Erläutern Sie die Bedeutung des Zollvereins für die politische und wirtschaftliche Entwicklung des Deutschen Reiches.

Ungünstige Voraussetzungen

Das Gebiet der deutschen Staaten stand im Vergleich zu England vor einer ungünstigeren Ausgangssituation. Zwar gab es ebenfalls seit Jahrhunderten ein wichtiges Produktions- und Handelsgebiet für Textilwaren. Von Schwaben bis Westfalen, von Schlesien über die Lausitz bis Sachsen zogen sich breite Gürtel des Textilgewerbes. Handelsgesellschaften und Messeplätze von Ravensburg über Augsburg und Nördlingen im schwäbischen Raum, Frankfurt und Köln im Rhein-/Maingebiet oder Nürnberg waren Umschlagplätze für Leinentuche und Barchent[1]. Doch die *politische Zersplitterung* des Alten Reiches mit seinen mehr als 300 Territorialstaaten und einer Fülle von Zollgrenzen, unterschiedlichen Maß-, Münz- und Gewichtssystemen, mit Stapelrechten[2] und Handelsmonopolen wirkte sich außerordentlich hemmend auf die wirtschaftliche Entwicklung aus. Diese Handelsbarrieren wurden weitgehend erst 1834 mit der Gründung des *Deutschen Zollvereins* aufgehoben.

Hinzu kamen weitere Nachteile: Das deutsche *Verkehrssystem* war schlechter ausgebildet als das englische. Zunftordnungen und staatliche Aufsicht verhinderten die Entwicklung einer liberalen Wirtschaftsordnung. Im Vergleich zu England wiesen die deutschen Staaten auch einen *technischen Rückstand* auf.

---

1) Leinen-/Baumwollmischung

2) Das Recht einer Stadt, vorbeiziehende Kaufleute zu zwingen, ihre Waren für eine bestimmte Zeit zum Verkauf auszustellen, wobei die Bürger der Stadt das Vorkaufsrecht hatten. Mit einer Abgabe konnten sich die Kaufleute vom Stapelzwang freikaufen.

Die deutschen Seehäfen an Nord- und Ostsee befanden sich zudem in einer *ungünstigen handelsgeographischen Lage*: Sie besaßen keinen unmittelbaren Zugang zum Atlantik, dem Ausgangspunkt für den Handel mit Amerika und Asien, und konnten daher mit den Häfen in England, den Niederlanden und in Frankreich nicht ernsthaft konkurrieren. Im Gegensatz zu den Kolonialmächten England, Frankreich, den Niederlanden und Spanien konnten die deutschen Staaten daher auch keine neuen Absatzmärkte in Übersee gewinnen.

„Imitierte industrielle Revolution“ und erfolgreicher Nachzügler

Trotz der ungünstigen Voraussetzungen fand auch in Deutschland mit einer gewissen zeitlichen Verzögerung eine erfolgreiche Industrialisierung statt. Manche Neuerungen (wie Maschinen, aber auch Geschäftsformen im Bankwesen) konnten aus England übernommen werden. Eine wichtige Rolle spielten ebenso politisch-soziale Reformen, wie sie in Preußen mit der *Bauernbefreiung* und der Einführung der *Gewerbefreiheit* (1807–1811) eingesetzt hatten.
Der im Einzelnen recht differenzierte Vorgang der Bauernbefreiung erstreckte sich im Wesentlichen auf zwei Bereiche: zum einen auf die Befreiung der Bauern aus den persönlichen Abhängigkeitsbeziehungen vom Gutsherrn und den daraus folgenden Frondiensten und Lasten und zum anderen auf die Anhebung der Bauern zu vollen Landeigentümern mit freier Verfügungsgewalt über Grund und Boden. Damit einher ging die Auflösung des feudalen ländlichen Gesellschaftsverbands: Der Grundherr verlor niedere Gerichtskompetenz, lokale Polizeigewalt und Gewerbeaufsicht, Schul- und Kirchenpatronat. Durch die Gewerbefreiheit wurden alle Beschränkungen für eine freie Betätigung in Landwirtschaft, Handwerk und Gewerbe aufgehoben.
Zum anderen konnte der englische Vorsprung durch eigene Standortvorteile ersetzt werden, die andere Formen und Typen der Industrialisierung ermöglichten. Mit diesen Vorteilen konnte man sich mitunter sogar an die Spitze der Entwicklung setzen, ohne frühere Industrialisierungsstadien nochmals durchlaufen zu müssen. Gegen Ende des 19. Jahrhunderts hatte Deutschland daher die Pioniere der Industrialisierung nicht nur eingeholt, sondern in bestimmten Bereichen wie der Chemie sogar übertroffen.

Das „Eisenbahnzeitalter“

1835 wurde auf eine Privatinitiative Nürnberger Kaufleute hin die erste deutsche Eisenbahnstrecke mit 6 km Länge zwischen Nürnberg und Fürth eröffnet. Als Förderer des Eisenbahnbaus in Deutschland wirkte vor allem der Volkswirtschaftler und Politiker *Friedrich List*. Er entwarf 1833 einen Plan für den Ausbau des deutschen Eisenbahnnetzes, das die wichtigsten Städte und Regionen miteinander verbinden sollte. Das bis ca. 1860 tatsächlich fertig gestellte Streckennetz entsprach weitgehend diesem Plan. Wie auf einen Startschuss hin setzte Mitte der 1830er-Jahre im deutschsprachigen Raum der Eisenbahnbau ein. Nach zehn Jahren waren im Gebiet des Deutschen Bundes Schienen über 5 800 km Streckenlänge verlegt, 1860 waren es bereits 11 100 Kilometer (► M 5, S. 54).
Binnen weniger Jahre überflügelte die Eisenbahn alle anderen Transportmittel. Mit ihr konnten nun Massengüter über größere Landstrecken bei wesentlich verkürzter Fahrtzeit und unter günstigeren Kosten transportiert werden. Die Eisenbahn erschloss neue Absatzchancen, umgekehrt vermochte eine Anbindung an das Eisenbahnnetz einen

Standortnachteil auszugleichen. Der Bedarf an Lokomotiven regte den einheimischen Maschinenbau an, die benötigten Schienen schufen den Anreiz zur Errichtung moderner Eisen verarbeitender Werke und steigerten gleichzeitig die Nachfrage nach Steinkohle. Die Montan- und Eisenindustrie wurde zum führenden Sektor der deutschen Industrialisierung.

Kapitalgesellschaften und privates Unternehmertum

Auch mittelbar entwickelte sich die Eisenbahn zum wichtigsten Schwungrad der Industrialisierung: Der hohe Kapitalbedarf der Eisenbahngesellschaften zwang die Betreiber zum Zusammenschluss in Form von *Aktiengesellschaften*, die ein beliebtes Mittel der Industriefinanzierung wurden.

Daneben entstanden zur Finanzierung der wachsenden Industrie *Großbanken* (Deutsche Bank 1870, Dresdner Bank 1872). Sie machten die deutsche Industrie von ausländischen Kapitalzentren (London, Paris, Brüssel) unabhängig. Oft saßen Repräsentanten der Großbanken in den Aufsichtsräten von Industrieunternehmen. So verfügten die Banken auch selbst über Einfluss auf deren Geschäftspolitik.

Zu den Kräften, die die industrielle Entwicklung in Deutschland vorantrieben, zählte auch eine neue Art privater Unternehmer. Vielfach gelang es Handwerkern, ihre Werkstätten zu industriellen, kapitalkräftigen Fabrikbetrieben auszubauen. Oft bedurfte es aber auch einer Kooperation zwischen Erfinder (Techniker) und Finanzier. Erfolgreiche Unternehmerpersönlichkeiten entwickelten eine selbstbewusste Pioniermentalität und fühlten sich als „Industriekapitäne“ über Maschinenanlagen und Arbeiterschaft (➧ M 2).

Arbeitszeiten und Löhne

In der Frühphase der Industrialisierung hatte die Arbeitszeit schnell zugenommen: Frauen wie Männer arbeiteten nicht unter zwölf Stunden täglich, vielfach 15 bis 16 Stunden lang, und dies mindestens sechs Tage in der Woche. Auch Sonntagsarbeit war nicht selten. „Urlaub“ und „Erholung“ blieben auf die gegenüber der Zeit vor 1800 weniger gewordenen offiziellen Feiertage beschränkt. Seit den 60er-Jahren pendelte sich der Arbeitstag dann auf etwa zwölf, bis gegen 1900 auf elf Stunden ein.

Die Löhne innerhalb der Fabrikarbeiterschaft waren recht unterschiedlich. Die gelernten Handwerker bekamen bessere Löhne und Arbeitsbedingungen geboten und besetzten vorrangig höhere Positionen wie Vorarbeiter und Fabrikmeister.

Gerade auf den Lohnstufen der un- und angelernten Kräfte reichte das Einkommen der Männer vielfach nicht zum Unterhalt einer Familie (➧ M 1). Frauen mussten zuverdienen, erhielten aber durchschnittlich höchstens zwei Drittel des Männerlohns ausbezahlt, Kinder lagen noch weit darunter, oft bei gleichen Arbeitszeiten wie die Erwachsenen. Etwa seit der Jahrhundertmitte ging die Kinderarbeit zurück; die allmähliche Durchsetzung der Schulpflicht in den deutschen Staaten war dafür ein Grund, ein anderer die Entwicklung der Technik. Zudem klagten die Militärbehörden, Kinderarbeit mache zum Wehrdienst untauglich. Der Anteil der Fabrikarbeiterinnen stieg hingegen in der zweiten Jahrhunderthälfte noch an (➧ M 3).

Wanderungsbewegungen

Das rasche Bevölkerungswachstum (auf dem Gebiet des späteren Deutschen Kaiserreichs zwischen 1816 und 1871 von unter 25 Millionen auf über 41 Millionen) und die sich dynamisch entwickelnde Arbeitswelt forderten von den Menschen die Bereitschaft zur Mobilität. Oft genug aus der Not um die Existenzsicherung zogen Ströme von Arbeit Suchenden in die rasch wachsenden Industrieregionen. Je mehr sich die Produktion in den Städten massierte, desto stärker wuchs dort die Einwohnerzahl (*Urbanisierung*). Hauptziele der Binnenwanderung waren vor allem die neuen Ballungszentren im sächsisch-oberschlesischen Industrierevier und im Ruhrgebiet (➧ M 4). Während des gesamten Jahrhunderts entlud sich der Bevölkerungsdruck zusätzlich in einer *Auswanderungsbewegung*. 90 Prozent aller Auswanderer gingen in die USA, zwischen 1820 und 1920 betraf dies insgesamt 5,5 Millionen Deutsche. Die Emigranten hofften auf bessere Lebens- und Arbeitsbedingungen im Land „der unbegrenzten Möglichkeiten". Diese Auswanderungsbewegung war jedoch keineswegs auf das deutsche Gebiet beschränkt: Viele Polen wanderten auf der Suche nach Arbeit in die französischen Erz- und Kohlereviere oder in das Ruhrgebiet aus. 1,17 Millionen Iren verließen ihre Heimat in den Jahren 1845–48 wegen einer verheerenden Hungersnot, die meisten davon emigrierten in die Vereinigten Staaten. Osteuropäische Juden flohen seit den Pogromen der 1880er-Jahre nach Westeuropa oder ebenfalls Amerika (vgl. auch das Modul „Migration", ➧ S. 300 ff.).

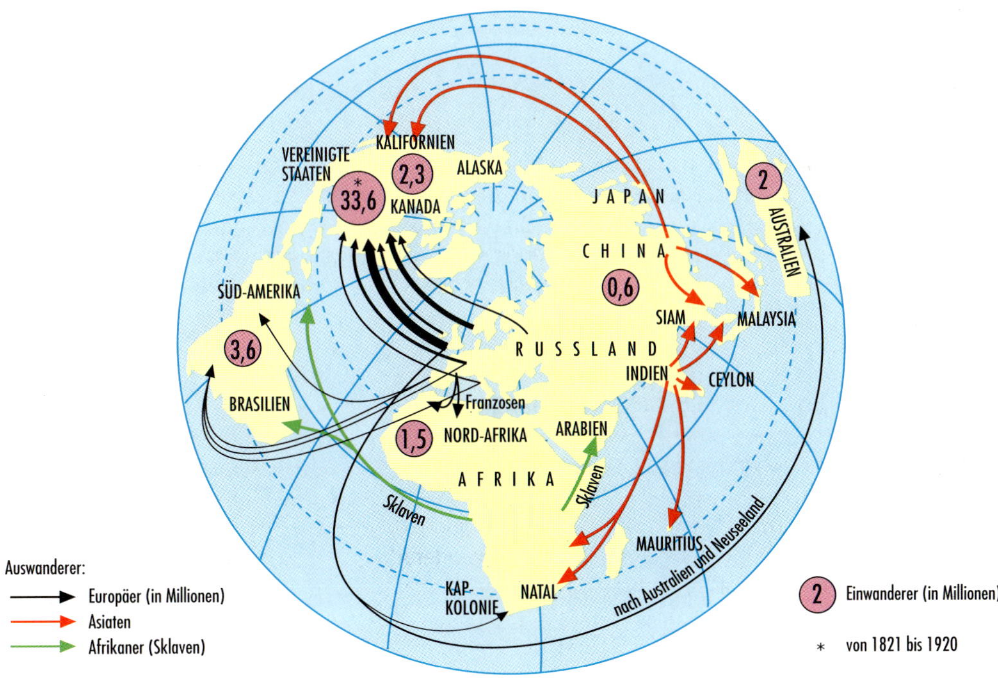

▲ *Weltweite Auswanderung zwischen 1820 und 1910.*
Aus: Europäisches Geschichtsbuch, Stuttgart 1992, S. 297

2.3 Die Auseinandersetzung um die Soziale Frage

▲ *„Der verhängnisvolle Weg der Arbeiter", Karikatur von 1891.*

1819
In England regelt ein erstes Gesetz die Arbeit von Kindern

1848
Karl Marx und Friedrich Engels veröffentlichen das „Kommunistische Manifest"

1869
Die deutsche Arbeiterbewegung organisiert sich politisch; die Sozialdemokratische Arbeiterpartei entsteht

1875
Sozialdemokratische Arbeiterpartei (SDAP) und Allgemeiner Deutscher Arbeiterverein (ADAV) vereinigen sich zur Sozialistischen Arbeiterpartei Deutschlands (SAP)

1878–1890
Otto von Bismarck versucht mit dem Sozialistengesetz die sozialdemokratische Bewegung zu unterdrücken

1883–1890
Eine staatliche Sozialgesetzgebung tritt im Deutschen Reich in Kraft

1890
Die deutsche Sozialdemokratie organisiert sich neu unter dem Namen Sozialdemokratische Partei Deutschlands (SPD)

1891
Papst Leo XIII. veröffentlicht die Enzyklika Rerum Novarum

M1
Neue Hörigkeit

Der Professor für Rechts- und Staatswissenschaft Franz Josef Ritter von Buß (1803–1878) ist der erste deutsche Politiker, der auf das Los der Arbeiter aufmerksam macht. Am 25. April 1837 redet er im Badischen Landtag über „das soziale Problem":

[V]on allen Seiten zurückgedrängt, genießt der Fabrikarbeiter nicht einmal eine rechtliche und politische Sicherstellung. Das Fabrikwesen erzeugt eine Hörigkeit neuer Art. Der Fabrikarbeiter ist der Leibeigene eines Brotherrn, der ihn als nutzbringendes Werkzeug verbraucht und abgenützt wegwirft. [...]

Der Fabrikarbeiter ist aber nicht bloß der Leibeigene eines Herrn, er ist der Leibeigene der Maschine, die Zubehörde einer Sache. [...] Was hilft dem Arbeiter die Freiheit der Aufkündigung, dieser Wechsel der Lohnsklaverei? Um leben zu können muss er arbeiten: nicht immer findet er alsbald Arbeit in einer andren Fabrik; bei der größten Abgewandtheit seines Gemütes von seinem Brotherrn bleibt er an dessen Geschäft gefesselt, und sah man nicht oft Fabrikherren zum Zweck gemeinsamer Herabdrückung des Lohnes sich verbünden?

Auch die politische Stellung des Fabrikarbeiters ist trostlos. Wegen seiner Abhängigkeit kann er politische Rechte nicht genießen, und würden sie ihm auch gewährt, so würde er, als Werkzeug seines Brotherrn, sie nach dessen Laune ausüben müssen. Nach der gesamten Stellung des Arbeiters kann der Staat ihm nicht einmal den Schutz gewähren, den das materielle Recht ihm schuldet: Nur als Armer fühlt der Arbeiter die Wohltaten des Staatsverbandes.

Auch die Fabrikherren erreichen die Nachteile eines naturwidrig gesteigerten Fabrikwesens.

1. Dass dieser Zustand der allseitigen Verwahrlosung der Fabrikbevölkerung dem Fabrikherrn keine Garantie für Geschicklichkeit, Fleiß und Redlichkeit der Arbeiter geben könne, ist klar.

2. Ebenso gewiß aber ist es, dass bei eintretenden Gewerbsstockungen oder bei der Einführung neuer Maschinen, welche den Arbeiter brotlos zu machen drohen, sein nach Ausweis der Kriminalstatistik zu Verbrechen gegen das Eigentum überhaupt geneigter Sinn sich an dem Brotherrn durch Zerstörung seiner erreichbaren Habe rächt. [...]

Die durch den gewerblichen Aufschwung, durch die Tendenz unserer Staaten zur Übervölkerung und den Mangel an anderweitiger Unterkunft anschwellende Anzahl der Fabrikarbeiter führt wegen ihrer ökonomischen Unsicherheit zu einer wahren Massenarmut, dem sogenannten Pauperismus. Die unsichere Lage der Fabrikarbeiter muss schon an und für sich zu diesem gesellschaftlichen Drangsal führen. Eine Ersparung ist dem Arbeiter selbst bei günstigen Verhältnissen nur in geringem Maße möglich; jede längere Unterbrechung der Arbeit zwingt ihn, die öffentliche Hilfe anzusprechen. Den kranken Arbeiter, sein kreißendes Weib, die Witwe und die Waisen empfangen die Anstalten der öffentlichen Wohltätigkeit. Armut und Entsittlichung bevölkern die Findelhäuser mit der schwächlichen Nachkommenschaft dieses unglücklichen Geschlechts. Die ganze Lage des Fabrikarbeiters ist bei großem Angebote der Arbeit eine stete Quelle seiner Armut: Treten noch Gewerbsstockungen hinzu, so wüten sie verheerend in den Reihen der Arbeiter. [...]

Die Schaffung einer Masse von Fabrikproletariern wirft [...] nicht bloß einen verheerenden Krankheitsstoff in die Gesellschaft, sondern in ihr wird auch eine furchtbare, stets bereite Waffe den politischen Faktionen[1] angeboten. Die Tendenz des Umsturzes, wahrlich in unsern Tagen nur zu sehr verbreitet, findet in den Fabrikheloten[2] die nahen Verbündeten, einmal weil ihre eigne unbehagliche Stellung in jeder gesellschaftlichen Veränderung ihnen eine Abhilfe vorspiegelt, ferner weil sie in dem die Fabrikherren schützenden Staat den eignen Feind erblicken.

Ernst Schraepler (Hrsg.), Quellen zur Geschichte der sozialen Frage in Deutschland, Bd. 1: 1800–1870, 3. Auflage, Göttingen 1964, S. 66 ff.

1. *Erläutern Sie, welche Probleme nach Buß aus der sozialen Lage der Arbeiterinnen und Arbeiter entstehen.*
2. *Buß spricht von „Lohnsklaverei". Vergleichen Sie die Arbeitsbedingungen der Fabrikarbeiter mit denen der amerikanischen Sklaven. Berücksichtigen Sie dabei M 3, S. 45 f. und M 2, S. 64.*

---

[1] *politische Gruppierung*
[2] *griech.: Sklave*

▲ „Die Armen Londons, die Eröffnung eines Nachtasyls erwartend", Gemälde von Luke Fildes, 1843. Das Bild entstand als Illustration von Charles Dickens Roman „David Copperfield".

M2

Arbeiter als Ware

Der Kaufmann, Philosoph und Politiker Friedrich Engels (1820–1895) lernt während einer zweijährigen Tätigkeit im väterlichen Zweiggeschäft in Manchester die Arbeiterfrage in England kennen. Nach seiner Rückkehr aus England 1844 wird er enger Mitarbeiter von Karl Marx, mit dem zusammen er die Theorie des Kommunismus entwickelt. 1845 veröffentlicht er über die englischen Verhältnisse sein Buch „Die Lage der arbeitenden Klassen in England":

Die Arbeit zwischen den Maschinen veranlasst eine Menge Unglücksfälle, die mehr oder weniger ernster Natur sind und für den Arbeiter noch dazu die Folge haben, dass sie ihn teilweise oder ganz zu seiner Arbeit unfähig machen. Am häufigsten kommt es vor, dass ein einzelnes Glied von einem Finger abgequetscht wird, seltener schon, dass der ganze Finger, eine halbe oder ganze Hand, ein Arm usw. von den Rädern ergriffen und zermalmt wird [...]. Die gefährlichsten Stellen der Maschinerie sind aber die Riemen, welche die Triebkraft vom Schaft auf die einzelnen Maschinen leiten, besonders wenn sie Schnallen haben, die man indes selten mehr findet. Wer von diesen Riemen ergriffen wird, den reißt die treibende Kraft pfeilschnell mit sich herum, schlägt ihn oben gegen die Decke und unten gegen den Fußboden mit solcher Gewalt, dass selten ein Knochen am Körper ganz bleibt, und der augenblickliche Tod erfolgt [...]. Das Krankenhaus von Manchester hatte im Jahre 1843 allein 962 Verwundungen und Verstümmelungen durch Maschinerie zu heilen, während die Anzahl aller übrigen Unglücksfälle im Bereich des Krankenhauses auf 2426 sich belief, so dass auf fünf Unglücksfälle aus allen anderen Ursachen zwei durch Maschinerie kamen. [...]
Der größte Arbeiterbezirk liegt indes östlich vom Tower – in Whitechapel und Bethnal Green, wo die Hauptmasse der Arbeiter Londons konzentriert ist. Hören wir, was Hr. G. Alston, der Prediger von St. Philip's, Bethnal Green, über den Zustand seiner Pfarre sagt: „Sie enthält 1400 Häuser, die von 2795 Familien oder ungefähr 12000 Personen bewohnt werden. Der Raum, auf dem diese große Bevölkerung wohnt, ist weniger als 400 yards (1200 Fuß) im Quadrat[1], und bei solch einer

[1] *Das entspricht ca. 270 qm.*

Zusammendrängung ist es nichts Ungewöhnliches, dass ein Mann, seine Frau, vier bis fünf Kinder und zuweilen noch Großvater und Großmutter in einem einzigen Zimmer von zehn bis zwölf Fuß im Quadrat[1] gefunden werden, worin sie arbeiten, essen und schlafen."

Mir ist nie eine so tief demoralisierte, eine so unmittelbar durch den Eigennutz verderbte, innerlich zerfressene und für allen Fortschritt unfähig gemachte Klasse vorgekommen wie die englische Bourgeoisie[2] [...]. Für sie existiert nichts in der Welt, was nicht nur um das Geldes willen da wäre, sie selbst nicht ausgenommen, denn sie lebt für nichts als um Geld zu verdienen, sie kennt keine Seligkeit als die des schnellen Erwerbs, keinen Schmerz außer dem Geldverlieren. Gewiss, diese englischen Bourgeois sind gute Ehemänner und Familienmitglieder, haben auch sonst allerlei so genannte Privattugenden und erscheinen im gewöhnlichen Verkehr ebenso respektabel und anständig wie alle anderen Bourgeois [...]. Es ist dem englischen Bourgeois durchaus gleichgültig, ob seine Arbeiter verhungern oder nicht, wenn er nur Geld verdient [...]. Das Verhältnis des Fabrikanten zum Arbeiter ist kein menschliches, sondern ein rein ökonomisches. Der Fabrikant ist das „Kapital", der Arbeiter ist die „Arbeit". Und wenn der Arbeiter sich nicht in diese Abstraktion hineinzwängen lassen will, wenn er behauptet, dass er nicht „die Arbeit", sondern ein Mensch ist, der allerdings unter anderem auch die Eigenschaft des Arbeitens hat, wenn er sich einfallen lässt zu glauben, er brauche sich nicht als „die Arbeit", als Ware im Markte kaufen und verkaufen zu lassen, so steht dem Bourgeois der Verstand still [...]. Man glaube aber ja nicht, dass der „gebildete" Engländer diese Selbstsucht so offen zur Schau trage. Im Gegenteil, er verdeckt sie mit der schnödesten Heuchelei. – Wie, die englischen Reichen sollten nicht an die Armen denken, sie, die wohltätige Anstalten errichtet haben, wie kein anderes Land sie aufweisen kann? Jawohl, wohltätige Anstalten! Als ob dem Proletarier damit gedient wäre, dass Ihr ihn erst bis aufs Blut aussaugt, um nachher Euren selbstgefälligen, pharisäischen[3] Wohltätigkeitskitzel an ihm ausüben zu können und vor der Welt als gewaltige Wohltäter der Menschheit dazustehen, wenn Ihr dem Ausgesogenen den hundertsten Teil dessen wiedergebt, was ihm zukommt!

Wilhelm Treue/Karl-Heinz Manegold (Hrsg.), Quellen zur Geschichte der industriellen Revolution, Göttingen 1966, S. 150 f.

1. *Nennen Sie Einzelaspekte des sozialen Elends, die Engels beschreibt.*
2. *Erläutern Sie die beiden Hauptursachen des Elends der Arbeiter.*
3. *Diskutieren Sie, welche Lösungsansätze bei Engels deutlich werden und welche er ablehnt.*

M3
Das Manifest der Kommunistischen Partei

Karl Marx und Friedrich Engels unterhielten im Londoner Exil Beziehungen mit dem „Bund der Kommunisten". In dessen Auftrag veröffentlichen sie im Februar 1848 das „Manifest der Kommunistischen Partei".

Ein Gespenst geht um in Europa – das Gespenst des Kommunismus. [...] Die Geschichte aller bisherigen Gesellschaft ist die Geschichte von Klassenkämpfen.

Freier und Sklave, Patrizier und Plebejer, Baron und Leibeigener, Zunftbürger und Gesell, kurz, Unterdrücker und Unterdrückter standen in stetem Gegensatz zueinander, führten einen ununterbrochenen, bald versteckten, bald offenen Kampf, einen Kampf, der jedes Mal mit einer revolutionären Umgestaltung der ganzen Gesellschaft endete oder mit dem gemeinsamen Untergang der kämpfenden Klassen. [...]

Unsere Epoche, die Epoche der Bourgeoisie, zeichnet sich jedoch dadurch aus, dass sie die Klassengegensätze vereinfacht hat. Die ganze Gesellschaft spaltet sich mehr und mehr in zwei große feindliche Lager, in zwei große, einander direkt gegenüberstehende Klassen: Bourgeoisie und Proletariat. [...]

1) *Entspricht ca. 27–33 qm*

2) *Abwertende Bezeichnung für das Besitz- und Bildungsbürgertum*

3) *Pharisäer (hebr.): Angehöriger einer altjüdischen, streng gesetzesfrommen Partei, im übertragenen Sinne hochmütiger, selbstgerechter Heuchler*

▲ *Karikatur von Th. Th. Heine aus dem „Simplicissimus", 1901. Die Wohnungsnot war seit den 1870er-Jahren ein Dauerproblem vieler Industriegebiete und Großstädte im Deutschen Reich und in anderen europäischen Ländern.*

Im Anfang kämpfen die einzelnen Arbeiter, dann die Arbeiter einer Fabrik, dann die Arbeiter eines Arbeitszweiges an einem Ort gegen den einzelnen Bourgeois, der sie direkt ausbeutet. Sie richten ihre Angriffe nicht nur gegen die bürgerlichen Produktionsverhältnisse, sie richten sie gegen die Produktionsinstrumente selbst; sie vernichten die fremden konkurrierenden Waren, sie zerschlagen die Maschinen, sie stecken die Fabriken in Brand [...].

Auf dieser Stufe bilden die Arbeiter eine über das ganze Land zerstreute und durch ihre Konkurrenz zersplitterte Masse. [...]

Aber mit der Entwicklung der Industrie vermehrt sich nicht nur das Proletariat; es wird in größeren Massen zusammengedrängt, seine Kraft wächst, und es fühlt sie mehr.

Es werden ferner [...] durch den Fortschritt der Industrie ganze Bestandteile der herrschenden Klasse ins Proletariat hinabgeworfen oder wenigstens in ihren Lebensbedingungen bedroht. Auch sie führen dem Proletariat eine Masse Bildungselemente zu.

In Zeiten endlich, wo sich der Klassenkampf der Entscheidung nähert, nimmt der Auflösungsprozess innerhalb der herrschenden Klasse, innerhalb der ganzen alten Gesellschaft, einen so heftigen, so grellen Charakter an, dass ein kleiner Teil der herrschenden Klasse sich von ihr lossagt und sich der revolutionären Klasse anschließt [...].

Wenn das Proletariat im Kampf gegen die Bourgeoisie sich notwendig zur Klasse vereinigt, durch eine Revolution sich zur herrschenden Klasse macht und als herrschende Klasse gewaltsam die alten Produktionsverhältnisse aufhebt, so hebt es mit diesen Produktionsverhältnissen die Existenzbedingungen des Klassengegensatzes, die Klassen überhaupt und damit seine eigene Herrschaft als Klasse auf.

An die Stelle der bürgerlichen Gesellschaft mit ihren Klassen und Klassengegensätzen tritt eine Assoziation, worin die freie Entwicklung eines jeden die Bedingung für die freie Entwicklung aller ist. [...]

Mögen die herrschenden Klassen vor einer kommunistischen Revolution zittern. Die Proletarier haben nichts zu verlieren als ihre Ketten. Sie haben eine Welt zu gewinnen. Proletarier aller Länder, vereinigt euch!

Karl Marx, Die Frühschriften, hg. von Siegfried Landshut, Stuttgart 1971, S. 525 ff.

1. *Charakterisieren Sie das zyklisch wiederkehrende Ablaufschema, das nach Marx den Fortgang aller bisherigen Geschichte ausgemacht hat.*
2. *Definieren Sie den Begriff „Klasse", wie ihn Karl Marx verwendet.*
3. *Überprüfen Sie die Aussage, in der bürgerlichen Wirtschaftsgesellschaft habe sich der Klassengegensatz auf die Konfrontation Bourgeois – Proletarier vereinfacht.*
4. *Ermitteln Sie, wie sich nach Marx eine gesellschaftliche Klasse herausbildet.*
5. *Zeigen Sie auf, worin sich die proletarische Revolution von allen früheren Revolutionen in der Geschichte unterscheiden soll.*

M4

„Ein Wort an die Angehörigen meiner gewerblichen Anlagen“

Die wirtschaftliche Stagnation, die so genannte „Große Depression“, führte ab 1874 zu einer größeren Anzahl von Firmenzusammenbrüchen, während gleichzeitig in bestimmten Branchen Großbetriebe entstanden. In verschiedenen Berufszweigen sanken die Reallöhne. In den 1870er-Jahren kam es auch zu einer bislang nicht gekannten Streikwelle, und 1875 hatten sich der Allgemeine Deutsche Arbeiterverein und die marxistisch orientierte Sozialdemokratische Arbeiterpartei zur Sozialistischen Arbeiterpartei Deutschlands zusammengeschlossen. Der Unternehmer Alfred Krupp richtet 1877 folgenden Aufruf an seine Arbeiter:

Trotz wiederholter Warnung scheint sich unter einem Teile von Euch der Geist der Sozialdemokratie einschleichen zu wollen. Dieser Geist aber ist verderblich, und jeder Verständige muss ihn bekämpfen, der Arbeiter so gut wie der Arbeitgeber. Dass Ihr dies erkennen möchtet, das ist mein Wunsch und Streben. [...] Um die Lage meiner Arbeiter zu verbessern, war ich von jeher zunächst darauf bedacht, ihnen ein möglichst sorgenfreies Dasein für die Zeiten zu verschaffen, in denen sie selbst nicht mehr arbeiten könnten. Ihr selbst wisst es am besten, wie es mit Kranken, Invaliden und ausgedienten Arbeitern bei uns gehalten wird. Dann habe ich den Arbeitern Wohnungen gebaut, worin bereits 20 000 Seelen untergebracht sind, habe Schulen gegründet, Schenkungen verliehen und Einrichtungen getroffen zur billigen Beschaffung von allem Lebens- und Hausbedarf. Ich habe mich dadurch in eine Schuldenlast gesetzt, die abgetragen werden muss. Damit dies geschehen kann, muss jeder seine Schuldigkeit tun in Frieden und Eintracht und in Übereinstimmung mit unseren Vorschriften.

Die jetzt allgemein verbreitete Geschäftsstille hat bereits viele Fabriken, Hütten und Gruben unseres Landes empfindlich berührt. Geringe Preise haben geringe Löhne zur Folge gehabt, und bei einigen Werken ist schon vollständiger Mangel an Arbeit und dadurch Stillstand eingetreten. [...] Unter den schwierigsten Umständen habe ich den Mut gehabt, für meine Leute einzutreten, und behalte ihn auch in der jetzigen schweren Zeit. Ich hoffe, dass wir sie überwinden werden, dass wir Arbeit behalten werden. Alle Kräfte werden dafür nach allen Seiten aufgewandt. Das sollten die Arbeiter dankbar erkennen [...]. Ich gebe Euch nun diesen Rat: Lasst Euch nicht blenden durch schöne Worte und erwartet das Heil nicht von solchen, die einen neuen mühelosen Weg zur Volksbeglückung gefunden haben wollen. Die Angelegenheiten des ganzen Vaterlandes sollen jedem wichtig und teuer sein, aber dazu hilft gar nichts [...] das Schwatzen über politische Angelegenheiten, das ist nur den Aufwieglern willkommen und stört die Pflichterfüllung. Eine ernste Beschäftigung mit der Landespolitik erfordert mehr Zeit und tiefere Einsicht in schwierige Verhältnisse, als Euch zu Gebote steht. Das Politisieren in der Kneipe ist nebenbei sehr teuer, dafür kann man im Hause Besseres haben. Nach getaner Arbeit verbleibt im Kreise der Eurigen, bei den Eltern, bei der Frau und den Kindern. Da sucht Eure Erholung, sinnt über den Haushalt und die Erziehung. Das und Eure Arbeit sei zunächst und vor allem Eure Politik. Dabei werdet Ihr frohe Stunden haben.

Gerhard Adelmann u. a. (Hrsg.), Quellensammlung zur Geschichte der sozialen Betriebsverfassung, Band 2, Bonn 1965, S. 295

1. *Erläutern Sie, welche konkreten Sozialmaßnahmen Krupps sich aus dem Text erschließen lassen. Welche Motive werden für die betrieblichen Sozialmaßnahmen deutlich, welche Gegenleistungen erwartet Krupp?*
2. *Arbeiten Sie heraus, welche Stellung Krupp dem Unternehmertum beimisst. Was für ein Bild vom Arbeiter schwebt ihm vor? Inwieweit hat sich das Verhältnis Unternehmer – Arbeiter heute geändert?*

M5

Das Gothaer Programm der Sozialistischen Arbeiterpartei Deutschlands

Auf dem Gothaer Kongress (22. bis 27. Mai 1875) schließen sich der Allgemeine Deutsche Arbeiterverein und die Sozialdemokratische Arbeiterpartei Deutschlands zur Sozialistischen Arbeiterpartei Deutschlands (SAP) zusammen.

I. [...] In der heutigen Gesellschaft sind die Arbeitsmittel Monopol der Kapitalistenklasse; die hierdurch bedingte Abhängigkeit der Arbeiterklasse ist die Ursache des Elends und der Knechtschaft in allen Formen.

Die Befreiung der Arbeit erfordert die Verwandlung der Arbeitsmittel in Gemeingut der Gesellschaft und die genossenschaftliche Regelung der Gesamtarbeit mit gemeinnütziger Verwendung und gerechter Verteilung des Arbeitsertrages.

Die Befreiung der Arbeit muss das Werk der Arbeiterklasse sein, der gegenüber alle anderen Klassen nur eine reaktionäre Masse sind.

II. Von diesen Grundsätzen ausgehend, erstrebt die Sozialistische Arbeiterpartei Deutschlands mit allen gesetzlichen Mitteln den freien Staat und die sozialistische Gesellschaft, die Zerbrechung des ehernen Lohngesetzes[1)] durch Abschaffung des Systems der Lohnarbeit, die Aufhebung der Ausbeutung in jeder Gestalt, die Beseitigung aller sozialen und politischen Ungleichheit. [...] Die Sozialistische Arbeiterpartei Deutschlands fordert, um die Lösung der sozialen Frage anzubahnen, die Errichtung von sozialistischen Produktivgenossenschaften[2)] mit Staatshilfe unter der demokratischen Kontrolle des arbeitenden Volkes. Die Produktivgenossenschaften sind für Industrie und Ackerbau in solchem Umfange ins Leben zu rufen, dass aus ihnen die sozialistische Organisation der Gesamtarbeit entsteht.

1. Allgemeines, gleiches, direktes Wahl- und Stimmrecht, mit geheimer und obligatorischer Stimmabgabe aller Staatsangehörigen vom zwanzigsten Lebensjahre an für alle Wahlen und Abstimmungen in Staat und Gemeinde. Der Wahl- oder Abstimmungstag muss ein Sonntag oder Feiertag sein.
2. Direkte Gesetzgebung durch das Volk. Entscheidung über Krieg und Frieden durch das Volk.
3. Allgemeine Wehrhaftigkeit. Volkswehr an Stelle der stehenden Heere.
4. Abschaffung aller Ausnahmegesetze, namentlich der Press-, Vereins- und Versammlungsgesetze; überhaupt aller Gesetze, welche die freie Meinungsäußerung, das freie Forschen und Denken beschränken.
5. Rechtsprechung durch das Volk. Unentgeltliche Rechtspflege.
6. Allgemeine und gleiche Volkserziehung durch den Staat. Allgemeine Schulpflicht. Unentgeltlicher Unterricht in allen Bildungsanstalten. Erklärung der Religion zur Privatsache.

Die Sozialistische Arbeiterpartei Deutschlands fordert innerhalb der heutigen Gesellschaft:

1. Möglichste Ausdehnung der politischen Rechte und Freiheiten im Sinne der obigen Forderungen.
2. Eine einzige progressive Einkommensteuer für Staat und Gemeinde anstatt aller bestehenden, insbesondere die das Volk belastenden indirekten Steuern.
3. Unbeschränktes Koalitionsrecht.
4. Einen den Gesellschaftsbedürfnissen entsprechenden Normalarbeitstag. Verbot der Sonntagsarbeit.
5. Verbot der Kinderarbeit und aller die Gesundheit und Sittlichkeit schädigenden Frauenarbeit.
6. Schutzgesetze für Leben und Gesundheit der Arbeiter. Sanitäre Kontrolle der Arbeiterwohnungen. Überwachung der Bergwerke, der Fabrik-, Werkstatt- und Hausindustrie durch von Arbeitern gewählte Beamte. Ein wirksames Haftpflichtgesetz.

Günter Schönbrunn (Bearb.), Das bürgerliche Zeitalter 1815–1914. Geschichte in Quellen, München 1980, S. 878 f.

1. *Stellen Sie die programmatischen und politisch-praktischen Grundaussagen des Programms einander gegenüber.*
2. *Arbeiten Sie aus dem Gothaer Programm das Spannungsverhältnis zwischen einem revolutionären Kurs und einer Politik innerhalb des Verfassungssystems heraus.*

---

1) *Nach Lassalle war der durchschnittliche Arbeitslohn auf ein Minimum beschränkt, das es dem Arbeiter gerade noch erlaubte, seine Existenz zu erhalten.*

2) *wirtschaftliche Vereinigungen von Handwerkern, Bauern oder Arbeitern ohne unternehmerische Selbstständigkeit*

M6

Gründe und Ziele staatlicher Sozialpolitik

Der Reichskanzler und preußische Ministerpräsident Otto von Bismarck in der Beratung des ersten Unfallversicherungsgesetzes im Reichstag am 2. April 1881:

Seit fünfzig Jahren sprechen wir von einer sozialen Frage. [...] Ich halte es für meinen Beruf, diese Fragen, ohne Parteileidenschaft, ohne Aufregung – ich bedaure, dass die Parteifragen so hineinspielen – in Angriff zu nehmen, weil ich nicht weiß, wer sie mit Erfolg in Angriff nehmen soll, wenn es die Reichsregierung nicht tut. [...]
Ich bin nicht der Meinung, dass das „laisser faire, laisser aller“[1], „das reine Manchestertum in der Politik“, „Jeder sehe, wie er's treibe, jeder sehe, wo er bleibe“, „Wer nicht stark genug ist, zu stehen, wird niedergerannt und zu Boden getreten“, „Wer da hat, dem wird gegeben, wer nicht hat, dem wird genommen“, dass das im Staat, namentlich in dem monarchischen, landesväterlich regierten Staat Anwendung finden könne. [...]
Aber umsonst ist der Tod! Wenn Sie nicht in die Tasche greifen wollen und in die Staatskasse, dann werden Sie nichts fertig bekommen. Die ganze Sache der Industrie aufzubürden, – das weiß ich nicht, ob sie das ertragen kann. Schwerlich geht es bei allen Industrien. Bei einigen ginge es allerdings; es sind das diejenigen Industriezweige, bei welchen der Arbeitslohn nur ein minimaler Betrag der Gesamtproduktionskosten ist. [...] Ob man den Beitrag auf die Arbeiter oder auf die Unternehmer legt, das halte ich für ganz gleichgültig. Die Industrie hat ihn in beiden Fällen zu tragen, und was der Arbeiter beiträgt, das ist doch notwendig schließlich zu Lasten des ganzen Geschäfts. Es wird allgemein geklagt, dass der Lohn der Arbeiter im Ganzen keinen Überschuss und keine Ersparnis gestatte. Will man also dem Arbeiter zu dem eben noch ausreichenden Lohn noch eine Last auferlegen, ja, dann muss der Unternehmer diese Mittel zulegen, damit der Arbeiter die Last tragen kann.

Otto von Bismarck, Werke in Auswahl, hg. v. Alfred Milatz, Band 6, Darmstadt 1973, S. 514 ff.

---

[1] *franz.: tun, gehen lassen; hier etwa: Treibenlassen aller Dinge*

1. *Erörtern Sie, inwiefern die Soziale Frage nach Ansicht Bismarcks bereits seit 50 Jahren besteht. Welche Aufgaben für die Regierung leitet er daraus ab?*
2. *Aus welchen Motiven wendet sich Bismarck gegen das „Laisser-faire“-Prinzip?*
3. *Fassen Sie die Erwägungen Bismarcks über die Finanzierbarkeit der Unfallversicherung zusammen.*

M7

Rerum Novarum

In seiner Enzyklika vom Jahre 1891 fasst Papst Leo XIII. die Soziallehre der katholischen Kirche zusammen.

Zunächst kann die religiöse Lebensauffassung, deren Hüterin und Lehrerin die Kirche ist, Besitzende und Nichtbesitzende miteinander versöhnen, indem sie nämlich beide Teile zu ihren wechselseitigen Pflichten zurückruft; vor allem kommen hier die Pflichten der Gerechtigkeit in Betracht.
Folgende Pflichten berühren den Lohnarbeiter: Er soll zu dem, was in seinem Arbeitsvertrag mit Freiheit und Gerechtigkeit abgemacht ist, voll und ganz stehen; er soll sich im Arbeitsverhältnis jeder Sachbeschädigung und auch persönlichen Verletzung des Arbeitgebers enthalten; bei der Wahrnehmung seiner Interessen soll er nicht zu Gewalttätigkeiten greifen und Empörung anzetteln; er soll nicht gemeinsame Sache machen mit verbrecherischen Menschen, die in wohlgesetzten Reden das Blaue vom Himmel versprechen und schließlich ihren Gläubigen allzu späte Reue und die Scherben von Hab und Gut zurücklassen.
Folgende Pflichten gehen den Besitz und das Arbeitgebertum an: Man soll den Arbeiter nicht wie einen Hörigen ansehen; man soll in ihm jene persönliche Würde achten, die ihm als Christen eignet; ferner lehren uns die Natur und auch die christliche Philosophie, dass es keine Schande, sondern eine Ehre für den Menschen ist, einen Erwerbsberuf zu haben, da er ja die Möglichkeit verschafft, in Ehren den Lebensunterhalt zu sichern. Dies allerdings ist schändlich und spricht jedem Menschentum Hohn, wenn man anstatt des toten Kapitals den Menschen im Erwerbsbetrieb verbraucht und ihn nicht höher

wertet, als seine Nerven und Muskeln hergeben können. Der Arbeitgeber soll den Arbeiter auch nicht über seine Gebühr belasten und ihm nicht Arbeiten geben, die entweder zu seinem Alter oder zu seinem Geschlecht nicht passen.
Zu den wichtigsten Verpflichtungen des Arbeitgebers gehört es aber, jedem ein gerechtes Entgelt zu geben. [...] Jemand um den geschuldeten Lohn zu bringen, ist fürwahr eine schwere Sünde, die laut zum Himmel um Rache ruft. [...]
Indessen sind zweifellos zur Behebung der sozialen Schwierigkeiten auch jene Mittel heranzuziehen, die ausschließlich in der Macht der Menschen sind. [...] Daher mögen die verantwortlichen Staatslenker zuerst und vor allem durch den ganzen Aufbau der Gesetzgebung und der Verwaltung dahin streben, dass daraus von selbst das Wohlergehen der Allgemeinheit wie auch der Einzelnen erblühe. [...]
Es ist also eine Forderung der Billigkeit, dass man sich seitens der öffentlichen Gewalt des Arbeiters annehme, damit er an dem, was er zum allgemeinen Nutzen beiträgt, Anteil hat und so hinsichtlich Wohnung, Kleidung und Nahrung gesichert ist, um ein weniger schweres Leben führen zu können. Daher ist alles zu fördern, was irgendwie der Lage der Arbeiterschaft nützen kann.

Gustav Gundlach (Hrsg.), Die sozialen Rundschreiben Leos XIII. und Pius XI., Paderborn 1931, S. 19 f. und S. 31 ff.

Nennen Sie die wesentlichen Thesen zur Rolle der Arbeiterschaft in der modernen Industriegesellschaft. Berücksichtigen Sie besonders die Tatsache, dass es sich um eine kirchliche Stellungnahme handelt.

M8
„Das Soziale System"

Der britische Unternehmer und Sozialreformer Robert Owen (1771–1858) veröffentlicht seine Schrift „Das Soziale System" 1826/27.

Es gibt nur einen Weg, auf dem der Mensch das immerwährende Glück, zu dem seine Natur fähig ist, empfangen kann; die Vereinigung und die Zusammenarbeit aller zum Verteil eines jeden.
Eine der notwendigen Konsequenzen des Glaubens an das freie Handeln und an die Verantwortlichkeit war es, die Menschheit zu vereinzeln, das Eigeninteresse zu schaffen, aus dem sofort die Institution des Privateigentums, die ewige fruchtbare Quelle von Uneinigkeit und Elend, entstand. Das Privateigentum schuf die Ungleichheit der Bedingungen; exklusive Arrangements zum Vorteil Weniger auf Kosten Vieler. [...]
Es wurde festgestellt, dass der Mensch bei der Geburt vollständig von der ihn erschaffenden Kraft geformt wird, und dass sein späterer Charakter von den ihn umgebenden Umständen bestimmt wird, die auf seine ursprüngliche oder geschaffene Natur Einfluss nehmen. Es wurde weiter festgestellt, dass er sich in keiner Weise, sei es nun physisch oder geistig, selbst formt, und dass er aus diesem Grunde kein frei oder verantwortlich Handelnder sein kann. Die erste praktische Wirkung dieses Wissens muss sein, alle Ideen von „Verdienst" oder „Schuld" bei irgendeinem geschaffenen Objekt oder Wesen aus dem menschlichen Denken zu verbannen. [...] Es wird zu allen Zeiten das erste Ziel der Gesellschaft sein, die heranwachsende Generation auszubilden und zu erziehen. [...]
Um alle Vorteile der Zusammenarbeit zu erreichen, müssen die Menschen in kleinen Gemeinwesen oder großen Familien versammelt werden, deren Mitglieder alle durch ein Band gemeinsamer Interessen vereint sind [...]. Da es kein dauerhaftes Glück in einer Gesellschaft geben kann, aus der die Ungleichheit nicht verbannt ist, wird jedes Individuum die gleichen Vorteile haben. Aus diesem Grunde wird Gleichheit in ihrer Unterbringung, Nahrung, Kleidung, Ausbildung, Arbeit und Behandlung herrschen.

Robert Owen, Das Soziale System. Ausgewählte Schriften, hg. v. Liane Rauch und Marie-Luise Römer, Leipzig 1988, S. 16, 18 ff. und 24 f.

1. *Erläutern Sie die Hindernisse, die nach Owens Meinung einer gerechten Gesellschaftsordnung entgegenstehen.*
2. *Bewerten Sie die Vorschläge, die Owen zur Abschaffung sozialer Ungleichheit macht.*

M9
Sherman Antitrust Act

Am 2. Juli 1890 verabschiedet der amerikanische Kongress den „Sherman Antitrust Act“, der die Bildung von Monopolgesellschaften in allen Bereichen der Wirtschaft verhindern soll.

1. Jeder Vertrag, jeder Zusammenschluss in Form eines Trusts[1] oder dergleichen, jede geheime Absprache zur Einschränkung des zwischenstaatlichen Handels oder des Außenhandels wird hierdurch für ungesetzlich erklärt. Jede Person, die solch einen Vertrag abschließt oder sich an einem solchen Zusammenschluss oder an einer geheimen Absprache beteiligt, soll eines Vergehens für schuldig gehalten werden und im Falle ihrer Überführung mit einer Geldstrafe bis zu 5000 Dollar oder mit Gefängnis bis zu einem Jahr oder mit beiden besagten Strafen, je nach Ermessen des Gerichts, belegt werden.
2. Jede Person, die ein Monopol aufrichtet oder versucht, dies zu tun, oder sich mit einer oder mehreren anderen Personen zusammenschließt beziehungsweise heimlich abspricht, um den zwischenstaatlichen Handel zu monopolisieren oder dies mit fremden Nationen zu tun, soll eines Vergehens für schuldig gehalten werden, und im Falle ihrer Überführung mit einer Geldstrafe bis zu 5000 Dollar oder mit Gefängnis bis zu einem Jahr oder mit beiden besagten Strafen, je nach Ermessen des Gerichts, belegt werden.
3. Jeder Vertrag, jeder Zusammenschluss in Form eines Trusts oder dergleichen, jede geheime Absprache zur Einschränkung des Handels [...] wird hiermit für illegal erklärt. Jede Person, die solch einen Vertrag abschließt oder sich an einem Zusammenschluss oder einer geheimen Absprache beteiligt, soll eines Vergehens für schuldig gehalten werden und bei Überführung mit einer Geldstrafe bis zu 5000 Dollar oder mit Gefängnis bis zu einem Jahr oder mit beiden besagten Strafen, je nach Ermessen des Gerichts, belegt werden. [...]

Günter Moltmann, Die Vereinigten Staaten von Amerika von der Kolonialzeit bis 1917, Paderborn 1980, S. 74 f.

Benennen Sie die staatlichen und privaten Rechte, die das Gesetz gegen die Bildung von Trusts bietet.

▲ *Holzschnitt zur ersten Maifeier 1890, veröffentlicht auf der Titelseite der in London erscheinenden Zeitschrift „The Worker's Friend“ am 2. Juli 1891. Die 1889 gegründete Zweite Internationale (internationaler Zusammenschluss der marxistisch orientierten Arbeiterbewegungen) organisierte am 1. Mai 1890 eine „große internationale Manifestation“, auf der die Arbeiter die Einführung des Acht-Stunden-Tags forderten. Diese Veranstaltung begründete die Tradition des Maifeiertages als „Tag der internationalen Solidarität der Arbeiterklasse“.*

[1] *Zusammenschluss mehrerer Gesellschaften unter einem zentralen Management*

Grundbegriff: Soziale Frage ⇢ Armut hat es zu allen Zeiten gegeben. In den mittelalterlichen Städten gewährten deshalb Hospitäler oder Armenspeisungen Hilfe aus Mitteln privater Mildtätigkeit. Auf dem Land war viele Jahrhunderte lang der Grundherr zu Schutz und Schirm seiner bäuerlichen „Hintersassen" verpflichtet.
Im frühen 19. Jahrhundert mündeten Bevölkerungsexplosion, Bauernbefreiung und Gewerbefreiheit in eine bis dahin nicht gekannte Massenarmut (*Pauperismus*). Der Aufstieg der Industrie schuf zwar zusätzliche Arbeitsplätze, aber gleichzeitig vermehrte sich die Zahl der in unselbstständiger, lohnabhängiger Stellung lebenden Menschen, deren ungesicherte Existenz allein von ihrer Arbeitskraft abhing (*Arbeiter* bzw. *Proletarier*). Die neuartige Elendssituation dieser rasch zunehmenden Schicht wurde als die „Soziale Frage" empfunden. Nach ersten tastenden Lösungsversuchen nahm der Staat die Aufgabe sozialregulativer Tätigkeit für sich an (Sozialgesetzgebung Bismarcks).
Die Weimarer Republik ging einen Schritt weiter und schrieb das Sozialstaatsprinzip in der Verfassung fest. Danach waren die staatlichen Organe verpflichtet, alle Lebensbereiche nach den Grundsätzen einer menschenwürdigen Sozialordnung zu gestalten. Doch konnten die selbst gesetzten hoch gesteckten Ansprüche vor allem seit der Weltwirtschaftskrise nicht mehr eingehalten werden. Aus den materiellen Ängsten der Bevölkerung speiste sich nicht zuletzt der Zulauf zu den radikalen Parteien.
Erst das „Wirtschaftswunder" nach dem Zweiten Weltkrieg schuf die Möglichkeit, ein feinmaschiges „soziales Netz" zu knüpfen: Krankenversicherung, Kindergeld, sozialer Wohnungsbau, Ausbildungsbeihilfen und Sozialhilfe für die Bevölkerung im Arbeitsalter; Rente oder Pension als Versorgung in der Zeit danach – um einige wichtige Beispiele zu nennen. Mit der 1995 eingeführten Pflegeversicherung wurde auf die stark gestiegene Lebenserwartung der Bevölkerung bei veränderten Lebensweisen reagiert: Da pflegebedürftige Menschen kaum noch in der Familie, sondern zunehmend in staatlichen, karitativen oder privaten Einrichtungen versorgt werden, soll die Pflegeversicherung Schutz vor den finanziellen Folgen der Pflegebedürftigkeit bieten.
Armut in der Gesellschaft ist aber nicht verschwunden. Von einer „neuen sozialen Frage", von der „neuen Armut" in einer „Zweidrittelgesellschaft" ist die Rede. Damit wird eine Gesellschaft gekennzeichnet, in der ein Teil der Bevölkerung – z.B. Arbeitslose, Alleinerziehende, Rentner mit geringen Renten – mit den ständig steigenden Standards der Lebenshaltung zunehmend weniger mithalten kann. Auf der anderen Seite beansprucht das „soziale System" nahezu ein Drittel der gesamten Wirtschaftsleistung Deutschlands. Unsere historisch gewachsenen Vorstellungen einer gerechten Sozialordnung sind daher immer wieder anzupassen.

Erste unternehmerische Hilfsmaßnahmen

Not und Elend der Unterschichten zu lindern, galt in der ersten Hälfte des 19. Jahrhunderts nicht als Aufgabe des Staates (➧ M 1). Einzelne Unternehmer versuchten, ihre Arbeiter schrittweise in das bestehende Gesellschaftssystem zu integrieren. Betriebliche Konsumvereine, die Güter des täglichen Bedarfs billiger anboten, Sparkassen oder Bildungseinrichtungen einiger Unternehmen boten materielle Unterstützung sowie fachliche und geistige Schulung an. Handelten einige Unternehmer durchaus aus humanitärer Überzeugung, so standen doch bei den meisten vor allem betriebswirtschaftliche Erwägungen im Vordergrund: die Sicherung eines qualifizierten Arbeiterstammes und damit die Verbesserung der Produktionsleistung.
Größere Sicherheit für Alte und Kranke brachten seit den 1850er-Jahren die ersten Betriebskranken- und -pensionskassen. Sie finanzierten sich aus Beiträgen der Arbeiter und freiwilligen Zuwendungen der Firmeninhaber, die aber nur die großen „Industriebarone" – wie *Alfred Krupp* – aufbringen konnten. Diese wollten mittels einer weit überdurchschnittlichen Absicherung ihrer Arbeiter Streiks und revolutionärer Gesinnung vorbeugen. Bei aller Fürsorge verweigerte der Patriarch Krupp seinen „Untertanen" die Selbstbestimmung und duldete keine gewerkschaftliche oder sozialdemokratische Betätigung (➧ M 4).

Karl Marx und Friedrich Engels – der revolutionäre Sozialismus

Unter dem Eindruck der schlimmen Lage der Arbeiterschaft veröffentlichten *Karl Marx* und *Friedrich Engels* im Februar 1848 das *Manifest der Kommunistischen Partei*, das den Mitgliedern des „Bundes der Kommunisten" eine Orientierung sein und als Werbeschrift dienen sollte (➧ M 2 und 3).
Grundlage von Marx' Weltbild ist der *Materialismus*: Nicht Ideen bestimmen danach das menschliche Sein, sondern das Sein bestimme das menschliche Bewusstsein. Dementsprechend folge der historische Wandel also der Veränderung der materiellen Verhältnisse. Nach Urgesellschaft, antiker Sklavenhaltergesellschaft und mittelalterlicher Feudalgesellschaft breche die Epoche des Kapitalismus an, in der sich die Klassen der Unternehmer und der Proletarier gegenüberstehen. Marx glaubte zwingend vorhersagen zu können, dass in dem bevorstehenden Klassenkampf die proletarische Mehrheit die Herrschaft über die bourgeoise Minderheit erringen werde („Diktatur des Proletariats"). Nach einer Übergangszeit im *Sozialismus* entstehe dann die *kommunistische Gesellschaft*. In dieser seien alle Klassengegensätze aufgehoben, die Produktionsmittel seien Eigentum der Gemeinschaft und jeder Mensch könne sich ohne Ausbeutung durch andere selbst verwirklichen.

▲ *Karl Marx und Friedrich Engels, Gemälde von Hans Mocznay nach zeitgenössischen Portraits, 1953.*

Die politische und gewerkschaftliche Arbeiterbewegung formiert sich

Die Arbeiterbewegung entwickelte sich im Verlaufe des 19. Jahrhunderts aus lokalen Arbeitervereinen und Hilfskassen. Als ersten überregionalen Verein gründete *Ferdinand Lassalle* 1863 den *Allgemeinen Deutschen Arbeiterverein (ADAV)*. Lassalle forderte das allgemeine und direkte Wahlrecht, weil er die Interessen der Arbeiter innerhalb der bestehenden Staatsordnung durchsetzen wollte. Damit wich er allerdings von der revolutionären Programmatik des Marxismus ab.

1869 gründeten *August Bebel* und *Wilhelm Liebknecht* die *Sozialdemokratische Arbeiterpartei (SDAP)*. Die Partei vertrat die Ziele der von Karl Marx beeinflussten *Internationalen Arbeiter-Assoziation*: Befreiung der arbeitenden Klassen durch die arbeitenden Klassen, Aufhebung der Abhängigkeit des Lohnarbeiters, politische Freiheit als Voraussetzung für die ökonomische Befreiung. Daneben forderte das *Eisenacher Programm* in einem aktuellen Teil das allgemeine Wahlrecht für Männer über 20 Jahre, Diäten für Abgeordnete, eine Volkswehr anstelle der stehenden Heere, die Trennung von Kirche und Staat, eine allgemeine Volksschulpflicht mit unentgeltlichem Unterricht sowie staatliche Unterstützung für das Genossenschaftswesen.

1875 vereinigten sich 15 000 Mitglieder des ADAV und 9 000 Angehörige der SDAP in Gotha zur *Sozialistischen Arbeiterpartei Deutschlands (SAP)* (➧ M 5).

Seit dem Ende der 1860er-Jahre wurde auch die Bildung der gewerkschaftlichen Bewegung nicht mehr von der Obrigkeit behindert. Zahlenmäßig am stärksten waren zunächst die *Hirsch-Duncker'schen* Gewerkvereine (benannt nach zwei Sozialpolitikern der Fortschrittspartei). Sie standen den liberalen Parteien nahe und wollten die Frontstellung des Proletariats gegen das liberale Bürgertum abbauen.

Der Staat greift ein: Inhalt und Wirkungen der Sozialgesetze

Während der Kanzler des Deutschen Reichs, *Otto von Bismarck*, seit 1878 die parteipolitische Bewegung der Sozialdemokratie mit dem *Sozialistengesetz* bekämpfte (➧ S. 120), versuchte er gleichzeitig die von ihr vertretenen sozialpolitischen Forderungen als Sache des Staates aufzugreifen. Drei wichtige Gesetze sollten die soziale Absicherung von Arbeitnehmern verbessern.

Das Gesetz von 1883 regelte die *Krankenversicherung*. Die neu gegründeten Ortskrankenkassen zahlten in den ersten 13 Krankheitswochen (später 26) eine Beihilfe an den arbeitsunfähigen Arbeitnehmer und übernahmen die Kosten für ärztliche Behandlung und Medikamente. Die Ortskrankenkassen wurden zu zwei Dritteln von Beiträgen der Arbeitnehmer finanziert. Das restliche Drittel trugen die Unternehmer.

Das Gesetz über die *Unfallversicherung* von 1884 verpflichtete eine ausschließlich von den Unternehmen finanzierte Kasse, bei jedem Arbeitsunfall die Arzt- und Heilmittelkosten zu übernehmen. Bei dauernder Invalidität erhielt der Arbeitnehmer zwei Drittel seines Lohns, im Todesfall die Witwe 60 % der Rente ihres verstorbenen Mannes (➧ M 6).

Schließlich wurde 1889 die *Altersversorgung* gesetzlich geregelt. Arbeitnehmer, die im Jahr weniger als 2 000 Mark verdienten, hatten ab dem 70. Lebensjahr einen Rentenanspruch. Finanziert wurde dieser gemeinsam von Staat, Arbeitgeber und Arbeitnehmer.

Was wurde durch diese Gesetze konkret erreicht? Einerseits stieg die soziale Sicherheit der Arbeitnehmer erheblich, da sie im Krankheitsfall und im Alter einen *Rechtsanspruch* auf finanzielle Leistungen besaßen. Auch wenn die getroffenen Maßnahmen erst den Einstieg in eine wirksame soziale Absicherung der Arbeiter darstellten, so stand die deutsche Sozialgesetzgebung damit doch im internationalen Vergleich auf lange Zeit konkurrenzlos da. Andererseits blieb der Unternehmer innerhalb seiner Fabrik trotz der sich allmählich formierenden Gewerkschaften relativ autonom. Er bestimmte nach wie vor die Arbeitsbedingungen wie Arbeitszeit und Arbeitslohn.

Programmatischer Wandel innerhalb der Sozialdemokratie

Die Sozialdemokratie, die sich 1890 unter dem Namen *Sozialdemokratische Partei Deutschlands (SPD)* neu organisiert hatte, verabschiedete auf dem Erfurter Parteitag von 1891 ein neues Programm: Es enthielt im programmatischen Teil ein klares Bekenntnis zum Marxismus. Der praktisch-politische Teil hingegen war reformistisch, das heißt, er prognostizierte einen kontinuierlichen Wandel der Gesellschaft ohne revolutionäre Umgestaltung. Seit Ende der 90er-Jahre wandte sich ein *revisionistischer Flügel* um *Eduard Bernstein* gegen die von *Karl Kautsky* im *Erfurter Programm* aufgestellte Prognose von der wachsenden Verelendung der Arbeiterschaft und dem gesetzmäßigen Zusammenbruch der kapitalistischen Gesellschaft. Angesichts der spürbar verbesserten Situation der Arbeiter verfolgte Bernstein eine Politik der aktiven Beteiligung der SPD am politischen Prozess, um vermehrten Einfluss auf die politischen Entscheidungen zu gewinnen. Der gewünschte Erfolg war zwar bescheiden, da sich die Sozialdemokraten einer breiten Front monarchisch- konservativer, militärischer und bürgerlich-kapitalistischer Kreise gegenüber sahen und von Kaiser *Wilhelm II.* weiterhin als „vaterlandslose Gesellen“ und „Reichsfeinde“ diskreditiert wurden. Trotzdem erreichte die SPD bei den Reichstagswahlen 1912 34,8 % aller Stimmen und wurde mit 110 Abgeordneten stärkste Fraktion. 1913 hatte die SPD 983 000 eingeschriebene Mitglieder.

Gewerkschaften im Kaiserreich

Während der Geltungsdauer des Sozialistengesetzes konnten die Gewerkschaften nur in örtlichen Fachvereinen überleben, die nicht als sozialistisch erkennbar sein durften. Erst 1890 entstanden zahlreiche Einzelgewerkschaften wieder neu und schufen in Berlin unter Führung von *Carl Legien* die *Generalkommission der Freien Gewerkschaften Deutschlands*. Damit war die erste Dachorganisation der deutschen Gewerkschaften gegründet. 1891 entstand mit dem *Deutschen Metallarbeiterverband* die erste Industriegewerkschaft, die möglichst alle in einem Wirtschaftszweig tätigen Arbeitnehmer ungeachtet ihres Berufs vertreten wollte („ein Betrieb – eine Gewerkschaft“).

Die Hauptaufgaben der Generalkommission bestanden im Kampf um Lohnerhöhungen und Arbeitszeitverkürzungen, wozu auch die Organisation von Streiks gehörte. Von 1889 bis 1900 befanden sich mehr als eine Million Arbeiter zeitweise im Ausstand. 1900 wurden 1 433 Streiks mit insgesamt 100 000 Beteiligten registriert. 1913 stieg die Zahl auf 254 000 Beteiligte an 2 127 Streiks. Streiks waren deshalb so häufig, weil es zunächst kaum Tarifverträge gab, die Lohn- und Arbeitsverhältnisse regelten. Der erste für das gesamte Reich geschlossene Tarifvertrag der Buchdrucker datiert in das Jahr 1873.

▲ *Robert Koehler, Der Streik, Gemälde von 1886.*

- *Beschreiben Sie die Gestaltungsmittel des Malers (Figurenanordnung, Darstellung von Personen, Industrie und Bauten, Perspektive des Betrachters u.a.).*
- *Erläutern Sie, wie der Maler Partei für eine der dargestellten Figuren oder Figurengruppen ergreift.*

Die Verbindung zwischen Gewerkschaften und Sozialdemokraten

Die Gewerkschaften setzten sich, zunächst noch zögernd, doch seit der Jahrhundertwende ganz entschieden, für Reformen innerhalb der bestehenden Gesellschaftsordnung ein. Durch Tarifforderungen und Streiks wollten sie die Lebensbedingungen der Arbeiter verbessern. Der revolutionäre Teil der SPD sah deshalb in den Freien Gewerkschaften sogar einen prinzipiellen Gegner seiner Ziele. Doch 1912 bestand ein Drittel der SPD-Reichstagsfraktion aus Gewerkschaftsführern, die maßgeblich für das wachsende Gewicht des reformistischen Flügels in der Partei verantwortlich waren.

Die bedeutenden Freien Gewerkschaften haben stabilisierend gewirkt, indem sie revolutionären Bestrebungen innerhalb der SPD eine deutliche Abfuhr erteilten. Insgesamt gebührt ihnen das Verdienst, dass sie dafür gesorgt haben, die Lebensbedingungen der Arbeiter in der Endphase des Kaiserreichs spürbar zu verbessern. Sie verhinderten damit auch eine dauerhafte Entfremdung zwischen der Arbeiterschaft und dem kapitalistischen Bürgertum.

Die Haltung der christlichen Kirchen

Die Amtskirchen, die der modernen industriellen Welt gegenüber kritisch eingestellt waren, zeigten sich lange Zeit nicht in der Lage, Lösungen der Sozialen Frage anzudenken. Innerhalb der evangelischen Kirche schuf *Johann Hinrich Wichern* mit seinem Konzept der „Inneren Mission" Mitte des Jahrhunderts ein erstes Modell für die kirchliche Sozialarbeit. Auf katholischer Seite ging *Wilhelm Emmanuel Freiherr von Ketteler* über den Aufruf zur „Caritas" hinaus und bejahte eine gewerkschaftliche Arbeiterbewegung, Streiks und eine staatliche Arbeiterschutz- und Sozialgesetzgebung. In den 1890er-Jahren wurden dann tatsächlich *christliche Gewerkschaften* gegründet, die einen Ausgleich zwischen Kapital und Arbeit anstrebten.

Einen Durchbruch bedeutete 1891 die *Sozialenzyklika Rerum Novarum* von Papst Leo XIII. Entgegen der liberalen Auffassung vom Warencharakter der Arbeit stellte die katholische Kirche fest, dass der Lohn über das bloße Existenzminimum hinaus weitere wesentliche Bedürfnisse des Lebens gewährleisten müsse. Die europäischen Regierungen forderte der Papst zu einer aktiven Sozialpolitik auf. Obwohl die Enzyklika auch ein Koalitions- und Streikrecht der Arbeiter anerkannte, blieb ihre Wirkung doch begrenzt, weil sie zu wenig konkrete Orientierungshilfen für Konfliktfälle bot (➧ M 7).

Lösungsansätze in England und den Vereinigten Staaten

In England wurde bereits 1819 ein Gesetz erlassen, das die Kinderarbeit in der Textilindustrie einschränkte. Entscheidenden Einfluss auf diese und folgende gesetzgeberische Maßnahmen hatten die Schriften und Reformversuche des englischen Fabrikanten und Frühsozialisten *Robert Owen*. Owen war Direktor einer Baumwollspinnerei in New Lanarck (Schottland) und führte dort Sozialreformen durch: Er beschränkte die Arbeitszeit von 12 bis 14 Stunden auf 11 Stunden, richtete einen Banken-, Unfall- und Unterstützungsfonds ein, machte Vorschläge zu einer Arbeitsschutzgesetzgebung, errichtete eine Schule für seine Arbeiter und forderte die Einrichtung von Gemeinschaftssiedlungen als Produktions-, Siedlungs- und Lebensgemeinschaften. Mit seinen Ideen beeinflusste er die entstehende englische Gewerkschafts- und Genossenschaftsbewegung stark (➧ M 8).

In den Vereinigten Staaten hatte seit 1865 eine beschleunigte Industrialisierung stattgefunden, die dezentraler und vom Staat weniger gelenkt verlief als in anderen Staaten. Traditionelle amerikanische Vorstellungen von individueller Freiheit und begrenzter Regierungsmacht dienten zur Rechtfertigung eines „laissez faire"-Kapitalismus, dessen Auswüchse in langen, ungeregelten Arbeitszeiten bei geringer Entlohnung, Kinderarbeit und fehlender sozialer Absicherung bei Unfall, Krankheit oder Arbeitslosigkeit bestanden. Die sozialen Härten wurden noch verstärkt durch die Masseneinwanderung in die USA während des 19. Jahrhunderts und durch ein starkes Bevölkerungswachstum sowie regelmäßig auftretende Wirtschaftskrisen, die zu Massenentlassungen führten. Trotzdem blieben sozialpolitische Maßnahmen lange auf Zuwendungen für Armeeveteranen und ledige Mütter beschränkt. Im Gegensatz zu Europa entwickelte sich in den Vereinigten Staaten keine starke sozialistische Bewegung.

Einzelnen Gewerkschaften, die sich seit den 1860er-Jahren aus Facharbeiterverbänden gebildet hatten, gelang es, sozialpolitische Maßnahmen durchzusetzen. In Streiks kämpften sie für ein Verbot der Kinderarbeit, für gleichen Lohn bei gleicher Arbeit für Männer und Frauen, für die Einführung des Acht-Stunden-Tags und für die Verstaatlichung der Eisenbahn- und Telegrafengesellschaften.

Um die Wende zum 20. Jahrhundert wuchs in der amerikanischen Gesellschaft die Einsicht, dass wirtschaftlicher und sozialer Fortschritt immer weiter auseinander klafften. In der städtischen Mittel- und Oberschicht bildete sich deshalb der Gedanke der progressiven Bewegung *(Progressive Movement)* aus. Die Rückbesinnung auf religiöse Werte und die unübersehbaren rationalen Fortschritte in den Wissenschaften sollten bei der Gestaltung einer effizienten und gerechten Zukunftsordnung zusammenwirken. Dem Staat wurde dabei eine zunehmend wichtige Rolle bei der Reform der Gesellschaft zuerkannt.

Erste Einschränkungen mussten die immer mächtiger werdenden Konzerne hinnehmen. Absprachen zwischen Großunternehmen (Kartelle) und Fusionen zu marktbeherrschenden Monopolunternehmen bedrohten zunehmend den freien Wettbewerb. Die 1887 einsetzende Anti-Trust-Gesetzgebung konnte zumindest allzu machtmissbräuchliche Exzesse unterbinden (➧ M 9).

Viel später als beispielsweise im Deutschen Reich bemühten sich einzelne Bundesstaaten um eine Sozialgesetzgebung. Dazu zählten erste Schritte zu einem Rentensystem, Festsetzung von Mindestlöhnen und Höchstarbeitszeiten, besondere Regelungen für Jugendliche und Frauen. Hinzu kam ein Wandel im öffentlichen Bewusstsein: Unternehmer bekannten sich zu ihrer sozialen Verpflichtung und begannen, durch die Errichtung von Stiftungen gemeinnützige Aufgaben (Krankenhäuser, Bibliotheken, Museen) zu fördern.

3 Zwischen demokratischer Bewegung und Obrigkeitsstaat

3.1 Die Revolution von 1848/49

▲ *Germania, Malerei auf Baumwollgewebe von Philipp Veit, 1848.*
Die Figur der Germania geht bereits auf die Antike zurück. Sie wurde während der Befreiungskriege (1806–1815) zum Sinnbild für die „deutsche Kultur- und Sprachgemeinschaft". Die Vertreter der 1848er-Bewegung griffen auf diese Bildsymbolik zurück, als sie das 5 m hohe Transparent über dem Präsidiumspodium in der Frankfurter Paulskirche, dem Versammlungsort der Nationalversammlung, aufhängten. Der Maler Philipp Veit (1793–1877) war der Enkel des jüdischen Philosophen und Aufklärers Moses Mendelssohn.
- *Benennen Sie einzelne Bildsymbole und ihre jeweilige Funktion.*

Ende Februar/ Anfang März
Volksversammlungen mit „Märzforderungen"; die ersten „Märzministerien" werden eingesetzt

18. 5. 1848
Die deutsche Nationalversammlung tritt in der Frankfurter Paulskirche zusammen

3. 4. 1849
Der preußische König Friedrich Wilhelm IV. weist das Angebot der Kaiserkrone zurück

M1

Volksunruhen in Deutschland 1816–1847

Die Tabelle ist ein Versuch, einen Überblick über Unruhen in der Vormärzzeit zu liefern. Unter „Unruhen" versteht der Historiker Richard Tilly „kollektive Ruhestörung mit physischer Gewaltanwendung", als Quelle benutzte er ausgewählte Zeitungen, insbesondere die „Augsburger Zeitung".

	1816–1829	1830–1839	1840–1847	Summe
Studenten[1] Universität	13	13	5	31
Religion[2]	9	20	17	46
Politik[3]	4	72	33	109
Sozioökonomisch[4]	3	28	103	134
Summe	29	133	158	320

Richard Tilly, Kapital, Staat und sozialer Protest in der deutschen Industrialisierung, Göttingen 1980, S. 154 (gekürzt)

Skizzieren Sie die Entwicklung des Protestverhaltens.

1) *Studenten waren entweder Hauptakteure, oder Studenten- bzw. Universitätsangelegenheiten waren Hauptobjekte des Konflikts.*

2) *Religion war, zumindest vorgeblich, Hauptobjekt des Konflikts.*

3) *Der Protest war gegen den Staat mit seinen Organen gerichtet, um politische Änderungen durchzusetzen (Auswechseln eines bestimmten Staatsbeamten, Forderung nach einem neuen Gesetz).*

4) *Gewalttätige Streiks, Brotkrawalle, Maschinenstürmerei, massenhaftes gesetzwidriges Betreten von Wäldern und Feldern, Steueraufruhr und Tumulte, die deutlich mit einer bestimmten sozioökonomischen Gruppe verbunden waren, z. B. Angriffe von Armen auf Reiche.*

M2

Die Mannheimer „Märzforderung"[5]

Die Mannheimer Bevölkerung war die erste, die auf die Ereignisse in Frankreich reagierte: Am 27. Februar 1848, wenige Tage nach dem Sturz des französischen Königs, kamen ca. 2500 Menschen zu einer Volksversammlung zusammen, um über die Abfassung einer Petition zu beraten. In dem Aufruf zur Versammlung heißt es:

Das französische Volk hat Ludwig Philipp abgesetzt[6], hat das Joch der Tyrannei gebrochen. Die Schweizer haben das Jesuiten-Regiment gestürzt und den Sonderbund gesprengt[7]. Die Italiener haben freie Verfassungen kräftig sich errungen. Sollen wir Deutschen allein unter dem Joche der Knechtschaft verbleiben?

Der entscheidende Augenblick ist gekommen. Der Tag der Freiheit ist angebrochen. Vorwärts! ist der Ruf der Zeit. Die Not des Volkes muss ein Ende nehmen. Unser Wahlspruch sei:

Wohlstand, Bildung und Freiheit für alle Klassen des Volkes! Überall in Deutschlands Gauen, in Stadt und Land mögen die Männer der Tat zusammentreten, beschließen und vollziehen, was dem Volke Not tut, die ewigen Rechte des Volkes sollen und müssen jetzt zur Wahrheit werden.

In diesem Geiste haben viele Bürger und Einwohner Mannheims die beifolgende Petition beschlossen und unterzeichnet, welche sie in großer Anzahl Mittwoch den 1. März der Zweiten Kammer[8] der Landstände überbringen werden.

Wir hoffen und erwarten, dass ähnliche Schritte in allen Teilen des Vaterlandes vorbereitet und sogleich ausgeführt werden.

5) *Der Aufruf wurde auch „Mannheimer Petition" genannt.*

6) *Der französische König Louis Philippe (1830–1848) wurde wegen seiner Weigerung, das Wahlrecht auszudehnen, zur Abdankung gezwungen.*

7) *Zur Abwehr liberaler Ideen hatten sich 1845 einige katholisch-konservative Kantone der Schweiz zum „Sonderbund" zusammengeschlossen. Im Sonderbund-Krieg von 1847 konnten sich die freisinnig-liberalen Kantone militärisch gegen den Sonderbund behaupten, dieser wurde aufgelöst und eine neue föderative Bundesverfassung mit weitreichenden bürgerlichen und politischen Rechten eingeführt.*

8) *Im Gegensatz zur Ersten Kammer, die aus ernannten Vertretern des Adels bestand, saßen in der zweiten Kammer gewählte Abgeordnete.*

Es gilt jetzt, den Augenblick zu ergreifen. Zweiunddreißig Jahre lang haben wir fruchtlos gehofft. Jetzt gilt es zu fordern und unsern Forderungen Nachdruck zu geben.
Wo drei deutsche Männer im Geiste der Freiheit beisammen sind, mögen sie einen Stützpunkt der Zukunft Deutschlands bilden!

Das Comité

Verbreiten Sie diesen Aufruf und die Petition unverzüglich in Ihren Nachbarorten!

Die Versammlung verabschiedet die folgende Petition, die öffentlich zur Unterschrift ausgelegt und am 1. März 1848 dem Präsidenten der badischen Abgeordnetenkammer überbracht wird.

Hohe Zweite Kammer!
Eine ungeheure Revolution hat Frankreich umgestaltet. Vielleicht in wenigen Tagen stehen französische Heere an unseren Grenzmarken, während Russland die seinigen im Norden zusammenzieht. Ein Gedanke durchzuckt Europa. Das alte System wankt und zerfällt in Trümmer. Aller Orten haben die Völker mit kräftiger Hand die Rechte sich selbst genommen, welche ihre Machthaber ihnen vorenthielten. Deutschland darf nicht länger zusehen, wie es mit Füßen getreten wird. Das deutsche Volk hat das Recht zu verlangen:
Wohlstand, Bildung und Freiheit für alle Klassen der Gesellschaft, ohne Unterschied der Geburt und des Standes.
Die Zeit ist vorüber, die Mittel zu diesen Zwecken lange zu beraten. Was das Volk will, hat es durch seine gesetzlichen Vertreter, durch die Presse und durch Petitionen deutlich genug ausgesprochen. Aus der großen Zahl von Maßregeln, durch deren Ergreifung allein das deutsche Volk gerettet werden kann, heben wir hervor:
1) Volksbewaffnung mit freien Wahlen der Offiziere
2) Unbedingte Pressfreiheit
3) Schwurgerichte nach dem Vorbilde Englands
4) Sofortige Herstellung eines deutschen Parlaments
Diese vier Forderungen sind so dringend, dass mit deren Erfüllung nicht länger gezögert werden kann und darf.
Vertreter des Volks! Wir verlangen von Euch, dass Ihr diese Forderungen zu ungesäumter Erfüllung bringet. Wir stehen für dieselben mit Gut und Blut ein und mit uns, davon sind wir durchdrungen, das ganze deutsche Volk.

▲ „Verkauf der Wahrheit", Ausschnitt aus einem Aquarell von Johann Nepomuk Höfel, Wien 1848. Die Straße, von jeher Ort des Informations- und Meinungsaustausches der städtischen Bevölkerung, wurde durch die Revolution zu einem Schauplatz der politischen Öffentlichkeit.

Karl Obermann, Flugblätter der Revolution. Eine Flugblattsammlung zur Geschichte der Revolution von 1848/49 in Deutschland, Berlin 1970, S. 54 f.

1. *Erschließen Sie aus den Forderungen die politischen und sozialen Verhältnisse in Deutschland vor Ausbruch der Revolution von 1848.*
2. *Erklären Sie, warum die Petition die Volksbewaffnung fordert. Informieren Sie sich über den Zusammenhang von Volksbewaffnung und Befreiungskriegen (1813–15).*

M3

Agrarunruhen in Baden

In vielen Gebieten Süd- und Westdeutschlands kam es in der Anfangsphase der Revolution zu Bauernunruhen, die kurzfristig deren Stoßkraft deutlich verstärkten. Nachdem die bäuerlichen Anliegen durch Reformgesetze befriedigt worden waren, schied die Landbevölkerung aus der revolutionären Volksbewegung aus.

Aus den standesherrlichen Gemeinden hatten sich Hunderte von Bauern des Schüpfer- und Taubergrundes zusammengerottet. Zuerst ging der Zug zum Rentamte[1] im Tauberbischoffsheim, wo sie die geforderten Akten und Zinsbücher ausgeliefert erhielten, und, nach sonstigen Zerstörungen in dem Rentamts-Gebäude und dem Amtsrevisorat[2], außerhalb der Stadt alles verbrannten. Von da wandte sich der Zug nach Unterschüpf. Die geforderten Bücher und Schriften händigte ihnen der Rentamtmann Bechler gutwillig ein. Ohne weitere Gewalttätigkeiten gegen die Person und das Eigentum dieses grundherrlichen Rechners zogen sie nach Zernichtung der Bücher am 7. März bei hellem Tage wieder ab. Nachts gegen 8 Uhr [...] rückte der helle Haufen nach Boxberg. Das Vorspiel bildete ein gegen die Fenster der Rentamts-Wohnung gerichteter Steinregen. [...] Der Haufe drängte sich an die Kellerei, erbrach die Türen, stürmte das Haus, drang in das Geschäftszimmer und warf sämtliche Bücher und Papiere zu den Fenstern hinaus.

[...] Die in Bewegung gesetzte Zerstörungssucht und Plünderungswut blieb nicht bei ihrem ersten Ziele stehen, und nun wendete sich die Schar gegen das Privateigentum des 75-jährigen Rentamtmanns Herrmann, welcher in friedlicher Zurückgezogenheit 30 Jahre lang dem Rentamte zu Boxberg, vielleicht mit zu großem Eifer für seinen Dienstherrn, vorgestanden hatte. Hier blieb nichts, gar nichts verschont, Fenster und Türen, Schreinwerk, Bilder etc. wurden zerbrochen und fanden mit den Betten, den Kleidern, dem Weißzeug ihren Weg durch die Fenster auf die Straße, in die raubgierigen Hände, welche alles fortschleppten. [...] Die wehrlosen Bürger Boxbergs waren außer Stand, Widerstand zu leisten, und mussten ruhig zusehen. Durch Drohung und Gewalt verschafften sich die Plünderer Wägen zum Aufladen der in Säcke gepackten Akten und brachten sie auf die fürstliche Schafwiese zum Verbrennen. Die ganze Nacht hindurch und bis zum anderen Mittag loderte in drei haushohen Säulen das Feuer empor. [...] Der im ganzen Amt beliebte und bürgerfreundliche Bezirksamtmann wurde mit aller Artigkeit und unter sicherm Geleite während des Sturmes auf die Seite gebracht, weiter aber gegen seine Person nichts verübt. [...] Gegen Mitternacht erzwang die Rotte auf dem Rathaus unter dem Gesange: „Heil unserm Großherzog!" die Trommel und zog unter den Schlägen des Generalmarsches noch einmal nach Unterschüpf zur Plünderung der Juden, welche aber mit ihren wertvollern Habseligkeiten bereits nach Mergentheim geflüchtet waren. Mehrere Judenwohnungen wurden im Innern vollkommen zerstört.

Karlsruher Zeitung, Nr. 75 vom 16. März 1848

1. *Welcher Mittel bedienten sich die Bauern, um sich von feudalistischen Bindungen, Diensten und Lasten zu lösen?*
2. *Vergleichen Sie die Ziele der Landbevölkerung mit den Märzforderungen des städtischen Bürgertums (▸ M 2).*
3. *Zeigen Sie auf, weshalb die Agrarunruhen zu einem Prestigeverlust der konservativen Autoritäten führten.*
4. *Überlegen Sie, wieso die Unruhen sich schließlich gegen jüdische Bürger richteten.*

---

1) *Finanz- und Justizverwaltung*

2) *Behörde, die die Steuer- und Katasterlisten (Grundstücksverzeichnisse) auf dem Laufenden zu halten hatte*

M4
Zusammensetzung der Paulskirche

Berufszugehörigkeit
Bei einer Gesamtzahl von 812 Abgeordneten beteiligten sich in der Regel zwischen 400 und 540 Volksvertreter an den Abstimmungen.

Höhere Beamte, Landräte	115	**Geistliche**	39	**Landwirte (Großgrundbesitzer und 3 Bauern):**	46
Mittlere Beamte	37	Rechtsanwälte, Advokaten	106	**Handwerker insgesamt:**	4
Bürgermeister, Kommunalbeamte	21	Ärzte	23	**Promovierte ohne Berufsangabe**	35
Richter, Staatsanwälte	110	Schriftsteller, Journalisten	20	**Sonstige Berufe**	3
Offiziere	18	**Freiberufliche Intelligenz insgesamt:**	**149**	**Nicht ermittelt**	44
Diplomaten	11	Großkaufleute, Kaufleute	35		
Hochschullehrer (49), Gymnasiallehrer	94	Fabrikanten	14		
Sonstige Lehrer	30	Verleger, Buchhändler	7		
Staatsdiener insgesamt:	436	**Wirtschaftsbürgertum insgesamt:**	56		**812**

Fraktionen
Die Anteile der Fraktionen in der Frankfurter Paulskirche im Oktober 1848:

Donnersberg	Deutscher Hof	Westendhall	Württemberger Hof	Augsburger Hof	Landsberg	Casino	Café Milani	bei keiner Fraktion
7 %	8 %	7 %	6 %	7 %	6 %	21 %	6 %	32 %
„Linke" demokratisch		„linkes Zentrum" parlamentarisch-liberal		„rechtes Zentrum" konstitutionell-liberal			„Rechte" konservativ	

Die Fraktionen wiesen in ihrer sozialen Zusammensetzung gewisse Regelmäßigkeiten auf, die – von rechts bis links besehen – eine wachsende Distanz zu den bestehenden Verfassungen in Deutschland und zum Staatsdienst anzeigten. Auf der Rechten und im rechten Zentrum [...] häuften sich höhere Staatsbeamte, Richter und Hochschullehrer; hinzu kamen adelige Grundbesitzer und Großkaufleute; freie Berufe fanden sich hier seltener, im „Casino" etwa nur zu 10 %. Im linken Zentrum („Württemberger Hof" bis „Westendhall") hielten sich freie Berufe und Angehörige der Mittelschichten einerseits, Grundbesitzer, Großkaufleute und höhere Beamte andererseits die Waage. Auf der Linken dominierte mit 40 % im „Deutschen Hof" und 50 % im „Donnersberg" die freiberufliche Intelligenz; zudem fand sich hier mit 30 % ein beträchtlicher Anteil von Abgeordneten der unteren Mittelklasse.

Wolfram Siemann, Die deutsche Revolution von 1848/49, Frankfurt/Main 1985, S. 126 und 130

1. *Die Paulskirche wird gerne als „Professorenparlament" charakterisiert. Vergleichen Sie die tabellarische Übersicht mit dieser Bezeichnung. Welche Auffälligkeiten ergeben sich bei einer Analyse einzelner Fraktionen der Paulskirche?*
2. *Benennen Sie Berufs- bzw. Gesellschaftsgruppen, die Ihnen unterrepräsentiert erscheinen.*

M5
Die Ablehnung der Kaiserkrone

Am 3. April 1849 bot eine Paulskirchen-Abordnung dem preußischen König Friedrich Wilhelm IV. die Kaiserwürde an. Der König hatte sich mit dieser Frage bereits in einem Brief an den preußischen Gesandten in London, Freiherr von Bunsen, vom Dezember 1848 beschäftigt:

Ich will weder der Fürsten Zustimmung zu der Wahl noch die Krone. Verstehen Sie die markierten Worte? [...] Die Krone ist erstlich keine Krone. Die Krone, die ein Hohenzoller nehmen dürfte, wenn die Umstände es möglich machen könnten, ist keine, die eine, wenn auch mit fürstlicher Zustimmung eingesetzte, aber in die revolutionäre Saat geschossene Versammlung macht, [...] sondern eine, die den Stempel Gottes trägt, die den, dem sie aufgesetzt wird, nach der heiligen Ölung „von Gottes Gnaden" macht, weil und wie sie mehr denn 34 Fürsten zu Königen der Deutschen von Gottes Gnaden gemacht und den letzten immer der alten Reihe gesellt. Die Krone, die die Ottonen, die Hohenstaufen, die Habsburger getragen, kann natürlich ein Hohenzoller tragen; sie ehrt ihn überschwenglich mit tausendjährigem Glanze. Die aber, die Sie – leider – meinen, verunehrt überschwenglich mit ihrem Ludergeruch der Revolution von 1848, der albernsten, dümmsten, schlechtesten, wenn auch gottlob nicht der bösesten dieses Jahrhunderts. Einen solchen imaginären Reif, aus Dreck und Lettern gebacken, soll ein legitimer König von Gottes Gnaden, und nun gar der König von Preußen sich geben lassen, der den Segen hat, wenn auch nicht die älteste, doch die edelste Krone, die niemand gestohlen ist, zu tragen. [...] Ich sage es Ihnen rund heraus: Soll die tausendjährige Krone deutscher Nation, die 42 Jahre geruht hat, wieder einmal vergeben werden, so bin ich es und meinesgleichen, die sie vergeben werden; und wehe dem, der sich anmaßt, was ihm nicht zukommt.

Aus der Erwiderung Friedrich Wilhelms IV. an die Abordnung der Nationalversammlung vom 3. April 1849:

Ich bin bereit, durch die Tat zu beweisen, dass die Männer sich nicht geirrt haben, welche ihre Zuversicht auf Meine Hingebung, auf Meine Treue, auf Meine Liebe zum gemeinsamen deutschen Vaterlande stützen.

Aber, Meine Herren, Ich würde Ihr Vertrauen nicht rechtfertigen, Ich würde dem Sinne des deutschen Volkes nicht entsprechen, Ich würde Deutschlands Einheit nicht aufrichten, wollte Ich, mit Verletzung heiliger Rechte und Meiner früheren ausdrücklichen und feierlichen Versicherungen, ohne das freie Einverständnis der gekrönten Häupter, der Fürsten und freien Städte Deutschlands, eine Entschließung fassen, welche für sie und für die von ihnen regierten deutschen Stämme die entschiedensten Folgen haben muss.

An den Regierungen der einzelnen deutschen Staaten wird es daher jetzt sein, in gemeinsamer Beratung zu prüfen, ob die Verfassung dem Einzelnen, wie dem Ganzen frommt, ob die Mir zugedachten Rechte Mich in den Stand setzen würden, mit starker Hand, wie ein solcher Beruf es von Mir fordert, die Geschicke des großen deutschen Vaterlandes zu leiten und die Hoffnungen seiner Völker zu erfüllen. Dessen möge Deutschland aber gewiss sein, und das, Meine Herren, verkündigen Sie in allen seinen Gauen: Bedarf es des preußischen Schildes und Schwertes gegen äußere oder innere Feinde, so werde Ich auch ohne Ruf nicht fehlen. Ich werde dann getrost den Weg Meines Hauses und Meines Volkes gehen, den Weg der deutschen Ehre und Treue!

Ernst Rudolf Huber (Hrsg.), Dokumente zur deutschen Verfassungsgeschichte, Bd. 1, 3. Auflage, Stuttgart 1978, S. 402 f. und S. 405 f.

1. *Vergleichen Sie beide Äußerungen des Königs und arbeiten Sie auf dem Hintergrund des Bunsen-Briefes doppeldeutige Formulierungen aus der offiziellen Ablehnung heraus.*
2. *Welche Bestimmungen der Reichsverfassung von 1849 (vgl. S. 99) könnten Ihrer Ansicht nach dem preußischen König Anlass zu der Frage gegeben haben, „ob die Mir zugedachten Rechte Mich in den Stand setzen würden, mit starker Hand [...] die Geschicke des großen deutschen Vaterlandes zu leiten".*

▲ *„Wie der deutsche Michel die Nachtmütze wegwirft und sich vornimmt ins Freie zu gehn!!", Kreidelithografie von Wilhelm Storck, Leipzig um 1847.*

- *Erklären Sie die Bildelemente (Figur des Michel, Hahn, Keule, Figuren im Hintergrund u. a.) in ihrer Bedeutung.*

Ziele und Träger der Märzrevolution

Als im Februar 1848 in Paris die Republik ausgerufen wurde, ließen die Nachrichten aus Frankreich auch in vielen Teilen Deutschlands längst aufgestaute Erbitterungen frei werden. In den Städten verlangte eine starke bürgerliche Protestbewegung von den Fürsten der deutschen Einzelstaaten, den lange verweigerten nationalen und freiheitlichen Forderungen ihrer politisch engagierten Untertanen endlich nachzugeben (▸ M 2). In ihrem Aufbegehren gegen den Obrigkeitsstaat konnten die Bürger auch die Unzufriedenheit der städtischen Unterschichten für sich nutzen, die unter der Massenarmut („Pauperismus") der vor- und frühindustriellen Gesellschaft litten (▸ M 1). Die Situation der einfachen Leute wurde durch einen bedrohlichen Überschuss an Arbeitskräften, durch sinkende Verdienste im Lohn- und Heimgewerbe und vor allem durch Hungersnöte im Gefolge von Missernten und einer europaweiten Wirtschaftskrise in den 1840er-Jahren verschärft. Bauern im Süden und Südwesten Deutschlands erhoben sich gegen die dort noch fortbestehenden Privilegien ihrer adeligen Grundherren und aus Verzweiflung über Verschuldung und Not (▸ M 3).

Patrioten vermissen ein deutsches Vaterland

In den „Befreiungskriegen" gegen *Napoleon* waren vor allem Studenten und Handwerker als Kriegsfreiwillige zu den Fahnen geeilt, um das „Vaterland" von feindlicher Unterdrückung zu befreien. So setzte sich die Vorstellung von einem den fürstlichen Territorialstaaten übergeordneten geeinten Deutschland in weiten Teilen der Öffentlichkeit als ein wünschenswertes Ziel durch. Aber die Hoffnung der deutschen Patrioten auf ein neues starkes „Reich" erfüllte sich nicht. Die im „Deutschen Bund" seit 1815 zusammengeschlossenen 35 souveränen Regenten und vier Freien Städte waren zwar in einem festen Verteidigungsbündnis geeint, bildeten aber lediglich einen lockeren Staatenbund ohne eine zentrale Regierung. Bis 1848 konnten die Gesandten der einzelstaatlichen Regierungen nur auf einem regelmäßig in Frankfurt am Main tagenden Kongress gemeinsame Beschlüsse fassen.

Die meisten Kleinstaaten wollten ihre völkerrechtliche Eigenständigkeit nicht mehr aufgeben. Auch *Fürst Metternich*, leitender Staatsmann der im Deutschen Bund führenden Großmacht Österreich, bekämpfte die Idee des Nationalstaates heftig, weil sie die Einheit des Habsburgischen Vielvölkerstaates zu sprengen drohte. Erst die Unruhen im März 1848 zwangen die konservativen Monarchen den Forderungen nach einem deutschen Nationalstaat nachzugeben. Unter dem Druck der revolutionären Ereignisse gestanden die Fürsten ihren Untertanen zu, eine gesamtdeutsche Nationalversammlung zu wählen, deren Abgeordnete eine zukünftige deutsche Verfassung ausarbeiten sollten.

„Einigkeit und Recht und Freiheit" als Ziel

Als *Heinrich Hoffmann von Fallersleben* 1841 das „Lied der Deutschen" dichtete, dessen dritte Strophe die Nationalhymne der Bundesrepublik bildet, beschwor er als Voraussetzung vaterländischen Glückes neben der nationalen „Einigkeit" auch die Verwirklichung von „Recht und Freiheit". Das Streben nach einem das ganze Volk umfassenden Nationalstaat und das Aufbegehren freiheitlich gesinnter Bürger gegen den Obrigkeitsstaat waren zwei gleichzeitig vertretene Anliegen der Opposition.

Die radikalsten politischen und gesellschaftlichen Vorstellungen in der ersten Hälfte des 19. Jahrhunderts entwickelten die *Demokraten*. Ihnen schwebte als Staatsform die Republik vor, wie sie in den USA schon seit den 1780er-Jahren existierte. Auch mit der Forderung nach dem allgemeinen und gleichen Wahlrecht für alle Männer – an die Frauen dachten sie nicht – waren sie den Ansichten ihrer Zeit voraus.

Repräsentativer für die Mentalität der Epoche waren die Vorstellungen des bürgerlichen Liberalismus. Die *Liberalen* akzeptierten die traditionelle Staatsform der Monarchie. Herrscherwillkür lehnten sie allerdings vehement ab. Ihr Ideal war die konstitutionelle Monarchie, also die durch eine Verfassung eingeschränkte Fürstenherrschaft mit starken Kompetenzen einer Volksvertretung. Das Wahlrecht wollte man aus Sorge vor der Unmündigkeit des einfachen Volkes den Besitzenden und Gebildeten vorbehalten. Während die Liberalen z. B. in Süddeutschland in den Landtagen Bayerns, Badens, Württembergs und Hessens bereits um mehr Rechte der Volksvertretung im Rahmen der dort seit 1818 eingeführten Verfassungen rangen, kämpften sie im verfassungslosen Österreich und in Preußen, den beiden deutschen Großmächten, und in vielen anderen Staaten überhaupt erst gegen die spätabsolutistische Herrschaftspraxis ihrer fürstlichen Gegenspieler an.

▲ *„Die Unruhen in Baden im April 1848", Lithografie von Peter Carl Geissler, Nürnberg 1848.*
Das Bild der von den Zeitgenossen als außergewöhnlich empfundenen Unruhen im März und April 1848 wurde in der Folgezeit durch Darstellungen und Augenzeugenberichte verbreitet. Sehr populär waren handkolorierte Bilderbögen wie dieses Beispiel.

Auseinandersetzungen zwischen Obrigkeit und Volksbewegung

Die Obrigkeit der deutschen Staaten reagierte überwiegend misstrauisch und autoritär auf Versuche, die nationalen und freiheitlichen Ziele zu propagieren, wie es Studenten auf dem *Wartburgfest* von 1817 taten. Durch die 1819 erlassenen *Karlsbader Beschlüsse* wurden Wortführer der Opposition verfolgt, die Lehrveranstaltungen an den Universitäten überwacht sowie Zeitungen und Bücher einer strengen Vorzensur unterworfen. Nach dem von Liberalen organisierten *Hambacher Fest* von 1832 wurden diese Zensurmaßnahmen nochmals verstärkt.
Alle Unterdrückungsmaßnahmen versagten jedoch im März 1848 angesichts der anwachsenden Protestwellen in den Städten. Von Südwestdeutschland aus, besonders von Baden, einem Zentrum liberaler und demokratischer Kräfte, erfasste die bürgerliche Bewegung schnell die Staaten des Deutschen Bundes. Tatkräftige Männer der Opposition beriefen Volksversammlungen ein und formulierten Forderungen an die fürstlichen Regierungen. In der Mannheimer Volksversammlung vom 27. Februar 1848 (➧ M 2) wurden erstmals politische Ansprüche angemeldet, die als *Märzforderungen* in ähnlicher Form bald überall übernommen wurden. Der zu schaffende deutsche Nationalstaat wie die Einzelstaaten sollten zu Verfassungsstaaten ausgestaltet werden, in denen Versammlungs- und Pressefreiheit gelten.

Durch die Öffentlichkeit juristischer Verfahren und die Mitwirkung von Geschworenen wollte man ein volksnahes Gerichtswesen garantieren, das Sicherheit vor willkürlichen, von der Obrigkeit beeinflussten Urteilen bot. Zur Schwächung der fürstlichen Macht sollte das Heer auf die Verfassung vereidigt und eine zusätzlich bewaffnete Bürgerwehr geschaffen werden. Schließlich wurden fortschrittliche Verfassungen bzw. Verfassungsreformen mit deutlicher Kompetenzerweiterung der bestehenden Landtage und ein verbessertes Wahlrecht gefordert.

Radikale oder gemäßigte Revolution?

Angesichts der Bauernunruhen und der zur Gewalt bereiten städtischen Massen gaben die meisten Fürsten überraschend schnell nach und setzten reformbereite Regierungen ein. In Wien und Berlin kam es zu Barrikadenkämpfen, aber auch hier konnte sich die Volksbewegung durchsetzen. Das Zurückweichen der alten Gewalten wurde begeistert gefeiert. Zugleich sorgten die neu aufgestellten Bürgerwehren dafür, die Unterschichten von einer sozialen Revolution abzuhalten. Die Sorge vor einer Gefährdung der bürgerlichen Gesellschaftsordnung durch die gewaltbereiten Massen war weit verbreitet. Genährt wurden solche Ängste durch das erste selbstständige Auftreten einer Arbeiterbewegung, die soziale Veränderungen forderte.
Die meisten Wortführer der Revolution versuchten ihre Ziele auf dem Wege der Verständigung mit den reformbereiten alten Gewalten zu erreichen. Sie begnügten sich mit Zugeständnissen im Sinne der Märzforderungen und wollten die revolutionäre Bewegung früh in legale, z.B. parlamentarische Bahnen lenken. Vor den Thronen selbst sollte die Revolution Halt machen. Die radikalen badischen Demokraten *Hecker* und *Struve*[1] versuchten im April 1848 die Entwicklung im Sinne einer grundsätzlichen Systemveränderung weiter voranzutreiben. Sie initiierten einen bewaffneten Volksaufstand für die republikanische Staatsform in Deutschland, aber ihre Freischaren[2] wurden schon nach acht Tagen besiegt.
Dagegen billigten die Regierungen der Einzelstaaten den Zusammentritt einer deutschen „Nationalversammlung". Bei den Wahlen vom 1. Mai 1848 gab es noch keine Parteien, gewählt wurden vor allem Angehörige des Bildungsbürgertums. Mit der Bildung von Fraktionen (➧ M 4) ist die Entstehung des modernen Parteiwesens eng verbunden. Die Volksvertreter tagten im Gebäude der Frankfurter Paulskirche. Die meisten Abgeordneten fühlten sich der liberalen Mitte zugehörig, die „linken" Demokraten waren im Parlament zahlenmäßig geringer vertreten, ebenso die konservative „Rechte" (➧ M 4). Es dauerte bis zum März 1849, bis in der Paulskirche nach langen kontroversen Debatten zum ersten Mal in der deutschen Geschichte ein vom Volk ausgehendes Verfassungswerk beschlossen wurde.

---

1) *vgl. S. 102 f.*

2) *Militärische Formation, die sich auf Veranlassung einzelner Persönlichkeiten, d.h. ohne landesherrliche oder verfassungsmäßige Ermächtigung gebildet hat.*

▲ *„Politischer Damenclub", Lithografie von Wilhelm Völker, Frankfurt am Main 1848.*
Im Umfeld der 1848er-Bewegung schlossen sich auch Frauen zu politischen Klubs zusammen. Bilder dieser Zusammenkünfte sind nur als Karikaturen wie das obige Beispiel überliefert.
- *Erklären Sie, durch welche Art der Darstellung in diesem Bild die ablehnende Haltung des Künstlers gegenüber einer politischen Beteiligung von Frauen deutlich wird.*

Die Grundrechte

Im Mittelpunkt der Beratungen standen zunächst die *Grundrechte*, eine Konsequenz aus den in der Epoche des „Vormärz" von vielen Menschen bitter erfahrenen Freiheitseinschränkungen. Festgelegt wurden z. B. die Presse- und Meinungsfreiheit, die Freiheit von Forschung und Lehre, das Recht auf Versammlung und auf die Gründung politischer Vereinigungen und das Beschwerderecht jedes Staatsbürgers. Gleichheitsrechte garantierten allen Befähigten den gleichen Zugang zu öffentlichen Ämtern und verboten Wohlhabenden, sich durch bezahlte Stellvertreter der allgemein verbindlichen Wehrpflicht zu entziehen.
In den Grundrechtsartikeln spiegelten sich wichtige Modernisierungsprozesse. „Unterschiede der Stände" vor dem Gesetz wurden für ungültig erklärt, der Adel als Stand aufgehoben und noch bestehende Standesvorrechte abgeschafft. Das Bekenntnis zur Freiheit der Person bedeutete, dass nun in allen Staaten Deutschlands die Gutsuntertänigkeit und Hörigkeit auf dem Lande endete. Als Reichsgesetz schon Ende 1848, also bewusst bereits vor dem Abschluss der Verfassungsberatungen in Kraft gesetzt, sollten die Grundrechte als Kampfmittel gegen obrigkeitsstaatliche Willkür in den Einzelstaaten eingesetzt werden können. Obwohl bereits 1851 zusammen mit der Reichsverfassung wieder außer Kraft gesetzt, diente der Grundrechtskatalog der Paulskirche auch noch späteren deutschen Verfassungen als Vorbild.

„Kleindeutsche“ oder „großdeutsche“ Lösung?

Die Entscheidung über die Grenzen des neuen Nationalstaates war zugleich eine Entscheidung über die Zukunft Österreichs. Im Herbst 1848 beschloss die Paulskirche zunächst die „großdeutsche Lösung“. Danach sollten die vorher zum Deutschen Bund gehörigen deutschen und böhmischen Länder Österreichs in den neuen Staat aufgenommen werden, nicht aber der riesige Restteil des Vielvölkerstaates. Die zu Deutschland und die nicht zu Deutschland gehörenden Gebiete der Donaumonarchie wären nur noch in der Person des Herrschers (Personalunion) miteinander verbunden geblieben. Daher lehnte Österreich diesen Plan ab, der das Selbstverständnis des Habsburger Reiches so radikal infrage stellte.

Umgekehrt erschien den Anhängern der Nationalsstaatsidee die österreichische Forderung vom Frühjahr 1849 unannehmbar, das gesamte Habsburger Reich mit all seinen Völkern in einen föderativ organisierten deutschen Staatenbund einzugliedern. Daraufhin stimmte eine Mehrheit der Abgeordneten der „kleindeutschen Lösung“ zu und nahm damit – überwiegend widerwillig – die Trennung von den Deutsch-Österreichern und zugleich die damit verbundene unausbleibliche Führungsrolle Preußens im neuen Staat hin.

Der preußische König als vom Volk legitimierter Erbkaiser

Die Mehrheit in der Nationalversammlung und in der Bevölkerung wünschte für das künftige deutsche Reich die Staatsform der konstitutionellen Monarchie. An der Staatsspitze sollte ein „Kaiser der Deutschen“ stehen. Mit nur vier Stimmen Mehrheit wurde beschlossen, die Kaiserwürde erblich zu machen, d.h. auf ein „Wahlkaisertum“ und damit einen möglichen künftigen Wechsel im Herrscherhaus zu verzichten. Der Vorrangstellung Preußens im kleindeutschen Nationalstaat entsprechend wählten die Abgeordneten Ende März 1849 den Preußenkönig *Friedrich Wilhelm IV.* zum ersten deutschen Kaiser. Diese Entscheidungen des Paulskirchenparlamentes verdeutlichten, dass das vorgesehene Hohenzollern'sche Erbkaisertum seine Legitimation und seinen Ursprung einer Entscheidung der souveränen Nation verdankte.

Der Verfassungsentwurf

Im neu zu gründenden Bundesstaat sollte der „unitarische“ Charakter besonders hervortreten, d.h. der Gesamtstaat sollte starke Kompetenzen erhalten. Das Reich allein war dementsprechend zuständig für Außenpolitik, Gesetzgebung und Organisation von Heer und Marine, Schifffahrt, Post, Eisenbahn, Zoll-, Münz-, Maß- und Gerichtswesen. Den Ländern verblieben die übrigen, nicht vom Reich beanspruchten Gesetzgebungsgegenstände. Nach dem Vorbild des Kongresses der USA sollte das föderalistische Element zudem durch ein Zweikammernsystem in der Legislative gesichert werden.

Der Reichstag bestand aus zwei Kammern, dem *Staatenhaus* und dem *Volkshaus*. Im Staatenhaus konnten die Einzelstaaten ihre Interessen vertreten. 168 Mitglieder wurden je zur Hälfte von den Regierungen und den Länderparlamenten bestimmt. Politisch wichtiger als diese Länderkammer war aber das Volkshaus, in dem die Gesamtnation repräsentiert wurde. Die Verfassung sah vor, die Abgeordneten nach dem allgemeinen, gleichen, direkten und geheimen (Männer-) Stimmrecht wählen zu lassen. Ein derarti-

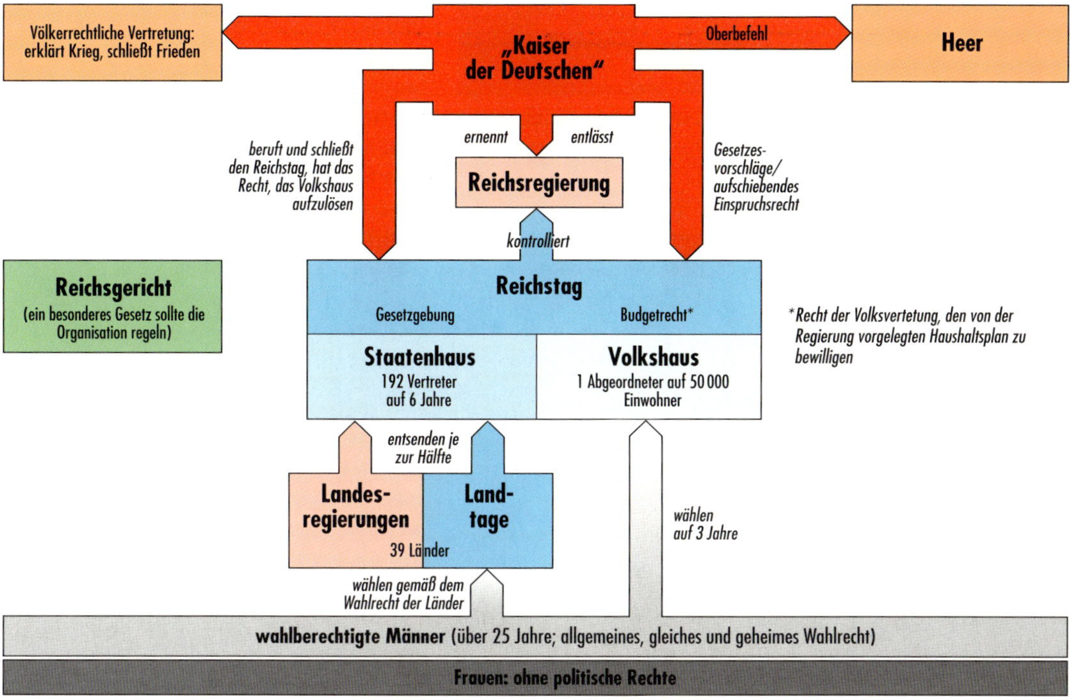

▲ *Die geplante Reichsverfassung der Paulskirche.*

- *Bestimmen Sie die Rechte und Einflussmöglichkeiten von Kaiser, Landesregierungen und Volk.*

ges Zugeständnis an demokratische Forderungen hatten die gemäßigten Liberalen in der Paulskirche machen müssen, um aus den Reihen der Linken als Gegenleistung genügend Stimmen für das Erbkaisertum zu erhalten.

Im Rahmen der vorgesehenen konstitutionellen Monarchie hatte der Kaiser das Recht, die Reichsregierung zu ernennen. Seine Entscheidungen bedurften allerdings der Gegenzeichnung durch ein Regierungsmitglied, das der Volksvertretung gegenüber die Verantwortung übernahm und bei einem Gesetzesverstoß angeklagt werden konnte.

Der Reichstag besaß das Gesetzgebungs- und das für die Kontrolle der Exekutive wichtige Budgetrecht. Staatshaushalt und Gesetze kamen nur dann zustande, wenn eine Mehrheit in beiden Kammern zustimmte. Die Gesetzesinitiative besaßen Volkshaus, Staatenhaus und Kaiser. Dieser hatte gegenüber Reichstagsbeschlüssen nur ein *suspensives (aufschiebendes) Veto*; in zwei neuen Sitzungsperioden konnte der Reichstag nämlich seinen Beschluss wiederholen und rechtskräftig machen. Mit dem Recht, das Volkshaus vorzeitig aufzulösen, hielt der Kaiser aber ein politisches Druckmittel gegenüber dem Parlament in der Hand.

Die Verfassung: beschlossen, aber nicht verwirklicht

Das Werk der Paulskirche ging nach harten Parlamentsdebatten aus einem Kompromiss unterschiedlicher politischer Interessen, unitarischer und föderalistischer, monarchischer und demokratischer Bestrebungen hervor. Der gewiss praktikable und für seine Zeit fortschrittliche Entwurf steht zusammen mit den süddeutschen Landesverfassungen von 1818 bis 1820 am Beginn der deutschen Verfassungstradition.

Wieso wurden die Verfassungsbestimmungen von 1849 nicht verwirklicht? Ein Jahr nach dem Schock der Märzereignisse hatten sich die alten Mächte, vor allem die Großmächte Preußen und Österreich, wieder konsolidiert. Weil das Gros der Beamten in Verwaltung und Justiz sich loyal verhielt und die Armeen fast überall ein zuverlässiges Instrument in den Händen ihrer Landesherren blieben, aber auch weil die fürstlichen Regierungen zu Reformen bereit waren, kam es zu keiner entscheidenden Schwächung der Dynastien in den Ländern. Zudem spalteten die unterschiedlichen Ziele der gemäßigten Liberalen und der Demokraten bald nach den ersten Revolutionserfolgen das Lager der Oppositionsfront.

Zwar erkannten 28 deutsche Staaten im April 1849 die Reichsverfassung an, aber Wien und Berlin sowie die Königreiche Bayern, Hannover und Sachsen beharrten darauf, dass nur eine mit den fürstlichen Regierungen vereinbarte Verfassung Gültigkeit beanspruchen könne. So überraschte es viele nicht, dass der preußische König – überzeugt vom monarchischen Gottesgnadentum – am 3. April 1849 die Annahme der Kaiserkrone aus den Händen des Volkes zurückwies. Der durch die gewählten Vertreter des deutschen Volkes mühsam geschaffene deutsche Nationalstaat war gescheitert (➧ M 5).

Als sich die Niederlage der Revolutionsbewegung abzeichnete, flammte noch einmal Empörung auf. In mehreren revolutionären Zentren (Sachsen, Pfalz, Baden) kam es zu letzten Volkserhebungen, in denen sich politische mit sozialen Zielen mischten. In Baden stellte sich sogar fast die gesamte Armee und Verwaltung auf die Seite der Revolutionsregierung, aber mit Hilfe preußischer Truppen wurde der Aufstand niedergeschlagen. Die Aufständischen fielen Massenerschießungen oder Standgerichten zum Opfer, mussten sich vor Gericht verantworten oder ins Exil gehen. Inzwischen hatte auch die Nationalversammlung zu bestehen aufgehört. Viele Regierungen hatten die Abgeordneten zurückbeordert, nur noch ein „Rumpfparlament“ aus fast durchwegs linken Abgeordneten tagte zunächst in Stuttgart weiter, wurde aber am 18. Juni 1849 unter unwürdigen Umständen durch Militär auseinander gejagt.

Das Erbe der 1848er-Bewegung

Als der Gesandtenkongress des Deutschen Bundes im September 1850 wieder zusammentrat, konnte es scheinen, „als sei nichts geschehen“. Es begann die Zeit der *Reaktion* mit schikanösen Unterdrückungsmaßnahmen. In den Bundesstaaten wurden viele „Märzzugeständnisse“ rückgängig gemacht, fast alle politischen Vereine wurden verboten. 1851 hob der Bundestag die von der Paulskirche verabschiedeten Grundrechte wieder auf.

Dennoch hatten zahlreiche Errungenschaften der Jahre 1848/49 Bestand. Abgesehen von Österreich wurde der überall durchgesetzte Verfassungsstaat in keinem Land des Deutschen Bundes wieder beseitigt. Die Vorzensur von Zeitungen und Büchern, ein für den Vormärz typisches Mittel der Unterdrückung, blieb aufgehoben, in der Rechtspflege gab es wichtige Fortschritte. Nicht mehr infrage gestellt wurden auch entscheidende gesellschaftspolitische Weichenstellungen. Dazu gehörten die Befreiung der Bauern von allen traditionellen grundherrlichen Abhängigkeiten, das Ende der adeligen Patrimonialgerichtsbarkeit, überhaupt das Ende der rechtlichen Sonderstellung des Adels.

◀ *Die erste Bürgerpflicht, Ölbild von Bernhard Heisig, 1977.*
Bernhard Heisig (geb. 1925, zur Entstehungszeit des Bildes Rektor der Hochschule für Grafik und Buchkunst in Leipzig) thematisiert in diesem Bild die Niederschlagung der 1848er-Revolution in Berlin. Am linken Bildrand sind zwei Parolen zu lesen: „Ruhe ist die erste Bürgerpflicht" und „Wrangel 1848" (gemeint ist General Friedrich Graf von Wrangel).
- *Informieren Sie sich, warum Wrangel hier genannt wird und erklären Sie die Auswahl der dargestellten Bevölkerungsgruppen sowie den Bildtitel.*

Auf lange Sicht bedeutsam blieb, dass 1848/49 das politische Bewusstsein breiter Bevölkerungsschichten geweckt worden war. Dem Volk gelang mit der Revolution ein deutlicher Schritt aus dem Untertanenverhältnis. Viele Vertreter des fortschrittlichen Bürgertums wandten sich allerdings nach dem Scheitern des Versuches, Einheit und Freiheit aus eigener Kraft zu erreichen, resigniert von ihren politischen Idealen ab und konzentrierten sich auf ihr wirtschaftliches und berufliches Fortkommen. Der gelungene Verfassungsentwurf eines föderalistisch angelegten nationalen Rechtsstaates mit einer starken Volksvertretung, wie ihn die Paulskirche 1849 vorgesehen hatte, blieb trotz seines Scheiterns ein Leitbild im öffentlichen Bewusstsein und musste auch 1870/71, bei der Reichsgründung „von oben", von den fürstlichen Regierungen berücksichtigt werden.

Was können Biografien leisten?

Biografien öffnen oft besonders anschauliche und interessante Zugänge zum historischen Geschehen. Schon in der Antike griffen Historiker zu diesem Mittel der Darstellung. Berühmt sind die „Parallelbiografien“ des griechischen Philosophen Plutarch (ca. 50–125 n. Chr.), in denen jeweils ein bedeutender Grieche und Römer gegenübergestellt werden. Moderne historische Biografien müssen als „Sekundärliteratur“ wissenschaftlichen Ansprüchen genügen, also Fakten zuverlässig erschließen und wiedergeben und sich um Objektivität in der Wertung bemühen; diese muss sich auf nachvollziehbare Argumente stützen. Kritiker warnen die Biografen davor, die Handlungsmöglichkeiten des Einzelnen zu überschätzen und überindividuelle Strukturen und Kräftegruppierungen in ihrer Bedeutung zu wenig zu würdigen.

Autobiografien bieten eine rückblickende Darstellung des eigenen bisherigen Lebens oder wesentlicher Lebensabschnitte. Sie sind als Primärquellen für die Geschichtswissenschaft von hohem Wert. Aus ihnen lassen sich wichtige Hinweise auf die gesellschaftliche und besonders auch die kulturelle Wirklichkeit einer Zeitepoche selbst dann gewinnen, wenn sie die „Entwicklung des eigenen Ichs in seinen Beziehungen zur Umwelt“ nicht mit historischem, sondern mit literarischem Anspruch darstellen. Ein klassisches Beispiel dafür bietet Goethes Altersrückschau „Aus meinem Leben. Dichtung und Wahrheit“ (vier Teile, 1811–1833).

Memoiren sind Erinnerungen eines Autors/einer Autorin aus der Zeitgeschichte (oft Politiker und Persönlichkeiten des öffentlichen Lebens), die er/sie als aktiv Handelnde oder zumindest Miterlebender wiedergeben kann.

Wenn *Zeitzeugen* direkt aus ihrem Leben berichten, bietet sich die Möglichkeit des Nachfragens. Ihre Erinnerungen können leicht lückenhaft, ungenau und unbewusst subjektiv ausfallen. Bei Interviews von Zeitzeugen sollten möglichst viele Personen zu einem Thema befragt werden, so dass sich durch unterschiedliche oder gegensätzliche Perspektiven ein möglichst differenziertes Bild des historischen Gegenstandes/Phänomens bilden kann.

Kritisches Lesen: Gerade weil autobiografische Zeugnisse oft besonders faszinieren, muss man sich beim Lesen bewusst bleiben, dass ihre Verfasser nicht nur Berichtenswertes weitergeben wollen, sondern in aller Regel vor ihren Zeitgenossen und Lesern späterer Generationen „gut dastehen“ wollen. Die Klärung der „Erzählhaltung“ kann dennoch zu deutlich unterschiedlichen Ergebnissen kommen. Autoren können selbstbewusst von der Richtigkeit eigenen Handelns überzeugt sein oder in defensiver Absicht das eigene Verhalten gegen mögliche Vorwürfe zu verteidigen suchen, sie können Fehler aber auch selbstkritisch eingestehen. Zu beachten ist auch der zeitliche Abstand der Berichtenden zu den Geschehnissen. Dessen Länge oder Kürze kann sich von Fall zu Fall als Vorteil oder Nachteil darstellen. Schließlich können autobiografische Äußerungen auch auf ihren oft sehr unterschiedlichen „Quellenwert“ hin befragt werden.

Aus den Memoiren der Amalie Struve

Als 21-Jährige heiratet Amalie Düsar (1824–1862) den 19 Jahre älteren Mannheimer Juristen und Journalisten Gustav von Struve (1805–1870), einen Kampfgefährten Friedrich Heckers. Amalie Struve steht bei den republikanischen Aufstandsversuchen in Baden an der Seite ihres Mannes. Zeitweise sind beide in Haft, 1849 flüchten sie ins Ausland. Im englischen Exil entstehen noch im gleichen Jahr Amalie Struves „Erinnerungen aus den badischen Freiheitskämpfen“. Sie erscheinen 1850 in Hamburg.

Zu Beginn des April-Aufstandes 1848 müssen sich die Republikaner aus der Residenzstadt Donaueschingen vor anrückenden Württemberger Truppen zurückziehen.

Gustav verließ Donaueschingen an der Spitze der bewaffneten Republikaner. Ich blieb darin noch kurze Zeit zurück, da es mir aufgegeben war, die von den Freiheitskämpfern in der Eile zurückgelassenen Munitionskisten […] mitzubringen. […] Ich verließ Donaueschingen in einem Wägelein mit den genannten Gegenständen. Der kleine Kutscher fuhr schnell zu und so kamen wir unangefochten auf der einen Seite zur Stadt hinaus, während die Württemberger von der anderen Seite in dieselbe einrückten. Auf der Landstraße zur Linken sah ich ihre Scharen ziehen mit wehenden Fahnen. In der Nähe von Pfohren stieß ich zu der Nachhut des kleinen Freiheitsheeres. Was die Bewaffnung und die Kriegserfahrung betrifft, so war dieselbe wohl schwerlich sehr ausgezeichnet. Allein gewiss wird die Zeit kommen, in welcher ein freies deutsches Volk mit Liebe und Verehrung der Männer gedenken wird, die es zuerst gewagt, das Banner der Republik offen gegenüber der herrschenden Tyrannei zu entfalten.

Im September 1848 scheinen sich neue Chancen für eine republikanische Volkserhebung zu ergeben:

Wenige Stunden, nachdem mein Gatte im Geleite einiger Freunde den badischen Boden betreten hatte, folgte ich ihm, begleitet von meinem Bruder, in einem Wagen nach. Einen mit Waffen und Munition beladenen Leiterwagen führten wir mit uns. [...] Es war mir peinlich, dass ich, statt, wie ich es seit Jahren gewohnt war, mit meinem Gatten zu arbeiten, von demselben getrennt und untätig bleiben musste. Niemals empfand ich so tief die unwürdige Stellung, in welcher sich bis zum heutigen Tage das weibliche Geschlecht gegenüber dem männlichen befindet. Warum sollte die Frau, welche die Fähigkeit dazu besitzt, nicht arbeiten *dürfen* im Augenblick der Entscheidung? [...] Fürwahr, so lange selbst im Sturm der Revolution so viele Rücksichten auf hergebrachte Vorurteile genommen werden, wird das Joch der Tyrannei nicht gebrochen werden.

Zwei Tage nach der Ankunft in Lörrach ziehen Struve und seine Freunde nach Müllheim; dort hat kurzfristig das Hauptquartier seinen Sitz aufgeschlagen.

Während Struve mit den Männern beschäftigt war, hatte ich patriotische Frauen und Jungfrauen um mich versammelt, welche ich für die Sache der Freiheit zu begeistern suchte und mit welchen ich den Plan besprach, eine Schar von Frauen und Jungfrauen zu bilden, welche dem Freiheitsheer folgen sollte, um ermutigend und begeisternd auf dasselbe einzuwirken, und unter der Leitung der Ärzte sich der Pflege der Verwundeten zu widmen.

▲ Portrait von Amalie Struve, Lithografie, Baden, um 1848/49.

Heftiges Feuer. Die Geschichte der badischen Revolution 1848, erzählt von Amalie und Gustav Struve, Freiburg im Breisgau, 1998, S. 43 f., 61, 63.

1. *Welche Aufgaben in den republikanischen Erhebungen übernimmt Struves Ehefrau? Welche weiteren Möglichkeiten weiblicher Aktivitäten in einer Revolution können Sie sich vorstellen?*
2. *Inwieweit kann man Amalie Struve als eine „emanzipierte Frau" ihrer Zeit bezeichnen? Vergleichen Sie Amalie Struves Klage über die noch nicht vollzogene weibliche Emanzipation mit heutigen Vorstellung weiblicher Selbstverwirklichung.*
3. *Welchen Quellenwert – z. B. unter revolutions-, landes-, alltags- oder geschlechtergeschichtlichen Aspekten – würden Sie Amalie Struves Erinnerungen zubilligen? Welche quellenkritischen Fragen sollte ein Historiker stellen, der eine Biografie über Amalie Struve verfassen wollte?*

3.2 Die „Reichsgründung von oben"

▲ *„Equilibre européen", Zeichnung von Honoré Daumier, 1867.*

1864
Preußen und Österreich siegen im Krieg gegen Dänemark

1866
Preußen besiegt Österreich und die mit ihm verbündeten Staaten

1867
Unter preußischer Führung entsteht der Norddeutsche Bund

1870/71
Die deutschen Staaten siegen im Kampf gegen Frankreich

1871
Der preußische König Wilhelm I. wird zum Kaiser proklamiert; Frankreich muss Elsass und Lothringen an das Deutsche Reich abtreten

M1

Das „Eisen-und-Blut"-Konzept

In seinen „Gedanken und Erinnerungen" schildert Otto von Bismarck die Grundgedanken seiner Rede als neu ernannter preußischer Ministerpräsident vor der Budgetkommission des preußischen Abgeordnetenhauses vom 30. September 1862.

Der Konflikt drehe sich bei uns um die Grenze zwischen Krongewalt und Parlamentsgewalt. Die Krone habe noch andere Rechte, als die in der Verfassung ständen. [...] Nicht auf Preußens Liberalismus sieht Deutschland, sondern auf seine Macht; Bayern, Württemberg, Baden mögen dem Liberalismus indulgieren[1], darum wird ihnen doch keiner Preußens Rolle anweisen; Preußen muss seine Kraft zusammenfassen und zusammenhalten auf den günstigen Augenblick, der schon einige Male verpasst ist; Preußens Grenzen nach den Wiener Verträgen sind zu einem gesunden Staatsleben nicht günstig; nicht durch Reden und Majoritätsbeschlüsse werden die großen Fragen der Zeit entschieden – das ist der große Fehler von 1848 und 1849 gewesen – sondern durch Eisen und Blut.

Otto von Bismarck, Die gesammelten Werke, Band 10, Berlin 1928, S. 138 f.

Erklären Sie, welches Politik- und Verfassungsverständnis Bismarcks in dieser Rede deutlich wird.

M2

„Groß-Preußen mit Vasallenstaaten"

August Bebel hält am 10. April 1867 seine erste Rede vor dem sich konstituierenden Norddeutschen Reichstag. Er ist zu diesem Zeitpunkt Vertreter der „Sächsischen Volkspartei". Bebel wurde einer der profiliertesten Politiker der deutschen Sozialdemokratie. Seine Ausführungen beziehen sich auf die Verabschiedung der Verfassung des Norddeutschen Bundes.

Abgeordneter Bebel: [...] meine Herren, ich behaupte, dass mit der Gründung dieses Norddeutschen Bundes ein spezifisch preußisches Interesse *(Widerspruch rechts)*, dass die Stärkung der Hohenzollernschen Hausmacht damit bezweckt worden ist. *(Lebhafter Widerspruch rechts.)*

Präsident: Meine Herren! Lassen Sie doch den Herrn Redner ruhig zu Ende reden und widerlegen Sie ihn nachher!

Abgeordneter Bebel: Meine Herren, wenn Sie diesen Bund näher betrachten, so werden Sie mir zugeben müssen, [...] dass dieser Bund nur Groß-Preußen ist, umgeben von einer Anzahl Vasallenstaaten, deren Regierungen nichts weiter als Generalgouverneure der Krone Preußens sind. *(Lebhafter Widerspruch rechts.)*

In dem gegenwärtigen Norddeutschen Bundesrat wird Preußen mit 17 Stimmen [...] nach Belieben Verfassungsänderungen durchführen, eine jede Verfassungsänderung gegen seinen Willen aber verhüten können. Dies würde indessen bei dem Zutritt Süddeutschlands zum Norddeutschen Bunde nicht der Fall sein, dann wären die 17 Stimmen Preußens ungenügend an sich, eine derartige Zweidrittelmehrheit zu erzielen. [...] Das sind meines Erachtens die Gründe, welche die preußische Regierung von ihrem spezifisch preußischen Standpunkte aus nicht nur heute, sondern auch späterhin stets veranlassen werden, gegen den Eintritt Süddeutschlands aufzutreten, gegen denselben zu stimmen. Man wird sich eben einfach damit begnügen, [...] dass man lediglich die Militärgewalt in die Hände bekommt, im Falle eines Krieges, und im Übrigen wird man sich damit begnügen, durch Zollverträge usw. wenigstens einigermaßen die Kluft, die hervorgebracht ist, zu überbrücken, wohlverstanden, zu überbrücken, aber auszufüllen, dazu wird man sich nicht herbeilassen. Meine Herren, eine solche Politik zu unterstützen, dazu habe ich keine Lust, ich muss entschieden dagegen protestieren, dass man eine solche Politik eine deutsche nennt, ich muss entschieden protestieren gegen einen Bund, der nicht die Einheit, sondern die Zerreißung Deutschlands proklamiert, einen Bund, der dazu bestimmt ist, Deutschland zu einer großen Kaserne zu machen *(lebhafter Widerspruch)*, um den letzten Rest von Freiheit und Volksrecht zu vernichten.

August Bebel, Sein Leben in Dokumenten und Schriften, hg. v. Helmut Hirsch, Köln 1968, S. 153 ff.

1. *Erläutern Sie Bebels Bewertung des Norddeutschen Bundes.*
2. *Überlegen Sie sich Argumente, mit denen Bismarck dieser Rede entgegengetreten sein könnte.*

---

[1] Nachsicht üben

M3
Die Emser Depesche

Telegramm des Geheimrats Heinrich Abeken an Bismarck vom 13. Juli 1870. Abeken war der Begleiter des Königs bei seinem Kuraufenthalt in Bad Ems.

S. M.[1] der König schreibt mir:
„Graf Benedetti fing mich auf der Promenade ab, um auf zuletzt sehr zudringliche Art zu verlangen, ich sollte ihn autorisieren, sofort zu telegrafieren, dass ich für alle Zukunft mich verpflichtete, niemals wieder meine Zustimmung zu geben, wenn die Hohenzollern auf ihre Kandidatur zurückkämen. Ich wies ihn, zuletzt etwas ernst, zurück, da man a tout jamais[2] dergleichen Engagements nicht nehmen dürfe noch könne. Natürlich sagte ich ihm, dass ich noch nichts erhalten hätte und, da er über Paris und Madrid früher benachrichtigt sei als ich, er wohl einsähe, dass mein Gouvernement wiederum außer Spiel sei." S. M. hat seitdem ein Schreiben des Fürsten[3] bekommen. Da S. M. dem Grafen Benedetti gesagt, dass er Nachricht vom Fürsten erwarte, hat Allerhöchstderselbe, mit Rücksicht auf die obige Zumutung, auf des Grafen Eulenburg[4] und meinen Vortrag beschlossen, den Grafen Benedetti nicht mehr zu empfangen, sondern ihm nur durch seinen Adjutanten sagen zu lassen, dass S.M. jetzt vom Fürsten die Bestätigung der Nachricht erhalten, die Benedetti aus Paris schon gehabt, und dem Botschafter nichts weiter zu sagen habe.
S. M. stellt Ew. Exzellenz anheim, ob nicht die neue Forderung Benedettis und ihre Zurückweisung sogleich sowohl unseren Gesandten als in der Presse mitgeteilt werden sollte.

Bismarck redigierte das Telegramm Abekens und gab es in gekürzter Form an die Presse weiter.

Nachdem die Nachrichten von der Entsagung des Erbprinzen von Hohenzollern der Kaiserlich französischen Regierung von der Königlich spanischen amtlich mitgeteilt worden sind, hat der französische Botschafter in Ems an S. M. den König noch die Forderung gestellt, ihn zu autorisieren, dass er nach Paris telegraphiere, dass S. M. der König sich für alle Zukunft verpflichte, niemals wieder seine Zustimmung zu geben, wenn die Hohenzollern auf ihre Kandidatur zurückkommen sollten. S. M. hat es darauf abgelehnt, den französischen Botschafter nochmals zu empfangen, und demselben durch den Adjutanten vom Dienst sagen lassen, dass S. M. dem Botschafter nichts weiter mitzuteilen habe.

Otto von Bismarck, Die gesammelten Werke, Band 6, Berlin 1928, S. 369 und S. 371

1. *Arbeiten Sie die inhaltlichen Unterschiede der beiden Texte heraus.*
2. *Überlegen Sie, weshalb sich der französische Kaiser durch Bismarcks Redaktion des Telegramms brüskiert fühlen konnte.*

---
[1] *Seine Majestät*
[2] *für alle Zukunft*
[3] *Gemeint ist der Fürst von Hohenzollern-Sigmaringen, der Vater von Prinz Leopold.*
[4] *persönlicher Referent Wilhelms I.*

M4
Verändertes europäisches Gleichgewicht

Der konservative Oppositionsführer Benjamin Disraeli spricht am 9. Februar 1871 vor dem britischen Unterhaus über den Deutsch-Französischen Krieg.

Dieser Krieg bedeutet die deutsche Revolution, ein größeres politisches Ereignis als die französische des vergangenen Jahrhunderts. [...] Nicht ein einziger der Grundsätze der Handhabung unserer auswärtigen Angelegenheiten, welche noch vor einem halben Jahr von allen Politikern als selbstverständliche Richtlinien anerkannt wurden, steht noch heute in Geltung. Es gibt keine überkommene Auffassung der Diplomatie, welche nicht fortgeschwemmt wäre. Wir stehen vor einer neuen Welt, neue Einflüsse sind am Werk; [...] das Gleichgewicht der Macht ist völlig zerstört; und das Land, welches am meisten darunter leidet und welches die Wirkungen dieses großen Wechsels am meisten zu spüren bekommt, ist England.

Günther Schönbrunn (Bearb.), Das bürgerliche Zeitalter 1815–1914, München 1980, S. 376f.

Bewerten Sie Disraelis Einschätzung der Reichsgründung.

M5
Alternativen zur Reichsgründung?

Der Historiker Thomas Nipperdey (1927–1992) ordnet die deutsche Reichsgründung in den europäischen Kontext der Nationalstaatsbildung ein. Gleichzeitig kommentiert er mögliche Alternativen.

Gab es […] zu der bismarckschen Reichsgründung nationalpolitische Alternativen? Am meisten diskutiert worden ist von Zeitgenossen die großdeutsch-föderalistische Alternative. […] Aber man muss an die inneren Widersprüche erinnern: Eine großdeutsch-föderalistische Lösung, die nur die deutschen Teile Österreichs einschloss, war (ohne Revolution und Zerschlagung des Gesamtstaats) nicht möglich. Eine Mitteleuropa-Föderation war nicht lebensfähig; sie war als Großraum und Großmacht für Europa „erst recht" unerträglich; sie war, weil sie kein funktionierendes, unmittelbar gewähltes Parlament haben konnte – denn sie hätte kein homogenes Staatsvolk gehabt –, für alle Liberalen und Demokraten unakzeptabel […]; sie hätte ein Reich in all jene Konflikte der Sprachen- und Völkerkämpfe verwickelt und diese Kämpfe gerade nicht neutralisiert oder eingehegt. Das großdeutsche Problem war angesichts der Existenz Österreich(-Ungarn)s nur durch die kleindeutsche Lösung zu bewältigen. Die zweite Möglichkeit wäre eine nationalrevolutionäre, nationaldemokratische Staatsgründung, eine Garibaldi-Gründung[1] gewesen und mit ihr die Mediatisierung[2] oder Regionalisierung Preußens – davon träumten die radikalen Demokraten und manche Sozialdemokraten noch in den 1860er-Jahren. Aber das war nach dem Scheitern der 48er-Revolution, nach der Selbstbehauptung der deutschen Fürstenstaaten, nach der Scheidung von Liberalismus und revolutionärer Demokratie und angesichts des Misstrauens der europäischen Mächte gegen jede zentraleuropäische Neubildung, eine revolutionäre zumal, ganz ausgeschlossen. […] Insofern also war der preußische hegemoniale Charakter eines deutschen Nationalstaates, seit 1866 jedenfalls, vorgegeben. […] Ein Punkt ist sicher, und der bringt alle Gründungskritik zur Verzweiflung: Eine weniger bismarcksche, eine moderat liberalere Lösung hätte am Nationalismus der Deutschen kaum etwas geändert, am Groß- und später Weltmachtanspruch – das war nicht die Folge der Gründungskonstellation. […]

▲ *„Les génies de la mort", Einblattdruck von Edmont Guillaume, Brüssel um 1871.*

- *Erklären Sie die einzelnen Bildbestandteile und ordnen Sie das Bild in den historischen Kontext ein.*

Die gemeineuropäische Perspektive von Nationen und Nationalstaaten ist zunächst das Wichtigste, wenn man die Gründung des deutschen Nationalstaates historisch angemessen einordnen will.

Thomas Nipperdey, Deutsche Geschichte 1866–1918, Bd. 2: Machtstaat vor der Demokratie, 3. Auflage, München 1995, S. 81 ff.

1. *Nipperdey hält sowohl eine „großdeutsch-föderalistische Lösung" als auch eine „nationalrevolutionäre, nationaldemokratische Staatsgründung" angesichts der zeitgenössischen Gegebenheiten für unrealistisch. Bewerten Sie diese Einschätzung.*
2. *„… eine moderat liberale Lösung hätte am Nationalismus der Deutschen kaum etwas geändert, am Groß- und später Weltmachtanspruch." Von welchem Vorwurf will der Autor die Reichsgründung damit befreien?*

1) *Anspielung auf die Einigung Italiens Anfang der Sechzigerjahre, bei der Guiseppe Garibaldi den Kampf der italienischen Nationalbewegung gegen die alten Feudalherrscher organisierte*

2) *Vorher reichsunmittelbare, d. h. direkt dem Kaiser des Heiligen Römischen Reiches unterstehende Reichsstädte, -dörfer und -ritter werden einem Territorialherrscher unterstellt.*

Die Restauration des Deutschen Bundes

Das Scheitern der Revolution von 1848/49 führte zu einer Erstarrung des öffentlichen politischen Lebens im wieder hergestellten Deutschen Bund. Die nationalen und liberalen Kräfte mussten sich der politischen und militärischen Kraft der restaurativen Staaten – allen voran Preußen und Österreich – beugen. Diese weiteten ihre Unterdrückungspolitik aus der vorrevolutionären Zeit aus, indem sie u.a. die Pressezensur verschärften („Bundesreaktionsbeschluss“ 1851) und die Bildung überregionaler Parteien verhinderten („Bundes-Vereinsgesetz“ 1854). Dazu war das Jahrzehnt der „Reaktion“ geprägt vom *Dualismus* zwischen Preußen und Österreich. Die restlichen deutschen Staaten unterstützten dieses Konkurrenzverhältnis, da sie dadurch ihre Selbstständigkeit zu bewahren glaubten.

Eine „Neue Ära“ beginnt

Die Ideen des Liberalismus und Nationalismus lebten trotz des autoritären Drucks der Obrigkeit vor allem im wirtschaftlich erfolgreichen Bürgertum fort. Hoffnung keimte auf, als 1858 *Prinz Wilhelm* in Preußen die „Neue Ära“ einleitete. Seine Regierung tolerierte das Wirken des neu gegründeten „kleindeutsch“ gesinnten *Deutschen Nationalvereins* und ließ sogar politische Parteien zu. Den Anfang machte 1861 die *Deutsche Fortschrittspartei*, deren Gründungsprogramm einen Musterkatalog liberaler Forderungen enthielt: die Einigung Deutschlands, Rechtsgleichheit, freies Wahlrecht, Stärkung des Parlaments. Die Fortschrittspartei entwickelte sich in der Auseinandersetzung mit den bis dahin dominierenden Konservativen rasch zur stärksten politischen Kraft.

Zur gleichen Zeit verliehen die Einigungskriege in Italien der deutschen Nationalbewegung neue Impulse. Einen ersten Höhepunkt bildeten die Feiern zu *Friedrich Schillers* hundertstem Geburtstag am 10. November 1859: Festzüge und nationale Reden mit antifranzösischem Charakter wurden an vielen Orten Deutschlands abgehalten. Auf patriotischen Festen wurde der erfolgreichen Befreiungskriege gegen Napoleon gedacht. Träger dieser nationalen Bewegung waren vor allem Sänger-, Turner- und Schützenvereine, in denen sich alle Gruppen des Bürgertums zusammenfanden. Im Zentrum des Deutschen Turnfestes in Leipzig 1863 stand die Erinnerung an die Revolution von 1848: Man forderte politische Freiheitsrechte, die Verfassung von 1849, vereinzelt sogar die Volkssouveränität. Nationale Gesinnung und liberale Forderungen erschienen wieder im Gleichklang.

◀ *„Das Einzige und der Einzige“, Holzschnitt von Wilhelm Scholz aus dem Kladderadatsch vom 13. November 1859.*
Zum 100. Geburtstag Friedrich Schillers am 10. November 1859 fanden im Deutschen Bund insgesamt 178 Festakte statt.
Das Bild spielt auf die Grundsteinlegung eines Schiller-Denkmals in Berlin an.

- *Charakterisieren Sie die dargestellten Personen und erklären Sie den Titel.*

Der Verfassungskonflikt um die Heeresreform in Preußen

In Preußen stimmten Prinz Wilhelm (er wurde 1861 König), das aus Vertretern des Adels zusammengesetzte Herrenhaus und die liberale Mehrheit im Abgeordnetenhaus darin überein, zur Wiederherstellung des Mächtegleichgewichts die Friedensstärke der Armee von 150 000 auf 210 000 Mann zu erhöhen. Dagegen stießen die Pläne Kriegsminister *von Roons*, die Dienstzeit von zwei auf drei Jahre zu verlängern und drei Jahrgänge der bürgerlichen Landwehr dem Kommando adeliger Berufsoffiziere in der Reservearmee zu unterstellen, auf Widerstand. Die Abgeordneten befürchteten, dass während der ausgeweiteten Dienstzeit der Bürger in Uniform in einen der Krone treu ergebenen Soldaten umerzogen werden sollte. Ferner wollte man eine Schwächung des in der Landwehr verkörperten Prinzips des „wehrhaften Bürgers" und eine Verstärkung der Macht der Krone auf Kosten des Bürgertums nicht hinnehmen.

In der sich über Jahre hinziehenden Kontroverse ging es letztlich um das Mitspracherecht der Volksvertretung in Militärangelegenheiten, das von der Regierung energisch bestritten wurde. Der Streit weitete sich zum Verfassungskonflikt aus, als das Abgeordnetenhaus auf sein Budgetrecht pochte und erstmals eine genaue Auflistung des bisher immer pauschal vorgelegten Militärhaushalts verlangte. In dieser verfahrenen Situation ernannte der König, der dem Parlament keinerlei Kontrolle der Armee zugestehen wollte, *Otto von Bismarck* am 23. September 1862 zum Ministerpräsidenten (➧ M 1).

Die Lückentheorie

In der preußischen Verfassung war festgelegt, dass nur bei Übereinstimmung zwischen dem König und den beiden Kammern ein Gesetz zustande kommen konnte. Für den Fall einer Kontroverse enthielt die Verfassung keine ausdrückliche Regelung. Bismarck deutete dies eigenwillig als Verfassungslücke und folgerte, dass in dieser Situation dem König als Souverän und Verfassungsgeber die letztliche Entscheidung zufalle. Da im Interesse des Staates die geplante Heeresreform erforderlich sei, müsse diese ohne Finanzbewilligung seitens des Parlaments durchgeführt werden. Das Abgeordnetenhaus protestierte heftig gegen diesen Kurs und der König löste wiederholt den Landtag auf – ohne Ergebnis.

Zu einer Einigung kam es erst nach dem Sieg Preußens gegen Österreich (➧ Seite 110), als Bismarck sich im Nachhinein für sein Vorgehen amnestieren lassen wollte. Mit der Annahme der *Indemnitätsvorlage*[1)] im September 1866 erkannte der Kanzler das Budgetbewilligungsrecht des Abgeordnetenhauses an. Er gestand damit ein, die Verfassung einseitig ausgelegt zu haben. Im Gegenzug wurde ihm bescheinigt, dass er in jener Ausnahmesituation nicht anders habe handeln können.

An der Indemnitätsvorlage spalteten sich die Liberalen. Es bildete sich die *Nationalliberale Partei*, die – im Gegensatz zur Fortschrittspartei – die von Bismarck durchgesetzte Heeresreform nachträglich billigte. Die Anhänger der Nationalliberalen setzten darauf, dass die baldige Schaffung eines Nationalstaates geradezu zwingend eine Parlamentarisierung des öffentlichen Lebens nach sich ziehen würde. Die kleinere Fortschrittspartei blieb in Opposition zur Regierung.

---

1) *Nachträgliche Billigung eines Regierungsaktes, den das Parlament vorher abgelehnt hatte*

▲ *Gebietsveränderungen durch die Kriege von 1864 und 1866.*

Der Deutsch-Dänische Krieg

Im *Londoner Protokoll von 1852* war mit Zustimmung der europäischen Großmächte festgelegt worden, dass die Herzogtümer Schleswig, Holstein und Lauenburg, von denen Holstein zum Deutschen Bund gehörte, vom dänischen König in Personalunion ungeteilt und von Dänemark getrennt regiert werden mussten. Dänemark brach diese Übereinkunft 1863 und gliederte Schleswig seinem Königreich ein. Starke, national gefärbte Proteste im Deutschen Bund waren die Folge.
Österreich und Preußen verlangten von Dänemark die Wiederherstellung der im Londoner Protokoll festgelegten Verhältnisse. Nachdem Dänemark ein Ultimatum abgelehnt hatte, besetzten Truppen des Deutschen Bundes 1864 die Elbherzogtümer. Im *Frieden von Wien* (Oktober 1864) trat Dänemark Schleswig und Holstein an Österreich und Preußen ab. Die europäischen Großmächte akzeptierten dieses Ergebnis.

Der Deutsch-Österreichische Krieg

In der Folgezeit wurde Schleswig von Preußen und Holstein von Österreich verwaltet (*Konvention von Gastein 1865*). Darüber kam es jedoch zu Spannungen zwischen den beiden Mächten. Als Preußen im Juni 1866 Holstein besetzte und den Deutschen Bund für beendet erklärte, führte dies zur militärischen Auseinandersetzung zwischen Preußen mit seinen norddeutschen Verbündeten auf der einen und Österreich mit seinen Verbündeten Hannover, Sachsen, Bayern, Württemberg, Baden und Hessen auf der anderen Seite. In der *Schlacht bei Königgrätz* (Sadowa) vom 3. Juli 1866 schlug das preußische Heer die österreichische Armee vernichtend. Österreich blieb zwar territorial weitgehend unangetastet, musste aber im *Frieden von Prag* (1866) der Auflösung des Deutschen Bundes zustimmen und die Annexion Schleswigs, Holsteins, Hannovers, Kurhessens, Nassaus und Frankfurts durch Preußen hinnehmen. Das Königreich Preußen reichte nun von Aachen bis Königsberg und umfasste mehr als die Hälfte Deutschlands.

Der „Norddeutsche Bund"

Am 11. Juli 1867 schlossen sich alle 22 nördlich der Mainlinie selbstständig verbliebenen Staaten zum *Norddeutschen Bund* zusammen (➧ M 2). Der Norddeutsche Bund war ein Bundesstaat, an dessen Spitze der König von Preußen als erblicher Bundespräsident stand. Der ehemalige Deutsche Bund war damit in drei Teile zerfallen: den Norddeutschen Bund unter Führung Preußens, die süddeutschen Partikularstaaten sowie Österreich. Bismarcks Ziel bestand nun darin, die süddeutschen Staaten zum Beitritt in den Bund zu bewegen. In der Tat gab es ja bereits eine Anzahl von Gemeinsamkeiten, so zum Beispiel die wirtschaftliche Einheit: 14 süddeutsche Vertreter saßen im Berliner Zollparlament, das seit 1868 Gesamtdeutschland repräsentierte.

Politisch aber zogen die süddeutschen Fürsten einen klaren Trennungsstrich zum Norddeutschen Bund. Sie wurden dabei vom französischen Kaiser *Napoleon III.* unterstützt, der die zunehmende Stärke Preußen-Deutschlands mit Unbehagen registrierte.

▲ *Französische Karikatur von 1866. Das französische Bild thematisiert das Verhältnis zwischen dem preußischen König und den übrigen deutschen Kleinstaaten in zugespitzter Weise.*

Der Deutsch-Französische Krieg

Die französische Neutralität im preußisch-österreichischen Krieg war unter anderem mit dem vagen Hinweis auf eventuelle Gebietsabtretungen gesichert worden. Als aber Napoleon nach Kriegsende Ansprüche auf Rheinhessen und die bayerische Pfalz erhob, wies Bismarck diese empört zurück und schloss geheime Schutz- und Trutzbündnisse mit den süddeutschen Regierungen.

Den Anlass zu einer militärischen Auseinandersetzung bot schließlich der Streit um die spanische Erbfolge. *Leopold von Hohenzollern-Sigmaringen*, einem entfernten katholischen Vetter Wilhelms I., war der verwaiste spanische Thron angeboten worden. Als die französische Regierung ultimativ den Thronverzicht Leopolds forderte, zog dieser seine Kandidatur zurück.

Napoleon III. überspannte nun im Hochgefühl seines Erfolgs den Bogen: Er entsandte seinen Botschafter *Benedetti* nach Bad Ems, um von Wilhelm I. preußische Garantien für das Unterlassen künftiger Kandidaturen zu erhalten. Der König teilte dem Diplomaten jedoch lediglich mit, dass Leopold seine Kandidatur nicht aufrechterhalte, was ohnehin bekannt war. Die Presse erhielt das als *Emser Depesche* bezeichnete Protokoll in von Bismarck gestraffter Form (➧ M 3). Obwohl der Entschluss zum Kriegseintritt bereits getroffen war, empfand Frankreich dessen Inhalt als zusätzliche Beleidigung: Es erklärte Preußen am 19. Juli 1870 den Krieg. Dabei stieß es auf Unverständnis bei den übrigen europäischen Großmächten, die sich neutral verhielten.

Preußen, militärisch stark wie 1866, konnte der Auseinandersetzung mit dem schwächeren und diplomatisch isolierten Frankreich umso beruhigter entgegensehen, als Bismarck die süddeutschen Staaten zum Feldzug an der Seite Preußens bewegen konnte. Auch aus diesem Grund war der Krieg gegen Frankreich, getragen von nationaler Gemeinsamkeit, ein wichtiger Schritt auf dem Wege zur deutschen Einheit.
Die französische Armee unterlag nach mehrwöchigen Kämpfen im Elsass und in Lothringen. Am 2. September 1870 kapitulierte der in Sedan eingeschlossene Napoleon. Das Zweite Kaiserreich war zusammengebrochen. Bismarcks Anspruch auf das deutschsprachige Elsass und den deutschsprachigen Teil Lothringens veranlasste die neue nationale Regierung in Frankreich, nochmals in den Krieg einzutreten, der sich bis zur Kapitulation der Stadt Paris am 28. Januar 1871 hinzog. In dem am 10. Mai 1871 in Frankfurt unterzeichneten Friedensvertrag musste Frankreich die von Bismarck geforderten Gebiete an das Deutsche Reich abtreten, das zudem noch 5 Milliarden Goldfranken Entschädigung erhalten sollte. Die Friedensbedingungen schufen einen Dauerkonflikt, der die Beziehungen zwischen beiden Mächten bis zum Ausbruch des Ersten Weltkrieges massiv belastete.

Die Gründung des Deutschen Kaiserreiches 1871

Noch während des Feldzuges bemühte sich Bismarck intensiv um die politische Einigung, die von allen Seiten unter dem Eindruck des gemeinsamen Kriegserlebnisses gefordert wurde. Während Hessen-Darmstadt, Baden und Württemberg bereit waren, dem Norddeutschen Bund beizutreten, und dafür bestimmte Sonderrechte zugestanden bekamen, befürwortete Bayern einen Doppelbund unter preußisch-bayerischer Führung. Erst Bismarcks Drohung, Bayern aus dem Zollverein auszuschließen und somit wirtschaftlich zu

▼ *Der Weg zur Reichseinigung 1866–1871.*

isolieren, bewog die bayerische Regierung, dem von Preußen gewünschten Deutschen Reich beizutreten. Das Zugeständnis zahlreicher *Separatrechte* (u.a. Post, Heer) sowie jährliche finanzielle Zuwendungen an König *Ludwig II.* erleichterten den Entschluss.
Mit der *Reichsproklamation von Versailles* am 18. Januar 1871 wurde der deutsche Nationalstaat geschaffen. Der preußische König war jetzt zugleich „Deutscher Kaiser". Die deutsche Einigung war zum einen das Ergebnis mehrerer erfolgreicher Kriege, zum anderen entsprach sie dem Willen nationaler und liberaler Kreise und wurde auch vom Ausland letztlich als folgerichtig akzeptiert. Die nationale Idee, deren Träger bisher das liberale Bürgertum gewesen war, entwickelte sich von nun an zum verbindenden Element der konservativen Kräfte im neuen Kaiserreich (➧ M 5). Dabei wurde weitgehend missachtet, dass innerhalb der Reichsgrenzen nationale Minderheiten wie Polen in Ostpreußen und in der Provinz Posen, Dänen in Nordschleswig, Elsässer und Lothringer lebten.

Die Reaktionen der europäischen Großmächte

Die Gründung des deutschen Nationalstaates im Zentrum Europas veränderte die Machtverhältnisse in Europa zugunsten des Deutschen Reiches. Dieses entwickelte sich zur bevölkerungsreichsten und wirtschaftlich sowie militärisch stärksten Kraft in Mitteleuropa und wurde deshalb von den anderen europäischen Staaten zwiegespalten betrachtet (➧ M 4):

- *Großbritannien* sah die Entwicklung in Kontinentaleuropa zunächst neutral. Seine maritime Hegemonie war dadurch nicht gefährdet, gleichzeitig bestand die Hoffnung, dass sich ein starkes Deutsches Reich gegen die beiden Rivalen Englands, nämlich Russland und Frankreich, würde behaupten können.
- *Russland*, seit der Niederlage im Krim-Krieg[1] geschwächt und auf Ostasien und den Balkan konzentriert, akzeptierte den deutschen Machtzuwachs aus wirtschaftlichen Gründen.
- *Österreich-Ungarn*, 1866 aus dem Deutschen Bund herausgedrängt und trotzdem geschont, blieb keine andere Wahl als eine enge Zusammenarbeit mit dem deutschen Kaiserreich zu suchen, insbesondere um Unterstützung für seine Balkanpolitik zu erhalten.
- *Frankreich*, gedemütigt durch die Annexion Elsass-Lothringens und belastet mit Reparationen in Höhe von fünf Milliarden Goldfranken, war von Anfang an der nach Revanche sinnende Gegner des neuen Reiches.

[1] *Im Krim-Krieg (1853–1856) versuchte Russland, seine machtpolitische Stellung durch die Besetzung des Bosporus und der Dardanellen, den türkischen Meerengen zwischen Schwarzem Meer und Mittelmeer, auszubauen. Um dieses Ziel zu erreichen, rückten russische Truppen in die Donau-Fürstentümer Moldau und Walachei ein. England, Frankreich und Italien griffen auf der Seite der angegriffenen Türkei in die Kämpfe ein, die sich hauptsächlich bei Sewastopol auf der russischen Krim-Halbinsel abspielten.*

3.3 Politische Kultur im Kaiserreich

1871–1878
Im „Kulturkampf" versucht Bismarck den Einfluss der katholischen Kirche auf den Staat zu beschränken

1878
Das Sozialistengesetz unterdrückt Arbeiterparteien und Gewerkschaften

1883–1889
Staatliche Sozialgesetze begründen einen Rechtsanspruch auf finanzielle Leistungen im Alter und bei Krankheit

▲ *Bismarckstatue von Carl und Richard Bieber, zwischen 1898–1901.*

● *Bewerten Sie die Rolle, die das Denkmal Bismarck für die Gründung des deutschen Nationalstaates zuschreibt. Ziehen Sie dazu auch M 1 von S. 105 hinzu.*

M1
Der „Kanzelparagraph"

Auf Antrag Bayerns wurde am 10. Dezember 1871 der so genannte „Kanzelparagraph" dem deutschen Strafgesetzbuch eingefügt.

Ein Geistlicher oder anderer Religionsdiener, welcher in Ausübung oder in Veranlassung der Ausübung seines Berufes öffentlich vor einer Menschenmenge oder welcher in einer Kirche oder an einem anderen zu religiösen Versammlungen bestimmten Orte vor mehreren Angelegenheiten des Staates in einer den öffentlichen Frieden gefährdenden Weise zum Gegenstande einer Verkündigung oder Erörterung macht, wird mit Gefängnis oder Festungshaft bis zu zwei Jahren bestraft.

Rüdiger vom Bruch / Björn Hofmeister (Hrsg.), Kaiserreich und Erster Weltkrieg 1871-1918, Stuttgart 2000, S. 45

1. *Bestimmen Sie den Zweck dieses Gesetzes.*
2. *Erläutern Sie, welche Motive hinter der Einführung eines solchen Paragrafen stehen und bewerten Sie die Erfolgsaussichten.*

M2
Die Auswirkungen des „Sozialistengesetzes"

Die Berliner politische Polizei fertigte in den Jahren 1878 bis 1913 „Allgemeine Übersichten über die Lage der sozialdemokratischen und revolutionären Bewegung" im Deutschen Reich an. Im Zusammenhang mit den Reichstagswahlen vom 27. Oktober 1881, bei denen die Sozialdemokratie 6,1 % der Stimmen bekam, heißt es in dem Bericht vom 12. Januar 1882:

Die Wahlen haben aber bewiesen, dass die Partei noch immer so stark ist wie im Jahre 1878. […] Sie haben ferner die bereits früher gemachte Wahrnehmung gestärkt, dass die Partei in Süddeutschland wesentlich erstarkt ist, denn es ist ihr zum ersten Mal gelungen, von dort einen Vertreter in den Reichstag zu schicken. Die Partei ist deshalb mit dem Ergebnis der Wahlen durchaus zufrieden, gibt ihrer Freude darüber unverhohlen Ausdruck und knüpft daran allerlei Hoffnungen für die Zukunft. Der „Sozialdemokrat" meint sogar, durch die Wahlen sei das Gesetz vom 21. Oktober 1878 so gründlich ad absurdum geführt wie nur möglich, und ruft triumphierend aus: „Den Herrschern ist der Schreck in die Glieder gefahren, sie fühlen, dass es mit ihrer Herrlichkeit zu Ende geht. Darum Platz da, ihr Reichen und Mächtigen dieser Erde, Platz für die Armen und Unterdrückten; wir fürchten Eure Drohungen nicht, folgen Euren Verlockungen nicht, wir fordern jetzt."
Diese zur Schau getragene Siegeszuversicht ist indessen nicht ganz gerechtfertigt. Das Gesetz vom 21. Oktober 1878 ist durchaus nicht ohne jede Wirkung geblieben. Dass durch Strafbestimmungen wirkliche Überzeugungen weder umgestoßen noch daran gehindert werden können, weiter Wurzeln zu fassen, ist klar. Dies ist aber auch gar nicht der Zweck des Gesetzes, und es ist deshalb nicht dadurch bewiesen, dass trotz des Vorhandenseins desselben die Zahl der Sozialdemokraten ungefähr auf demselben Niveau wie vorher geblieben ist. Das Gesetz will in der Hauptsache nur der frivolen öffentlichen Aufreizung der Massen entgegentreten und durch Beseitigung der Hetzereien der Führer der ruhigen Überlegung Raum schaffen, und dies ist im Allgemeinen erreicht.
Durch sorgfältige Beobachtung der Verhältnisse und strenge Anwendung der Strafbestimmungen ist es aber außerdem auch gelungen, die geheime Agitation erheblich zu erschweren, die Organisation der Partei, wenigsten an einigen Hauptorten, durch Entfernung der hervorragendsten Persönlichkeiten empfindlich zu stören und sogar hie und da die Lust zur ferneren Beteiligung an der Bewegung ganz zu benehmen.

Dieter Fricke/Rudolf Knaak (Bearb.), Dokumente aus geheimen Archiven. Übersichten der Berliner politischen Polizei über die allgemeine Lage der sozialdemokratischen und anarchistischen Bewegung 1878-1913, Bd. 1, Weimar 1983, S. 112 f.

1. *Erläutern Sie die im Text genannte Zielsetzung des Sozialistengesetzes und die staatlichen Maßnahmen zur Durchsetzung.*
2. *Bewerten Sie den behaupteten Erfolg des Gesetzes.*

M3
Sozialer Makel

In seiner Schrift „Staat und Judentum. Eine Polemik“ von 1911 analysiert Walther Rathenau die Stellung der deutschen Juden in der Gesellschaft des deutschen Kaiserreiches. Rathenau war zu diesem Zeitpunkt Vorstandsmitglied der „Allgemeinen Elektricitäts-Gesellschaft“ (AEG) in Berlin, die sein Vater gegründet hatte, sowie einflussreicher Schriftsteller und Politiker.

Den Juden trifft ein sozialer Makel. In die Vereinigungen und den Verkehr des besseren christlichen Mittelstandes wird er nicht aufgenommen. Zahlreiche Geschäftsunternehmungen schließen ihn als Beamten aus. Die Universitätsprofessur ist ihm durch stille Vereinbarung versperrt, die Regierungs- und Militärlaufbahn, der höhere Richterstand durch offizielle Maßnahmen. In den Jugendjahren eines jeden deutschen Juden gibt es einen schmerzlichen Augenblick, an den er sich zeitlebens erinnert: wenn ihm zum ersten Mal voll bewusst wird, dass er als Bürger zweiter Klasse in die Welt getreten ist, und dass keine Tüchtigkeit und kein Verdienst ihn aus dieser Lage befreien kann.
Gleichzeitig aber erfährt er, dass ein Glaubensakt [= die Taufe], gleichviel ob innerlich gerechtfertigt oder äußerlich herbeigeführt, seine Abstammung zu verdunkeln, seinen Makel zu tilgen, seine bürgerlichen Nachteile zu beseitigen vermag.
Dass der generationsweise wiederkehrenden, täglich erneuten Versuchung, die dieser eigenartige Ausfluss unsrer Staatsweisheit herbeiführt, ein verhältnismäßig kleiner Prozentsatz der deutschen Juden erliegt, offenbart meines Erachtens die stärkste Eigenschaft des modernen Judentums. Ich weiß, dass Menschen, die sich von ganzem Herzen zum Christentume hingezogen fühlen, auf die äußere Zugehörigkeit verzichten, weil sie mit Belohnung verbunden ist. Diesem Verzicht liegt die Überzeugung zugrunde, dass ein ideeller Schritt seine Reinheit verliert, wenn er zu materiellen Vorteilen führt; eine Erwägung, die nicht ganz zu der Vorstellung passt, die man gemeinhin von der kühlen Berechnung des jüdischen Geistes sich bildet.
Die Forderung der Taufe enthält somit für den gebildeten und gewissenhaften Juden eine doppelt schwere Zumutung: Sie legt ihm auf, ein altertümlich-dogmatisch gefasstes Glaubensbekenntnis abzulegen, von dem er weiß, dass gerade die Verlegenheit, die es ihm bereitet, zur Beibehaltung beiträgt; sie legt ihm ferner auf, sich als einen Menschen zu empfinden, der von der Ablehnung seines Väterglaubens geschäftlich oder sozial profitiert; und zu guter Letzt nötigt sie ihn, durch den Akt löblicher Unterwerfung sich einverstanden zu erklären mit der preußischen Judenpolitik, die nicht weniger bedeutet, als die schwerste Kränkung, die ein Staat einer Bevölkerungsgruppe zuzufügen vermag.

Jens Flemming u. a. (Hrsg.), Quellen zur Alltagsgeschichte der Deutschen 1871–1914, Darmstadt 1997, S. 84 f.

1. *Die Reichsverfassung von 1871 räumte den deutschen Juden die vollen politischen Bürgerrechte ein. Erläutern Sie, inwiefern Juden jedoch weiterhin „Bürger zweiter Klasse“ blieben.*
2. *Bewerten Sie die Argumentation, mit der Rathenau die Taufe ablehnt.*
3. *Informieren Sie sich über die Entstehung des modernen Antisemitismus. Stellen Sie in Form eines Referates oder einer kleinen Ausstellung beteiligte Personen wie z.B. den preußischen Hofprediger Adolf Stoecker oder den Historiker Heinrich von Treitschke vor.*

M4

Programm des Allgemeinen Deutschen Frauenvereins

Der liberal-demokratische Allgemeine Deutsche Frauenverein (ADF) wurde 1865 unter dem Vorsitz von Louise Otto-Peters in Leipzig gegründet. In seinem Programm von 1905 heißt es:

I. *Bildung.* [...] Im Einzelnen stellt [die Frauenbewegung] folgende Forderungen:

a) obligatorische Fortbildungsschulen für alle aus der Volksschule entlassenen Mädchen;

b) eine Reorganisation der höheren Mädchenschule, durch welche diese [...] den höheren Knabenschulen gleichwertig wird. Den Mädchen muss sowohl innerhalb des Rahmens der höheren Mädchenschule als auch durch Zulassung zu den höheren Knabenschulen die Möglichkeit gegeben werden, an den Berechtigungen der höheren Lehranstalten teilzunehmen,

c) unbeschränkte Zulassung ordnungsmäßig vorgebildeter Frauen zu allen wissenschaftlichen, technischen und künstlerischen Hochschulen.

II. *Berufstätigkeit.* Die Frauenbewegung betrachtet für die verheiratete Frau den in der Ehe und Mutterschaft beschlossenen Pflichtenkreis als ersten und nächstliegenden Beruf. [...] Die Arbeit der Frau in der Erfüllung dieses Berufs ist wirtschaftlich und rechtlich als vollgültige Kulturleistung zu bewerten.

In Anbetracht der großen Zahl von Frauen, die unverheiratet bleiben, und der weiteren Zahl derer, die in der Ehe keine ausreichende wirtschaftliche Versorgung finden können, ist die Berufsarbeit der Frau eine wirtschaftliche und sittliche Notwendigkeit. Die Frauenbewegung betrachtet die berufliche Frauenarbeit aber auch in weiterem Sinne und unabhängig von jeder äußeren Notwendigkeit als Kulturwert, da auch die Frau Träger hervorragender spezifischer Begabung sein kann und bei vollkommen freier Entfaltung ihrer Fähigkeiten auf vielen Gebieten geistiger und materieller Tätigkeit Aufgaben finden wird, die sie ihrer Natur nach besser lösen kann als der Mann. – In Bezug auf die wirtschaftliche Bewertung der beruflichen Frauenarbeit vertritt die Frauenbewegung den Grundsatz: Gleicher Lohn für gleiche Leistung. [...]

III. *Ehe und Familie.* Die Frauenbewegung sieht in der Heilighaltung der Ehe die wesentlichste Bürgschaft für das körperliche und geistige Wohl der Nachkommenschaft und die Grundbedingung sozialer Gesundheit. [...] Sie fordert für die Frau als Leiterin des Hauses und Erzieherin der Kinder, dass sie im Einklang mit der Höhe ihrer Verpflichtung und dem Wert ihrer Leistungen auch rechtlich die gleiche Verantwortung in allen Angelegenheiten der Ehe und der Familie trage wie der Mann. Daraus ergeben sich im Einzelnen folgende Ziele:

[...]

b) Sie verlangt eine Reform der Ehegesetze, durch welche beiden Ehegatten das gleiche Verfügungsrecht in allen gemeinsamen Angelegenheiten, insbesondere der gleiche Anteil an der elterlichen Gewalt gesichert wird.

c) Sie verlangt gesetzliche Reformen betreffend die Rechte der unehelichen Kinder, Reformen, durch welche dem unehelichen Vater größere Verpflichtungen gegen Mutter und Kind auferlegt werden.

IV. *Öffentliches Leben, Gemeinde und Staat.* [...] Im Einzelnen erstrebt die Frauenbewegung nach Maßgabe der durch den Stand der sozialen Entwicklung gegebenen Möglichkeiten folgende Ziele:

a) Zulassung der Frauen zu verantwortlichen Ämtern in Gemeinde und Staat, vor allem solchen, die zu den Interessen der Frauen in besonders naher Beziehung stehen (Mädchenschulwesen, staatliche und kommunale Sozialpolitik, Arbeiterinnenfrage, Rechtspflege usw.).

b) Zuziehung der Frauen zur Vertretung der Laien bei der Rechtspflege (weibliche Schöffen und Geschworene).

c) Beseitigung der vereinsrechtlichen Beschränkungen der Frau.

d) Teilnahme der Frauen am kirchlichen Wahlrecht.

e) Teilnahme der Frauen am kommunalen Wahlrecht.

f) Teilnahme der Frauen am politischen Wahlrecht.

Rüdiger vom Bruch/Björn Hofmeister (Hrsg.), a.a.O., S. 137 ff.

1. *Erläutern Sie, auf welche Bereiche die Forderungen des ADF hauptsächlich zielen.*
2. *Bewerten Sie das Geschlechterkonzept, das in diesem Text zum Ausdruck kommt.*
3. *Beschreiben Sie die reale gesellschaftliche Situation der Frauen um die Jahrhundertwende.*
4. *Stellen Sie den Forderungen des ADF von 1905 die heutige Realität gegenüber.*

Die Reichsverfassung

Das Kaiserreich war ein Bundesstaat, gebildet aus 25 Einzelstaaten, denen noch das annektierte „Reichsland" Elsass-Lothringen angegliedert war. Die Reichsverfassung entsprach im Wesentlichen der des Norddeutschen Bundes. Die bundesstaatliche Ordnung wurde repräsentiert durch vier Verfassungsorgane: den Bundesrat, den Kaiser, den Reichskanzler und den Reichstag. Zur Zuständigkeit des Reiches gehörten zentrale politische Aufgaben wie die Außenpolitik, das Militär sowie die Wirtschafts- und Sozialpolitik. Die Reichsverfassung enthielt keine Grundrechte; damit war das Handeln von Regierung und Bürokratie nicht an verfassungsmäßig garantierte Grundrechte gebunden und die Dominanz der Exekutive im Deutschen Kaiserreich gesichert.
Die Einzelstaaten besaßen ihre eigenen Verfassungen, ihr eigenes Wahlrecht und regelten Angelegenheiten der Justiz, Verwaltung, Finanzen und Bildung in eigener Verantwortung.

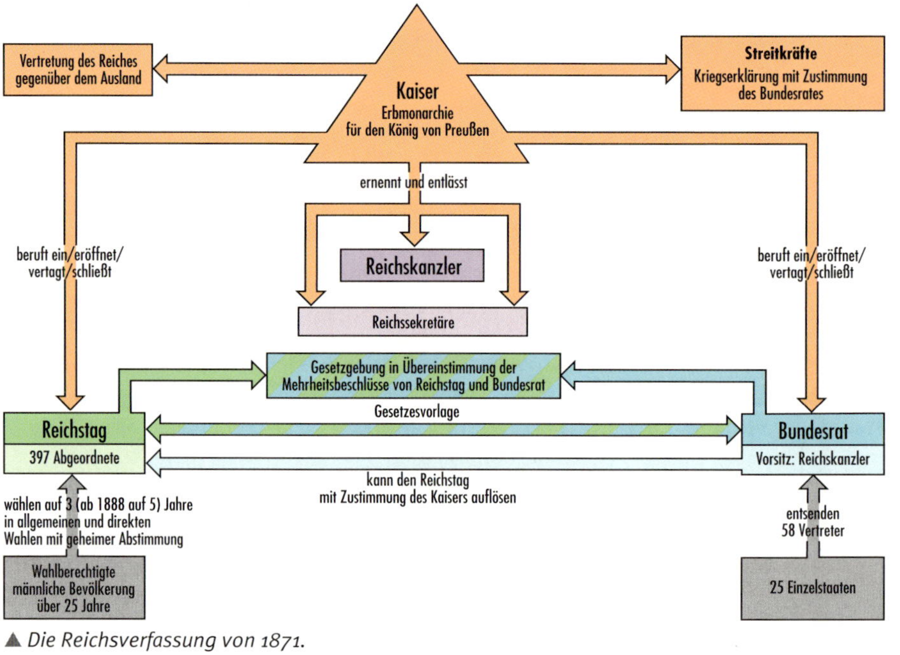

▲ *Die Reichsverfassung von 1871.*

Die Verfassungsorgane

Der *Kaiser* übte die Bundespräsidialgewalt aus: Er berief Bundesrat und Reichstag ein, ernannte und entließ den Reichskanzler sowie die Reichsbeamten, entschied über Krieg und Frieden, betrieb Außenpolitik und führte den militärischen Oberbefehl. Er verkündete die vom Bundesrat und Reichstag beschlossenen Gesetze; gegen die Gesetzesbeschlüsse stand ihm jedoch kein Vetorecht zu. Gemeinsam mit dem Bundesrat konnte er den Reichstag auflösen.
Der *Reichskanzler* war ausschließlich dem Kaiser verantwortlich (und in der Regel preußischer Ministerpräsident). Beide gemeinsam bestimmten die Richtlinien der Politik. Der *Bundesrat* repräsentierte die „verbündeten Regierungen" und war somit der verfassungsmäßige Souverän des Reiches. Jeder der 25 Bundesstaaten entsandte mindestens einen weisungsgebundenen Vertreter. Hessen und Baden besaßen drei,

Sachsen und Württemberg vier, Bayern sechs und Preußen 17 Stimmen. Jedes Land konnte seine Stimmen nur einheitlich abgeben, wie dies auch heute noch im Bundesrat der Bundesrepublik Deutschland der Fall ist.
Gegen Preußens Veto konnten weder Reichsverfassung noch Finanz- und Militärgesetzgebung geändert werden. 17 Bundesratsstimmen bedeuteten eine ausreichende Sperrminorität und begünstigten zugleich den Versuch, die Politik des Reiches und seines größten Gliedstaates miteinander in Einklang zu bringen.
Der Bundesrat erließ in Übereinstimmung mit dem Reichstag die Reichsgesetze. Er musste die völkerrechtlichen Verträge des Kaisers ratifizieren und der Kriegserklärung zustimmen.
Der *Reichstag* als gewählte Volksvertretung war das demokratische Element in der Reichsverfassung. Die Abgeordneten wurden in *allgemeiner, direkter, gleicher und geheimer Wahl* zunächst für drei, ab 1888 für fünf Jahre gewählt. Wahlberechtigt waren alle männlichen Deutschen über 25 Jahre. Gewählt wurde nach dem *Mehrheitswahlrecht* jeweils ein Abgeordneter aus jedem der 397 Wahlkreise. Erreichte keiner der Kandidaten im ersten Wahlgang mehr als 50% der Stimmen, so erfolgte eine Stichwahl zwischen den beiden erfolgreichsten Kandidaten. Im Vergleich zu den Verfassungen einzelner Länder war die Reichsverfassung fortschrittlich: In Preußen z.B. wurden die Abgeordneten der zweiten Kammer nach dem *Dreiklassenwahlrecht* gewählt, d.h. die Höhe der Steuerleistung war entscheidend für die Wahlberechtigung. Auf die Zusammensetzung des „*Herrenhauses*" – der ersten Kammer – hatte die Bevölkerung keinerlei Einfluss.
Ohne Zustimmung des Reichstags konnte kein Gesetz verabschiedet werden. Darüber hinaus musste der Reichstag jährlich den Staatshaushalt genehmigen. Auf der anderen Seite fehlten dem Reichstag wesentliche demokratische Rechte: Er besaß keine Gesetzgebungskompetenz, die Regierung war ihm nicht rechenschaftspflichtig und der Reichskanzler war seiner Kontrolle entzogen.

Parteien als Interessenvertreter

Die ersten Wahlen zum neuen deutschen Reichstag am 3. März 1871 rückten erstmals politische Parteien als Träger der politischen Willensbildung auf nationaler Ebene in den Vordergrund. Da sie keine politische Verantwortung besaßen, waren sie nicht zur Kooperation mit anderen politischen Kräften gezwungen. Aus den Wahlen gingen die *Nationalliberalen* als Sieger hervor, gefolgt von den *Deutschkonservativen* und *Freikonservativen*, dem katholischen *Zentrum*[1)], der liberalen Fortschrittspartei und den Sozialdemokraten. Der neu konstituierte Reichstag verabschiedete am 14. April 1871 die Reichsverfassung.
Die Nationalliberalen bekannten sich zur nationalen Einigung. Die preußischen Konservativen verhielten sich aus Gegnerschaft zur bürgerlichen Nationalbewegung distanziert. Das Zentrum, schwerpunktmäßig in Süddeutschland vertreten, befürchtete die Dominanz des preußischen Protestantismus. Die liberale Fortschrittspartei, eine der Trägerinnen der Nationalbewegung zu Beginn der 1860er-Jahre, stand dem Kaiserreich reserviert gegenüber. Die nichtdeutschen Minderheiten, nämlich Polen in Ostpreußen und in der Provinz Posen, Dänen in Nordschleswig, Franzosen in Elsass-Lothringen, lehnten den deutschen Nationalstaat ab.

---

1) *So benannt nach ihrem Sitz im Zentrum des Reichtstagssaales.*

Der Kulturkampf

Die erste innenpolitische Auseinandersetzung entwickelte sich mit der Partei des Zentrums, das die katholische Bevölkerungsminderheit politisch vertrat und aus den ersten Reichstagswahlen als zweitstärkste Partei hervorging. Bismarck sah das Zentrum als verlängerten Arm der römischen Kurie[1] und als Zusammenschluss der oppositionellen Kräfte gegen das vom protestantischen Preußen geprägte Reich. Die Liberalen teilten seine Auffassung. Sie forderten einen konfessionell neutralen Staat und kämpften gegen ein in ihren Augen überholtes geistig-religiöses Welt- und Menschenbild und ein Bildungs- und Schulsystem unter kirchlicher Aufsicht.

Bismarck unterband als erstes 1871 die politische Öffentlichkeitsarbeit der katholischen Kirche durch den Erlass des *„Kanzelparagraphen“* (➧ M 1). 1872 wurde ein neues Schulaufsichtsgesetz beschlossen, das Geistliche der staatlichen Kontrolle unterwarf. Das Verbot des Jesuitenordens (1872), das Expatriierungsgesetz (1874), das politisch unzuverlässige Geistliche mit Ausweisung bedrohte und das „Brotkorbgesetz“, das die Einstellungen staatlicher Zahlungen an die Kirche für den gleichen Fall vorsah, ergänzten die Palette der staatlichen Disziplinierungsmaßnahmen.

Der von Bismarck gewünschte Erfolg dieser Maßnahmen blieb weitgehend aus: Die katholische Bevölkerung solidarisierte sich mit ihren Geistlichen, die Zentrumspartei legte bei den folgenden Reichstagswahlen spürbar zu, sodass die vom Reichskanzler verfolgte Politik der Ausgrenzung scheiterte.

Seit 1878 fanden Ausgleichsverhandlungen zwischen dem Deutschen Reich und dem mäßigend wirkenden Papst Leo XIII. (1878–1903) statt. Bismarck benötigte nun das Zentrum gegen die Liberalen für seine Wirtschafts- (Schutzzölle!) und Finanzpolitik (Unabhängigkeit von den Matrikularbeiträgen der Länder). Die Aussöhnung Bismarcks mit dem Zentrum – ein Akt tagespolitischer Notwendigkeit – ist ein prägnantes Beispiel für seine „Schaukelstuhlpolitik“. Sie führte in der Folgezeit zum Abbau vieler Kampfgesetze. Vor allem die staatliche Schulaufsicht und die Einrichtung der Zivilehe (seit 1874/75) blieben aber weiterhin bestehen.

Das „Sozialistengesetz“

Eine weitere starke politische Kraft im Kaiserreich waren die Parteien der Arbeiterbewegung und der Sozialdemokratie (➧ Seite 82). Bismarck erkannte sehr wohl die Sprengkraft der verschärften sozialen Gegensätze in der Industriegesellschaft. Er wollte deshalb den berechtigten Wünschen der Arbeiterschaft entgegenkommen, natürlich auch, um sie von den Sozialdemokraten zu lösen.

Im Vordergrund stand jedoch die Bekämpfung der 1875 gegründeten *Sozialistischen Arbeiterpartei Deutschlands* und ihrer Organisationen. Zwei Attentate auf Kaiser Wilhelm I., die fälschlicherweise den Sozialdemokraten zugeschrieben wurden, lieferten den gewünschten Vorwand zum lange geplanten „Gesetz gegen die gemeingefährlichen Bestrebungen der Sozialdemokratie“. Mit den Stimmen von Konservativen, Zentrum und Nationalliberalen wurde das Gesetz 1878 vom Reichstag verabschiedet und bis 1890 mehrfach verlängert. Das Sozialistengesetz verstieß gegen das grundlegende Rechtsstaatsprinzip der Rechtsgleichheit. Es verbot alle Organisationen, „welche durch sozialdemokratische, sozialistische und kommunistische Bestrebungen den Umsturz der bestehenden Staats- und Gesellschaftsordnung bezwecken“. In Ausführung dieses

---

[1] päpstliche Zentralbehörde

Gesetzes wurden zwar nicht die Sozialistische Arbeiterpartei selbst, wohl aber alle Parteiorganisationen und die ihnen nahe stehenden Gewerkschaften aufgelöst. Die gesamte Parteipresse musste eingestellt werden. Viele Sozialdemokraten wurden verhaftet und verurteilt (➧ M 2). Andererseits konnten sozialdemokratisch gesinnte Kandidaten weiterhin gewählt werden.
Aber ähnlich wie im Falle des Kampfes gegen das Zentrum führten Verbote und Unterdrückungsmaßnahmen nicht zu einer dauerhaften Schwächung der Sozialdemokratie. Nach anfänglichen Schwierigkeiten sammelte sie sich wieder und hielt 1880 in der Schweiz ihren ersten Kongress ab. Auch ihre Druckschriften wurden dort verlegt und nach Deutschland eingeschleust.

Staatliche Sozialpolitik als Ausgleichsversuch

Obwohl Reichskanzler Bismarck seit 1878 Angehörige der Sozialdemokratie verfolgen ließ, versuchte er gleichzeitig die sozialpolitischen Anliegen der von ihm bekämpften Bewegung als Sache des Staates aufzugreifen. In den Jahren 1883 bis 1889 wurden drei zukunftsweisende Sozialgesetze (Krankenversicherungs-, Unfallversicherungs- und Rentenversicherungsgesetz ➧ Seite 82) in Kraft gesetzt.
Diese Sozialgesetze bedeuteten den Beginn der sozialen Absicherung in Krisenfällen: Arbeitnehmer besaßen nun einen *Rechtsanspruch auf finanzielle Leistungen im Krankheitsfall und im Alter*. Allerdings räumten ihnen die neuen Gesetze kein Mitspracherecht bezüglich der Arbeitsbedingungen wie Sicherheit am Arbeitsplatz, Lohn und Arbeitszeit ein. Von einer sozialen Partnerschaft im modernen Sinne konnte noch keine Rede sein. Der Staat hatte mit diesen Sozialgesetzen, ähnlich wie im Kulturkampf, spürbar in gesellschaftliche Bereiche eingegriffen und diese maßgeblich umgestaltet. Er bewegte sich immer mehr von seiner „Nachtwächterrolle“ weg, die ihm die liberale Staatstheorie zuerkannt hatte, und begann die Gesellschaft aktiv mitzugestalten.

Gewerkschaften und Genossenschaften

Die im Rahmen der Industrialisierung sich verändernden Lebens- und Arbeitsbedingungen hatten ab 1848 in schneller Folge zur Entstehung von Vereinen, Gewerkschaften und Genossenschaften geführt. Deren überregionale Wirksamkeit wurde jedoch von Seiten des Staates in den 1850er-Jahren durch das Verbot von Koalitionen und Streiks stark eingeschränkt. Trotzdem stiegen die Mitgliederzahlen der Gewerkschaften in den 1860er- und 1870er-Jahren stark an. Bereits ab 1881 schlossen sich Gewerkschafter in überregionalen und lokalen Hilfsvereinen zusammen und organisierten auch Streiks, die von Seiten des Staates weitgehend wirkungslos bekämpft wurden. Ab 1890 setzte eine große Welle von Gewerkschaftsgründungen ein. Die Gewerkschaften erwiesen sich im Zusammenwirken mit der Sozialdemokratie zunehmend als ernst zu nehmender Machtfaktor in einer von gegensätzlichen Interessen geprägten Industriegesellschaft (vgl. auch S. 83 f.).
Auf der anderen Seite begannen sich seit den 1870er-Jahren auch die Vertreter der Industrie und der Landwirtschaft in Wirtschaftsverbänden zu organisieren, um ihre Interessen gegenüber dem Staat und den Gewerkschaften zu vertreten. Ausgehend von der Textilindustrie folgten Interessenverbände im Bergbau, in der Eisen- und Stahlindustrie und in der Landwirtschaft.

◀ *Fahne des „Combattanten-Vereins Ehrenfeld" mit dem Bild der Germania, um 1885.*
Aufschrift „1864 – 1866 – 1870 – 1871 – Gott mit uns / Ihm sei die Ehre".
Veteranen des Deutsch-Französischen Krieges hatten 1885 in Ehrenfeld einen Verein gegründet und ihm diese Fahne gegeben. Das Motiv zeigt detailgenau die populäre Germania-Darstellung „Die Wacht am Rhein" von Lorenz Clasen aus dem Jahr 1860. Mit dem Lied „Die Wacht am Rhein" von Max Schneckenburger zogen die deutschen Soldaten 1870 in den Krieg gegen Frankreich.
Die Devise „Gott mit uns" zierte das Koppelschloss der deutschen Soldaten im Ersten Weltkrieg.
- *Informieren Sie sich über den Text der „Wacht am Rhein" und interpretieren Sie vor diesem Hintergrund die Bildsymbolik. Vergleichen Sie diese Germania-Darstellung mit den beiden Abbildungen auf S. 87 und S. 137.*

Nationale Symbole und Militarisierung

Nationale Symbole sollten zunehmend die Identifikation mit dem noch nicht gefestigten Nationalstaat erleichtern: Feiern anlässlich des Geburtstags des Kaisers und des Sieges über Frankreich („Sedanstag" am 2. September) wurden zu Artikulationsforen des Patriotismus. Die Figur der *Germania* symbolisierte die Stärke des neuen Reiches. Bereits zu Regierungszeiten Bismarcks, verstärkt jedoch nach seinem Abgang von der politischen Bühne und vollends nach seinem Tod 1898 wurde er als „Reichsgründer" verehrt: Zahlreiche Bismarck-Denkmäler und -Türme wurden im gesamten Reich erbaut.
Als gesellschaftlicher Integrationsfaktor kristallisierte sich das preußische Militär heraus, dessen Ansehen seit den Freiheitskriegen gegen Napoleon bis zum Sieg 1870/71 ständig gewachsen war. Publikumswirksame Schaustellungen der Streitkräfte in Manövern, bei Paraden, Wachwechseln, Fahnenweihen oder Darbietungen von Militärmusik offenbarten die militante Seite des zeitgenössischen Nationalismus. Vor allem das (adelige) preußisch-deutsche Offizierskorps pflegte einen aristokratischen, demokratiefeindlichen Kastengeist. Der alleinigen Befehlsgewalt des Kaisers unterstellt und der rechtsstaatlichen Kontrolle weitgehend entzogen, fühlte sich das Militär als „Staat im Staate" und nutzte seinen Einfluss auf die politische Führung.
„Des Kaisers Rock" verlieh Autorität. Angehörige der „guten Gesellschaft" eiferten in ihrem Alltagsleben dem forschen militärisch-aristokratischen Leitbild kritiklos nach. An patriotischen Festtagen erschien sogar der Gymnasiallehrer in der Öffentlichkeit in der Uniform eines Leutnants der Reserve. Auch Bismarck und andere Politiker traten gerne

in Uniform auf die Rednerbühne. Die mitgliederstarken Organisationen ehemaliger Kriegsteilnehmer, „vaterländische“ Agitationsvereine *(Deutsche Kolonialgesellschaft, Deutscher Flottenverein)* und studentische Verbindungen verkörperten ebenfalls den militaristischen Geist, der die Gesellschaft erfasst hatte. Vor allem der *Alldeutsche Verband* predigte Feindschaft gegen das angeblich revanchelüsterne Frankreich, gegen die slawischen Völker und schließlich gegen England.

Antisemitismus

Die Reichsverfassung von 1871 hatte den Juden die völlige Gleichberechtigung zugestanden. Parallel zur Verbürgerlichung der Gesellschaft gehörten die deutschen Juden mehrheitlich der städtischen Mittelschicht an. Jüdische Gelehrte und Künstler erwarben in der späten Kaiserzeit weltweites Ansehen.
Gleichzeitig sahen sich Juden im öffentlichen Leben zunehmend diskriminiert. Der Begriff „Antisemitismus“ wurde erstmals 1879 in Berlin geprägt. Anders als die herkömmliche, vorwiegend religiös oder wirtschaftlich motivierte Judenfeindschaft präsentierte sich der moderne politische Antisemitismus als „Missgeburt des nationalen Gefühls“ (*Theodor Mommsen*, 1880). Das Judentum wurde als internationale und „undeutsche“ Macht mit vermeintlich erheblichem Einfluss auf Wirtschaft, Kultur und Politik angegriffen und für die negativen Folgen des allgemeinen Modernisierungsprozesses verantwortlich gemacht („Die Juden sind unser Unglück“ erklärte der preußische Historiker *Heinrich von Treitschke*). Völkische Ideologie und rassistisches Denken behaupteten eine überlegene Moral, Religion und Kultur der arisch-germanischen Rasse. Ihr stehe ein „fremdes Volkselement“ gegenüber, das „ausgeschieden“ werden müsse.
Die antisemitischen Angriffe und die Fülle pseudowissenschaftlicher Literatur blieben nicht folgenlos. Seit der Wende zu den 1880er-Jahren entwickelten sich antisemitische

▲ *„Deutschland den Deutschen“. Postkarte von 1900.*

Parteien und Verbände. 1893 wurden immerhin 16 antisemitische Abgeordnete in den Reichstag gewählt. Auch in die Parteiprogramme der Konservativen gelangten antijüdische Ressentiments. Der parteipolitisch organisierte Antisemitismus fand bevorzugt in Phasen wirtschaftlicher Depression oder im Gefolge von Agrarkrisen Zulauf, vor allem bei städtischen Mittelschichten und der Landbevölkerung. Aber auch in der Oberschicht bis hin zum Kaiserhaus, vor allem im Offizierskorps und unter der akademischen Jugend, war die Ablehnung der Juden salonfähig geworden (➧ M 3).

Die Frauenbewegung in der Männergesellschaft

Den Frauen war die rechtliche Gleichstellung im Kaiserreich verwehrt. Sie verfügten über keine staatsbürgerlichen Rechte, eine politische Betätigung war ihnen bis nach der Jahrhundertwende untersagt. Innerhalb der Familien genossen die Ehemänner Vorrechte in Vermögens- und Erziehungsfragen. Töchter wurden in ihrer Ausbildung fast ausschließlich auf eine spätere Rolle als Ehefrau vorbereitet.
Der Kampf des 1865 unter der Führung von *Louise Otto-Peters* gegründeten *Allgemeinen Deutschen Frauenvereins* konzentrierte sich vor allem auf eine Verbesserung der Bildungschancen und das Recht einen eigenen Beruf zu ergreifen (➧ M 4). Im 1894 entstandenen Dachverband *Bund Deutscher Frauenvereine* (BDF) wollte die Mehrheit in pragmatischen Schritten eine Verbesserung ihrer Lage durchsetzen, während eine kleine Minderheit politische Forderungen stellte: Frauenwahlrecht und eine Liberalisierung der Abtreibung. Anfang des 20. Jahrhunderts wurde den Frauen der gleichberechtigte Zugang zu den Universitäten zugestanden, wobei sie dort oft noch lange auf Ablehnung stießen.
Ein Eigenleben neben der bürgerlichen Frauenbewegung führte die sozialdemokratische Frauenorganisation. Ihrer zeitweiligen Wortführerin *Clara Zetkin* ging es um die vollständige politische Gleichberechtigung der Frauen im Rahmen einer groß angelegten Lösung der sozialen Frage. Im Unterschied zu den anderen politischen Parteien konnten in der SPD Frauen einzelne Ämter übernehmen, doch fanden sich auch hier die Männer kaum mit dem Emanzipationsgedanken ab (vgl. auch das Modul „Der Kampf um die Rechte der Frau", ➧ S. 286 ff.).

3.4 Bismarcks Außenpolitik

▲ *Bismarck im Reichstag, Gemälde von Anton von Werner, 1888. Seit 1871 trug Bismarck zu offiziellen Anlässen Uniform.*

1873
Das Deutsche Reich, Österreich-Ungarn und Russland schließen das Dreikaiserabkommen zur Wahrung gegenseitiger Interessen

1879
Das Deutsche Reich und Österreich-Ungarn verpflichten sich zu gegenseitiger militärischer Unterstützung bei einem russischen Angriff (Zweibund)

1881
Deutsches Reich, Österreich-Ungarn und Russland finden einen Ausgleich (Dreikaiservertrag)

1887
Das Deutsche Reich und Russland verabreden den Rückversicherungsvertrag

1890
Kaiser Wilhelm II. entlässt Bismarck; der Rückversicherungsvertrag wird nicht verlängert

▲ *„Working the Points", Karikatur aus der englischen Zeitung „Punch" vom 4. Mai 1878. Die dargestellten Züge tragen die Namen „Russia" und „Britannia".*

• *Interpretieren Sie die Rolle, die die Karikatur Bismarck zuschreibt.*

M1
Das Kissinger Diktat

Während der Balkankrise (1875–1878) stellte Bismarck in seinem Urlaub in Bad Kissingen Überlegungen über die außenpolitische Situation des Deutschen Reiches an. Unabhängig vom tagespolitischen Anlass gilt das „Kissinger Diktat" vom Juni 1877 als Schlüsseldokument zum Verständnis Bismarck'scher Außenpolitik nach der Reichsgründung.

Ein französisches Blatt sagte neulich von mir, ich hätte „le cauchemar des coalitions"[1]; diese Art Alp wird für einen deutschen Minister noch lange, und vielleicht immer, ein sehr berechtigter bleiben. Koalitionen gegen uns können auf westmächtlicher Basis mit Zutritt Österreichs sich bilden, gefährlicher vielleicht noch auf russisch-österreichisch-französischer; eine große Intimität zwischen zweien der drei letztgenannten Mächte würde der dritten unter ihnen jederzeit das Mittel zu einem sehr empfindlichen Drucke auf uns bieten. In der Sorge vor diesen Eventualitäten, nicht sofort, aber im Lauf der Jahre, würde ich als wünschenswerte Ergebnisse der orientalischen Krisis für uns ansehn:

1. Gravitierung[2] der russischen und der österreichischen Interessen und gegenseitigen Rivalitäten nach Osten hin,
2. der Anlass für Russland, eine starke Defensivstellung im Orient und an seinen Küsten zu nehmen, und unseres Bündnisses zu bedürfen,
3. für England und Russland ein befriedigender Status quo, der ihnen dasselbe Interesse an Erhaltung des Bestehenden gibt, welches wir haben,
4. Loslösung Englands von dem uns feindlich bleibenden Frankreich wegen Ägyptens und des Mittelmeers,
5. Beziehungen zwischen Russland und Österreich, welche es beiden schwierig machen, die antideutsche Konspiration gegen uns gemeinsam herzustellen, zu welcher zentralistische oder klerikale Elemente in Österreich etwa geneigt sein möchten.

Wenn ich arbeitsfähig wäre, könnte ich das Bild vervollständigen und feiner ausarbeiten, welches mir vorschwebt: nicht das irgendeines Ländererwerbes, sondern das einer politischen Gesamtsituation, in welcher alle Mächte außer Frankreich unser bedürfen und von Koalitionen gegen uns durch ihre Beziehungen zueinander nach Möglichkeit abgehalten werden.

Günter Schönbrunn (Bearb.), Das bürgerliche Zeitalter 1815–1914, München 1980, S. 454 f.

1. *Erläutern Sie die von Bismarck genannten Gegensätze der europäischen Mächte.*
2. *Bestimmen Sie Bismarcks außenpolitische Ziele und Befürchtungen.*
3. *Diskutieren Sie, ob sich eine Außenpolitik mit der hier geschilderten Zielsetzung als „Friedenspolitik" bezeichnen lässt.*

[1] Alptraum der Bündnisse
[2] Schwerpunktverlagerung

M2
Die Außenpolitik Bismarcks im Spiegel der modernen Forschung

Der Frankfurter Historiker Lothar Gall beschreibt die außenpolitischen Grundzüge der Politik Bismarcks. In der klaren Ablehnung eines Präventivkrieges unterschied Bismarck sich von den Militärs und manchen außenpolitischen Mitarbeitern.

In der viel zitierten Reichstagsrede vom 11. Januar 1887 zog er [...] vor aller Öffentlichkeit den Schluss: „Mein Rat wird nie dahin gehen, einen Krieg zu führen deshalb, weil er später vielleicht doch geführt werden muss."
Deutschland, so hieß das, gehöre zu den Mächten, die von einem Krieg nichts zu gewinnen, aber alles zu befürchten haben und die daher bestrebt sein müssen, einen Krieg zu verhindern. Das nannte er in der gleichen Rede „unsere Friedenspolitik", freilich in einem sehr nüchternen, streng interessenorientierten Sinn. In ihm schwang noch nichts von jener späteren, die Zusammenhänge verklärenden und zugleich verdunkelnden Deutung mit, es sei ihm um den europäischen Frieden als einen Wert an sich gegangen. Die Erhaltung des Friedens war ihm vielmehr, so kann man zuspitzend sagen, ebenso ein Instrument wie vor 1871 der Krieg. Beides sollte der Macht des eigenen Staates, ihrer Erhaltung und möglichen Steigerung dienen. [...]
Nur der Friede garantierte seiner Auffassung nach dem Reich seine Unabhängigkeit und Machtstellung. Beides verdankte es, wie er immer deutlicher zu sehen glaubte, einer überaus glücklichen Konstellation nach der Jahrhundertmitte bis zu den Siebzigerjahren, die sich seither, nicht zuletzt im weltpolitischen Maßstab, ständig zu seinem Nachteil verschoben hatte.

Lothar Gall, Bismarck. Der weiße Revolutionär, Frankfurt/Main 1980, S. 637 f.

Der Historiker und „Zeit"-Redakteur Volker Ullrich bewertet ebenfalls die Bismarck'sche Außenpolitik.

Allerdings wäre es zu einfach, zwischen guter Außenpolitik und schlechter Innenpolitik zu unterscheiden. [...] Der Grundgedanke seiner außenpolitischen Strategie, Spannungen und Konflikte an die Peripherie abzuleiten, erwies sich seit Mitte der Achtzigerjahre zunehmend als illusorisch. Um dem *cauchemar des coalitions* zu entgehen, war Bismarck zu immer gewagteren diplomatischen Manövern gezwungen – zuletzt durch den Abschluss des Rückversicherungsvertrages mit Russland 1887, dessen Wert der Kanzler selbst weitgehend zunichte machte, indem er gleichzeitig einen Wirtschaftskrieg gegen das Zarenreich entfesselte und dieses dadurch erst auf die Seite Frankreichs trieb. Und in der Kolonialpolitik 1884/85 setzte Bismarck, wider Willen, Kräfte frei, die er nicht mehr bannen konnte. Die Dynamik des expandierenden Industriekapitalismus unterlief gleichsam die offizielle Außenpolitik und ließ „die relativ statische Vorstellung deutscher Saturiertheit bald als unangemessene Metapher" erscheinen. Bismarck war mit seiner Politik an eine Grenze gelangt. Seine Nachfolger sollten diese Grenze überschreiten.

Volker Ullrich, Die nervöse Großmacht 1871–1918, Frankfurt/Main 1997, S. 123

1. *Diskutieren Sie Vor- und Nachteile einer Friedenspolitik aus Eigeninteresse und einer Politik, die den Frieden um seiner selbst willen anstrebt.*
2. *Beschreiben Sie die Kräfte, die auf die Außenpolitik eines Staates einwirken.*

Die außenpolitische Konzeption Bismarcks im europäischen Mächtesystem

An die Stelle des politisch schwachen Deutschen Bundes war 1871 ein mächtiges Reich getreten. Viele ausländische Staatsmänner befürchteten deshalb eine weitere Expansions- und Hegemonialpolitik des Deutschen Reiches, die das Gleichgewicht in Europa erschüttern würde. Dass diese Ängste bald zurücktraten, war ein wesentliches Verdienst Bismarcks.

Als neues Machtzentrum in Mitteleuropa war das kleindeutsche Kaiserreich sowohl Österreich-Ungarn (Doppelmonarchie seit 1867) als auch Frankreich, den Kriegsverlierern von 1866 und 1871, nach Bevölkerungszahl, Wirtschaftskraft und militärischer Stärke überlegen. Gefürchtete Landmacht blieb Russland, der Nachbar im Osten Europas. England war dank seiner Flottenhegemonie – unabhängig von den Veränderungen auf dem Kontinent – die nach wie vor führende Weltmacht. Großbritannien genoss überall in der Welt volle Handlungsfreiheit und wollte diesen Zustand der *splendid isolation* nicht durch eine vertragliche Bindung aufgeben.

Von drei fundamentalen und unlösbar erscheinenden Rivalitäten zwischen den Großmächten konnten die Staatsmänner Europas nach 1871 ausgehen:

1. Russland und England wegen der Gegensätze in Asien,
2. Russland und Österreich-Ungarn wegen konkurrierender Interessen auf dem Balkan,
3. Deutschland und Frankreich wegen Elsass-Lothringen.

Dabei wirkte es auf die übrigen Staaten beruhigend, dass die Gegnerschaft des allmählich wieder erstarkenden Frankreich die Überlegenheit des neuen deutschen Kaiserreichs einschränkte. Angesichts der europäischen Mittellage Deutschlands suchte Reichskanzler Bismarck vor allem eine Koalition des westlichen Nachbarn mit anderen Mächten zu verhindern. Dass die republikanische Staatsform Frankreichs seine Bündnisfähigkeit in den Augen der konservativen Monarchien einschränkte, kam ihm dabei zugute.

Bismarcks Politik beruhte auf einer doppelten Voraussetzung:

1. Der Kanzler verzichtete auf alle Maßnahmen, durch die andere Großmächte sich gefährdet fühlen konnten. Er erklärte das Reich für „saturiert". Nationalistische Forderungen nach einer Verschiebung der deutschen Grenzen auf Kosten Österreichs oder Russlands wies er stets eindeutig zurück. Ebenso erkannte Bismarck, dass ein neuerlicher Krieg oder nur eine Kriegsdrohung gegen das um militärischen Wiederaufstieg bemühte Frankreich andere Großmächte auf den Plan rufen würden („*Krieg-in-Sicht*"-Krise 1875). Jede über die Ergebnisse von 1871 hinausreichende Verschiebung der außenpolitischen Machtverhältnisse wäre auf den geschlossenen Widerstand der Flügelmächte England und Russland gestoßen. So sah Bismarck in der Bewahrung des Status quo und der Erhaltung des Friedens in Mitteleuropa die deutschen Interessen am besten gesichert.

2. Darüber hinaus versuchte der Kanzler, aus Gegensätzen zwischen anderen Großmächten Nutzen zu ziehen und diese wegen ihrer Rivalitäten untereinander für gute Beziehungen zu Deutschland zu gewinnen (▶ M 1).

Das deutsch-österreichische Bündnis: der Zweibund

Um die Beziehungen zu Österreich-Ungarn und Russland zu festigen, förderte Bismarck eine österreichisch-russische Annäherung (*Dreikaiserabkommen* 1873). Dabei wurden die gemeinsamen Interessen der drei konservativen Monarchien gegenüber republikanischen und sozialistisch-revolutionären Kräften betont. Diese Politik geriet in Gefahr, als

Bismarck auf dem *Berliner Kongress* (1878) als „ehrlicher Makler“ zwar den Frieden zwischen den auf dem Balkan konkurrierenden Großmächten herstellte, aber eine starke Verstimmung Petersburgs hinnehmen musste. Zur Verschlechterung der deutsch-russischen Beziehungen trug zusätzlich die neue Schutzzollpolitik des Deutschen Reiches bei, die zu einer Absatzkrise der export-orientierten russischen Landwirtschaft führte.
Aus Angst vor einer russisch-französischen Annäherung vollzog Bismarck 1879 die bisher bewusst vermiedene Entscheidung zu Gunsten einer Seite: Der *Zweibund* mit der Habsburger Monarchie verpflichtete beide Länder zu gegenseitiger Hilfe bei einem russischen Angriff. Beim Angriff einer anderen Macht – etwa Frankreichs auf Deutschland – sollte wohlwollende Neutralität gewahrt werden. Der Zweibund mit Österreich-Ungarn wurde 1882/83 durch den *Dreibundvertrag* mit Italien sowie einen Defensivvertrag mit Rumänien ergänzt.

Absicherung des Reichs durch eine Vertragspolitik mit Russland

Bismarck betrachtete das Bündnis mit Österreich-Ungarn nur als äußerste Rückzugslinie. Das Gegenüberstehen eines deutsch-österreichischen und eines russisch-französischen Blocks auf dem Kontinent konnte nicht Ziel seiner auf höchste Sicherheit bedachten Außenpolitik sein. Für einige Jahre gelang nochmals die Wiederaufnahme der „Dreikaiserpolitik“ (*Dreikaiservertrag* 1881). Als aber nach neuerlichen Spannungen auf dem Balkan Russland ein Machtverlust drohte, entschloss sich Bismarck zum so genannten *Rückversicherungsvertrag* mit Russland (1887). Er sollte dem Zarenreich die Angst vor einem deutsch-österreichischen Angriff nehmen und die in Petersburg von der öffentlichen Meinung geforderte Annäherung an Frankreich verhindern. Beide Vertragspartner verpflichteten sich zur Neutralität im Kriegsfall, die lediglich bei einem russischen Angriff auf Österreich-Ungarn oder einem deutschen Angriff auf Frankreich nicht gelten sollte.
Nicht dem Buchstaben, aber ihrem Geist nach standen Zweibund und Rückversicherungsvertrag in einem gewissen Spannungsverhältnis. Vor allem schien Bismarck die deutsche Billigung einer aktiven russischen Meerengenpolitik zu signalisieren, während er gleichzeitig eine Entente zwischen England, Österreich-Ungarn und Italien förderte, die das Ziel hatte, den Status quo im Mittelmeer und Orient zu wahren und so Spannungen von der Mitte des Kontinents abzulenken. Nachfolger des Kanzlers, die den geheim gehaltenen Rückversicherungsvertrag 1890 nicht erneuerten, waren nicht ohne Grund besorgt, eine absichtliche oder versehentliche Bekanntgabe seines Inhalts durch Russland könnte die Beziehungen zu Österreich-Ungarn, Italien, England und der Türkei belasten (➧ M 2).

▼ *„Dropping the Pilot“, Karikatur von Sir John Teniel aus dem „Punch“, März 1890.*

3.5 Wilhelminische Großmachtpolitik

▲ *„Berlin unter dem Einfluss des Kolonialsegens", Karikatur, Berlin um 1890.*

1884
Beginn deutscher Kolonialerwerbungen in Afrika und im Pazifik

1898
Faschoda-Krise: Frankreich muss sich aus dem Sudan zurückziehen

1894
Das russisch-französische Defensivbündnis tritt in Kraft

1904
Entente cordiale zwischen England und Frankreich

1912/13
Nach zwei Kriegen werden die Grenzen auf dem Balkan neu geordnet

1914
Der Habsburger Thronfolger wird in Sarajevo ermordet

M1

Deutschland: „Hammer oder Amboss"?

Deutschlands Anspruch auf Weltgeltung bekräftigte nachdrücklich der Staatssekretär des Auswärtigen Amtes (1897–1900) und spätere Reichskanzler (1900–1909) Bernhard von Bülow, so auch in seiner Rede vor dem Reichstag am 11. Dezember 1899.

In unserem neunzehnten Jahrhundert hat England sein Kolonialreich [...] weiter und immer weiter ausgedehnt, haben die Franzosen in Nordafrika und Ostafrika festen Fuß gefasst und sich in Hinterindien ein neues Reich geschaffen, hat Russland in Asien seinen gewaltigen Siegeslauf begonnen, der es bis zum Hochplateau des Pamir und an die Küsten des Stillen Ozeans geführt hat. [...] Der englische Premierminister hatte schon vor längerer Zeit gesagt, dass die starken Staaten immer stärker und die schwachen immer schwächer werden würden. [...] Wir wollen keiner fremden Macht zu nahe treten, wir wollen uns aber auch von keiner fremden Macht auf die Füße treten lassen *(Bravo!)*, und wir wollen uns von keiner fremden Macht beiseite schieben lassen, weder in politischer noch in wirtschaftlicher Beziehung. *(Lebhafter Beifall.)* [...]
Die rapide Zunahme unserer Bevölkerung, der beispiellose Aufschwung unserer Industrie, die Tüchtigkeit unserer Kaufleute, kurz, die gewaltige Vitalität des deutschen Volkes haben uns in die Weltwirtschaft verflochten und in die Weltpolitik hineingezogen. Wenn die Engländer von einer Greater Britain reden, wenn die Franzosen sprechen von einer Nouvelle France, wenn die Russen sich Asien erschließen, haben auch wir Anspruch auf ein größeres Deutschland *(Bravo! rechts, Heiterkeit links)*, nicht im Sinne der Eroberung, wohl aber im Sinne der friedlichen Ausdehnung unseres Handels und seiner Stützpunkte. [...]
Wir können nicht dulden und wollen nicht dulden, dass man zur Tagesordnung übergeht über das deutsche Volk. [...]
Diese Zeiten politischer Ohnmacht und wirtschaftlicher und politischer Demut sollen nicht wiederkehren. *(Lebhaftes Bravo.)* Wir wollen nicht wieder [...] die Knechte der Menschheit werden. Wir werden uns aber nur dann auf der Höhe erhalten, wenn wir einsehen, dass es für uns ohne Macht, ohne ein starkes Heer und eine starke Flotte keine Wohlfahrt gibt. *(Sehr richtig! rechts. Widerspruch links.)* Das Mittel, meine Herren, in dieser Welt den Kampf ums Dasein durchzufechten ohne starke Rüstung zu Lande und zu Wasser, ist für ein Volk von bald 60 Millionen, das die Mitte von Europa bewohnt und gleichzeitig seine wirtschaftlichen Fühlhörner ausstreckt nach allen Seiten, noch nicht gefunden worden. *(Sehr wahr! rechts.)*
In dem kommenden Jahrhundert wird das deutsche Volk Hammer oder Amboss sein.

Michael Behnen (Hrsg.), Quellen zur deutschen Außenpolitik im Zeitalter des Imperialismus 1890–1911, Darmstadt 1977, S. 231 ff.

1. *Erklären Sie das sprachliche Bild vom „Hammer oder Amboss".*
2. *Erläutern Sie, welche außenpolitischen Folgerungen Bülow in seiner Rede herleitet und welche Risiken damit verbunden sein konnten.*
3. *Bewerten Sie Bülows Forderung „Diese Zeiten politischer Ohnmacht und wirtschaftlicher und politischer Demut sollen nicht wiederkehren" im historischen Kontext.*

M2

Politische Gefahren der deutschen Flottenrüstung

Geheimrat Friedrich von Holstein, der als maßgebende Persönlichkeit des Auswärtigen Amtes die Politik der „freien Hand" vertreten hatte, äußerte sich kurz vor seinem Tod 1906 in einem Privatbrief an den Diplomaten M. von Brandt (Gesandter in Peking von 1874–1892) zu den Auswirkungen der deutschen Flottenrüstung.

Ich glaube mich zu erinnern, dass wir in der Flottenfrage einer und derselben Ansicht waren, nämlich
1. je stärker wir zur See rüsten, desto fester rücken wir England an Frankreich heran;
2. wir können, selbst wenn wir die Steuern verdreifachen, niemals eine Flotte herstellen, die der englisch-französischen, ja auch nur der englischen allein gewachsen ist;
3. in einem Kriege gegen Frankreich allein spielt, wie das Jahr 70 zeigt, die Flotte eine Nebenrolle;
4. es ist eine Bedrohung und Herausforderung Englands, dass der Flottenverein es seit Jahren bei

▲ *Wilhelm II. Ansichtskarte von 1900.*

jeder neuen Flottenforderung offen ausspricht, die Rüstungen seien gegen England gerichtet.
[...] Marschall[1] sagte mir im Sommer, nachdem wir einen ganzen Tag lang alle auswärtigen Fragen durchgesprochen hatten: „Ja, die Flotte, das ist die größte Gefahr." Die Gefahr wird dadurch vergrößert, dass beim Schiffbau (Panzerplatten etc.) ungezählte Millionen zu verdienen sind, viel mehr als bei den Kolonien. Nicht jeder, der nach Schiffen schreit, ist ein uneigennütziger Patriot.
Deutschland steht und fällt mit seinem Landheer, dafür muss jedes Opfer gebracht werden. Die Flotte vermehrt die Zahl unserer Feinde, wird aber niemals stark genug sein, um sie zu besiegen. Auf einen paritätischen Seekampf können wir weder jetzt noch später hoffen. Das Landheer muss – wie anno 70 – die Ungleichheit der Seestreitkräfte wettmachen.
Es ist nicht Handelsrivalität allein, die England uns verfeindet. Die ist auch vorhanden nach Amerika und nach Japan hin. Was die Engländer aufschreckt, ist unser beschleunigter Flottenbau und mehr noch die antienglische Motivierung desselben. Es ist tatsächlich, nicht einmal, sondern wiederholt und keineswegs nur von nichtamtlichen Stellen aus, erklärt worden, dass unsere Flottenrüstungen ihre Spitze gegen England richten und dass die Herrschaft auf dem Meere uns zukommt. Mit Erklärungen dieser Art steht Deutschland allein da.

Michael Behnen, a. a. O., S. 373 f.

1. *Fassen Sie zusammen, was nach Holstein gegen die deutsche Flottenpolitik sprach und verdeutlichen Sie, warum nach seiner Ansicht die deutsche Politik englandfeindlicher als die anderer Staaten erscheinen konnte.*
2. *Überlegen Sie, welche politischen Gefahren eine auf Kosten des Flottenbaus noch verstärkte Aufrüstung der Landstreitkräfte zur Folge haben konnte.*

1) *Adolf Freiherr von Marschall (1842–1912), Staatssekretär des Auswärtigen von 1890–1897, Botschafter in Konstantinopel 1897–1912*

Deutschlands Einstieg in die Weltpolitik

Bismarck war es in seiner Regierungszeit gelungen, die europäischen Mächte vom Friedenswillen des Reichs zu überzeugen. Berauscht vom beeindruckenden wirtschaftlichen und militärischen Aufstieg erschien vielen Deutschen die vom Reichskanzler auferlegte Selbstbeschränkung zunehmend als unnötig vorsichtig und perspektivenlos. In dem heraufziehenden imperialistischen Zeitalter sollte auch Deutschland bei der Aufteilung der Erde nicht zu kurz kommen und „seinen Platz an der Sonne" beanspruchen. Viele Politiker und Publizisten, Professoren und Wirtschaftsführer meinten, das Reich müsse den Sprung zur „Weltmacht" wagen, wenn nicht auf lange Sicht sein Großmachtstatus in Europa gefährdet sein sollte.

Zwar erwarb das Reich schon 1884/85 in Afrika und Neuguinea seine ersten Kolonien. Aber erst Wilhelm II., der als 31-Jähriger Bismarck aus dem Amt gedrängt hatte, wurde zum Repräsentanten des gewachsenen nationalen Selbstbewusstseins und der verbreiteten Aufbruchstimmung. „Ich führe euch herrlichen Zeiten entgegen", versprach der redselige, gern forsch auftretende Monarch und fand dafür den Jubel aller, die mit ihm von einer weiteren Steigerung deutscher Größe träumten.

Die Lautstärke, mit der dieses neue Streben nach Weltgeltung sich oft äußerte, trug den Deutschen den Ruf eines arroganten Störenfrieds ein; sie entsprach jedoch keineswegs den tatsächlichen Erfolgen in Übersee. Der allergrößte Teil des deutschen Kolonialbesitzes war noch zu Zeiten Bismarcks ohne übergreifendes Konzept von hanseatischen

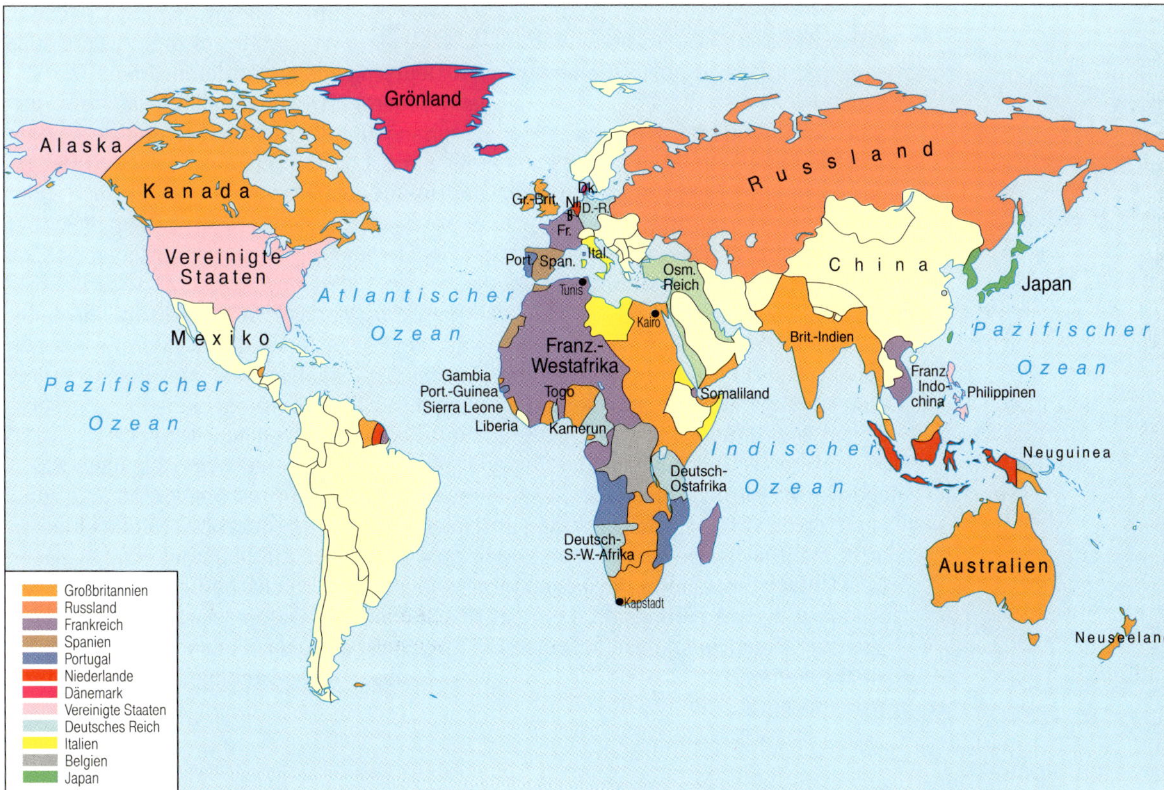

▲ *Die Kolonialreiche um 1914.*

Handelsfirmen oder Privatpersonen erworben worden. Erst nach 1890 steigerte sich der Kolonialismus zum *Imperialismus*. Wie andere europäische Mächte arbeitete auch Deutschland am Ausbau der Stützpunkte in Afrika und im Pazifik. Seit 1898 verwaltete das Reich alle *Schutzgebiete* selbst.

Kolonialbesitz europäischer Mächte 1914 (unberücksichtigt bleiben Russland sowie der Herrschaftsbereich Japans und der USA)		
Großbritannien	33 Mill. km^2	mit ca. 400 Mill. Einwohnern
Frankreich	11,5 Mill. km^2	mit ca. 56 Mill. Einwohnern
Niederlande	2 Mill. km^2	mit ca. 38 Mill. Einwohnern
Belgien	2,4 Mill. km^2	mit ca. 15,5 Mill. Einwohnern
Deutschland	2,95 Mill. km^2	mit ca. 12 Mill. Einwohnern
Portugal	2,1 Mill. km^2	mit ca. 7 Mill. Einwohnern
Italien	1,5 Mill. km^2	mit ca. 1,6 Mill. Einwohnern
Spanien	0,25 Mill. km^2	mit ca. 0,7 Mill. Einwohnern

Das Verhältnis zu England wird schlechter

Nachdrücklicher im Sinne der über Europa hinausgreifenden Weltpolitik (➧ M 1) wirkte das wirtschaftliche und politische Engagement Deutschlands im Vorderen Orient. Das Osmanische Reich galt seit Ende des 19. Jahrhunderts als bedeutendstes außereuropäisches Einflussgebiet. Beim Bau einer Eisenbahn von Konstantinopel zum Persischen Golf (*Bagdad-Bahn*, 1899–1903) entstanden der deutschen Wirtschaft willkommene Expansionsfelder. Damit wuchs auch das Interesse Deutschlands an dem für die Verbindung zur Türkei wichtigen Balkan. Achtlos setzte sich die kaiserliche Außenpolitik aber lange darüber hinweg, dass Russland und England den wachsenden deutschen Einfluss im Vorderen Orient als störend empfanden.
Der programmatische Übergang zur Weltpolitik um das Jahr 1897/1898 war begleitet von Anstrengungen zum Aufbau einer deutschen Kriegsmarine. Die Bedeutung einer eigenen Schlachtflotte wurde von *Alfred Tirpitz*, dem Staatssekretär des Reichsmarineamtes, mit großem Agitationserfolg propagiert. Auch der Kaiser setzte sich nachdrücklich für das Flottenbauprogramm ein: „Unsere Zukunft liegt auf dem Wasser."
Die Aufrüstung zur See sollte für England jeden Krieg mit Deutschland zu einem wirklichen Risiko werden lassen. Ein Sieg der englischen Flotte sollte zumindest so teuer erkauft werden müssen, dass England anschließend seine Überlegenheit auf den Meeren nicht mehr sicher bewahren konnte und sein Weltimperium gefährdet war. Dieser in Deutschland propagierte „Risikogedanke" gefährdete das englische Ziel des *Two-Power-Standard*, also den Grundsatz, dass die britische Flotte mindestens die Stärke der beiden nächstgrößeren Seemächte aufweisen müsse. Spekulationen, England auf diese Weise an die Seite Deutschlands zu „zwingen", erwiesen sich allerdings als Illusion und Wunschtraum.

Einvernehmen zwischen Russland, Frankreich und Großbritannien

Bismarcks Nachfolger vertrauten lange darauf, dass die traditionellen weltpolitischen Rivalitäten zwischen England und Russland einerseits und zwischen England und Frankreich andererseits der deutschen Außenpolitik breiteste Entfaltungsmöglichkeiten ließen. Deshalb waren sie nicht übermäßig beunruhigt, als Russland 1894 ein Defensivbündnis mit Frankreich schloss. Erstmals stand damit dem Dreibund eine Allianz anderer Großmächte gegenüber, und die von Bismarck mit großem Einfallsreichtum verhinderte antideutsche Koalition war Wirklichkeit geworden.
Umso gefährlicher war nun eine Politik, die Deutschland aus der Sicht Englands zu einem potentiell bedrohlichen Gegner machte (➧ M 2). Tatsächlich wurde vor allem durch den forcierten deutschen Flottenbau die Bereitschaft Großbritanniens zum Ausgleich mit Frankreich und Russland gefördert. Die freundschaftlichen britisch-französischen Beziehungen (*Entente cordiale*) begannen 1904 mit der Beilegung kolonialpolitischer Spannungen. Paris erkannte Ägypten endgültig als rein britisches Interessengebiet an; London war dafür bereit, den von Frankreich angestrebten verstärkten Einfluss in Marokko zu billigen. Als Deutschland anlässlich der *Marokko-Krisen* 1905/06 und 1911 dagegen vergeblich eine drohende Haltung einnahm, vertiefte es nur zusätzlich den Zusammenhalt der Entente cordiale.
Noch überraschender kam für die deutsche Führung 1907 die Bereinigung der Interessengegensätze in Asien zwischen England und Russland. Aus englischer Sicht hatte aber das wirtschaftlich und militärisch mächtige Deutsche Reich, spätestens seit Russland im Krieg gegen Japan seine um die halbe Welt herangeführte Ostseeflotte verloren hatte (1905), ein bedrohliches Übergewicht auf dem Kontinent gewonnen.

Die Verengung der politischen Handlungsspielräume

Während die anderen Mächte Sorge vor einer deutschen Hegemonie in Europa hatten, fühlte sich Deutschland durch die veränderten Beziehungen zwischen England, Frankreich und Russland, der so genannten *Tripelentente*, „eingekreist" und bedroht. Alle Regierungen dachten vor 1914 in „Freund-Feind-Bildern" und suchten Sicherheit in erster Linie durch engere Bindung an den Bündnispartner. Die gegenseitigen Ängste trieben die Rüstungsanstrengungen in die Höhe. Zudem wurde die Handlungsfreiheit der Politiker immer stärker durch militärstrategische Planungen eingeengt. Insbesondere in Deutschland erlangten sie ein unheilvolles Gewicht. Dort sah der *Schlieffenplan*[1)] seit 1905 vor, im Falle eines Zweifrontenkrieges unter Ausnutzung der langsameren russischen Mobilmachungsfähigkeit in schnellem Aufmarsch durch das neutrale Luxemburg und Belgien vorzustoßen und zunächst die französischen Armeen zu vernichten. Der Schlieffenplan kennzeichnet deutlich die inflexible, nach Alternativen gar nicht mehr suchende und gerade deswegen riskante deutsche Außenpolitik der Vorkriegsjahre.

---

1) *benannt nach Alfred Graf von Schlieffen, dem Chef des Generalstabs der Armee 1891–1905*

Der Balkan als Krisenherd

Das gegeneinander gerichtete Engagement der Großmächte auf dem Balkan und die kontroversen Interessen der dortigen kleinen Staaten machten dieses Gebiet in den letzten Jahren vor dem Ersten Weltkrieg erneut zu einem Unruheherd.
Die erste große Balkankrise des 20. Jahrhunderts löste Österreich-Ungarn aus, als es 1908 die Provinzen Bosnien und Herzegowina dem eigenen Staatsgebiet voll einverleibte. Beide Gebiete waren ihm auf dem Berliner Kongress 1878 zur Verwaltung überlassen worden, standen aber offiziell noch unter türkischer Oberhoheit.
Die serbische Regierung, die selbst alle Südslawen (Serben, Kroaten, Slowenen) in einem großen Königreich einen wollte, forderte deshalb die Wiederherstellung des alten Zustands oder eine territoriale Entschädigung Serbiens. In der Hoffnung auf Hilfe durch Russland mobilisierte der kleine Balkanstaat gegen Österreich-Ungarn. Die russische Regierung wollte und konnte sich aber nach der Niederlage gegen Japan auf keinen neuerlichen Krieg einlassen. Als sich Deutschland unmissverständlich auf die Seite seines Zweibundpartners stellte, musste Russland seinen Schützling auf dem Balkan fallen lassen. Serben und Russen fühlten sich gedemütigt. In beiden Ländern wuchs die antideutsche Stimmung.
Nicht nur Österreich-Ungarn schlug aus der Schwäche der Türkei, des „kranken Mannes am Bosporus“, Gewinn. 1911 begann Italien, ermuntert von der Entente cordiale, in Nordafrika einen erfolgreichen Krieg um Tripolis und besetzte Inseln im Ägäischen Meer. Die Gunst der Stunde nutzten Bulgarien, Serbien, Montenegro und Griechenland 1912. Die Truppen des unter russischer Vermittlung zustande gekommenen *Balkanbundes* eroberten in wenigen Wochen fast die gesamte europäische Türkei. Diese behielt zwar noch ein europäisches Vorfeld vor Konstantinopel, war aber praktisch keine europäische Macht mehr.
Der Krieg flammte 1913 noch einmal auf, als sich Bulgarien mit den übrigen Balkanstaaten nicht über die Verteilung des in Makedonien eroberten Gebietes einigen konnte. Bulgarien wurde im Zweiten Balkankrieg von seinen bisherigen Verbündeten sowie Rumänien und der Türkei geschlagen und musste sich mit bescheideneren Gebietsgewinnen zufrieden geben, an seiner Nordgrenze sogar ein Landstück an Rumänien abtreten (Süddobrudscha).
Die Kriegsereignisse 1912/13 stärkten überwiegend die russische Position auf dem Balkan. Serbien konnte sein Territorium fast verdoppeln. Trotzdem fühlte es sich um den Sieg betrogen, weil es nicht den ersehnten Zugang zur Adria gewann, zu der sich seine Soldaten vorgekämpft hatten. Um Serbiens künftige Machtstellung zu begrenzen, setzte Österreich-Ungarn nämlich die Bildung eines selbstständigen Staates Albanien durch.
Obwohl die deutsche und englische Regierung in gemeinsamem Vorgehen ihre Bündnispartner zur Mäßigung anhielten, hielten die Spannungen auf dem Balkan an. In dieser explosiven Situation stürzte ein Attentat Europa völlig überraschend in eine neue Krise: Mitglieder einer großserbischen Geheimorganisation, die von einflussreichen Kreisen Serbiens heimlich unterstützt wurden, *ermordeten am 28. Juni 1914 den österreichisch-ungarischen Thronfolger, Erzherzog Franz Ferdinand, und seine Frau in der bosnischen Hauptstadt Sarajevo*. Der Friede in Europa war erneut gefährdet.

3.6 Der Erste Weltkrieg

1914
In Europa beginnt der Erste Weltkrieg

1917
Mit dem Eintritt der USA weitet sich der Krieg zum Weltkrieg aus

1918
Der Erste Weltkrieg endet am 11. November mit der Unterzeichnung des Waffenstillstandes

▲ *„Deutschland – August 1914", Gemälde von Friedrich August von Kaulbach von 1914.*

- *Vergleichen Sie die Allegorie der Germania von Kaulbach mit der Germania-Darstellung von Veit aus dem Jahr 1848 (siehe S. 87).*
- *Erklären Sie, warum die Germania – im Gegensatz zur französischen „Marianne" – heute nicht mehr als deutsches Nationalsymbol eingesetzt wird.*

M1

Der deutsche Blankoscheck

Der Botschafter Österreich-Ungarns in Berlin, Graf Szögyényi, berichtet am 5. Juli 1914 dem Wiener Außenminister Berchtold über seine Unterredung mit dem deutschen Kaiser anlässlich der Überreichung eines Handschreibens von Kaiser Franz Joseph. In dem Brief ersucht der österreichische Monarch um deutsche Rückendeckung für den Fall eines kriegerischen Vorgehens gegen Serbien.

Das Allerhöchste Handschreiben und das beigeschlossene Memorandum habe ich Seiner Majestät überreicht. In meiner Gegenwart las Kaiser mit größter Aufmerksamkeit beide Schriftstücke. Zuerst versicherte mir Höchstderselbe, dass er eine ernste Aktion unserseits gegenüber Serbien erwartet habe, doch müsse er gestehen, dass er infolge der Auseinandersetzungen unseres Allergnädigsten Herrn eine ernste europäische Komplikation im Auge behalten müsse und daher vor einer Beratung mit Reichskanzler keine definitive Antwort erteilen wolle. Nach dem Dejeuner[1], als ich nochmals Ernst der Situation mit großem Nachdruck betonte, ermächtigte mich Seine Majestät, unserem Allergnädigsten Herrn zu melden, dass wir auch in diesem Falle auf die volle Unterstützung Deutschlands rechnen können. Wie gesagt, müsse er vorerst Meinung des Reichskanzlers anhören, doch zweifle er nicht im Geringsten daran, dass Herr von Bethmann Hollweg vollkommen seiner Meinung zustimmen werde. Insbesonders gelte dies betreffend eine Aktion unsererseits gegenüber Serbien. Nach seiner[2] Meinung muss aber mit dieser Aktion nicht zugewartet werden. Russlands Haltung werde jedenfalls feindselig sein, doch sei er hierauf schon seit Jahren vorbereitet, und sollte es sogar zu einem Krieg zwischen Österreich-Ungarn und Russland kommen, so könnten wir davon überzeugt sein, dass Deutschland in gewohnter Bundestreue an unserer Seite stehen werde. Russland sei übrigens, wie die Dinge heute stünden, noch keineswegs kriegsbereit und werde es sich gewiss noch sehr überlegen, an die Waffen zu appellieren. Doch werde es bei den anderen Mächten der Tripelentente gegen uns hetzen und am Balkan das Feuer schüren. Er begreife sehr gut, dass es Seiner k. und k. Apostolischen Majestät bei seiner bekannten Friedensliebe schwer fallen würde, in Serbien einzumarschieren; wenn wir aber wirklich die Notwendigkeit einer kriegerischen Aktion gegen Serbien erkannt hätten, so würde er es bedauern, wenn wir den jetzigen, für uns so günstigen Moment unbenützt ließen.

Winfried Baumgart (Hrsg.), Die Julikrise und der Ausbruch des Ersten Weltkrieges 1914, Darmstadt 1983, S. 50 f.

[1] *Mittagessen*
[2] *gemeint ist Kaiser Wilhelm II.*

1. *Erklären Sie, weshalb die hier wiedergegebene Haltung des deutschen Kaisers, der sich am Tage darauf auch der Reichskanzler anschloss, als „Blankoscheck" zu Gunsten Österreich-Ungarns bezeichnet worden ist.*
2. *Welche Gründe könnten Deutschland zu so weitgehenden Zusagen an seinen Bündnispartner Österreich-Ungarn veranlasst haben?*
3. *Überlegen Sie, wie eine ablehnende Antwort auf das Handschreiben des österreichischen Kaisers hätte begründet werden können.*

M2

Die Schrecken des Frontkrieges

Ein deutscher Vizefeldwebel berichtet in einem Brief von der Front über einen Durchbruchsversuch.

Allmähliches Durchsickern von Nachrichten über die Kriegslage. Franzosen auf einer Front von 15 km Breite in Tiefe von 3 km durchgebrochen. […] Die Grabenbesatzung, die alles eingebüßt hatte, was sie nicht auf dem Leib trug, kaum noch menschenähnlich. […] Gräben. Keine Unterstände. Eifriges Auswühlen von Erdlöchern. Vor Morgen aufwachen, vor Nässe und Frösteln. Bei Tagesanbruch setzt das Grauenhafte ein: „Trommelfeuer!" Ich halte mit Unteroffizier Schulte in einem Erdloch. Unaufhörlich erzittert die Erde. Unaufhörlich klingen Abschüsse und Einschläge zusammen, wie zu einem ungeheuren Trommelwirbel. Was 20 bis 30 Meter weiter vor sich geht, kümmert uns bald nicht mehr. Immer wieder platzen die Granaten der Batterien, die unser kurzes Grabenstückchen zum Ziel genommen hatten, in nächster Nähe mit entsetzlichem Dröhnen. Dabei bröckelt jedes Mal der Dreck von der Decke unserer Höhle. [...] Gegen Mittag steigert sich das Feuer zu wahrer Raserei; höchstens dem Tosen des aufgewühlten Meeres zu vergleichen. Wir harren, auf dem Bauche liegend, dem Boden und der Wand angeschmiegt, in Ergebung der Dinge, die da kommen müssen. Endlich um 5 Uhr legt sich der Sturm. [...]

Unsere Ruhe bedeutet keine Untätigkeit des Feindes. Er versucht jetzt, durch wildes Feuer die Artillerie niederzukämpfen und das Herankommen von Reserven zu verhindern. Endlich ruht die Artillerie ganz. Jetzt heißt's scharf beobachten. [...] Dichte Kolonnen stürmen über das braune Feld in und hinter den Tannenstreifen. Mit Erbitterung schießen meine Leute. [...] Jetzt erwacht auch die Artillerie. Ganze Scharen der Gegner werden von den platzenden Granaten [...] der Mörser begraben. [...] Sie fluten unter Verlusten zurück. Die Nacht war ruhig. Am folgenden Morgen strahlte der Himmel wolkenlos. Aber die feindlichen Fesselballons und ebenso die Flieger, die uns in früher Stunde umkreisten, kündeten nichts Gutes an. Bald setzte das Trommelfeuer ein, aber heute war der Beschuss durch die Flieger vorzüglich geleitet. Schlag auf Schlag platzen Granaten in nächster Nähe. Ein Schrapnellhagel geht über dem Graben nieder. [...] Verwundete stürzen in mein Loch, um sich verbinden zu lassen. Es waren grauenhafte Stunden. [...] Alles deutet auf einen großen Angriff.

Vizefeldwebel Arthur Goldstein fiel am 7.4.1916 (vermisst).

Auf französischer Seite erhalten Soldaten den Befehl, in Kürze anzugreifen.

Die Stunden vergehen langsam, aber unerbittlich. Niemand bekommt noch etwas runter, die Kehle ist wie zugeschnürt. Immer und immer wieder diese bange Frage: Bin ich in einigen Stunden noch unter den Lebenden oder nur noch einer dieser grausigen, von Granaten zerfetzten Kadaver? Die Stunde null kommt näher. Der Zeiger meiner Uhr rückt unaufhörlich weiter, nichts kann ihn aufhalten, nur noch 30, 20, 10 Minuten. Ich sehe nur auf die Uhr und zähle ... Die Tasche voller Munition, in der Hand das Gewehr eines Toten, richte ich mich nun langsam auf. 17.58 Uhr, 17.59 Uhr, 18.00 Uhr, ich schreie „vorwärts" – plötzlich eine rote Explosion vor meinen Augen, und ich falle nieder. Mein rechtes Knie ist durchschossen, ich habe eine Kugel im Bauch, eine andere hat meine Wange gestreift. Neben mir liegen Verwundete und Tote.

An einer anderen Stelle wurden Infanteristen verschüttet.

Zuerst grabe ich einen Kameraden vom 270. Regiment aus, den ich leichter als die anderen befreien kann. Es sind aber noch andere lebendig begraben. Die Deutschen müssen ihre Schreie auch hören, denn sie bestreichen uns mit Maschinengewehrfeuer; man kann nicht aufrecht arbeiten, und einen Moment lang habe ich fast Lust wegzugehen; aber nein, ich kann doch meine Kameraden nicht so liegen lassen! [...] Ich versuche, den alten Maze, der immer noch schreit, freizubekommen; je mehr Erde ich beiseite schaffe, umso mehr fällt wieder nieder. Schließlich kann ich ihn bis zur Brust ausgraben, so dass er etwas besser atmen kann. Dann komme ich einem vom 270. zur Hilfe, der nur noch schwach ruft. Mir gelingt es, seinen Kopf bis zum Hals freizubekommen. Er weint und fleht mich an, ihn nicht dazulassen. Zwei weitere Männer müssen noch verschüttet sein, es sind aber keine Hilferufe mehr zu hören. Ich fange wieder zu graben an, um wenigstens ihre Köpfe freizulegen. Ich merke dann, dass alle beide tot sind. Ich lege mich ein wenig hin, denn ich bin am Ende meiner Kräfte; das Bombardement geht weiter.

Erster Text: Kriegsbriefe gefallener deutscher Juden, Stuttgart-Degerloch 1961, S. 50 ff.
Zweiter Text: Marc Ferro, Der große Krieg 1914–1918, Frankfurt/Main 1988, S. 164 f.

1. *Beschreiben Sie das Bild des Krieges, das aus den Schilderungen der Soldaten deutlich wird.*
2. *Bereits seit den ersten Kriegsmonaten wurde immer wieder eine Postsperre verhängt. Während dieser Zeit durften die Soldaten nur offene Briefe abschicken, die von ihren Vorgesetzten gelesen und teilweise zensiert wurden. Erläutern Sie die Gründe und die Wirkung dieser Zensur.*
3. *Recherchieren Sie in Ihrem persönlichen Umfeld oder im örtlichen Archiv Feldpostbriefe aus dem Ersten Weltkrieg. Dokumentieren Sie nach Möglichkeit die Briefe eines Absenders und zeichnen Sie seine Haltung zum Krieg nach.*

▲ *Foto vom 31. Juli 1914. Ein Offizier verkündet den „Zustand drohender Kriegsgefahr" in Berlin.*

Julikrise 1914

Das Attentat vom 28. Juni 1914 eröffnete Österreich-Ungarn eine unerwartete und willkommene Möglichkeit, gegen das offenbar in das Komplott verwickelte Serbien vorzugehen. Obwohl mit einem Eingreifen Russlands gerechnet werden musste, sagten der deutsche Kaiser Wilhelm II. und sein Reichskanzler *Bethmann Hollweg* dem österreichischen Zweibundpartner unbedingte Unterstützung für eine Aktion gegen Serbien zu (▸ M 1). Es würde auch zur Stärkung der deutschen Position beitragen, wenn Österreich-Ungarn den aufstrebenden Balkanstaat an seiner Südflanke nicht mehr zu fürchten hatte, der mit seinem politischen Fernziel der Sammlung aller Südslawen den Habsburger Vielvölkerstaat zu gefährden schien.

Kaiser und Reichskanzler hofften, dass Russland wie in der bosnischen Krise von 1908 erneut einen Krieg vermeiden werde. Käme es aber zum „großen" Krieg – und dieses Risiko ging die deutsche Politik bewusst ein –, so hielt man diesen wegen der russischen Aufrüstung jetzt für eher gewinnbar als in den Folgejahren (▸ M 2).

Der Erste Weltkrieg beginnt

Am 23. Juli stellte die Wiener Regierung Serbien ein Ultimatum, das die Souveränitätsrechte des Balkanstaates infrage stellte. Obwohl die serbische Antwort überraschend viele Zugeständnisse enthielt, erklärte Österreich-Ungarn am 28. Juli den Krieg. Russland reagierte mit einer Teilmobilmachung gegen Österreich-Ungarn, am 30. Juli befahl es die Gesamtmobilmachung. Englands von Deutschland – nicht widerspruchsfrei – unterstützte Vermittlungsversuche hatten nun kaum noch eine Aussicht auf Erfolg.

Nachdem Russland trotz eines deutschen Ultimatums seine Mobilmachung nicht zurücknahm, erklärte Deutschland am 1. August dem Zarenreich den Krieg. Gemäß der Logik des Schlieffenplans folgte zwei Tage später die deutsche Kriegserklärung an Frankreich. Sogleich fielen Truppen im neutralen Belgien ein, um so die französischen Grenzbefestigungen zu umgehen. England stellte sich jetzt auf die Seite Frankreichs (Kriegseintritt am 5. August). Italien erklärte sich neutral. Der im Dreibund vereinbarte Bündnisfall (Hilfe gegen einen Angriff) war durch den Ablauf der Ereignisse auch tatsächlich nicht gegeben.

Der Kriegsverlauf

Nach beeindruckenden Anfangserfolgen blieb der deutsche Vormarsch an der Marne stecken (September 1914). Von nun an erstarrte die Westfront im Stellungskrieg. Monatelange Zermürbungs- und Materialschlachten vor der französischen Festung Verdun oder an der Somme bezahlten fast zwei Millionen Soldaten mit ihrem Leben – der entscheidende Durchbruch gelang weder den deutschen noch den alliierten Truppen. Die Offensiven und Gegenoffensiven an der Westfront waren zu „Schlächtereien mit immer wirksameren Mitteln der Massenvernichtung“ (Golo Mann) geworden.
Der Krieg griff über Europa hinaus. Die Türkei und Bulgarien traten bald auf die Seite der Mittelmächte. Die meisten übrigen Länder der Welt schlossen sich dem Lager der Entente an. Politisch und militärisch bedeutsam wurde vor allem der Kriegseintritt der USA am 6. April 1917. Ausgelöst hatte ihn die Entscheidung der deutschen *Obersten Heeresleitung* (OHL), durch *uneingeschränkten U-Boot-Krieg* das von Importen stark abhängige England zur Beendigung des Krieges zu zwingen.

▲ *„Gassed“, Gemälde von John Singer Sargent, 1918/19 (Ausschnitt).*
Die Deutschen setzten erstmals im April 1915 Giftgase im Kampf gegen den Feind ein; Briten und Franzosen benutzten sie kurze Zeit später ebenfalls. Das Gas sollte den Gegner nicht töten, sondern kampfunfähig machen. Trotzdem starben viele Tausende daran, noch mehr Soldaten verloren ihr Augenlicht oder behielten dauerhafte Lungenschäden.

▲ *Die Kriegslage um 1916.*

Russland musste im Verlauf wechselvoller Kämpfe immer mehr Territorium preisgeben und schied 1918 nach einem harten Friedensdiktat der Mittelmächte aus dem Krieg aus. Die Überlegenheit der Alliierten an Menschen und Material wurde seit dem Kriegseintritt der USA dennoch immer spürbarer. Am Ende blieb der deutschen Reichsregierung nichts anderes übrig, als um Waffenstillstand nachzusuchen (4. Oktober 1918). Der Erste Weltkrieg endete schließlich mit der Unterzeichnung des *Waffenstillstandes in Compiègne* am 11. November 1918.

In dem vierjährigen Kampfgeschehen von 1914 bis 1918 hatte der Krieg ungeahnte Ausmaße erreicht. Man schätzt die Zahl der weltweit zu den Waffen Gerufenen auf 74 Millionen. Nicht nur der Masseneinsatz von Soldaten, sondern auch neue Waffensysteme (U-Boote, Flugzeuge, Panzer, Flammenwerfer, Giftgas) und eine bis dahin unvorstellbare Erhöhung der Feuerkraft waren schreckliche Erfahrungen für die Menschen, ebenso die mit millionenfachem Leid verbundene Zahl der Opfer: rund zehn Millionen Tote und rund 20 Millionen Verwundete. In vielen Ländern litt auch die Zivilbevölkerung schrecklich unter den Folgen des Krieges. Beträchtliche Opfer forderte die von England über die Mittelmächte verhängte Seeblockade. Viele Menschen verhungerten, die Anfälligkeit gegen Krankheiten nahm erheblich zu. Zerstörte Städte und Dörfer und durch Granattrichter völlig verwüstete frühere Kulturlandschaften zeugten in den Kampfgebieten von der neuen Dimension des Krieges im industriellen Zeitalter.

3.7 Vom Obrigkeitsstaat zur Republik

6.–8. 4. 1917
Die USPD spaltet sich von der SPD ab

ab 7. 11. 1918
Die Monarchien in den deutschen Staaten stürzen

9. 11. 1918
Die Revolution erreicht Berlin, Philipp Scheidemann ruft die Republik aus

10. 11. 1918
Der „Rat der Volksbeauftragten“ übernimmt die Regierung, Ebert-Groener-Abkommen

16.–20. 12. 1918
Der Reichskongress der Arbeiter- und Soldatenräte tagt in Berlin

1. 1. 1919
Spartakus und andere linke Gruppierungen verbinden sich zur Kommunistischen Partei Deutschlands (KPD)

5. – 12. 1. 1919
Der Spartakusaufstand in Berlin wird niedergeschlagen

19. 1. 1919
Frauen und Männer wählen die Verfassunggebende Nationalversammlung

▲ *George Grosz (1893-1959), Deutschland, ein Wintermärchen, 1918.*

- *Wie stellt Grosz die Gesellschaft dar?*
- *Welche Gesellschaftsgruppen hebt er hervor und wie charakterisiert er sie?*

M1
„An das deutsche Volk!“

Am 12. November 1918 veröffentlicht der „Rat der Volksbeauftragten" folgendes Regierungsprogramm im Reichs-Gesetzblatt.

Die aus der Revolution hervorgegangene Regierung, deren politische Leitung rein sozialistisch ist, setzt sich die Aufgabe, das sozialistische Programm zu verwirklichen. [...]
Das Vereins- und Versammlungsrecht unterliegt keiner Beschränkung [...].
Eine Zensur findet nicht statt. [...]
Meinungsäußerungen in Wort und Schrift sind frei.
Die Freiheit der Religionsausübung wird gewährleistet. [...]
Für alle politischen Straftaten wird Amnestie gewährt. [...]
Die bei Beginn des Krieges aufgehobenen Arbeiterschutzbestimmungen werden hiermit wieder in Kraft gesetzt. [...]
Spätestens am 1. Januar 1919 wird der achtstündige Maximalarbeitstag in Kraft treten. Die Regierung wird alles tun, um für ausreichende Arbeitsgelegenheit zu sorgen. Eine Verordnung über die Unterstützung von Erwerbslosen ist fertiggestellt. Sie verteilt die Lasten auf Reich, Staat und Gemeinde. [...]
Die Wohnungsnot wird durch Bereitstellung von Wohnungen bekämpft werden. Auf die Sicherung einer geregelten Volksernährung wird hingearbeitet werden. Die Regierung wird die geordnete Produktion aufrechterhalten, das Eigentum gegen Eingriffe Privater sowie die Freiheit und Sicherheit der Person schützen. Alle Wahlen zu öffentlichen Körperschaften sind fortan nach dem gleichen, geheimen, direkten, allgemeinen Wahlrecht auf Grund des proportionalen Wahlsystems für alle mindestens zwanzig Jahre alten männlichen und weiblichen Personen zu vollziehen. Auch für die konstituierende Versammlung, über die nähere Bestimmung noch erfolgen wird, gilt dieses Wahlrecht.

Herbert Michaelis und Ernst Schraepler (Hrsg.), Ursachen und Folgen, Berlin o. J., S. 11 f.

Diskutieren Sie das Programm sowohl aus der Sicht eines Anhängers der Monarchie als auch der radikalen Linken.

M2
„Revolutionäre Atmosphäre“

Julius Schätzle, geb. 1905 in Furtwangen und in Stuttgart zur Schule gegangen, trat nach dem Krieg in die Freie Sozialistische Jugend, danach in die KPD ein. In den Siebzigerjahren wurde er über seine Erfahrungen interviewt. Die erste Frage lautete, warum er sich schon so früh politisch engagiert habe.

Das war nicht so ganz unnormal. Nach der Novemberrevolution 1918 war die Jugend sehr stark politisiert. Sie müssen bedenken, dass ich nur sieben Jahre in die Schule ging, mit 13 Jahren die Schule verlassen musste und dann als Schreinerlehrling begann. Wobei die Arbeitsbedingungen damals gegenüber heute natürlich sehr verschieden waren. Ich bekam – um nur ein Beispiel zu nennen – drei Mark Lohn pro Woche, die Arbeitszeit dauerte von halb sieben bis fünf oder sechs Uhr, und einen Urlaub gab es auch noch nicht. Dazu kam, dass ein Kollege, ein Geselle, Mitglied der Sozialdemokratischen Partei war und als Gewerkschaftler angefangen hat, die Lehrlinge mal ein bisschen aufzuklären. Und dann war die ganze Atmosphäre so, dass man als Arbeiter gemerkt hat, ich bin unten, und die anderen, die sind oben. Die ganze revolutionäre Atmosphäre, die 1918 war, hat auch die Jugend beeinflusst. [...] Unsere Jugendarbeit bestand erstens mal darin, dass wir Jugendlichen selbst uns über unsere Probleme unterhalten haben, über die Arbeitsbedingungen, über eine bessere Gesellschaft. Wir sahen noch die Kriegskrüppel und die ganzen Kriegsfolgen, und wir haben natürlich nach einer besseren Welt getrachtet. Die Jugend ist ja immer sehr schnell zu begeistern, und so sind wir auch dafür eingetreten, dass es nicht wieder zu einem Krieg kommt.

Bettina Wenke (Hrsg.), Interviews mit Überlebenden. Verfolgung und Widerstand in Südwestdeutschland, Stuttgart 1980, S. 21 f.

1. *Erläutern Sie die Gründe, die Schätzle für die Politisierung von Teilen der Jugend nennt.*
2. *Schätzle war später Landtagsabgeordneter in Stuttgart und als Journalist tätig. Diskutieren Sie den Wert des Interviews als Quelle.*

Nr. 5 — Jahrgang 1918 Mittwoch, 20. November 1918 Preis 10 Pfg.

Die Rote Fahne

Zentralorgan des Spartacusbundes

Redaktion und Expedition: SW. 11, Königgrätzer Straße 40/41
Fernsprecher: Amt Lützow 4313 und 4314

Schriftleitung:
Karl Liebknecht und Rosa Luxemburg

Abonnementspreis monatlich 1.50 M.
Anzeigenpreis: die 7gespaltene Nonpareille-Zeile 75 Pf., im Reklameteil 3.00 M.
Kleine Anzeigen Ueberschriftszeile 30 Pf., jede weitere Zeile 15 Pf.

▲ *Die erste Ausgabe der „Roten Fahne" erschien am 9. November 1918.*

M3

Bürgerliche oder sozialistische Demokratie?

In der „Roten Fahne", dem „Zentralorgan des Spartacusbundes", schreibt Rosa Luxemburg am 20. November 1918:

Das heutige Idyll, wo Wölfe und Schafe, Tiger und Lämmer wie in der Arche Noah friedlich nebeneinander grasen, dauert auf die Minute so lange, bis es mit dem Sozialismus ernst zu werden beginnt. Sobald die famose Nationalversammlung wirklich beschließt, den Sozialismus voll und ganz zu verwirklichen, die Kapitalsherrschaft mit Stumpf und Stiel auszurotten, beginnt auch der Kampf. [...] All das ist unvermeidlich. All das muss durchgefochten, abgewehrt, niedergekämpft werden, – ob mit oder ohne Nationalversammlung. Der „Bürgerkrieg", den man aus der Revolution mit ängstlicher Sorge zu verbannen sucht, lässt sich nicht verbannen. [...]

Die Nationalversammlung ist ein überlebtes Erbstück bürgerlicher Revolutionen, eine Hülle ohne Inhalt, ein Requisit aus den Zeiten kleinbürgerlicher Illusionen vom „einigen Volk", von der „Freiheit, Gleichheit und Brüderlichkeit" des bürgerlichen Staates. [...]

Nicht darum handelt es sich heute, ob Demokratie oder Diktatur. Die von der Geschichte auf die Tagesordnung gestellte Frage lautet: *bürgerliche* Demokratie oder *sozialistische* Demokratie. Denn Diktatur des Proletariats, das ist Demokratie im sozialistischen Sinne. Diktatur des Proletariats, das sind nicht Bomben, Putsche, Krawalle, „Anarchie", wie die Agenten des kapitalistischen Profits zielbewusst fälschen, sondern das ist der Gebrauch aller politischen Machtmittel zur Verwirklichung des Sozialismus, zur Expropriation[1] der Kapitalistenklasse, – im Sinne und durch den Willen der revolutionären Mehrheit des Proletariats, also im Geiste sozialistischer Demokratie.

Ohne den bewussten Willen und die bewusste Tat der Mehrheit des Proletariats kein Sozialismus. Um dieses Bewusstsein zu schärfen, diesen Willen zu stählen, diese Tat zu organisieren, ist ein Klassenorgan nötig: das Reichsparlament der Proletarier in Stadt und Land.

Die Einberufung einer solchen Arbeitervertretung an Stelle der traditionellen Nationalversammlung der bürgerlichen Revolutionen ist an sich schon ein Akt des Klassenkampfes, ein Bruch mit der geschichtlichen Vergangenheit der bürgerlichen Gesellschaft, ein mächtiges Mittel zur Aufrüttelung der proletarischen Volksmassen, eine erste schroffe Kriegserklärung an den Kapitalismus.

Die Rote Fahne vom 20. 11. 1918

1. *Mit welchen Argumenten verwirft Rosa Luxemburg die Nationalversammlung? Welche Aussagen sind situationsbedingt, welche programmatisch?*
2. *Suchen und erläutern Sie Widersprüche in der Argumentation von Rosa Luxemburg.*
3. *Definieren Sie Rosa Luxemburgs Verständnis der Begriffe „Demokratie" und „Diktatur".*

---

[1] *Enteignung*

M4

Wie viel Sozialismus will das Volk?

Max Cohen-Reuß war von 1912 bis 1918 sozialdemokratischer Reichstagsabgeordneter und 1918/19 Vorsitzender des vom ersten Rätekongress im Dezember 1918 in Berlin gewählten Zentralrats der Arbeiter- und Soldatenräte. Auf dem Kongress setzt er sich mit dem Rätesystem auseinander.

In jedem Falle drücken die Arbeiter- und Soldatenräte nur einen Teilwillen, niemals aber den Willen des ganzen deutschen Volkes aus. Diesen festzustellen, darauf kommt es an. [...]
Wenn es so weiter geht wie bisher, dann wird unser gesamtes Wirtschaftsleben, das doch die Voraussetzung für den Wiederaufbau Deutschlands ist, lahm gelegt, ohne dass wir in der Lage sind, etwas Neues an seine Stelle zu setzen. [...] Ich glaube, dass wir eine geregelte Verwaltung in Deutschland nur durch die Nationalversammlung herstellen können, die uns die demokratische Verfassung gibt und das deutsche Reich wieder aufbaut und seine auseinander strebenden Teile zusammenhält. [...]
Parteigenossen, vergesst nicht, dass gerade in Russland der Bolschewismus das nicht fertig gebracht hat, was bei geordneten Verhältnissen, wenn man die alten Formen nicht zerschlagen hätte, erreicht werden konnte. In Russland hat man es nicht einmal fertig gebracht, die vorhandenen Rohstoffe, Flachs, Hanf usw. wirtschaftlich auszunutzen [...]. Weshalb ist das geschehen? – Weil man im Handumdrehen die neue Wirtschaftsordnung wie ein fertiges Gebäude an die Stelle des alten setzen wollte, weil man die alten Produktions- und Handelsformen zerschlagen hat, bevor die neuen funktioniert haben. Davor wollen wir uns bewahren [...].
Parteigenossen, man kann eben Sozialismus durch Gewalt und Dekrete nicht einführen; das hat uns das russische Beispiel gezeigt. Sozialisierung ist ein organischer Entwicklungs- und Umbildungsprozess, bei dem neue Wirtschaftsformen neben werdenden und auch alten Formen zusammen existieren werden. Wenn man aber diesen Entwicklungsprozess nicht in sorgsamster Weise fördert, kommt die Katastrophe. [...]
Es ist selbstverständlich, dass wir alle so viel Sozialismus wollen, wie durchführbar ist. Aber persönlich habe ich die Überzeugung, es wird nicht mehr Sozialismus durchführbar sein, als die Mehrheit des Volkes will. [...]
Parteigenossen, schätzen Sie wirklich bei ganz ruhiger, nüchterner Überlegung den Widerstand der bürgerlichen Kreise und der Intelligenz so gering ein, dass wir, wenn wir sie politisch entrechten, gegen ihren Willen die Wirtschaft führen können? [...]
Nehmen wir einmal an, wir hätten ein Rätesystem in Deutschland. Dieses Rätesystem würde [...] auf der Friedenskonferenz auf die äußersten Schwierigkeiten stoßen; denn man hat es auf der Friedenskonferenz mit Ländern zu tun, die seit Jahrhunderten die Demokratie im Innersten in sich aufgenommen haben, und die nicht so leicht mit einem Rätesystem verhandeln würden [...].
Und wie steht es denn in Wirklichkeit mit der so genannten Machtposition, die die Arbeiterräte ja im Augenblick doch nur auf die Gewalt, auf die Bajonette stützen können? [...] Da es sich – und das ist das Wesentliche dabei – um einen Kampf innerhalb der deutschen Parteigruppen handelt, muss es zum Bürgerkrieg kommen, und dass der Terror dann ganz von selbst kommt, ohne dass man ihn will, ist einleuchtend.
[...] im Interesse der neu aufzubauenden Menschheitsorganisation vom Standpunkt der Demokratie und des Sozialismus aus brauchen wir die Nationalversammlung, die den Willen des deutschen Volkes feststellt.

Gerhard A. Ritter und Susanne Miller (Hrsg.), Die deutsche Revolution 1918–1919. Dokumente, Frankfurt/Main 1983, S. 372–378

1. *Nennen und erörtern Sie die Gründe, warum sich Max Cohen-Reuß für die Wahlen zur Nationalversammlung einsetzt.*
2. *Erläutern Sie, welche Kompromisse Cohen-Reuß mit den alten Autoritäten schließt.*
3. *Diskutieren Sie, inwieweit sich die Vorstellungen von Rosa Luxemburg (➧ M 3) und Max Cohen-Reuß jeweils mit demokratischen Prinzipien vereinbaren lassen.*

Der Zusammenbruch

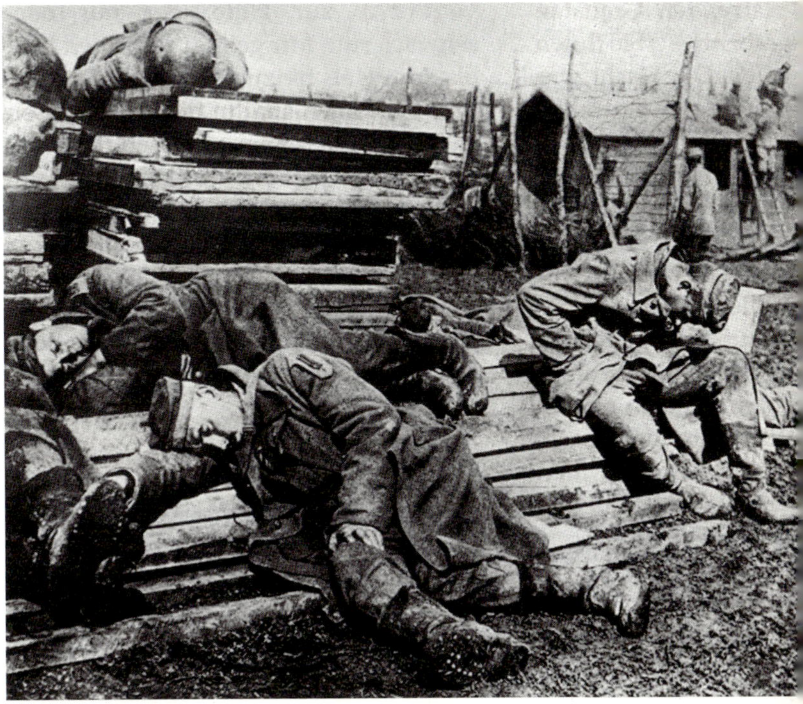

▲ *Deutsche Gefangene nach der Schlacht bei Amiens (8.–11. August 1918).*

Der Kriegsalltag ließ die vor allem vom Bürgertum getragene anfängliche Begeisterung rasch vergessen. Innerhalb der *Sozialdemokratischen Partei Deutschlands (SPD)* wandte sich eine *Gruppe Internationale* unter der Führung von *Rosa Luxemburg* und *Karl Liebknecht* entschieden gegen den ihrer Ansicht nach imperialistischen Eroberungskrieg. Anfang 1916 konstituierte sich aus dieser Gruppe linker Intellektueller der *Spartakusbund*. Im selben Jahr waren 20 Abgeordnete, die gegen weitere Kriegskredite gestimmt hatten, aus der SPD-Fraktion ausgeschlossen worden. Sie gründeten mit Gleichgesinnten im April 1917 die *Unabhängige Sozialdemokratische Partei Deutschlands (USPD)*.

Hunger und Kriegsmüdigkeit steigerten seit Anfang 1917 die Unzufriedenheit der Menschen, Demonstrationen und Streiks waren an der Tagesordnung. Gefordert wurden das Ende der Monarchien und des Krieges. Bei den großen Streikaktionen Anfang 1918 in der Rüstungsindustrie, bei denen in Berlin und anderen Großstädten über eine Million Arbeiterinnen und Arbeiter in den Ausstand traten, wurden die Forderungen nach innenpolitischen Reformen und nach Beendigung des Krieges immer lauter. Aber erst nach dem Scheitern der letzten großen Offensiven (März bis August 1918) gab die OHL[1] die Hoffnung auf einen Sieg auf und drängte Ende September die Regierung zum Abschluss eines sofortigen *Waffenstillstands*.

Das Eingeständnis der Niederlage durch die OHL traf die Mehrzahl der Politiker und die unvorbereitete Öffentlichkeit wie ein Schock. Ludendorff bemühte sich in der Folgezeit vor allem darum, die militärische Führung vom Makel der Niederlage freizuhalten. Er, der bisher ein Gegner jeglicher parlamentarischer Reformen gewesen war, forderte jetzt die Bildung einer von der Reichstagsmehrheit getragenen Regierung. Diese sollte die Verantwortung für die Waffenstillstandsverhandlungen und den Zusammenbruch übernehmen.

Als der Chef des Generalstabs, *Paul von Hindenburg*, vor einem parlamentarischen Untersuchungsausschuss, der die Ursachen des Zusammenbruchs klären sollte, die *Dolchstoßlegende* ins Leben rief, fand er große Resonanz bei der politischen Rechten, die damit einen Schuldigen für die Niederlage gefunden hatte: Die Heimat hatte den Soldaten an der Front die Unterstützung verweigert.

---

1) *Oberste Heeresleitung*

◀ *Revolutionäre Soldaten und Matrosen am Brandenburger Tor in Berlin, 9. November 1918.*

Der Kaiser geht, die Volksbeauftragten kommen

Als Ende Oktober 1918 Matrosen den Befehl der Seekriegsleitung verweigerten, für eine inzwischen militärisch sinnlose Schlacht auszulaufen, wurden sie festgenommen und in Kiel inhaftiert. Um die Freilassung der Kameraden zu erzwingen, bildeten sich Soldatenräte, die zu Massendemonstrationen aufriefen. Am 4. November war die Stadt in den Händen von etwa 40 000 Matrosen und Soldaten. Obwohl die spontanen Aktionen kriegsmüder Truppenteile nicht von langer Hand vorbereitet waren, breitete sich die revolutionäre Bewegung sehr schnell in den größeren Städten aus und führte in kurzer Zeit zum gewaltlosen Sturz der Monarchien in allen deutschen Staaten.
Am 9. November 1918 erreichte die Revolution Berlin. Hunderttausende marschierten durch die Straßen und forderten die sofortige Beendigung des Krieges und die Abdankung des Kaisers, der in ihren Augen das Haupthindernis für einen schnellen Friedensschluss war. Da der Kaiser sich jedoch bis zuletzt beharrlich weigerte, gab Reichskanzler *Max von Baden* gegen Mittag des 9. November auf eigene Verantwortung die Abdankung Wilhelms bekannt.
Sein Amt als Reichskanzler übertrug von Baden ohne verfassungsrechtliche Legitimation an *Friedrich Ebert*, den Vorsitzenden der Sozialdemokraten, die im Reichstag die stärkste Fraktion stellten. Während dieser die Entscheidung über die künftige Staatsform einer gewählten *Nationalversammlung* überlassen wollte, rief sein Parteifreund *Philipp Scheidemann* die „Deutsche Republik" aus. Er kam damit dem Spartakusführer Karl Liebknecht zuvor, der zwei Stunden später die „sozialistische Republik Deutschland" verkündete. Um der sich abzeichnenden Bildung einer sozialistischen *Räterepublik* zu begegnen, bemühte sich Ebert um eine Verständigung mit der USPD. Die beiden Parteien stellten am Morgen des 10. November auf paritätischer Grundlage den *Rat der Volksbeauftragten:* Ebert, Scheidemann, *Landsberg* von der SPD, *Haase*, *Dittmann* und *Barth* von der USPD.

Neue Regierung, alte Eliten

Nachdem der Rat der Volksbeauftragten die Führung im Staat übernommen hatte, bemühte sich Ebert darum, die Unruhen so schnell wie möglich zu beenden und die Regierungsgeschäfte bis zur Wahl der Nationalversammlung vorläufig zu führen. Dagegen versuchten vor allem die Spartakisten weiterhin, durch Demonstrationen und Straßenkämpfe die Bevölkerung für die Räterepublik zu gewinnen.
Um die innere Sicherheit zu gewährleisten, akzeptierte Ebert die Loyalitätserklärung, die General *Wilhelm Groener* am Abend des 10. November 1918 im Namen der OHL gegenüber der Regierung abgab. Groener versprach militärische Unterstützung bei Unruhen, erwartete jedoch als Gegenleistung den gemeinsamen „Kampf gegen den Radikalismus und *Bolschewismus*“[1]. Groener erhoffte sich damit für das Offizierskorps auch im neuen Staat einen Teil der Macht (so genanntes *Ebert-Groener-Abkommen*).
Neben der Übereinkunft mit der Reichswehr entschloss sich der Rat der Volksbeauftragten in der Folgezeit, die Bildung von privat gegründeten Selbstschutzverbänden, so genannten *Freikorps*, zu forcieren. Die Freikorps gehörten nicht zu den regulären Truppen. Ehemalige Berufssoldaten und Abenteurer, aber auch Studenten und Schüler, meist Männer, die kein Zuhause und keine Arbeit hatten oder nach dem Krieg den Weg ins bürgerliche Leben nicht mehr fanden, bildeten den Kern dieser Einheiten. Sie unterwarfen sich einer strengen Disziplin. Die meisten Verbände waren allerdings extrem antirepublikanisch und antikommunistisch. Im Sommer 1919 waren die Freikorps mit 250 000 Mann allen bewaffneten Organisationen überlegen.

Repräsentative oder direkte Demokratie?

In der ersten Novemberwoche 1918 waren in nahezu allen Großstädten Deutschlands Arbeiter- und Soldatenräte entstanden. Sie hatten sich spontan gebildet, ohne festes politisches Konzept und ohne überregionale Organisation. Häufig wurden Mitglieder der örtlichen Parteivorstände von SPD und des rechten Flügels der USPD gewählt. Die meisten Arbeiterräte orientierten sich weniger an der Theorie des Rätesystems als an den praktischen Aufgaben, die sich aus dem Zusammenbruch ergaben, wie Fragen der Lebensmittelversorgung und der öffentlichen Ordnung. Sie unterstützten den Rat der Volksbeauftragten und traten allgemein für die Demokratisierung von Militär, Verwaltung und Wirtschaft ein.
Als vom 16.–20. Dezember in Berlin der *Reichskongress der Arbeiter- und Soldatenräte* tagte, beließen die Delegierten die gesetzgebende und vollziehende Gewalt bis zur Einberufung der Nationalversammlung beim Rat der Volksbeauftragten. Der Antrag, am *Rätesystem* als Grundlage der Verfassung für eine sozialistische Republik festzuhalten, wurde mit großer Mehrheit abgelehnt. Mit etwa 400 gegen 50 Stimmen setzte der Kongress den Termin für die Wahl zur Nationalversammlung auf den 19. Januar 1919 fest.

Revolutionäre Unruhen

Vor und nach dem Kongress waren in Berlin Unruhen ausgebrochen: Am 23./24. Dezember bedrohte eine in Berlin stationierte Volksmarinedivision die Regierung. Ebert bat die OHL um Hilfe. Es kam zu einer blutigen Straßenschlacht, die letztendlich zum Austritt der USPD aus

---

[1] *Bezeichnung für die marxistisch-leninistische Lehre, die die Anführer der russischen Oktoberrevolution, die Bolschewiki, nach 1917 in ihrem Einflussbereich durchsetzten; der Begriff wurde vor allem zum Schlagwort der Gegner*

dem Rat der Volksbeauftragten führte. Die tiefere Ursache lag jedoch in der grundsätzlichen Differenz zwischen SPD und USPD über das „Ebert-Groener-Abkommen".
Am 30. Dezember 1918 trennte sich der Spartakusbund von der USPD und gründete am 1. Januar 1919 zusammen mit anderen linksradikalen Gruppierungen die *Kommunistische Partei Deutschlands (KPD)*. Die äußerste Linke forderte nun die sofortige Übernahme der Macht durch die Arbeiter- und Soldatenräte sowie den Verzicht auf die Einberufung der Nationalversammlung, in der sie den Versuch der bürgerlich-kapitalistischen Gesellschaft sah, die eigene Herrschaft zu retten.
Der spontan ausgebrochene *Spartakusaufstand* (5.–12. Januar 1919) einiger tausend Anhänger in Berlin fand nach schweren Straßenkämpfen unter den Gewehren von Regierungstruppen und den erstmals in Erscheinung tretenden Freikorps ein blutiges Ende. Rosa Luxemburg und Karl Liebknecht wurden verhaftet und am 15. Januar von Offizieren ermordet.

Die Parteien und die Wahl zur Nationalversammlung

Um die Stimmen bei den Wahlen zur Nationalversammlung am 19. Januar 1919 bewarben sich im Wesentlichen die Parteien, die sich nach 1848 und in der Zeit des Kaiserreichs in vier Hauptströmungen herausgebildet hatten.
Das war zum einen der sozialistische Flügel des Parteienspektrums, bestehend aus KPD, USPD (die sich 1922 auflöste) und SPD.
Der *Liberalismus* als zweite Gruppierung konnte die im letzten Drittel des 19. Jahrhunderts vollzogene Spaltung nicht überwinden. Hier bildete sich in Nachfolge der Fortschrittspartei die *Deutsche Demokratische Partei (DDP)*, die vor allem im Bildungsbürgertum, bei Kaufleuten, Beamten und Angestellten Unterstützung fand. Die Nationalliberalen hingegen schlossen sich mehrheitlich der *Deutschen Volkspartei (DVP)* an, die die Interessen der Großindustrie vertrat.
Die Konservativen fanden ihre Heimat in der *Deutschnationalen Volkspartei (DNVP)*, einem Sammelbecken für die alten Eliten aus Adel, Großgrundbesitz und höherem Bürgertum.
Das Zentrum, die Partei des politischen Katholizismus, bezog seine Anhängerschaft aus fast allen sozialen Schichten der Bevölkerung. Seine Wahlergebnisse blieben in der Zeit der Weimarer Republik vergleichsweise stabil.
Aus der Wahl zur Nationalversammlung ging die SPD als weitaus stärkste Partei hervor, während die USPD ein enttäuschendes Ergebnis hinnehmen musste. Die KPD hatte zum Boykott der Wahl aufgerufen und sich damit die Chance auf politische Mitgestaltung verbaut. Das Resultat zeigte, dass sich die deutschen Wähler eindeutig gegen das Rätesystem aussprachen. Auf Grund des Wahlergebnisses ergab sich ganz natürlich die Zusammenarbeit der drei größten Fraktionen, die schon während des Krieges als Mehrheitsparteien im Reichstag kooperiert hatten: SPD, Zentrum und DDP. Sie bildeten die so genannte *Weimarer Koalition*, die mit 76,1 % der Wählerstimmen eine Zweidrittelmehrheit hinter sich vereinigte (329 von insgesamt 421 Mandaten).

3.8 Die Weimarer Verfassung

6. 2. 1919
Die Nationalversammlung wird eröffnet

11. 2. 1919
Die Nationalversammlung wählt Friedrich Ebert zum ersten Reichspräsidenten

11. 8. 1919
Die Weimarer Reichsverfassung tritt in Kraft

▲ *Erstmals dürfen Frauen in Deutschland im Januar 1919 wählen.*

▲ *Wahlplakat von 1919.*

M1
Die Verfassung

Die Nationalversammlung nahm das neue Verfassungswerk mit 262 gegen 75 Stimmen aus DNVP, DVP und USPD am 31. Juli 1919 an. 86 Abgeordnete, die überwiegend den Mehrheitsparteien angehörten, waren bei den Abstimmungen nicht anwesend.

Art. 1. Das Deutsche Reich ist eine Republik. Die Staatsgewalt geht vom Volke aus. […]
Art. 13. Reichsrecht bricht Landrecht. […]
Art. 21. Die Abgeordneten sind Vertreter des ganzen Volkes. Sie sind nur ihrem Gewissen unterworfen und an Aufträge nicht gebunden.
Art. 22. Die Abgeordneten werden in allgemeiner, gleicher, unmittelbarer und geheimer Wahl von den über zwanzig Jahre alten Männern und Frauen nach den Grundsätzen der Verhältniswahl gewählt. […]
Art. 25. Der Reichspräsident kann den Reichstag auflösen, jedoch nur einmal aus dem gleichen Anlass. […]
Art. 48. […] Der Reichspräsident kann, wenn im Deutschen Reiche die öffentliche Sicherheit und Ordnung erheblich gestört oder gefährdet wird, die zur Wiederherstellung der öffentlichen Sicherheit und Ordnung nötigen Maßnahmen treffen, erforderlichenfalls mit Hilfe der bewaffneten Macht einschreiten. Zu diesem Zwecke darf er vorübergehend die in den Artikeln 114, 115, 117, 118, 123, 124 und 153[1)] festgesetzten Grundrechte ganz oder zum Teil außer Kraft setzen […].
Art. 54. Der Reichskanzler und die Reichsminister bedürfen zu ihrer Amtsführung des Vertrauens des Reichstags. Jeder von ihnen muss zurücktreten, wenn ihm der Reichstag durch ausdrücklichen Beschluss sein Vertrauen entzieht.
[…]
Art. 109. Alle Deutschen sind vor dem Gesetze gleich. Männer und Frauen haben grundsätzlich dieselben staatsbürgerlichen Rechte und Pflichten. Öffentlich-rechtliche Vorrechte oder Nachteile der Geburt oder des Standes sind aufzuheben. […]
Art. 118. Jeder Deutsche hat das Recht, innerhalb der Schranken der allgemeinen Gesetze seine Meinung durch Wort, Schrift, Druck, Bild oder in sonstiger Weise frei zu äußern. […]
Eine Zensur findet nicht statt […].
Art. 123. Alle Deutschen haben das Recht, sich ohne Anmeldung oder besondere Erlaubnis friedlich und unbewaffnet zu versammeln. […]
Art. 135. Alle Bewohner des Reichs genießen volle Glaubens- und Gewissensfreiheit. […]
Art. 143. Für die Bildung der Jugend ist durch öffentliche Anstalten zu sorgen. Bei ihrer Einrichtung wirken Reich, Länder und Gemeinden zusammen. […]
Art. 153. Das Eigentum wird von der Verfassung gewährleistet. Sein Inhalt und seine Schranken ergeben sich aus den Gesetzen.
Eine Enteignung kann nur zum Wohle der Allgemeinheit und auf gesetzlicher Grundlage vorgenommen werden.

Günther Franz (Hrsg.), Staatsverfassungen, 3. Auflage, München 1975, S. 192–222

1. *Nennen und erläutern Sie die Gründe dafür, dass der umfangreiche Grundrechtskatalog die Staatsmacht in Weimar nur sehr bedingt begrenzen konnte.*
2. *Finden Sie heraus, welche Folgerungen das Grundgesetz hinsichtlich der Sicherung der Grundrechte aus der Weimarer Verfassung gezogen hat.*

---

1) In diesen Artikeln ging es vor allem um die Freiheit der Person und ihres Eigentums, Unverletzlichkeit der Wohnung, Briefgeheimnis sowie um Meinungs-, Versammlungs- und Vereinigungsfreiheit.

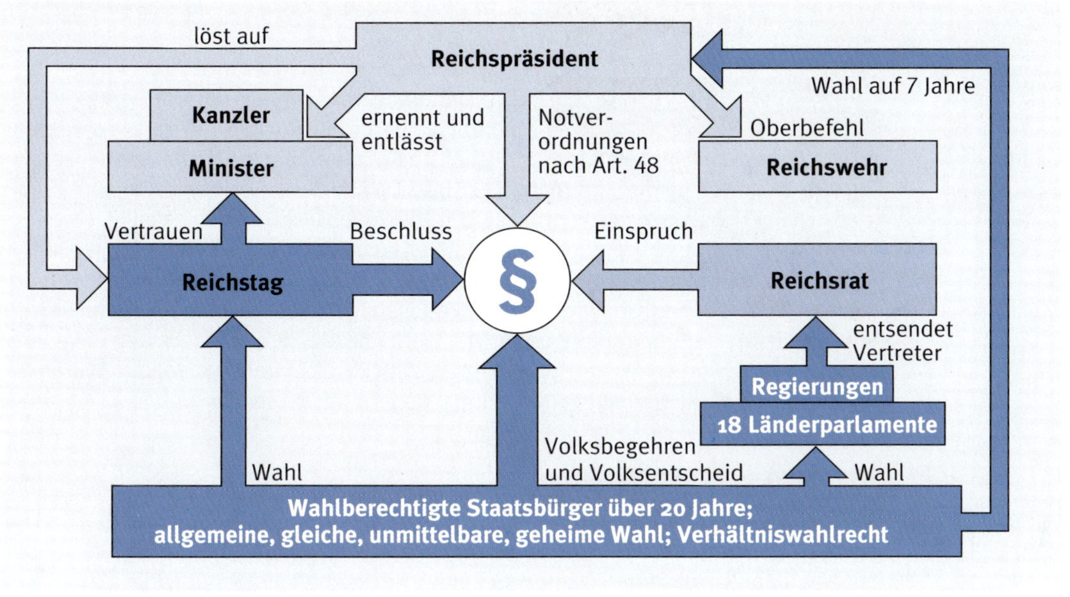

▲ *Die Weimarer Verfassung von 1919.*

- *Erstellen Sie nach dem Muster ein Organigramm des Staatsaufbaus der Bundesrepublik Deutschland, erläutern Sie die wesentlichen Unterschiede zwischen beiden Verfassungen.*
- *Vergleichen Sie die Weimarer Verfassung in wesentlichen Grundzügen mit der Verfassung von 1871 ➧ S. 118.*

M2

Haben die Frauen gesiegt?

Am 19. Februar 1919 hält die SPD-Abgeordnete Marie Juchacz als erste Frau in Deutschland eine Parlamentsrede.

Ich möchte hier feststellen und glaube damit im Einverständnis vieler zu sprechen, dass wir deutschen Frauen dieser Regierung nicht etwa in dem althergebrachten Sinne Dank schuldig sind. Was diese Regierung getan hat, das war eine Selbstverständlichkeit: Sie hat den Frauen gegeben, was ihnen bis dahin zu Unrecht vorenthalten worden ist.
Wollte die Regierung eine demokratische Verfassung vorbereiten, dann gehörte zu dieser Vorbereitung das Volk, das ganze Volk in seiner Vertretung. [...]
Durch die politische Gleichstellung ist nun meinem Geschlecht die Möglichkeit gegeben zur vollen Entfaltung seiner Kräfte. Mit Recht wird man erst jetzt von einem neuen Deutschland sprechen können und von der Souveränität des ganzen Volkes. Durch diese volle Demokratie ist aber auch zum Ausdruck gebracht worden, dass die Politik in Zukunft kein Handwerk sein soll. Scharfes, kluges Denken, ruhiges Abwägen und warmes menschliches Fühlen gehören zusammen in einer vom ganzen Volke gewählten Körperschaft, in der über das zukünftige Wohl und Wehe des ganzen Volkes entschieden werden soll. [...]
Ich möchte hier sagen, dass die Frauenfrage, so wie es jetzt ist in Deutschland, in ihrem alten Sinne nicht mehr besteht, dass sie gelöst ist. [...]
Aber damit begeben wir uns nun keineswegs des Rechts, anders geartete Menschen, weibliche Menschen zu sein. Es wird uns nicht einfallen, unser Frauentum zu verleugnen, weil wir in die politische Arena getreten sind und für die Rechte des Volkes mitkämpfen.

Die Gleichheit. Zeitschrift für Arbeiterfrauen und Arbeiterinnen Nr. 12, 14. 3. 1919, S. 1

1. *Erläutern Sie, was für Marie Juchacz (und für die meisten Frauen ihrer Generation) „weibliche" Politik bedeutet.*
2. *Wie begründet sie das Wahlrecht für Frauen?*
3. *Nehmen Sie Stellung zu ihrer Beurteilung der Entwicklung der Frauenfrage in Deutschland.*

Volkssouveränität

Die Nationalversammlung[1] kehrte dem politisch unruhigen Berlin den Rücken und trat am 6. Februar 1919 in Weimar zusammen. Ihre vordringlichste Aufgabe war die Schaffung einer vorläufigen Reichsgewalt für die „Übergangszeit" bis zur Wahl des 1. Reichstages (6. Juni 1920). Friedrich Ebert wurde am 11. Februar zum ersten *Reichspräsidenten* gewählt. Noch am selben Tag beauftragte er Philipp Scheidemann, eine Regierung zu bilden. Die Weimarer Nationalversammlung nahm das neue Verfassungswerk nach über fünfmonatigen Beratungen an. Erstmals in einer deutschen Verfassung musste das monarchische Prinzip dem Grundsatz der *Volkssouveränität* weichen: Alle Macht des Staates lag beim Volk als dem Inhaber der verfassunggebenden Gewalt. Repräsentant der Volkssouveränität war bis Juni 1920 die Nationalversammlung, danach der Reichstag.

Wahlrecht für Frauen

Schon während der Kriegsjahre waren vor allem Frauen aus der Arbeiterbewegung politisch aktiv gewesen und hatten sich an der Organisation von Streiks und Demonstrationen beteiligt. Nach der Revolution mischten sich auch bürgerliche Frauen, die der Rätebewegung misstrauisch gegenüberstanden, in das politische Geschehen ein und forderten ein parlamentarisches System. In dieser Situation lag es nahe, dass der Rat der Volksbeauftragten bei den Wahlen zur Nationalversammlung eine alte sozialdemokratische Forderung erfüllte: das aktive und passive Wahlrecht für Frauen. Mit einer Wahlbeteiligung von 82,3 Prozent machten die Frauen von ihrem neuen Recht regen Gebrauch. Von 310 Frauen, die 1919 kandidierten, wurden 41, das waren 9,6 Prozent der Abgeordneten, gewählt. Ein Anteil in dieser Höhe wurde erst wieder 1983 im zehnten Bundestag erreicht. Innerhalb der Parteien beharrten die männlichen Politiker aber weiterhin auf ihren führenden Positionen.

Der Wähler als Souverän

Um jede einzelne Stimme gleichermaßen zur Geltung zu bringen, entschied sich die Weimarer Verfassung für das *Verhältniswahlrecht*: Jede Partei erhielt für 60 000 gültige Stimmen ein Mandat zugesprochen. Eine Sperrklausel, die den kleinen Parteien den Zutritt zum Reichstag hätte verwehren können, gab es nicht. Da der Reichstag ein getreues Spiegelbild des Volkswillens sein sollte, galt der Wahlmodus als besonders gerecht und demokratisch. Dabei übersah man allerdings, dass Wahlen nicht bloß der demokratischen Gerechtigkeit dienen sollen. Das wesentliche Ziel, regierungsfähige Mehrheiten zu bilden, wurde in der Folge durch die Parteienvielfalt immer wieder erschwert, zumal auch bei den größeren Parteien kaum Bereitschaft zu Kompromissen vorhanden war.

Als Gegengewicht zum Reichstag führte die Weimarer Verfassung Elemente der *direkten Demokratie* ein: Volksbegehren und Volksentscheid. Die Staatsbürger sollten die Möglichkeit erhalten, sich durch Plebiszite[2] direkt an der staatlichen Willensbildung zu beteiligen. Die plebiszitäre Komponente der Verfassung konnte jedoch in der politischen Praxis ihre eigentliche Aufgabe, nämlich ein „Gegengewicht zum Parteienstaat" zu bilden, nicht verwirklichen. Vielmehr wurden Volksabstimmungen später von den Gegnern der Republik als Instrument der Manipulation der Massen missbraucht.

---

1) In der Nationalversammlung waren bei 423 Sitzen vertreten: die DNVP mit 43, die DVP mit 22, Zentrum bzw. Bayerische Volkspartei mit 90, DDP mit 75, SPD mit 175, USPD mit 22, Sonstige mit 7 Sitzen.
2) von lat. „plebis scitum": Volksbeschluss, Volksabstimmung

Die Verfassungsorgane

Neben dem Recht auf Gesetzgebung oblag dem Parlament nun auch die Kontrolle der Exekutive, was dem kaiserlichen Reichstag noch verwehrt geblieben war. Kanzler und Minister benötigten zu ihrer Amtsführung das Vertrauen des Reichstages, d.h. jeder von ihnen konnte durch einfaches *Misstrauensvotum* zum Rücktritt gezwungen werden. Es bestand dabei jedoch keine Pflicht, gleichzeitig mit der Abwahl des Kanzlers einen neuen Regierungschef zu wählen.

Mit besonderen Vollmachten war der Reichspräsident ausgestattet. Wie der Reichstag wurde er direkt vom Volk gewählt. Die Stimmen der Staatsbürger konzentrierten sich bei der Wahl des Reichspräsidenten jedoch auf *eine* Persönlichkeit, bei der des Parlaments hingegen auf Hunderte von anonymen Parteienvertretern. Das gab dem Amt des Reichspräsidenten mehr Bedeutung und Ansehen. Verstärkt wurde dies durch die siebenjährige Amtsdauer, die dazu führte, dass den häufig wechselnden Reichstagen (sieben bis 1933) und Regierungen (20) nur zwei Präsidenten gegenüberstanden.

Der ursprünglich nur zur Bekämpfung von Putschversuchen und schweren Unruhen vorgesehene *Artikel 48* (➧ M 1) wurde im Laufe der Jahre verstärkt zur Lösung wirtschaftlicher und sozialer Probleme herangezogen. Von den über 250 Anwendungen des Artikels 48 erließ Ebert bis Oktober 1924 allein 135. Sein Nachfolger, Paul von Hindenburg, setzte den Notverordnungs-Artikel von Juli 1930 bis März 1933 insgesamt 116-mal ein, meistens zur „Sicherung von Wirtschaft und Finanzen".

Die Grundrechte

Zu den klassischen liberalen Rechten wie Rechtsgleichheit, Freizügigkeit, Freiheit der Person, Recht der freien Meinungsäußerung, Glaubens- und Gewissensfreiheit, Petitionsrecht, Vereins- und Versammlungsfreiheit, Unverletzlichkeit der Wohnung und Briefgeheimnis traten in der Weimarer Verfassung neue soziale Rechte und Pflichten: Schutz des Staates für die Ehe und Familie, Gleichberechtigung der beiden Geschlechter, Fürsorge für kinderreiche Familien, Schutz der Jugend gegen Ausbeutung und Verwahrlosung, Trennung von Kirche und Staat, Recht auf Eigentum, aber auch die Möglichkeit der Enteignung zum Wohle der Allgemeinheit, staatliche Anerkennung der Arbeitnehmer- und Arbeitgeberorganisationen, Sorge für den notwendigen Unterhalt eines jeden Deutschen, soweit ihm eine „angemessene Arbeitsgelegenheit nicht nachgewiesen werden kann" (Art. 163).

Der wichtigen Aufgabe der Kontrolle von Staatsmacht konnte dieser Katalog nicht in vollem Umfang nachkommen, da viele Grundrechte in Krisenzeiten durch Artikel 48 außer Kraft gesetzt wurden. Außerdem konnten die Bürger noch nicht – wie später nach dem Grundgesetz – rechtliche Verletzungen durch die Staatsgewalt vor Gericht geltend machen.

Verfassung ohne Entscheidung

Die Weimarer Verfassung war der politischen Wirklichkeit nur wenig angemessen. Die Deutschen sollten eine Verfassung erhalten, die sie zum „freiesten Volk der Erde" machen würde. Dass Freiheit aber auch missbraucht werden konnte, wollten die Väter und Mütter der Verfassung nicht wahrhaben. Sie gaben der Republik eine wertneutrale Verfassung ohne normative Einschränkung, die den Gegnern der Demokratie von links und rechts die Möglichkeit bot, den Staat massiv zu bekämpfen. Die verantwortlichen Politiker sahen das Wesen der Demokratie ausschließlich in der Mehrheitsentscheidung, unabhängig davon, in welche Richtung sie ging.

3.9 Versailles und seine Folgen

18. 1. 1919
Die Friedenskonferenz beginnt

28. 6. 1919
Der Versailler Friedensvertrag wird unterzeichnet

▲ *Die neue kontinentaleuropäische Landkarte als Ergebnis der Pariser Friedenskonferenz. Jugoslawien hieß bis 1929 Königreich der Serben, Kroaten und Slowenen.*

- *Erläutern Sie die Konfliktfelder, die sich aus der Neuaufteilung ergeben haben.*
- *Diskutieren Sie, welche Konflikte noch heute aktuell sind.*

▲ *Plakat von Louis Oppenheim zu den Beschlüssen der Friedenskonferenz von Versailles. Lithografie, Berlin 1919.*

M1

Der Versailler Vertrag

Am 28. Juni 1919 unterzeichneten Außenminister Hermann Müller (SPD) und Verkehrsminister Johannes Bell (Zentrum) in Versailles den Friedensvertrag.

Art. 45. Als Ersatz für die Zerstörung der Kohlengruben in Nordfrankreich und als Anzahlung auf die von Deutschland geschuldete völlige Wiedergutmachung der Kriegsschäden tritt Deutschland das volle und unbeschränkte, völlig schulden- und lastenfreie Eigentum an den Kohlengruben im Saarbecken [...] mit dem ausschließlichen Ausbeutungsrecht an Frankreich ab. [...]

Art. 80. Deutschland erkennt die Unabhängigkeit Österreichs [...] an und verpflichtet sich, sie unbedingt zu achten.

Art. 81. Deutschland erkennt [...] die vollständige Unabhängigkeit der Tschechoslowakei an. [...]

Art. 87. Deutschland erkennt [...] die völlige Unabhängigkeit Polens an und verzichtet zugunsten Polens auf alle Rechte und Ansprüche auf das Gebiet [Posen und Westpreußen].

Art. 119. Deutschland verzichtet [...] auf alle seine Rechte und Ansprüche bezüglich seiner überseeischen Besitzungen.

Art. 160. Spätestens am 31. März 1920 darf [...] die gesamte Iststärke des Heeres der sämtlichen deutschen Einzelstaaten nicht mehr als 100 000 Mann, einschließlich der Offiziere und Depots, betragen. [...]

Art. 231. Die alliierten und assoziierten Regierungen erklären, und Deutschland erkennt an, dass Deutschland und seine Verbündeten als Urheber für alle Verluste und Schäden verantwortlich sind, die die alliierten und assoziierten Regierungen und ihre Staatsangehörigen infolge des ihnen durch den Angriff Deutschlands und seiner Verbündeten aufgezwungenen Krieges erlitten haben. [...]

Günter Schönbrunn (Bearb.), Weltkriege und Revolutionen 1914-1945, 5. Auflage, München 1995, S. 131-133

1. *Arbeiten Sie die wichtigsten Aussagen des Vertrages heraus.*
2. *Warum stieß in Deutschland vor allem der Art. 231 auf entschiedene Ablehnung aller Bevölkerungsschichten?*

M2
Wie soll man mit Deutschland umgehen?

David Lloyd George, der von 1916 bis 1922 englischer Premierminister war, äußert sich in einer Denkschrift, dem so genannten Fontainebleau-Memorandum vom März 1919, zu der Behandlung Deutschlands durch die Alliierten.

Man mag Deutschland seiner Kolonien berauben, seine Rüstung auf eine bloße Polizeitruppe und seine Flotte auf eine Stärke einer Macht fünften Ranges herabdrücken; dennoch wird Deutschland zuletzt, wenn es das Gefühl hat, dass es im Frieden von 1919 ungerecht behandelt worden ist, Mittel finden, um seine Überwinder zur Rückerstattung zu zwingen. [...] Die Erhaltung des Friedens wird davon abhängen, dass es keine Ursachen der Erbitterung gibt, von denen der Geist des Patriotismus, der Gerechtigkeit, der Ehrlichkeit im Völkerspiel aufgestachelt wird. [...]
Wenn Deutschland zu den Spartakisten überläuft, ist es unausbleiblich, dass Deutschland sich mit den russischen Bolschewisten zusammentut. Tritt das ein, so wird ganz Osteuropa in den Kreis der bolschewistischen Revolution verschlungen [...] Ich würde deshalb in den Vordergrund des Friedens die Versicherung stellen, dass wir Deutschland, sobald es unsere Bedingungen, besonders den Schadensersatz, annimmt, die Rohstoffe und die Märkte der Welt zu den gleichen Bedingungen, wie sie für uns selbst gelten, öffnen und alles Mögliche tun wollen, um dem deutschen Volk zu helfen, dass es wieder auf seine Füße kommt. Wir können nicht zugleich Deutschland verkrüppeln und erwarten, dass es uns bezahlt.
Schließlich müssen wir Bedingungen anbieten, die eine verantwortliche Regierung in Deutschland sich zutrauen kann auszuführen. [...]

Klaus Schwabe (Hrsg.), Quellen zum Friedensschluss von Versailles, Darmstadt 1997, S. 156–162

1. *Erläutern Sie die Argumentation Georges für einen „gerechten" Vertrag mit Deutschland.*
2. *Formulieren Sie mögliche Einwände des französischen Ministerpräsidenten Clemenceau gegen Lloyd Georges Ausführungen.*

M3
Chancen für den Frieden?

Der Historiker Peter Longerich geht auf die Chancen ein, die der Friedensvertrag der deutschen Politik bot.

Positiv zu verbuchen war, dass trotz erheblicher Gebietsverluste die Reichseinheit erhalten geblieben war, was nach der verheerenden Niederlage keineswegs als selbstverständlich hatte angenommen werden können. Zweitens stand Deutschland nicht mehr der geschlossenen Front der Kriegsgegner gegenüber: Im Gegenteil ergab sich die Chance, die tiefen Gegensätze, die nach der bolschewistischen Revolution zwischen Russland und den westlichen Siegermächten herrschten, zugunsten der deutschen Politik zu nutzen; und nach der Ablehnung der Ratifizierung des Versailler Vertrages durch das amerikanische Repräsentantenhaus und dem Abschluss eines deutsch-amerikanischen Friedensvertrages 1921 spielten die USA eher die Rolle eines Mittlers denn eines Siegers. Drittens eröffneten sich für die deutsche Außenpolitik vielfältige Möglichkeiten, gegenüber dem von Finnland bis Jugoslawien reichenden Gürtel kleiner, neu geschaffener Staaten eine Führungsrolle zu übernehmen. Viertens sprach der Zeitfaktor für eine allmähliche Lockerung der harten und diskriminierenden Friedensbestimmungen, etwa hinsichtlich der Bewaffnung und der Reparationen. Die mittel- und langfristigen Perspektiven der deutschen Politik sahen demnach keineswegs nur düster aus – vor allem wenn man sie mit der Sackgasse verglich, in die die wilhelminische „Weltpolitik" 1914 geführt hatte. Eine solche Betrachtungsweise lag aber außerhalb der seinerzeit vorherrschenden nationalistischen Selbsttäuschung.

Peter Longerich, Deutschland 1918–1933. Die Weimarer Republik, Hannover 1995, S. 100

1. *Erläutern Sie die Chancen, die der Vertrag nach Ansicht des Autors den Deutschen bot.*
2. *Nennen Sie Gründe dafür, dass es in Deutschland keine Mehrheit gab, die den Friedensvertrag positiv sehen wollte.*

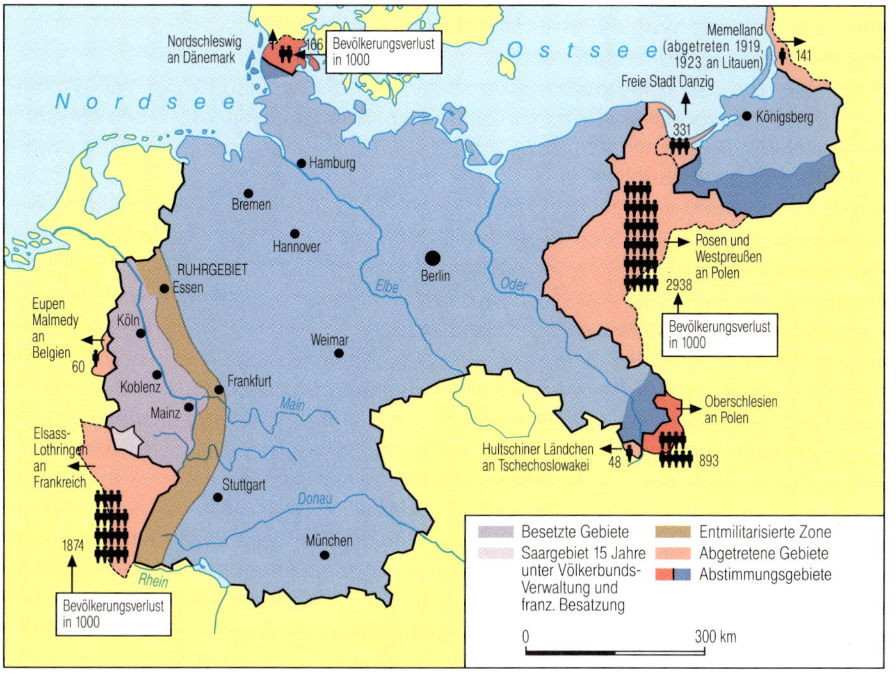

▲ *Deutschland nach dem Versailler Vertrag.*

Die Siegermächte

Am 18. Januar 1919 wurde in Paris die Friedenskonferenz ohne Beteiligung der Besiegten eröffnet. Die wichtigsten Entscheidungen traf der Rat der Vier: *Woodrow Wilson* (USA), *David Lloyd George* (Großbritannien), *Georges Clemenceau* (Frankreich) und *Vittorio Orlando* (Italien).

Lloyd George ging es in erster Linie um die Annexion der deutschen Kolonien. In den Fragen der Grenzveränderungen Deutschlands trat er häufig dem französischen Hegemonialstreben entgegen, auch im Sinne der Erhaltung des Gleichgewichts auf dem Kontinent. Außerdem sollte Deutschland als ein leistungsfähiger Kunde und Lieferant des britischen Handels erhalten bleiben. Clemenceaus Ziel war es, Deutschland möglichst dauerhaft zu schwächen, um Frankreich Sicherheit vor dem bevölkerungsmäßig und industriell überlegenen Nachbarn zu verschaffen. US-Präsident Wilson sah sich häufig als Vermittler zwischen Siegern und Besiegten.

Territoriale Bestimmungen

Am 7. Mai 1919 wurde der deutschen Delegation das fertige Vertragswerk mit seinen insgesamt 440 Artikeln in Versailles vorgelegt. Die deutschen Vertreter durften sich nur schriftlich innerhalb von 14 Tagen dazu äußern und erreichten im Ergebnis auch praktisch keine Verbesserung. Unter dem Druck eines alliierten Ultimatums musste schließlich die Nationalversammlung die Regierung zur Unterschrift ermächtigen.

Deutschland verlor durch Abtretungen Grenzgebiete von über 70 000 km^2 (13 % des Staatsgebietes) sowie rund 6,6 Millionen Menschen (10 % der Bevölkerung). Natürlich musste es das 1871 annektierte Elsass-Lothringen wieder an Frankreich zurück-

geben. Den größten Anteil bekam allerdings Polen. Es erhielt fast ganz Posen und Westpreußen, Teile Hinterpommerns und Ostpreußens (M 1 und Karte S. 157).
Das kohlereiche Saarland wurde für 15 Jahre unter die Verwaltung des Völkerbunds gestellt, ehe eine Volksabstimmung über die künftige Staatszugehörigkeit entscheiden sollte. Die Gebietsverluste schwächten Deutschlands Wirtschaft erheblich. Rund 20% des Bergbaus und der Eisenindustrie und 15% der landwirtschaftlichen Erzeugung gingen verloren.

„Diktatfrieden"?

Die Bestimmungen des Friedensvertrages lösten in der deutschen Öffentlichkeit, wo man auf einen milden „Wilson-Frieden"[1] gehofft hatte, einen psychologischen Schock aus. Vor allem der Artikel 231 des Vertragswerkes, der so genannte *Kriegsschuldartikel*, wurde in Deutschland als moralische Ächtung des ganzen Volkes empfunden. Hier hatte die emotionalisierende Wirkung des gesamten Vertrages ihre tief greifende Ursache, denn nach wie vor glaubte die Bevölkerung an die Einkreisung durch neidische Mächte und an die erzwungene Reaktion des Reiches im Jahre 1914.
Den Politikern, die sich unter dem Druck der Verhältnisse bereit erklärt hatten, die Unterschrift zu leisten, gestanden anfänglich alle Parteien ehrenhafte Motive zu. Doch schon bald hetzten die rechten Gruppen gegen die *„Erfüllungspolitiker"*, denen sie „Verrat an Deutschland" vorwarfen.
Für die Alliierten besaß der Kriegsschuldartikel nicht diese in Deutschland so vehement in den Vordergrund gerückte moralische Kategorie. Er bedeutete für sie in erster Linie die juristische Anspruchsgrundlage für die geforderten *Reparationszahlungen*, deren Höhe nach Ermittlung aller Kriegsschäden festgelegt werden sollte. Außerdem erwarteten die Menschen in den Siegerstaaten, die ebenfalls schwere Opfer auf sich genommen hatten, jetzt eine angemessene Bestrafung des Gegners und Entschädigung für sich selbst. Vor allem in den Augen vieler Franzosen behandelte der Vertrag Deutschland noch zu milde.

1) Der amerikanische Präsident Thomas Woodrow Wilson hatte am 8. Januar 1918 einen „14 Punkte"-Plan vorgestellt, in dem er seine Vorstellungen von den Grundlagen einer zukünftigen Friedensordnung in Europa formulierte. Diese sollte auf dem Selbstbestimmungsrecht der Völker und dem Autonomie- und Nationalitätenprinzip basieren.

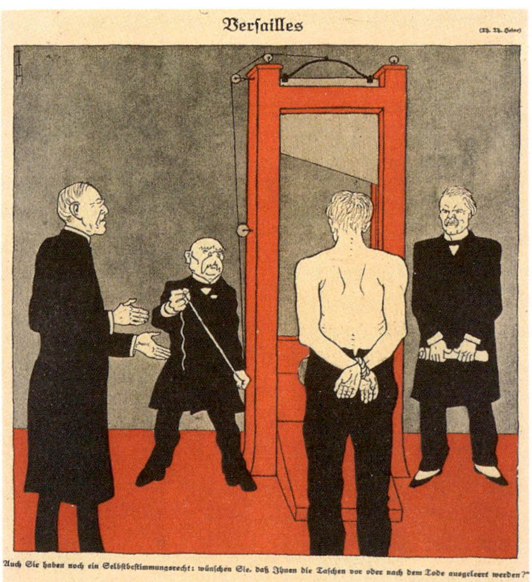

„Auch Sie haben ein Selbstbestimmungsrecht: Wünschen Sie, dass Ihnen die Taschen vor oder nach dem Tode ausgeleert werden?" So sahen nicht nur der Karikaturist Thomas Theodor Heine, sondern die meisten in Deutschland die Friedensbedingungen von Versailles. Dargestellt sind David Lloyd George, George Clemenceau und Woodrow Wilson.
Karikatur aus dem „Simplicissimus" vom 3. Juni 1919.

3.10 Die umkämpfte Republik

▲ *Zeichnung von George Grosz, 1922. Karl Helfferich, Finanzfachmann, war seit 1920 Mitglied des Reichstags für die DNVP und trat als Kritiker der „Erfüllungspolitik“ auf; Joseph Wirth war 1921/22 Reichskanzler.*

- *Interpretieren Sie die Zeichnung und ordnen Sie die Zitate in den politischen Kontext ein.*
- *Nehmen Sie Stellung zu der verwendeten Sprache.*

13.–16.3.1920
Der Kapp-Lüttwitz-Putsch scheitert

26.8.1921
Die „Organisation Consul“ ermordet den ehemaligen Reichsfinanzminister Matthias Erzberger

24.6.1922
Die „Organisation Consul“ ermordet den Reichsaußenminister Walther Rathenau; zwei Tage später folgt eine Verordnung des Reichspräsidenten zum Schutz der Republik

8./9.9.1923
Der Hitler-Putsch in München scheitert

M1

Die Republik hat noch nicht gesiegt

Der Schriftsteller Stefan Zweig (1881–1942) meldet sich am 5. Dezember 1918 mit einem Zeitschriftenbeitrag zu Wort.

Ich will versuchen, etwas deutlich zu sagen, was man vorerst nicht gerne wird wissen wollen, obwohl es jeder weiß. Dass nämlich in Deutschland die Republik noch nicht da ist, sondern nur ihre Form. Zunächst ist nichts anderes geschehen, als dass der monarchische Gedanke besiegt ist; deshalb hat die Republik noch nicht gesiegt. Das Volk ist des verhängnisvollen Irrtums gewahr, der es seit 45 Jahren täglich in die Knie gedrückt hat. Nun ist es aufgestanden. Aber es geht noch nicht den neuen Weg: Es weiß ihn noch nicht. Die Republik ist da, aber noch kein republikanisches Bewusstsein. Das Volk weiß, das deutsche, dass es seine alte Staatsform hasst. Aber es liebt, es versteht nur mit seiner Hoffnung, seiner Erwartung die neue, die republikanische, es liebt sie mit einer idealistischen, aber noch nicht mit einer wissenden Liebe. Dieses – das republikanische Bewusstsein – muss erst geschaffen werden; nichts tut mehr Not für die nächsten Stunden, nächsten Wochen, nächsten Jahre. Die Republik darf nicht dem Volke umgestülpt werden von außen, es muss von innen in sie hineinwachsen. Redet euch nicht ein, dies sei damit geschehen, dass ein paar Hoflieferantenschilder überklebt sind, und dass eine rote Fahne auf dem Berliner Schlosse weht. Das zeigt nur, dass die Autokratie[1)] besiegt ist, nicht den innerlichen Sieg der Republik.
Ich konstatiere dies ruhig und klar: Wir haben die Republik als Staatsform, als Form des Ganzen. Noch nicht als Geist des Einzelnen, als Bewusstseinsinhalt. Es ist besser, dies nicht zu leugnen. Denn wie kläglich wäre ein Umspringen über Nacht aus einem Extrem ins andere: Unsere Linkspolitiker freilich sind ja Virtuosen in diesem Sprung über den Abgrund des Gewissens, aber das Volk ist bedächtiger geworden. Es hat zu viel Leidenschaft verbraucht. Es hat die Republik als eine Hoffnung auf Rettung in dem ungeheuren Elend genommen wie eine Arznei. Betrügen wir uns nicht: Es war nicht der Geist, der Glaube, die Überzeugung, die jene Wandlung bewirkten, sondern die Not, der Hass, die Erbitterung.

Herbert Michaelis und Ernst Schraepler (Hrsg.), Ursachen und Folgen. Vom deutschen Zusammenbruch 1918 und 1945 bis zur staatlichen Neuordnung Deutschlands in der Gegenwart. Eine Urkunden- und Dokumentensammlung zur Zeitgeschichte, 3. Band, Berlin o. J., S. 226 f.

1. *Erläutern Sie das Mentalitätsproblem, das Stefan Zweig sieht.*
2. *Vergleichen Sie den Text Zweigs mit der Karikatur von Heine (➧ S. 164). Suchen Sie nach Gemeinsamkeiten und Gegensätzen in der jeweiligen Bewertung.*
3. *Setzen Sie die Aussagen des Textes in Bezug zu Problemen, die bei der deutschen Wiedervereinigung von 1990 auftraten.*

1) unumschränkte Alleinherrschaft

M2

Die Politik als Spaltpilz der Reichswehr

Am 4. November 1923 richtet General von Seeckt einen Aufruf an die Reichswehr.

Solange in der Reichswehr innere Disziplin und unerschütterliches Vertrauen zu ihren Führern lebt, solange kann kein Feind des Staates etwas ausrichten, solange wird die Hoffnung auf ein freies und großes Deutschland nicht erlöschen. […] Unser Lebensinteresse ist es, […] dass wir den Parteikampf, der alle übrigen Kräfte Deutschlands zerreißt, aus dem Heere ausschließen, dass wir nur den überparteilichen staatlichen Notwendigkeiten dienen und uns weder durch den Hass

▲ *General Hans von Seeckt war von 1920 bis 1926 Chef der Heeresleitung und prägte den „Geist der Armee".*

noch durch die Lockungen der politischen Richtungen von dieser Bahn abbringen lassen. Diese staatlichen Notwendigkeiten zu erkennen und durchzusetzen, ist aber allein Sache der obersten Führung. Die Ehre des Soldaten liegt nicht im Besserwissen und Besserwollen, sondern im Gehorsam. Deshalb warne ich in dieser Stunde alle Angehörigen der Reichswehr vor jenen, die Zwietracht in ihre Reihen zu tragen suchen und unter dem Mantel schöner Ziele Misstrauen gegen die Vorgesetzten säen. Eine Reichswehr, die in sich einig und im Gehorsam bleibt, ist unüberwindlich und der stärkste Faktor im Staate. Eine Reichswehr, in die der Spaltpilz der Politik gedrungen ist, wird in der Stunde der Gefahr zerbrechen. Ich ersuche alle Kommandeure, ihre Untergebenen auf die schweren Gefahren einer solchen Entwicklung hinzuweisen und jeden Reichswehrangehörigen, der sich politisch zu betätigen sucht, sofort aus der Truppe zu entfernen.

Otto-Ernst Schüddekopf (Hrsg.), Das Heer und die Republik. Quellen zur Politik der Reichswehrführung 1918-1933, Frankfurt/Main 1955, S. 104

1. *Erläutern Sie, welche Rolle die Reichswehr nach Seeckts Auffassung im Staat spielen soll.*
2. *Arbeiten Sie heraus, welche Aufgabe dabei dem einzelnen Soldaten zukommt. Nehmen Sie dazu Stellung.*
3. *Worin sieht Seeckt die große Gefahr für das Heer? Welche Konsequenzen zieht er daraus?*

M3

Die Reichswehr – ein „Staat im Staate"?

Am 26. Mai 1925 kommentiert der SPD-Abgeordnete Daniel Stücklen im Reichstag die Entwicklung der Reichswehr.

Wir haben heute ein Heer der Republik, das, wie ich feststellen will, diesem Staate dient, dessen Leitung erklärt, wir stehen auf dem Boden der Verfassung; aber das schließt natürlich nicht aus, dass wir, wenn die Verfassung geändert, ein anderes Staatswesen aufgezogen wird, dann auch dem neuen Staatswesen dienen.

Es sind aber [...] recht deutliche Anzeichen dafür vorhanden, dass die Entwicklung der Reichswehr dahin geht, eine Art Staat im Staate zu werden. Das war das, was früher bei den Verhandlungen über die Reichswehr im Hauptausschuss und im Plenum dieses Hauses immer wieder betont wurde, eine gewisse Abgeschlossenheit, ein Korpsgeist, der zur Abgeschlossenheit führen musste und letzten Endes bewirkte, dass die alte Armee wirklich ein Staat im Staate war, mit einem eigenen Ehrbegriff, ihrem eigenen Strafkodex, mit einem Wort eine Menge Einrichtungen, die von den Einrichtungen der zivilen Bevölkerung losgelöst waren. Im Hauptausschuss wurde darauf hingewiesen, dass die Anzeichen für eine solche Entwicklung abermals vorhanden seien. Die Gefahr ist umso größer, als früher der Soldat nur zwei Jahre diente und nach zwei Jahren in die Massen des Volkes zurücktrat, aus denen er gekommen war. Heute dient der Reichswehrsoldat zwölf Jahre[1]. Zwölf Jahre verlebt er in einer ganz anderen Umwelt. Er ist ganz anderen Einflüssen und Eindrücken preisgegeben; das führt letzten Endes dazu, dass eine gewisse Entfremdung nicht vermieden werden kann.

Wolfgang Michalka und Gottfried Niedhard (Hrsg.), Die ungeliebte Republik. Dokumente zur Innen- und Außenpolitik Weimars 1918–1933, München 1992, S. 220

1. *Erläutern Sie den Begriff „Staat im Staate".*
2. *Vergleichen Sie M 3 mit M 2. Erörtern Sie Unterschiede und Übereinstimmungen.*
3. *Informieren Sie sich darüber, wie bei der Gründung der Bundeswehr nach dem Zweiten Weltkrieg den von Stücklen angesprochenen Problemen begegnet wurde.*
4. *Diskutieren Sie, inwiefern beide Quellen sich hinsichtlich ihrer Betrachterperspektive unterscheiden.*

[1] *Die Armee der Weimarer Republik war eine reine Berufsarmee.*

▲ *Karikatur von Thomas Theodor Heine aus dem „Simplicissimus", 21. März 1927. Der Untertitel lautet: Sie tragen die Buchstaben der Firma – aber wer trägt den Geist?*

Die ungeliebte Republik

Friedensvertrag und Verfassung brachten der ersten deutschen Republik nicht die erhoffte innenpolitische Beruhigung. Extreme Linke und Rechte strebten nicht nach Regierungsverantwortung innerhalb der vorgegebenen Verfassungsordnung, sondern bekämpften mit allen Mitteln den Parlamentarismus.

Viele Deutsche, die dem pompös-militaristischen Auftreten der Führungsschichten des Kaiserreiches nachtrauerten, vermochten die neue Staatsform innerlich nicht zu akzeptieren. Auch in der Beamtenschaft besaß die Republik keine Stütze. Wegen des Mangels an qualifizierten Fachleuten unterblieb eine umfassende Demokratisierung der Bürokratie. Der alte obrigkeitsstaatliche Justiz- und Verwaltungsapparat aus dem Kaiserreich wurde ohne nennenswerte personelle Veränderungen übernommen. In ihrer großen Mehrzahl blieben die Beamten konservativ-monarchisch gesinnt.

Nach der Unterzeichnung des Versailler Friedensvertrages häuften sich Attentate radikaler Rechter auf die „Erfüllungspolitiker". Mord wurde zum Mittel der politischen Auseinandersetzung. Illegale Nachfolgeorganisationen der verbotenen Freikorps agierten unter Tarnnamen weiter. Das national gesinnte Bürgertum brachte den brutalen Ausschreitungen häufig sogar Verständnis entgegen und verhalf Attentätern zur Flucht. Wurde doch einmal ein Täter vor Gericht gestellt, konnte er mit weitgehendem Entgegenkommen der Justizbehörden für seine „nationale Tat" rechnen. Das brachte den Vorsitzenden der SPD, *Otto Wels*, zu der Aussage: „Die Justiz in unserem Lande ist ein Skandal. ... Die in ihr betätigte Reaktion unterdrückt die Grundfesten der Republik."

Die Reichswehr als „Staat im Staate"

Die Regierung hatte den an den Ostgrenzen des Reiches kämpfenden Freikorps die Übernahme in die Reichswehr zugesagt. Dieses Versprechen konnte wegen der durch den Versailler Vertrag verfügten Truppenreduzierung nicht eingehalten werden; Freikorpssoldaten und ihre Offiziere fühlten sich betrogen. Eine rechtsextreme Gruppe um *General Ludendorff* und *Wolfgang Kapp* sammelte unzufriedene Soldaten hinter sich.

Die meisten Reichswehrkommandeure standen zwar dem so genannten Kapp-Lüttwitz-Putsch (13.–16. März 1920) ablehnend gegenüber, weigerten sich allerdings, die Armee einzusetzen. Angeblich wollten sie verhindern, dass Reichswehreinheiten aufeinander schießen müssten. In aller Deutlichkeit zeigte sich, wie reserviert die Armee der Republik gegenüberstand. Bisher war die Reichswehr ausschließlich gegen Putschversuche von links zum Einsatz gekommen und hatte sich dabei mit aller Härte durchgesetzt. Jetzt, da die Republik zum ersten Mal von rechts bedroht war, trat die Reichswehr nicht für ihren Schutz ein.

Mit dem Ebert-Groener-Abkommen hatte die Regierung die Chance vergeben, sich die bewaffnete Macht unterzuordnen. Damit lag die Zukunft der Armee in der Hand von Männern, die der alten Ordnung anhingen und deren vorrangiges Ziel es war, die Reichswehr als „Staat im Staate" aufzubauen. Forderungen nach einer stärkeren parlamentarischen Kontrolle lehnten sie als Versuch einer unzulässigen Politisierung ab.

Der Hitler-Putsch in München

In Bayern erfreute sich die Republik von Weimar von Anfang an keiner großen Beliebtheit. Ursachen dafür waren sowohl der Verlust bayerischer Sonderrechte in der neuen Verfassung als auch die Ereignisse der Revolutionswirren vom Frühjahr 1919 in München. „Das christliche, nationale Bayern gegen das verjudete, marxistische Berlin", lautete das Motto in München, wo eine große Zahl von vaterländischen Gruppen Bayern zu einem Sammelbecken der rechten Kräfte in Deutschland machte. Eine der auffälligsten Gruppen war die *Nationalsozialistische Deutsche Arbeiterpartei (NSDAP)* unter ihrem Vorsitzenden *Adolf Hitler*. Mit gehässigen Reden gegen die Republik und maßloser Hetze gegen die Juden machte Hitler die NSDAP bald zum Tagesgespräch in München.

Im Herbst 1923 war das Verhältnis Bayerns zum Reich besonders gespannt, weil Bayern aus Furcht vor einem Übergreifen der Unruhen im Ruhrgebiet sowie in Sachsen und Thüringen einen eigenen Generalstaatskommissar mit diktatorischen Vollmachten ernannt hatte und, verfassungswidrig, alle in Bayern stationierten Teile der Reichswehr auf den bayerischen Staat vereidigte. Hitler wollte die Situation nutzen und den schon länger geplanten „Marsch nach Berlin" durchführen. Bei einer Versammlung bayerischer Prominenz am 8. November 1923 erklärte Hitler im Münchener Bürgerbräukeller den Ausbruch der „nationalen Revolution" und die Absetzung der Reichsregierung. Als sich seine wichtigsten Verbündeten noch in derselben Nacht von diesem Putsch distanzierten, versuchte er am folgenden Tag gemeinsam mit General Ludendorff, durch einen Demonstrationszug zur Feldherrnhalle die Bevölkerung für seine Umsturzpläne zu gewinnen. Doch die Landespolizei stoppte den Zug mit Waffengewalt; es gab Tote und Verwundete.

Den Verantwortlichen machte man vor dem Münchener Volksgerichtshof den Prozess. Der populäre Ludendorff wurde freigesprochen; Hitler erhielt fünf Jahre Festungshaft in Landsberg, wurde jedoch bereits nach neun Monaten wieder entlassen. Während der Haftzeit entstand der erste Teil seines Buches *„Mein Kampf"*. Nach der Entlassung änderte Hitler nicht sein Ziel, sondern nur die Taktik. Anstatt durch Putsch wollte er nun auf legalem Wege die Regierung übernehmen.

Die Scheinblüte der Republik

Nach der Wiedereinführung einer festen Währung legte der *Dawes-Plan*[1] die Grundlage für eine relative Stabilisierung der Gesellschaft zwischen 1924 und 1929. Der Plan regelte erstmals die Reparationsfrage und sorgte für eine fünfjährige Entlastung der Staatsfinanzen sowie für umfangreiche amerikanische Kredite. Die Wirtschaft und die öffentliche Hand investierten, und ein Aufschwung begann. Diese Investitionswelle war begleitet von der Einführung moderner Produktionstechniken. Sie steigerten zwar die Arbeitsproduktivität (und förderten damit den Anschluss des Reiches an die anderen Industriestaaten), ließen aber zugleich die Arbeitslosenzahlen steigen. Trotzdem wurde der Sozialstaat weiter ausgebaut: Am 16. Juli 1927 führte man z. B. die gesetzliche Arbeitslosenversicherung ein, es folgte die Ausdehnung der sozialstaatlichen Leistungen auf Kranken-, Renten- und Unfallversicherung sowie der Rechtsanspruch auf Sozialhilfe.

---

[1] *Im April 1924 legte ein Sachverständigungsausschuss unter der Leitung des amerikanischen Bankiers Charles Dawes ein Gutachten zur Reparationsproblematik vor. Danach musste das Reich jährlich 2,5 Milliarden Goldmark an die Siegermächte zahlen, allerdings erst ab 1928/29 in voller Höhe.*

In jenen Jahren fanden die Deutschen unter Außenminister *Gustav Stresemann* auch wieder internationale Anerkennung. Höhepunkt dieser Phase war die Aufnahme in den Völkerbund[2].

Weniger die wirtschaftliche und politische Entwicklung jener Jahre blieben in Erinnerung als vielmehr das freie, ungewöhnlich produktive, ja teilweise ungezügelte Kulturleben dieser so genannten „goldenen Zwanziger". Sie brachten vor allem den Durchbruch der modernen Massenkultur, die von den neuen Massenmedien wie Rundfunk und Film geprägt wurden.

---

2) 1919 gegründete internationale Organisation zur Wahrung des Friedens und zur Zusammenarbeit aller Völker mit Sitz in Genf

Grundbegriff: Reichswehr und Bundeswehr ⋯ Die Armee des Kaiserreiches unterstand unmittelbar dem Monarchen und war weitgehend der parlamentarischen Kontrolle entzogen. Das Militär war „ein abgesonderter Körper, [...] in den niemand mit kritischen Augen hineinsehen" durfte (Wilhelm von Hahncke).
Auch nach dem Zusammenbruch des Kaiserreiches blieb die Reichswehr in der Hand von Offizieren, die der alten Ordnung anhingen. Ihr erklärtes Ziel war es, die Soldaten vom „Spaltpilz" Politik fern zu halten und die Armee als „Staat im Staate" aufzubauen. Die Forderungen nach einer stärkeren parlamentarischen Kontrolle lehnte General Hans von Seeckt, 1920-1926 der Chef der Heeresleitung, als unzulässige Politisierung ab. Die Reichswehr unterstand zwar dem Oberbefehl des Reichspräsidenten, sollte aber ein zuverlässiges Instrument in der Hand ihrer Offiziere und nicht der häufig wechselnden Regierungen sein.
1934 wurden alle Offiziere und Soldaten nicht mehr auf den Staat, sondern auf den „Führer und Reichskanzler" Adolf Hitler persönlich vereidigt. Nicht zuletzt dadurch wurde die Wehrmacht ein willfähriges Instrument der nationalsozialistischen Expansionspolitik. Dennoch beriefen sich später mehrere Offiziere auf „preußische" Tugenden wie Disziplin und Verantwortungsbewusstsein und traten gegen Hitler in Opposition (➧ S. 252 f.). Einige davon bezahlten es mit dem Leben.
Nach dem Zweiten Weltkrieg betonte die Bundesrepublik bei der Einführung der Bundeswehr (1955) das Konzept der „Inneren Führung": Statt nur zu gehorchen, durfte und sollte der Untergebene nun – in Grenzen – sein persönliches Urteil und seine Verantwortung in die Entscheidungen einbringen. Grundgedanken waren dabei der „Staatsbürger in Uniform" und die Integration der Streitkräfte in die demokratische Gesellschaft. Nun wurde die Armee vollständig der Kontrolle des Parlaments unterstellt, das seither über die personelle und finanzielle Ausstattung der Truppen, die Einstellung von Soldaten zum Staat und den Einsatz der Bundeswehr in Notsituationen oder militärischen Auseinandersetzungen wacht.

3.11 Die Weltwirtschaftskrise

1929
Der Zusammenbruch der New Yorker Börse löst eine weltweite Wirtschaftskrise aus

1931
Die zweitgrößte deutsche Bank, die „Darmstädter und Nationalbank“, bricht zusammen

1932
6,1 Millionen Menschen sind im Deutschen Reich arbeitslos gemeldet

▲ *Arbeitslosenschlange im Hof des Arbeitsamtes Hannover. Foto von Walter Ballhans, um 1930.*

M 1

Einkommenssteuerpflichtige 1914–1937 in Südwestdeutschland

In den Dreißigerjahren galt ein Jahreseinkommen von ca. 600 Reichsmark als Existenzminimum, das nicht mehr besteuert werden konnte.

	Baden				Württemberg			
Jahr	**1914**	**1920**	**1925**	**1934**	**1914**	**1920**	**1925**	**1934**
Steuerpflichtige	474 426	701 913	156 861	72 402	791 480	1 066 961	197 230	109 998
Bevölkerungsanteil in Prozent	21,3	31,8	6,8	3,0	31,3	42,4	7,6	4,0
Einkommen je Steuerpflichtigem	2 380	10 693	2 901	4 159	1 836	7 887	2 872	4 535

Willi A. Boelcke, Sozialgeschichte Baden-Württembergs 1800–1989, Stuttgart 1989, S. 374

1. *Kommentieren Sie die Entwicklung der Zahlen. Ziehen Sie Rückschlüsse auf den Staatshaushalt.*
2. *Vergleichen Sie die Daten von Baden und Württemberg. Suchen Sie Gründe für Unterschiede.*
3. *Statistiken bestehen einerseits aus offenen Kriterien, anderseits beruhen sie meist auf Faktoren, die nicht ersichtlich werden. Suchen Sie nach solchen Faktoren, die die Zahlen verändert haben könnten.*

M2

Arbeitslosigkeit in ausgewählten Ländern 1927–1936 (in Prozent)

Hinweis: Die Daten können nur eine grobe Einschätzung liefern. Sie wurden aus unterschiedlicher Literatur zusammengestellt und unterscheiden sich hinsichtlich ihrer Erhebungsart.

Jahr	Deutsches Reich*	Frankreich	Großbritannien	USA
1927	6,2	11,0	9,7	5,9
1928	6,3	4,0	10,8	6,4
1929	8,5	1,0	10,4	4,7
1930	14,0	2,9	16,1	13,0
1931	21,9	6,5	21,3	23,3
1932	29,9	15,4	22,1	34,0
1933	25,9	14,1	19,9	35,3
1934	13,5	13,8	16,7	30,6
1935	10,3	14,5	15,5	28,4
1936	7,4	10,4	13,1	23,9

Praxis Geschichte 2, 2003, S. 31

* *Als arbeitslos wurde nur gezählt, wer Anspruch auf staatliche Unterstützung hatte. Verlor ein Arbeitnehmer im Deutschen Reich seinen Arbeitsplatz, bekam er ein Jahr lang eine monatliche Unterstützung. Hörte diese auf, wurde er in den amtlichen Statistiken nicht mehr als arbeitslos geführt. Die offiziellen Zahlen beschönigen somit den tatsächlichen Zustand.*

Stellen Sie die deutschen Arbeitslosenzahlen in den internationalen Kontext.

M3
Arbeitslos – und dann?

Ein anonymer Betroffener beschreibt 1930 in der „Arbeiter-Illustrierten-Zeitung" seine persönliche Situation.

Du hast eines Tages den berühmten „blauen Brief" erhalten; man legt auf deine Arbeitskraft kein Gewicht mehr, und du kannst dich einreihen in die große „graue Masse" der toten Hände und überflüssigen Hirne, denn die Maschine ersetzt dich, und jüngere Arbeitskräfte leisten für weniger Geld deine Arbeit. [...]
Was dir zunächst als persönliches Schicksal und individuelles Unglück erscheint auf dem Arbeitsnachweis[1], wo du dich zunächst melden musst, damit du später (nach der zufrieden stellenden Beantwortung von über 300 Fragen auf X Fragebögen) die Erwerbslosenfürsorge in Anspruch nehmen kannst, auf dem Arbeitsnachweis merkst du: wie dir geht es tausenden. [...] Hier beginnt dein Leidensweg. Man fragt dich aus, wo du in den letzten vier Jahren beschäftigt warst, du musst deinen Lebenslauf schreiben, den Besuch der Schulen angeben, schreiben, warum du entlassen worden bist usw. [...] Nach peinlicher Befragung erhältst du deine Stempelkarte und gehst damit los zur Erwerbslosenfürsorge. Und hier setzt man dir mit Fragen zu, bis du keinen trockenen Faden mehr am Leibe hast. Dass du lebst, glaubt man dir noch, aber wo du in den letzten drei Jahren gelebt hast, musst du aufgrund polizeilichen Stempels und amtlicher Unterschrift nachweisen. [...] Normalerweise hast du drei bis vier Tage zu tun, um alle Papiere beisammen zu haben, und dann kriegst du Unterstützung? So schnell geht das nicht! Erst wenn dein Antrag geprüft und von X Beamten unterschrieben ist, kannst du im günstigsten Fall nach vierzehn Tagen dein erstes Geld holen. [...]
Deine Unterstützung richtet sich nach deinem Arbeitsverdienst in den letzten 26 Wochen. Aber ganz gleich, ob du 8,80 Mk oder 22,05 Mk (Höchstsatz) als Lediger pro Woche erhältst, die paar Pfennige sind zum Leben zu wenig und zum Sterben zu viel. 26 Wochen darfst du stempeln und Unterstützung beziehen, dann steuert man dich aus, und du kommst in die Krisenfürsorge, deren Sätze erheblich niedriger sind. Und nach weiteren 26 oder 52 Wochen erhältst du gar nichts mehr und gehörst zu den gänzlich Unterstützungslosen.

[1] *Erfassungsstelle für Arbeitslose*

▲ *Otto Dix, Streichholzhändler II, 1926.*

Wochenschau für politische Erziehung, Sozial- und Gemeinschaftskunde, 48 (1997) 1, S. 33

1. *Beschreiben Sie die Hindernisse, die eine Arbeitslose oder ein Arbeitsloser zu überwinden hatten, bevor sie Unterstützung bekamen. Finden Sie heraus, was die Betroffenen heute tun müssen.*
2. *Diskutieren Sie, welche Auswirkungen Arbeitslosigkeit auf die politische Einstellung der betroffenen Personen haben kann.*

M4
Jugend ohne Zukunft?

Die Sozialwissenschaftlerin Gertrud Staewen-Ordemann erörtert in einer 1933 veröffentlichten Studie die spezielle Arbeitslosen-Problematik jüngerer Menschen.

Wissen wir, was das heißt, dass nach der Statistik vom Januar 1932 sich unter den Millionen Arbeitsloser 900 000 Jugendliche unter 21 befinden? Wissen wir, dass wir erst nach Jahren dieses nationale Unglück ganz werden ermessen können und erst dann ganz erfahren und erleben werden, was es heißt, dass da ein Heerhaufen steht, in Abhängigkeit und Hilflosigkeit einer gesellschaftlichen Katastrophe gegenüber, die ihn zwingt, kaputtzugehen. Kaputtzugehen nicht nur wirtschaftlich, auch in jeder anderen Beziehung, weil es weit über die seelischen und geistigen Möglichkeiten jedenfalls der jungen Ungelernten geht, untätig dazustehen und Herr über die unbegrenzte Freiheit in der Verwendung der freien Zeit zu bleiben.

[...] Die ungelernte Arbeit an sich ist auch Schicksal, aber da wusste man doch wenigstens, dass sie zum Geldverdienen da war; aber die Arbeitslosigkeit ist ganz unverstandenes Schicksal, aus der Gesellschaft hereinbrechendes blindes Schicksal, das nur noch zerstört. Es entspricht dem Typus des jungen Ungelernten, dass er nur selten in der Lage ist, Ursachen und Gründe für dieses Schicksal Arbeitslosigkeit angeben zu können. [...]

Die häufigsten Gründe, die für wachsende Arbeitslosigkeit angegeben wurden, sind: die brotlos machende Maschine, die Frauenarbeit, der Zuzug von „Fremden", Rationalisierung und Überstunden. Übrigens fand ich weder bei Ungelernten noch bei Gelernten jemals ein Nachdenken darüber, ob nicht das werktätige Volk sich den entscheidenden Schlag und eine schwere Schädigung der Solidarität selbst beigebracht hat dadurch, dass es nicht alle ihm zur Verfügung stehenden Machtmittel aufgeboten hat, um von unten her, von jedem Betrieb, von jedem Büro ausgehend, zu verhindern, sich auseinander spalten zu lassen in zwei Klassen: in Noch-Erwerbende einerseits und in Erwerbslose und Abgebaute andererseits. [...]

Es ist selbstverständlich, dass in dieser Schicht junger Menschen die wirtschaftliche Not vor allen anderen Zerstörungen der Arbeitslosigkeit gesehen wird. Man gebe sich aber keinem Zweifel darüber hin, dass es sich bei der Arbeitslosigkeit Jugendlicher, besonders wenn sie zur Dauererwerbslosigkeit ausartet, außerdem um die Erschütterung viel entscheidenderer Sicherungen handelt. Obgleich die Bindung an proletarische oder gar bürgerliche Tradition in diesen Schichten weithin gelockert ist, hat sich doch ein verborgenes Wissen davon erhalten, dass elementares Gebot für den Menschen ist, sich sein Brot durch Arbeit zu verdienen und dass die zur Selbstachtung des Menschen als notwendig erkannte Vollwertigkeit des Menschen damit zusammenhängt, dass er sich an seinem soziologischen Ort eingereiht vorfindet. Verliert er die Arbeit, verliert er somit nur allzu oft allen äußeren und inneren Halt, den die Gebundenheit an Arbeitsstelle, Arbeitskollegen, an Gewerkschaften und an seine Familie ihm geboten hat.

Gertrud Staewen-Ordemann, Menschen der Unordnung. Die proletarische Wirklichkeit im Arbeitsschicksal der ungelernten Großstadtjugend, Berlin 1933, S. 81–84

1. *Nehmen Sie Stellung zu den im Text genannten Gründen für die Jugendarbeitslosigkeit. Vergleichen Sie diese Aussagen mit der aktuellen Diskussion.*
2. *Prüfen Sie, welche politische Bedeutung diesen Einschätzungen zukam.*

Ursachen der amerikanischen Wirtschaftskrise

Die überragende Stellung der USA in der Weltwirtschaft und der kräftige Aufschwung fanden 1929 ein unerwartet schnelles Ende. Es folgte die schwerste Wirtschaftskrise seit Beginn der industriellen Revolution.
Die Prosperitätsphase der Zwanzigerjahre hatte an der New Yorker Aktienbörse ein hektisches Spekulationsfieber ausgelöst. Viele Anleger kauften Wertpapiere auf Kredit, um sie nach einem Kursanstieg wieder Gewinn bringend veräußern zu können. In wenigen Jahren vervierfachte sich der Wert vieler Aktien und übertraf damit den tatsächlichen Wert der Unternehmen bei weitem. Am 24. Oktober 1929 und noch einmal am 29. Oktober brach die Börse zusammen, manche Papiere verloren bis zu 90% ihres Wertes.
Was waren die Gründe? Während die Kaufkraft der Bevölkerung in den Zwanzigerjahren nur um 9% gestiegen war, schnellte die Produktion der Betriebe und des Agrarsektors in die Höhe. Im Industriebereich wurde die Überproduktion eine Zeit lang durch zahlreiche Ratenkaufverträge verschleiert. Hingegen musste die Landwirtschaft die wachsenden Überschüsse mit sinkenden Preisen „bezahlen“. Als immer mehr Farmer ihre Hypothekenzinsen nicht tilgen konnten, gerieten kleine und mittlere Banken in Zahlungsschwierigkeiten. Panikreaktionen von Anlegern, die aus Angst um ihre Ersparnisse die Geldinstitute stürmten oder ihre Aktien verkauften, verschärften die Liquiditätsprobleme. Das gesamte amerikanische Wirtschaftssystem brach zusammen.

▲ *Die Fotografin Dorothea Lange dokumentierte im Auftrag der amerikanischen Regierung die Folgen der Rezession der 1930er-Jahre: Eine Frau, die ihre Farm verlassen musste, lebt mit ihren Kindern in einem Zelt.*

Die Krise in den USA wirkte sich angesichts der internationalen Wirtschaftsverflechtungen zwangsläufig auch auf andere Länder aus. Um zahlungsfähig zu bleiben, zogen die amerikanischen Banken ihre kurzfristigen Kredite wieder aus Europa ab. Außerdem erhöhten Präsident *Herbert C. Hoover* und andere Regierungen zum Schutz der eigenen Industrien drastisch die Importzölle. Die dadurch ausgelöste Drosselung des Welthandels sowie das in Europa fehlende Kapital für Neuinvestitionen lösten einen Flächenbrand aus. Aus der „Great Depression“ wurde die *Weltwirtschaftskrise*.
Anders als in Europa löste die wirtschaftliche Depression in den USA jedoch keine Krise des demokratischen Systems aus. Das „New Deal“-Programm des seit 1933 amtierenden Präsidenten *Franklin D. Roosevelt* sah eine Fülle von Einzelmaßnahmen vor, die langfristig zur Stabilisierung führten. Dazu gehörten u.a. staatliche Beschäftigungsprogramme, Subventionen und eine stärkere staatliche Aufsicht im Bankenwesen.

Die Auswirkungen der Weltwirtschaftskrise auf Deutschland

Im Deutschen Reich war es bereits Ende 1928 zu einem Konjunkturrückgang gekommen und die Zahl der registrierten Arbeitslosen auf 1,89 Millionen im Jahresdurchschnitt gestiegen. Ein Jahr später griff die Weltwirtschaftskrise auf Deutschland über. Die Lage verschlechterte sich rapide. Steigende Arbeitslosenzahlen senkten die Kaufkraft der Bevölkerung und die Steuereinnahmen des Staates erheblich. Die geringere Nachfrage führte zu weiteren Produktionsdrosselungen und erneuten Entlassungen. So drehte sich die verhängnisvolle Spirale immer weiter (▶ M 1, M 2).
Erschwerend kam hinzu, dass Deutschland wegen der Folgekosten des Ersten Weltkriegs in hohem Maße auf den Export und auf ausländische Kredite angewiesen war. Deshalb traf die weltweite Depression das Deutsche Reich besonders heftig, als das Ausland 1931 verstärkt seine kurzfristigen Kredite zurückzog. Viele deutsche Banken, die längerfristige Investitionsprogramme der Industrie finanziert hatten, kamen in Zahlungsschwierigkeiten (Bankenkrach). Nach dem Zusammenbruch der zweitgrößten deutschen Bank, der *Darmstädter und Nationalbank (Danat)*, zahlten alle Banken nur noch in begrenztem Umfang Gelder aus.
1932 erreichte die Krise ihren Höhepunkt. Die industrielle Produktion ging auf die Hälfte des Standes von 1928 zurück. Im Februar meldeten sich 6,128 Millionen Beschäftigte arbeitslos. Wahrscheinlich lag die tatsächliche Zahl höher, so dass in Deutschland nahezu jede zweite Familie unter der Wirtschaftskrise zu leiden hatte. Viele kleine und mittlere Unternehmer verloren ihre Betriebe durch Konkurs. Angestellte und Arbeiter brachte die Arbeitslosigkeit in große Not. Die Unterstützung für Arbeitslose bewegte sich bereits am Rande des Existenzminimums. Trotzdem wurde sie ab Juni 1932 noch einmal gekürzt. Wer dann nach einem Jahr keine Unterstützung mehr erhielt, konnte lediglich auf die örtlichen Wohlfahrtsverbände hoffen. Ein Gefühl der Unsicherheit machte sich breit, das über die unmittelbar Betroffenen hinaus die gesamte Bevölkerung erfasste. Die allgemeine Katastrophenstimmung schürte die Anfälligkeit für radikale Patentrezepte von rechts und links.

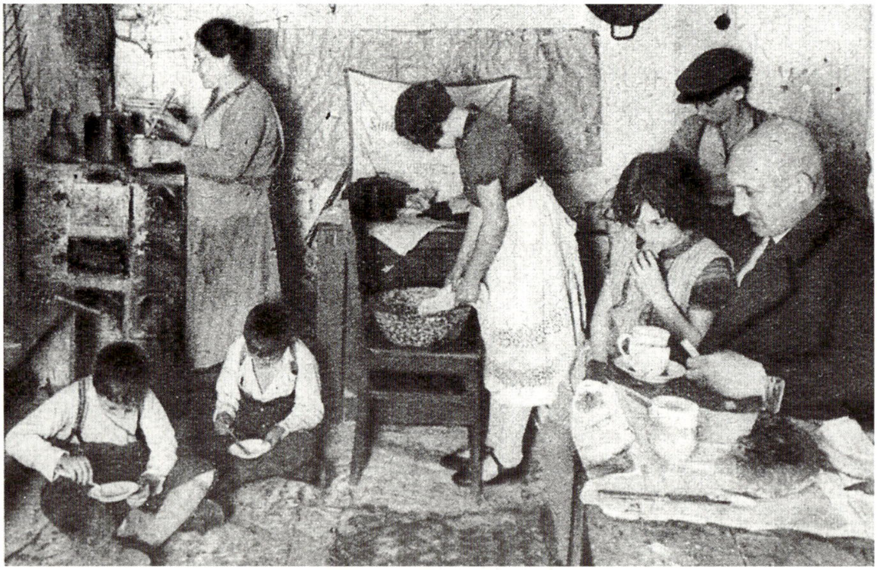

▶ *Stuttgarter Wohnküche um 1920. Foto aus der sozialdemokratischen Zeitungsbeilage „Volk und Zeit“.*

3.12 Die Auflösung der Republik

▲ *John Heartfield (1891–1968), Das tote Parlament, Plakat von 1930. Heartfield, eigentlich Helmut Herzfelde, arbeitete als Grafiker und Bühnenbildner in Berlin. Seit 1918 Mitglied der KPD, setzte er seine Arbeiten, vor allem die Fotomontagen, für den politischen Kampf gegen Faschismus und Krieg ein. 1933 emigrierte er über Prag nach Großbritannien. Von 1950 bis zu seinem Tod lebte und arbeitete er in der DDR.*

ab 29.3.1930
Heinrich Brüning regiert als Kanzler des ersten Präsidialkabinetts mit Notverordnungen, ohne Mehrheit im Parlament

14.9.1930
Reichstagswahl mit deutlichem Stimmenzuwachs der radikalen Parteien

31.7.1932
Die NSDAP wird bei den Reichstagswahlen zur stärksten Partei

30.1.1933
Adolf Hitler wird Reichskanzler

Hoher Standpunkt

„Lächerlich diese Parteiparolen: ‚Der Feind steht rechts', ‚Der Feind steht links' —. Für 'n überparteiliches Adels-Kabinett jibt's bloß die Devise ‚Der Feind steht unten'!"

◀ *Karikatur von E. Schilling aus dem Simplicissimus, 1932.*

M1

Schleichers Konzept eines Präsidialkabinetts

General Kurt von Schleicher, der zum engsten Beraterkreis Hindenburgs gehörte, versuchte bereits lange vor dem Bruch der Großen Koalition Heinrich Brüning für seine Idee eines Präsidialkabinetts zu gewinnen. Heinrich Brüning (1885-1970) war von 1924 bis 1933 als Zentrumspolitiker Mitglied des Reichstages, ab 1929 Fraktionsvorsitzender. Vom 30. März 1930 bis zum 30. Mai 1932 bekleidete er das Amt des Reichskanzlers. In seinen Memoiren beschreibt er ein Treffen mit Schleicher.

Die verabredete Unterhaltung mit Schleicher fand nach Ostern 1929 in seiner Wohnung am Matthäikirchplatz beim Frühstück statt. [...]

Der Reichspräsident sehe die Gefahr, dass die ganze Innen- und Außenpolitik im Sumpfe verlaufe. Er sei entschlossen, zusammen mit der Reichswehr und den jüngeren Kräften im Parlament die Dinge vor seinem Tode in Ordnung zu bringen. Ich fragte, ob der Reichspräsident das mit oder ohne Parlament machen wolle. Darauf Schleicher: Der Reichspräsident würde nicht die Verfassung verletzen, aber er würde das Parlament im gegebenen Augenblick für eine Zeit aus dem Hause schicken und in dieser Zeit mit Hilfe des Artikels 48 die Sache in Ordnung bringen.

Brüning: „Wie lange schätzen Sie die für die Reform notwendige Zeit ein?"

Schleicher: „Na, in sechs Monaten muss man das schaffen. [...] Denken Sie nicht, dass wir die Monarchie im Handumdrehen wieder einführen wollen. Selbstverständlich muss man sich überlegen, was man tut beim Tode des Feldmarschalls."

Meine Antwort: „Mich stört die Frage der Wiedereinführung der Monarchie nicht, aber die Dinge, die gemacht werden müssen in Bezug auf die Ordnung der Finanz- und Sozialpolitik, werden so unpopulär sein, dass man die Monarchie damit nicht belasten darf. Ich halte es [...] für möglich, die notwendigen Reformen auf diesen Gebieten schrittweise mit der jetzigen Mehrheit zu machen [...]. Dann stimmen wir darin überein, dass die Monarchie unter keinen Umständen im Kampfe gegen die Masse der geschulten Arbeiterschaft eingeführt werden darf. Die Monarchie muss am Ende der Reformen stehen. Der Artikel 48 ist zur Änderung oder Umbiegung der Verfassung nicht zu gebrauchen."

Schleicher: „Das geht zu weit. Der Feldmarschall will nicht sterben, ohne diese Frage gelöst zu haben. Wir haben im Reichswehrministerium Gutachten von Kronjuristen gesammelt, die beweisen, dass man in Fortbildung der Praxis den Artikel 48 auch zur Verfassungsänderung gebrauchen kann."

Brüning: „Ich kann mit Ihnen in diesem Punkt nicht übereinstimmen, aber schicken Sie mir diese Gutachten, und ich werde sie prüfen. Ich halte die Anwendung des Artikels 48 auf allen Gebieten des Wirtschafts- und Soziallebens für möglich, aber ich halte es für ausgeschlossen, dass man eine längere Frist, selbst in diesen Dingen, ausschließlich mit dem Artikel 48 regieren kann."

Ich fürchtete, die Wirtschaftskrise würde gewaltige Ausmaße annehmen. Mit dem Artikel 48 konnte man die Dinge höchstens ein Jahr lang meistern. Dann war der Artikel 48 eine stumpfe Waffe geworden. Daher bat ich ihn, seinen Einfluss geltend zu machen, dass die Reformen zunächst mit dem Parlament gemacht würden.

Heinrich Brüning, Memoiren 1918-1934, Stuttgart 1970, S. 145 ff.

1. *Arbeiten Sie Schleichers Vorschläge heraus und nehmen Sie unter verfassungsrechtlichen Gesichtspunkten dazu Stellung.*
2. *Erörtern Sie, welche Gefahren eine zu lange Anwendung des Artikels 48 mit sich brachte.*
3. *Stellen Sie fest, welche Lehren die Mütter und Väter des Grundgesetzes aus der Weimarer Verfassung gezogen haben im Hinblick auf*
   a) die Stellung des Parlaments,
   b) die Stellung des Reichspräsidenten.

M2

„Nicht unser Staat"

Der sozialdemokratische Reichstagspräsident Paul Löbe (1875-1967) berichtet in seinen Lebenserinnerungen vom Stil der parlamentarischen Arbeit nach den Reichstagswahlen von 1930.

Einige Jahre konnte der Reichstag wieder ordnungsmäßig arbeiten. Als aber 1930 das deutsche Volk 107 Nationalsozialisten neben 77 Kommunisten in den Wallot-Bau[1)] entsandte und 40 deutschnationale Hugenbergianer[2)] ihre schützende Hand über die Nazis hielten, brach der Sturm aufs Neue los. Äußerste Rechte und äußerste Linke warfen sich die Bälle zu, unterstützten gegenseitig ihre Obstruktionsanträge[3)], begleiteten die jeweiligen Schimpfkonzerte ihrer Antipoden mit tosendem Beifall und versuchten durch unsinnige und demagogische Anträge die Arbeit des Parlaments und der Regierung lahm zu legen.

Auch dort, wo es zu äußerlichen Störungen nicht kam, sorgte oft eine durchtriebene Unehrlichkeit dafür, die Volksvertretung zu diskreditieren. Bei einer Reichshaushaltsberatung stellten die Kommunisten eine Reihe von Anträgen, unsympathische Steuern und Abgaben aufzuheben oder herabzusetzen, so dass bei Annahme dieser Anträge die Reichseinnahmen von zehn Milliarden auf sechs vermindert worden wären. Bei dem Ausgabenetat kamen dann so viel populäre Anträge auf Rentenerhöhungen, Wohnhausbauten, Erweiterung des Kreises der Versorgungsberechtigten, dass die Ausgaben des Etats von zehn auf 14 Milliarden steigen mussten. Als ich den kommunistischen Wortführer fragte, woher die Mittel für eine solche Wirtschaft kommen, wie das Defizit von acht Milliarden gedeckt werden sollte, erwiderte er kaltschnäuzig, darüber könne sich ja die Regierung den Kopf zerbrechen, „es ist ja nicht unser Staat, sondern der eure". Genauso unehrlich war die Taktik der nationalsozialistischen Fraktion. Sie beantragte, dass niemand im Reich mehr als tausend Mark Monatseinkommen beziehen sollte, dachte aber gar nicht daran, selbst diesen Grundsatz zu befolgen, sondern wollte mit solch demagogischen Anträgen nur die anderen Parteien in Verlegenheit bringen [...].

Günter Schönbrunn (Bearb.), Weltkriege und Revolutionen, 5. Auflage, München 1995, S. 249

1. *Beschreiben Sie, wie Radikale von links und rechts die parlamentarische Arbeit lahm legten.*
2. *Diskutieren Sie, welche Wirkung diese Parlamentsarbeit auf die Öffentlichkeit haben musste.*
3. *Lebenserinnerungen sind zwar aus unmittelbarem Erleben heraus geschrieben, aber meistens mit zeitlichem Abstand. Außerdem sind sie natürlich subjektiv und für einen bestimmten Adressatenkreis gedacht. Diskutieren Sie ihren Nutzen und Nachteil als historische Quelle (vgl. auch Methoden-Baustein, S. 102f.).*

---

1) *Gemeint ist der Reichstag, den der Architekt Paul Wallot (1841–1912) entwarf.*
2) *Alfred Hugenberg (1865–1951) war Medienunternehmer, der mit seinen rechtsnationalen Produkten großen Einfluss auf die öffentliche Meinung in der Weimarer Republik ausübte; von 1928 bis 1933 war er Vorsitzender der DNVP.*
3) *Verschleppung, Verhinderung*

▲ *Sylvester-Feier. „Na, denn Prost, Herr Generaldirektor! Auf ein glückliches neues Spiel!" Karikatur aus der Satirezeitschrift „Der wahre Jakob" vom 31. Dezember 1932.*

• *Analysieren Sie die politische Rollenverteilung, die der Zeichner hier vornimmt.*

M3

„Mitreißen zu bejahender Kraft"

Obwohl die NSDAP in den Novemberwahlen 1932 deutliche Stimmenverluste hinnehmen musste, legen Mitte November führende Persönlichkeiten aus der Wirtschaft sowie aus großagrarischen Kreisen dem Reichspräsidenten von Hindenburg folgende Bitte vor:

Der Ausgang der Reichstagswahl vom 6. November d. J. hat gezeigt, dass das derzeitige Kabinett [...] für den von ihm eingeschlagenen Weg keine ausreichende Stütze im deutschen Volk gefunden hat, dass aber das von Eurer Exzellenz gezeigte Ziel eine volle Mehrheit im deutschen Volke besitzt, wenn man – wie es geschehen muss – von der staatsverneinenden kommunistischen Partei absieht. Gegen das bisherige parlamentarische Parteiregime sind nicht nur die Deutschnationale Volkspartei und die ihr nahe stehenden kleineren Gruppen, sondern auch die Nationalsozialistische Deutsche Arbeiterpartei grundsätzlich eingestellt und haben damit das Ziel Eurer Exzellenz bejaht. [...] Es ist klar, dass eine des Öfteren wiederholte Reichstagsauflösung mit sich häufenden, den Parteikampf immer weiter zuspitzenden Neuwahlen nicht nur einer politischen, sondern auch jeder wirtschaftlichen Beruhigung und Festigung entgegenwirken muss. Es ist aber auch klar, dass jede Verfassungsänderung, die nicht von breitester Volksströmung getragen ist, noch schlimmere wirtschaftliche, politische und seelische Wirkungen auslösen wird. [...]

Wir bekennen uns frei von jeder engen parteipolitischen Einstellung. Wir erkennen in der nationalen Bewegung, die durch unser Volk geht, den verheißungsvollen Beginn einer Zeit, die durch Überwindung des Klassengegensatzes die unerlässliche Grundlage für einen Wiederaufstieg der deutschen Wirtschaft erst schafft. Wir wissen, dass dieser Aufstieg noch viele Opfer erfordert. Wir glauben, dass diese Opfer nur dann willig gebracht werden können, wenn die größte Gruppe dieser nationalen Bewegung führend an der Regierung beteiligt wird.

Die Übertragung der verantwortlichen Leitung eines mit den besten sachlichen und persönlichen Kräften ausgestatteten Präsidialkabinetts an den Führer der größten nationalen Gruppe wird die Schlacken und Fehler, die jeder Massenbewegung notgedrungen anhaften, ausmerzen und Millionen Menschen, die heute abseits stehen, zu bejahender Kraft mitreißen.

Wolfgang Michalka und Gottfried Niedhart (Hrsg.), Deutsche Geschichte 1918–1933, Frankfurt/Main 1992, S. 224 f.

Analysieren und bewerten Sie die Argumente, mit denen die Unterzeichneten für eine Berufung Hitlers als Reichskanzler eintreten.

Regieren ohne Mehrheit – die Präsidialkabinette

Am Streit um die Festlegung des Beitragssatzes zur Arbeitslosenversicherung scheiterte am 27. März 1930 die letzte von einer parlamentarischen Mehrheit getragene Regierung, die Große Koalition aus SPD, Zentrum, DDP, DVP, und BVP unter Reichskanzler Hermann Müller (SPD).
Als es den Parteien nicht mehr gelang, regierungsfähige Mehrheiten zu bilden, dachte man in der Umgebung des Reichspräsidenten zunehmend an andere, außerparlamentarische Lösungen zur Bewältigung der ständigen Krisen. Eine von Rechtskreisen nachdrücklich gewünschte Regierungsbildung neuen Stils sollte die alten Eliten wieder an die Macht bringen. Eine der treibenden Kräfte war General *Kurt von Schleicher*, Chef des Ministeramtes im Reichswehrministerium. Er schlug Hindenburg vor, eine nach rechts orientierte bürgerliche Regierung zu ernennen, die nur dem Reichspräsidenten verantwortlich sein sollte (*Präsidialkabinett*). Der Präsident sollte dabei die Handlungsfähigkeit des Kabinetts durch Einsatz der Verfassungsartikel 48 (Notverordnungsrecht) und 25 (Reichstagsauflösung) sicherstellen. Hindenburg stimmte zu und ernannte am 29. März 1930 *Heinrich Brüning* zum Reichskanzler.
Brüning nahm mit einer rigiden Sparpolitik die hohe Arbeitslosigkeit und das Elend großer Bevölkerungsteile in Deutschland in Kauf, um den Alliierten die Unerfüllbarkeit ihrer Reparationsforderungen deutlich vor Augen zu führen. Mit der Einstellung der Zahlungen im Jahre 1932 wurde dieses Ziel auch erreicht. Um den Staatshaushalt ausgeglichen zu gestalten, wurden die Ausgaben drastisch reduziert. Gehaltskürzungen im öffentlichen Dienst (1931 bei den Beamten um insgesamt 23 %), Leistungsabbau im sozialpolitischen Bereich und Steuererhöhungen führten allerdings dazu, dass die Kaufkraft der Bevölkerung sank und die Einnahmen des Staates weiter zurückgingen. Als sich der Reichstag im Juli 1930 weigerte, einem Bündel neuer einschneidender sozialpolitischer Maßnahmen der Regierung zuzustimmen, löste ihn der Reichspräsident auf und setzte für den 14. September Neuwahlen fest. In der Zwischenzeit regierte Brüning mit Notverordnungen weiter.

Die Krise der Demokratie

Die radikalen Parteien führten einen Wahlkampf, wie man ihn bisher in Deutschland noch nicht erlebt hatte. Mit ihren nationalistisch-antisemitischen Parolen mobilisierte die seit 1921 von Adolf Hitler angeführte Nationalsozialistische Deutsche Arbeiterpartei (NSDAP) viele Bürger, die zwei Jahre vorher noch nicht gewählt hatten. Ihr Stimmenanteil wuchs von 800 000 (1928) auf nun 6,4 Millionen, ein in der Geschichte des deutschen Parlamentarismus beispielloser Aufschwung, der die NSDAP hinter der SPD zur zweitstärksten Fraktion im Reichstag machte. Der Verfall der bürgerlichen Mitte setzte sich rapide fort. In den Augen vieler hatten Demokratie und Parlamentarismus versagt.
Nach den „Erbitterungswahlen“ von 1930 war im Reichstag eine parlamentarische Mehrheitsbildung erst recht erschwert. Aber da die SPD aus der begründeten Furcht vor einer weiteren Radikalisierung des Wählerwillens heraus Brünings Kurs unterstützte, konnte dieser seine Notverordnungspraxis vorläufig fortsetzen. Es begann die „Agonie des deutschen Parlaments“ (Albert Schwarz). Während der Reichstag 1930 immerhin noch 94 Sitzungen abhielt, sank die Zahl bis 1932 auf nur noch 13! Waren es 1930 noch 98 Gesetze, die der Reichstag verabschiedete, so blieben 1932 gerade noch fünf. Im Gegenzug dazu schnellte die Anzahl der Notverordnungen von fünf (1930) auf 66 (1932) hoch.

Attacken auf die Republik

Brüning verlor zunehmend das Vertrauen Hindenburgs und trat deshalb Ende Mai 1932 zurück. *Franz von Papen*, der dem rechten Flügel des Zentrums angehörte, bildete ein neues Kabinett, in dem von elf Ministern sieben adelig waren („*Kabinett der Barone*"). Der Reichstag wurde am 4. Juni aufgelöst, die im April 1932 verbotene *SA*[1] wieder zugelassen und Neuwahlen für den 31. Juli ausgeschrieben. Hitler verweigerte auch dieser Regierung die Zusammenarbeit und attackierte sie schonungslos. Die Aufhebung des SA-Verbots wirkte sich zudem für die politische Atmosphäre verheerend aus. Bei Straßenkämpfen und politischen Auseinandersetzungen wurden Hunderte von Menschen getötet oder verletzt.

Die Neuwahlen am 31. Juli 1932 brachten der NSDAP einen sensationellen Erfolg. Sie verdoppelte ihre Mandatszahl und wurde stärkste Fraktion. Nach diesem Wahlerfolg forderte Hitler für sich das Amt des Reichskanzlers. Hindenburg lehnte ab.

Gleich in der ersten Sitzung des neu gewählten Reichstags am 30. August sprach eine deutliche Mehrheit Papen das Misstrauen aus (512 gegen 42). Trotz dieser vernichtenden parlamentarischen Niederlage blieb er im Amt und löste den Reichstag am 12. September erneut auf. Am 6. November fanden Neuwahlen statt. Die KPD konnte wiederum ihren Stimmenanteil steigern, während die NSDAP überraschend zwei Millionen Wähler verlor. Die Partei steckte seit Wochen in einer schweren finanziellen Krise. Hitler wusste, dass ihm nicht mehr viel Zeit blieb, sein Ziel zu erreichen, da sich die Wirtschaftslage allmählich besserte und viele nationalsozialistische Parolen gegenstandslos wurden.

Als von Papen zur Überwindung der parlamentarischen Blockade durch die antidemokratischen Parteien den Staatsnotstand auszurufen beabsichtigte, wurde er von Hindenburg am 3. Dezember entlassen. Von Papens Nachfolger, General von Schleicher, wollte mit einem „sozialen" Programm neue Arbeitsplätze schaffen. Er scheiterte, weil ihm die Gewerkschaften und die SPD ihre Unterstützung versagten.

Reichspräsident von Hindenburg wurde nun von seinem engsten Beraterkreis, von führenden Unternehmern aus Wirtschaft und Industrie und vor allem durch von Papen bedrängt, Hitler zum Reichskanzler zu ernennen. Für von Papen war der Vizekanzlerposten vorgesehen. Zusammen mit den anderen konservativen Ministern glaubte er, die drei Nationalsozialisten Hitler, Frick und Göring ausreichend „eingerahmt" zu haben. Am 28. Januar 1933 trat von Schleicher zurück und der Reichspräsident ernannte zwei Tage später Hitler zum Kanzler.

---

[1] *Sturmabteilung; die seit 1921 aus Freiwilligen gebildete militärisch organisierte und uniformierte Kampf- und Schutztruppe der NSDAP*

4 Die Zerstörung der Demokratie durch den Nationalsozialismus

4.1 Faschismus und NS-Ideologie

▲ *Die Krise der europäischen Demokratie 1922–1938.*

M1

Was ist Faschismus?

Benito Mussolini (1883-1945), der 1926 in Italien diktatorische Macht erlangt hatte, fasst um 1932 seine Vorstellungen zusammen:

Der Faschismus fordert den tätigen, mit allen Willenskräften sich einsetzenden Menschen, der bereit ist, allen Schwierigkeiten männlich entgegenzutreten und sich ihnen zu stellen. Ihm ist das Leben ein Kampf [...].

Als antiindividualistische Idee tritt der Faschismus für den Staat ein. Er ist auch für das Individuum, soweit es im Staate aufgeht [...]. Nichts Menschliches oder Geistiges besteht an sich, noch weniger besitzt dieses irgendeinen Wert außerhalb des Staates. In diesem Sinne ist der Faschismus totalitär, und der faschistische Staat als Zusammenfassung und Vereinheitlichung aller Werte gibt dem Leben des ganzen Volkes seine Deutung, bringt es zur Entfaltung und kräftigt es [...].

Der Faschismus wendet sich daher gegen die Demokratie, die das Volk mit Mehrheit gleichsetzt und es auf den Stand der Masse herabdrückt. Es ist die reinere Form der Demokratie, wenn man das Volk so auffasst, wie es sein soll, nämlich qualitativ und nicht quantitativ [...].

Vor allem betrachtet der Faschismus die Zukunft und die Entwicklung der Menschheit im Allgemeinen nur vom Standpunkt der politischen Realität aus und glaubt weder an die Möglichkeit noch an die Nützlichkeit des ewigen Friedens. Er lehnt daher den Pazifismus ab, der einen Verzicht auf den Kampf und eine Feigheit gegenüber dem Opfer in sich birgt. Der Krieg allein bringt alle menschlichen Energien zur höchsten Anspannung und verleiht den Völkern die Würde des Adels, die den Mut und die virtù[1] haben, dem Kampfe die Stirn zu bieten. [...]

Der Faschismus lehnt in der Demokratie die absurde konventionelle Lüge von der politischen Gleichheit und kollektiven Verantwortungslosigkeit und von dem Mythus des Glückes und des unbegrenzten Fortschritts ab [...].

Der faschistische Staat ist Wille zur Macht und Herrschaft. Die römische Überlieferung ist ihm eine Idee des Antriebes.

Benito Mussolini, Der Geist des Faschismus. Ein Quellenwerk, hrsg. v. Horst Wagenführ, 5. Auflage, München 1943, S. 2 ff., 12 ff., 24

Analysieren Sie das faschistische „Demokratieverständnis" und stellen Sie es der Auffassung von der pluralistischen Demokratie gegenüber.

M2

Was will die NSDAP?

Auf der ersten großen Massenversammlung der NSDAP am 24. Februar 1920 verkündete Adolf Hitler im Münchener Hofbräuhaus das Parteiprogramm.

1. Wir fordern den Zusammenschluss aller Deutschen auf Grund des Selbstbestimmungsrechtes der Völker zu einem Groß-Deutschland.

2. Wir fordern die Gleichberechtigung des deutschen Volkes gegenüber den anderen Nationen, Aufhebung der Friedensverträge von Versailles und St. Germain.

3. Wir fordern Land und Boden (Kolonien) zur Ernährung unseres Volkes und Ansiedlung unseres Bevölkerungsüberschusses.

4. Staatsbürger kann nur sein, wer Volksgenosse ist. Volksgenosse kann nur sein, wer deutschen Blutes ist, ohne Rücksichtnahme auf Konfession. Kein Jude kann daher Volksgenosse sein. [...]

6. Das Recht, über Führung und Gesetze des Staates zu bestimmen, darf nur dem Staatsbürger zustehen. Daher fordern wir, dass jedes öffentliche Amt, gleichgültig welcher Art, gleich ob in Reich, Land oder Gemeinde, nur durch Staatsbürger bekleidet werden darf.

Wir bekämpfen die korrumpierende Parlamentswirtschaft einer Stellenbesetzung nur nach Parteigesichtspunkten ohne Rücksicht auf Charakter und Fähigkeiten. [...]

8. Jede weitere Einwanderung Nicht-Deutscher ist zu verhindern. Wir fordern, dass alle Nicht-Deutschen, die seit dem 2. August 1914 in Deutschland eingewandert sind, sofort zum Verlassen des Reiches gezwungen werden. [...]

[1] *ital.: Tapferkeit; zugleich ein Zitat der lateinischen „virtus", die im alten Rom die Summe aller (männlichen) Tugenden umfasste*

▲ *Otto Hoyer, Am Anfang war das Wort, 1937.*

- *Betrachten Sie die Zuhörer und beschreiben Sie die Bevölkerungsgruppen.*
- *Analysieren Sie den Titel des Bildes und erläutern Sie den Kontext, in den der Maler sein Objekt damit stellen will.*

13. Wir fordern die Verstaatlichung aller (bisher) bereits vergesellschafteten Betriebe (Trusts).

14. Wir fordern Gewinnbeteiligung an Großbetrieben.

15. Wir fordern einen großzügigen Ausbau der Altersversorgung.

16. Wir fordern die Schaffung eines gesunden Mittelstandes und seine Erhaltung, sofortige Kommunalisierung der Groß-Warenhäuser und ihre Vermietung zu billigen Preisen an kleine Gewerbetreibende, schärfste Berücksichtigung aller kleinen Gewerbetreibenden bei Lieferung an den Staat, die Länder oder Gemeinden.

18. Wir fordern den rücksichtslosen Kampf gegen diejenigen, die durch ihre Tätigkeit das Gemeininteresse schädigen. Gemeine Volksverbrecher, Wucherer, Schieber usw. sind mit dem Tode zu bestrafen, ohne Rücksichtnahme auf Konfession und Rasse. […]

23. Wir fordern den gesetzlichen Kampf gegen die bewusste politische Lüge und ihre Verbreitung durch die Presse. Um die Schaffung einer deutschen Presse zu ermöglichen, fordern wir, dass […] sämtliche Schriftleiter und Mitarbeiter von Zeitungen, die in deutscher Sprache erscheinen, Volksgenossen sein müssen […]. Zeitungen, die gegen das Gemeinwohl verstoßen, sind zu verbieten. Wir fordern den gesetzlichen Kampf gegen eine Kunst- und Literaturrichtung, die einen zersetzenden Einfluss auf unser Volksleben ausübt, und die Schließung von Veranstaltungen, die gegen vorstehende Forderungen verstoßen. […]

25. Zur Durchführung alles dessen fordern wir: die Schaffung einer starken Zentralgewalt des Reiches. Unbedingte Autorität des politischen Zentralparlaments über das gesamte Reich und seine Organisationen im Allgemeinen.

Walther Hofer (Hrsg.), Der Nationalsozialismus. Dokumente 1933–1945, Frankfurt/Main 1957, S. 28 ff.

1. *Prüfen Sie, welche politischen Ziele wegen ihrer Publikumswirksamkeit aufgenommen worden sind.*
2. *Ermitteln Sie, welche Programmpunkte sich direkt aus dem verlorenen Krieg erklären.*
3. *Arbeiten Sie die Forderungen heraus, die sich im Verfassungsrahmen von „Weimar" nicht verwirklichen ließen. Welche Programmpunkte waren mit dem Vertrag von Versailles unvereinbar?*

▲ *Antisemitismus war schon vor den Nationalsozialisten in Deutschland populär. Der Roman von Artur Dinter „Die Sünde wider das Blut" fand um 1920 über eine Million Leser.*

M3
Die „völkische Weltanschauung"

Während seiner neunmonatigen Haftzeit in Landsberg diktierte Hitler 1924 den ersten Band seiner programmatischen Schrift „Mein Kampf". Der erste Band erschien 1925 mit dem Untertitel „Eine Abrechnung" im parteieigenen Verlag. Der zweite Band folgte 1926. Das Werk wurde in 16 Sprachen übersetzt und erreichte eine Gesamtauflage von 10 Mio. Exemplaren. Im Mittelpunkt seiner Ausführungen stehen Hitlers rassistische, antisemitische und völkische Anschauungen sowie die Forderungen nach Lebensraum.

Die Sünde wider Blut und Rasse ist die Erbsünde dieser Welt und das Ende einer sich ihr ergebenden Menschheit. […]

Demgegenüber erkennt die völkische Weltanschauung die Bedeutung der Menschheit in deren rassischen Urelementen. Sie sieht im Staat prinzipiell nur ein Mittel zum Zweck und fasst als seinen Zweck die Erhaltung des rassischen Daseins der Menschen auf. Sie glaubt somit keineswegs an eine Gleichheit der Rassen, sondern erkennt mit ihrer Verschiedenheit auch ihren höheren oder minderen Wert und fühlt sich durch diese Erkenntnis verpflichtet, gemäß dem ewigen Wollen, das dieses Universum beherrscht, den Sieg des Besseren, Stärkeren zu fördern, die Unterordnung des Schlechteren und Schwächeren zu verlangen. Sie huldigt damit prinzipiell dem aristokratischen Grundgedanken der Natur und glaubt an die Geltung dieses Gesetzes bis herab zum letzten Einzelwesen. Sie sieht nicht nur den verschiedenen Wert der Rassen, sondern auch den verschiedenen Wert des Einzelmenschen. […]

Nein, es gibt nur ein heiligstes Menschenrecht, und dieses Recht ist zugleich die heiligste Verpflichtung, nämlich: dafür zu sorgen, dass das Blut rein erhalten bleibt, um durch die Bewahrung des besten Menschentums die Möglichkeit einer edleren Entwicklung dieser Wesen zu geben. […]

Ein völkischer Staat wird damit in erster Linie die Ehe aus dem Niveau einer dauernden Rassenschande herauszuheben haben, um ihr die Weihe jener Institution zu geben, die berufen ist, Ebenbilder des Herrn zu zeugen und nicht Missgeburten zwischen Mensch und Affe.

Adolf Hitler, Mein Kampf. Zwei Bände in einem Band, 51. Auflage, München 1933, S. 272, 420 f. und 444 f.

1. *Benennen und erläutern Sie die Wertmaßstäbe, die Hitler an menschliches Dasein anlegt.*
2. *Analysieren Sie die Wendung „Ebenbilder des Herrn zu zeugen" und vergleichen Sie das Menschenbild Hitlers mit dem christlich-humanistischen Menschenbild.*
3. *Erörtern Sie den hier verwendeten Begriff der „Rasse".*

Ein Erfolgsmodell für Europa?

Faschistisches Ideengut war nach dem Ersten Weltkrieg in fast allen europäischen Ländern vorhanden (➧ M 1). Es gewann zusätzliche Attraktivität dadurch, dass der italienische Faschismus nach 1922 innenpolitisch scheinbar erfolgreich war und nach außen hin selbstbewusst auftrat. Viele europäische Staaten gerieten in den folgenden Jahren unter diktatorische, militaristische und undemokratische Herrschaft.
Nirgends freilich war die Ausprägung so krass und verbrecherisch wie im nationalsozialistischen Deutschland, wo die radikalsten Theorien schließlich in die Tat umgesetzt wurden.

Führer und Volk

Die politische Botschaft der Nationalsozialisten war einfach (➧ M 2). Herausragende Persönlichkeiten sollten eine führende Rolle innerhalb der Volksgemeinschaft einnehmen. Die Auswahl wurde nicht auf demokratische Weise, sondern durch Berufung von oben vorgenommen. „Autorität jedes Führers nach unten und Verantwortung nach oben" lautete die von Hitler aufgestellte Maxime. Das System gipfelte in dem „Führer" Adolf Hitler, der nur der von ihm häufig zitierten „Vorsehung" verantwortlich war.
Emotional untermauerte die NSDAP das Ganze durch die Inszenierung eines am italienischen Vorbild orientierten *Führerkults*. Führerbilder hingen später in allen Amts- und Schulräumen und sollten jede Wohnung „zieren". „Heil Hitler" war der offiziell geforderte „Deutsche Gruß" für jeden „Volksgenossen". Die Person Adolf Hitlers wurde zum Bindeglied zwischen Führerstaat und Volksgemeinschaft und zum Identifikationssymbol stilisiert. Hier flossen Ideen der obrigkeitsstaatlichen Ordnung des 18. und 19. Jahrhunderts ein, die Hitler zum „Ersatzmonarchen" emporhoben und den Einzelnen in widerspruchslose Unterordnung zwangen.
Statt Parteienkonflikt und Klassenkampf propagierte die NSDAP eine „Volksgemeinschaft der Arbeiter der Faust und Stirn". Auch die „unnatürliche" Feindschaft zwischen Arbeitgeber und Arbeitnehmer, die sich als Glieder desselben „Volkskörpers" fühlen sollten, wurde für aufgehoben erklärt.

Gegen Liberale und Marxisten

Liberalismus und Marxismus bezeichnete Hitler als „jüdische Erfindungen", die zum Verderben der „Herrenrasse" eingeführt worden seien. Für den Liberalismus sind individuelle Freiheit und Selbstverwirklichung grundlegende Werte. Demgegenüber forderte die NS-Regierung unter Missbrauch und Verfälschung alter preußisch-deutscher Traditionen den totalen Einsatz des Volksgenossen. Treue, Dienstbereitschaft und absoluter Gehorsam standen über den durch die Weimarer Verfassung garantierten Grundrechten. Die allgegenwärtige Ordnungsmacht des Staates dürfe nicht durch liberale Verfassungsgrundsätze eingeschränkt werden. Das „System" der Weimarer Republik, das sich um die Verwirklichung des liberalen Rechts- und Verfassungsstaates bemüht hatte, wurde als Epoche undeutscher westlicher Überfremdung interpretiert.
Darüber hinaus nahm Hitler für sich in Anspruch, der „Zerstörer des Marxismus" zu sein. Seine „Utopie der Klassenversöhnung" (Joachim C. Fest), mit der er alte Sozialstrukturen und Klassenschranken gewaltsam zerbrach, hatte großen Erfolg. Die „Volksgemeinschaft" und der „Sozialismus der Tat" waren Prinzipien, die auch weite Kreise der Arbeiterschaft an den Nationalsozialismus banden.

Rassismus und Antisemitismus

Die in der ersten Hälfte des 19. Jahrhunderts in Deutschland populär gewordene Idee des *Nationalismus* hatte hohe Erwartungen für die Zukunft geschaffen, die von der Politik nicht eingelöst werden konnten. 1871 war der deutsche Nationalstaat als kleindeutsches Reich entstanden, das viele Deutsche ausschloss. Europäische und koloniale Großmachtpläne zerrannen durch die Gebietsabtretungen Deutschlands und die Auflösung der Donaumonarchie nach dem Ersten Weltkrieg in nichts. In den Nachbarstaaten der Weimarer Republik lebten nun deutschsprachige Minderheiten, die sich auch durch Zwangsmaßnahmen nicht integrieren ließen. Der Kriegsschuldartikel, die vermeintliche Härte der Friedensbedingungen und die Verdrängung der Monarchien gaben extrem nationalistischen Tendenzen zusätzlich Nahrung.
An die Spitze der Republikgegner stellten sich die Nationalsozialisten, deren Nationalismus allerdings über den des Bürgertums noch hinausging. Ihrer Meinung nach sollten nicht so sehr gemeinsame Kultur und Geschichte die Merkmale einer Nation sein, sondern die Rassengleichheit. Die biologische Substanz bestimme Menschen und Völker nicht nur körperlich, sondern auch geistig-seelisch. Von allen Rassen sei die „nordische" oder „arische" die wertvollste. Sie allein sei im eigentlichen Sinne kulturfähig.
Hitler und seine Anhänger griffen dabei auch auf die Lehre des englischen Naturforschers *Charles Darwin* zurück, der in seinen Forschungen über die „Entstehung der Arten" zu dem Ergebnis gekommen war, dass das entscheidende Kriterium der Evolution die „Auslese" sei und im „Kampf ums Dasein" nur die „Stärkeren" überleben könnten. Unter Missachtung geistiger, sittlicher und religiöser Werte diente die Verfälschung der Darwin'schen Ideen einer Menschen verachtenden Ideologie, die bald zur praktischen Politik wurde. Danach sollte es Aufgabe des Nationalsozialismus sein, der „arischen" Herrenrasse in Mitteleuropa ein Zentrum zu schaffen. Wichtigste Voraussetzung dabei war für Hitler die „Reinhaltung der Rasse". Das nach Auffassung Hitlers kranke bzw. rassisch minderwertige Erbgut sollte aus der „Volksgemeinschaft" entfernt werden.
Zur Untermauerung ihrer rassentheoretischen Thesen machten die Nazis die *Juden* zum „Sündenbock" für alle echten und scheinbaren Fehlentwicklungen: Angeblich könnten Juden keine aufbauenden Kulturleistungen vollbringen, sondern nur zerstören. Angeblich erstrebten sie die Weltherrschaft und würden damit den Weltuntergang herbeiführen. Diesen zu verhindern, erklärte die NS-Ideologie zur Aufgabe des *Ariers*, der dadurch zum Retter der Weltkultur werde.

Weltmachtpläne

Der „Herrenrasse" gebühre, so Hitler, in ihrer Bedeutung für die Weltkultur angemessener Lebensraum in Europa (➧ M 3). Da er zur Zeit nicht vorhanden sei, müsse er durch Krieg erobert und langfristig gesichert werden. Der angestrebte Lebensraum müsse zudem genügend Ressourcen[1] umfassen, denn die Nation der Zukunft solle wirtschaftlich unabhängig sein und sich an einer bäuerlichen Lebensweise orientieren. Auch strategische Erwägungen spielten bei Hitlers Raumdimensionierung eine wichtige Rolle: Eine Weltmacht der Zukunft brauchte in seinen Augen ein entsprechend großes Gebiet als Basis für Angriff und Verteidigung.
Das Streben nach einem Großreich der germanischen „Herrenrasse" im Osten und die bedingungslose Befürwortung von Gewalt und Krieg unterschied den Nationalismus Hitlers von den herkömmlichen nationalen Ideen des Bürgertums.

---

1) *Rohstoffvorräte*

4.2 Von der „Bewegung“ zur alleinigen Regierungspartei

▲ *Plakat, vermutlich zur Volksabstimmung vom 19. August 1934 (nach dem Tode Hindenburgs) über die Zusammenlegung des Reichspräsidenten- und des Reichskanzleramtes in der Person des „Führers und Reichskanzlers“ Adolf Hitler.*

4.5.1924
Nach den Wahlen zieht die NSDAP mit 32 Mandaten in den Reichstag ein

14.9.1930
„Septemberwahl“: Die NSDAP wird zweitstärkste Partei im Reichstag

6.11.1932
Die NSDAP gewinnt die relative Mehrheit

30.1.1933
Hitler wird vom Reichspräsidenten zum Reichskanzler ernannt

4.2.1933
Verordnung des Reichspräsidenten „Zum Schutze des deutschen Volkes“: Die Versammlungs- und Pressefreiheit wird eingeschränkt

27.2.1933
Brand des Reichstags

28.2.1933
Die Verordnung des Reichspräsidenten „Zum Schutz von Volk und Staat“ setzt wesentliche Grundrechte außer Kraft

5.3.1933
Bei den Reichstagswahlen verfehlt die NSDAP mit 43,9% die erhoffte Mehrheit

23.3.1933
„Ermächtigungsgesetz“: Die Regierung Hitler erhält diktatorische Vollmacht

M1

„Millionen politische Analphabeten"

Der Journalist Helmut von Gerlach analysiert am 6. Oktober 1930 die Ursachen des nationalsozialistischen Erfolgs bei den Septemberwahlen.

Die Welt zerbricht sich den Kopf darüber, worauf die Verneunfachung der Hitlerstimmen zurückzuführen ist. […] „Deutschland hat drei Millionen Arbeitslose, sie haben fast sämtlich nationalsozialistisch gewählt. Ergo." So konnte man wörtlich in Paris und anderswo lesen.

Irrtum! Von den drei Millionen Erwerbslosen hat nur ein verschwindend geringer Prozentsatz Hitler seine Stimme gegeben. Diese drei Millionen stellen vielmehr das Gros der kommunistischen Wähler dar. […] Die Arbeitslosen waren also nicht die Hauptwähler Hitlers. Wohl aber ist richtig, dass die Wirtschaftskrisis, deren äußeres Symptom die riesenhafte Arbeitslosigkeit ist, die Grundlage des hitlerischen Sieges war.

Die Hitlerwähler setzen sich aus zwei Kategorien zusammen: einer kleinen Minderheit von Nationalsozialisten, die auf das Hakenkreuz eingeschworen sind, und einer riesigen Mehrheit von Mitläufern. […]

Dabei soll nicht verkannt werden, dass Hitler, der ein ausgezeichneter Organisator mit Suggestivkraft ist, über eine ihm blind ergebene Kerntruppe von einigen hunderttausend Mann, meist recht jugendlichen Truppen verfügt. […]

Die Millionen der Wähler, die er diesmal mustern konnte, dank der Gunst der Umstände, das heißt dank der Ungunst der Wirtschaftslage, rekrutieren sich aus den verschiedensten Schichten.

Da sind Arbeiter, relativ genommen nicht sehr viele, aber eine Million wird es doch wohl gewesen sein. […] Es sind jene labilen Elemente, die erst bei den Kommunisten hospitiert haben und sich nun den Nationalsozialisten zuwenden, weil diese sich noch radikaler gebärden. Es sind junge Leute, Friseurgehilfen, Chauffeure usw., die sich etwas Besseres dünken als die Masse der gewerkschaftlich organisierten Fabrikarbeiter.

Da sind Massen von Angestellten, insbesondere aus den Kreisen der deutschnationalen Handlungsgehilfen, die berühmten oder berüchtigten Stehkragenproletarier. Ihr Interesse müsste sie in eine Einheitsfront mit den Arbeitern führen. Aber ihr „Standesgefühl" ist stärker als ihre soziale Einsicht.

Da ist das Gros der Studenten und sonstigen jungen Akademiker. Bei ihnen fällt die antisemitische Hetzphrase auf besonders dankbaren Boden. Der Jude wird eben als unbequemer Konkurrent empfunden. Sie sind fanatisch nationalistisch. Den Krieg kennen sie nicht.

Darum begeistern sie sich für ihn. […] Da sind bedauerlich viele Beamte. Ihre politische Freiheit verdanken sie ausschließlich der Republik. Aber leider hat ihnen die Republik mit der politischen Freiheit nicht auch zugleich das politische Denken geben können, das ihnen in der Kaiserzeit ausgetrieben worden war. Sie sind ein besonders dankbares Objekt für Demagogen.

Da ist vor allem der große Block des so genannten selbstständigen Mittelstandes. Diese Millionen von Handwerkern, Gewerbetreibenden und Kleinkaufleuten führen seit der nach 1871 einsetzenden großindustriellen Entwicklung einen verzweifelten Kampf um ihre Existenz. Es fehlt ihnen an wirtschaftlicher Einsicht. Darum fallen sie auf jeden Schwätzer herein, der ihnen die Wiederherstellung des „goldenen Bodens" durch Kampf gegen Juden und Warenhäuser, gegen Börse und Gewerbefreiheit verspricht. […]

Das ist das erschütternd Trostlose an dem Wahlergebnis vom 14. September, dass die Welt sehen muss, wieviel Millionen politische Analphabeten es noch in Deutschland gibt.

Die Millionen der Hitlerwähler sind nicht etwa ebenso viele Millionen zum Revanchekrieg entschlossener Teutonen. Sie denken gar nicht daran, ihr Blut riskieren zu wollen. Sie möchten nur ihr Gut wahren, und sie bilden sich ein, die nationalsozialistische Sackgasse sei der Weg in die Steuerfreiheit.

Wolfgang Michalka und Gottfried Niedhart (Hrsg.), Deutsche Geschichte 1918–1933. Dokumente zur Innen- und Außenpolitik, Frankfurt/Main 1992, S. 186 ff.

1. *Erläutern und bewerten Sie die Motive, die nach von Gerlachs Meinung dazu geführt haben, Hitler zu wählen.*
2. *Diskutieren Sie die Behauptung, von Gerlach habe die Nationalsozialisten und ihre Anhänger unterschätzt.*

M2

Soziale Struktur der NSDAP

Mitglieder vor dem 30. Januar 1933 in Prozent nach Berufen

Form der Erwerbstätigkeit		Reich		Baden		Württemberg	
		Bevölkerung	NSDAP	Bevölkerung	NSDAP	Bevölkerung	NSDAP
Arbeiter		45,1	33,8	37,1	33,1	35,9	35,0
Selbst-ständige	Ind. u. Handw.	5,6	8,5	5,3	9,8	5,8	10,8
	Handel u. Verkehr	3,7	7,4	3,0	6,6	2,4	6,7
	Freie Berufe	1,1	3,0	1,0	3,5	1,1	4,0
Bauern		21,8	13,5	33,1	12,2	37,1	6,1
Angestellte		11,5	22,6	10,3	22,8	8,0	26,3
Beamte	Lehrer	0,9	1,6	0,9	2,5	0,8	2,2
	andere Beamte	4,1	5,6	4,0	6,7	3,5	7,0
Sonstige		6,2	4,0	5,2	2,3	5,5	2,4

Nach: Thomas Schnabel (Hrsg.), Die Machtergreifung in Südwestdeutschland. Das Ende der Weimarer Republik in Baden und Württemberg 1928–1933, Stuttgart 1982, S. 320

M3

Wer wählte Hitler?

Die soziale Zusammensetzung der NSDAP-Wählerschaft nach Berufsgruppen, unabhängig von einer tatsächlichen Erwerbstätigkeit

	1928	1930	1932 1)	1932 2)	1933	Alle 3)
Selbstständige/ Mithelfende	26	27	31	30	31	24
Angestellte/ Beamte	12	13	11	12	12	15
Arbeiter	30	26	25	26	26	32
Berufslose 4)	13	17	17	17	16	13
Hausfrauen etc.	17	17	16	16	16	17
Alle 5)	98	100	100	100	101	101

Nach: Jürgen Falter, Hitlers Wähler, München 1991, S. 288

Altersgliederung der NSDAP-Mitglieder vor dem 30. Januar 1933 in Prozent

Alter	Reich	Baden	Württemberg	Anteil der Altersgruppen*
18–20 Jahre	1,8	1,3	1,8	5,8
21–30 Jahre	40,5	38,3	46,4	25,3
31–40 Jahre	27,6	28,6	27,1	22,0
41–50 Jahre	17,2	18,0	14,4	17,1
51–60 Jahre	9,3	10,2	7,7	14,5
über 60 Jahre	3,6	3,5	2,6	15,3

* *an der Reichsbevölkerung über 18 Jahre*

Nach: Thomas Schnabel, a.a.O., S. 320 f.

1) *Reichstagswahlen vom 31. Juli 1932*
2) *Reichstagswahlen vom 6. November 1932*
3) *Anteil der Berufsgruppe an allen Wahlberechtigten*
4) *davon ca. 90 % Rentner und Pensionäre (1933)*
5) *Summe der NSDAP-Wähler in dem jeweiligen Jahr; Abweichungen von 100 sind die Folge von Rundungsfehlern*

1. *Analysieren Sie die Anteile der Berufsgruppen an der NSDAP und suchen Sie nach Gründen für die Verteilung.*
2. *Untersuchen Sie die Altersstruktur der NSDAP und interpretieren Sie die Zahlen.*
3. *Suchen Sie auffällige Abweichungen der Zahlen von Baden und Württemberg vom Reichsdurchschnitt und erörtern Sie diese.*

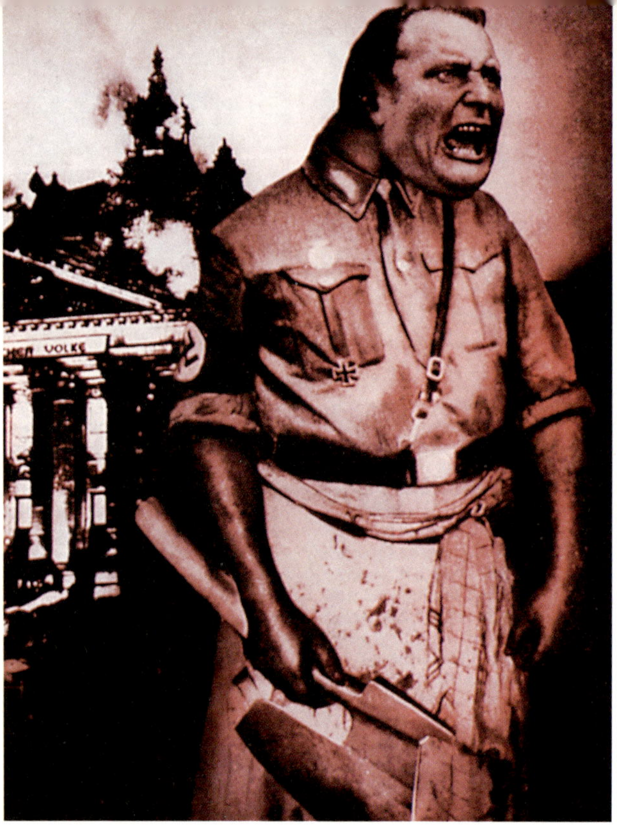

▲ *John Heartfield, Schlächter Göring, 1933.*
Hermann Göring war seit 1933 Reichsminister und preußischer Ministerpräsident.

M4
Verordnung „Zum Schutz von Volk und Staat“ und „Ermächtigungsgesetz“

Am 28. Februar 1933, einen Tag nach dem Reichstagsbrand, erlässt Reichspräsident Hindenburg eine Verordnung „Zum Schutz von Volk und Staat“. Aufgrund des Artikels 48, Absatz 2 der Reichsverfassung wird zur Abwehr kommunistischer staatsgefährdender Gewaltakte Folgendes verordnet:

§ 1. Die Art. 114, 115, 117, 118, 123, 124 und 153 der Verfassung des Deutschen Reiches werden bis auf weiteres außer Kraft gesetzt. Es sind daher Beschränkungen der persönlichen Freiheit, des Rechts der freien Meinungsäußerung einschließlich der Pressefreiheit, des Vereins- und Versammlungsrechts, Eingriffe in das Brief-, Post-, Telegraphen- und Fernsprechgeheimnis, Anordnungen von Haussuchungen und von Beschlagnahmen sowie Beschränkungen des Eigentums auch außerhalb der sonst hierfür bestimmten gesetzlichen Grenze zulässig.

§ 2. Werden in einem Lande die zur Wiederherstellung der öffentlichen Sicherheit und Ordnung nötigen Maßnahmen nicht getroffen, so kann die Reichsregierung insoweit die Befugnisse der obersten Landesbehörde vorübergehend wahrnehmen.

Das folgende „Gesetz zur Behebung der Not von Volk und Reich“ (das so genannte „Ermächtigungsgesetz“) vom 24. März 1933 stellte zusammen mit der Verordnung „Zum Schutz von Volk und Staat“ die verfassungsrechtliche Grundlage des NS-Staates dar.

Art. 1: Reichsgesetze können außer in dem in der Reichsverfassung vorgesehenen Verfahren auch durch die Reichsregierung beschlossen werden. […]
Art. 2: Die von der Reichsregierung beschlossenen Reichsgesetze können von der Reichsverfassung abweichen, soweit sie nicht die Einrichtung des Reichstages und des Reichsrates als solche zum Gegenstand haben. Die Rechte des Reichspräsidenten bleiben unberührt.
Art. 3: Die von der Reichsregierung beschlossenen Reichsgesetze werden vom Reichskanzler ausgefertigt und im Reichsgesetzblatt verkündet. Sie treten, soweit sie nichts anderes bestimmen, mit dem auf die Verkündung folgenden Tag in Kraft. Die Art. 68-77 der Reichsverfassung finden auf die von der Reichsregierung beschlossenen Gesetze keine Anwendung.)[1)]
Art. 4: Verträge des Reiches mit fremden Staaten, die sich auf Gegenstände der Reichsgesetzgebung beziehen, bedürfen für die Dauer der Geltung dieses Gesetzes nicht der Zustimmung der an der Gesetzgebung beteiligten Körperschaften. Die Reichsregierung erlässt die zur Durchführung dieser Verträge erforderlichen Vorschriften.

Walther Hofer (Hrsg.), Der Nationalsozialismus. Dokumente 1933–1945, Frankfurt/Main 1957, S. 53 und 57

1. *Erörtern Sie, welche Konsequenzen die Notverordnung „zum Schutz von Volk und Reich“ und das „Ermächtigungsgesetz“ für den politischen Alltag haben mussten.*
2. *Welche Möglichkeiten der Opposition und der Gewaltenkontrolle waren zu diesem Zeitpunkt noch gegeben?*

---

1) *Geregelt war hier das übliche Verfahren der Gesetzgebung.*

Mitglieder und Wähler der NSDAP

Als sich die NSDAP 1920 ihr Parteiprogramm gegeben hatte, war sie eine unter zahllosen radikalen Splitterparteien. Zum Zeitpunkt der „Machtergreifung" im Januar 1933 war die Zahl ihrer Mitglieder auf 849 000 angewachsen, bei Kriegsende 1945 lag sie bei rund sechs Millionen. Von Beginn an befand sich die Mitgliederstruktur in dauerndem Wandel. Diejenigen, die in den Zwanzigerjahren der Partei beitraten, stammten vor allem aus der unteren Mittelschicht, waren Handwerker, Gewerbetreibende und Angestellte. Daneben wuchs aber auch der Anteil der Arbeiter, vor allem der Heim- und Landarbeiter, erheblich an. Seit 1930 traten dann ebenso Angehörige der oberen Mittelschicht der „Bewegung" bei. Agrarkrise und Depression trieben selbstständige Bauern und kleine Geschäftsleute sowie die Beamten und Angestellten der neuen Mittelschicht in die Reihen der NSDAP (➧ M 1 und M 2). Die alten Eliten und Kreise der Großindustrie blieben überwiegend reserviert. Sie neigten eher zu einer autoritären Regierung im Stile der letzten Weimarer Präsidialkabinette.

Das Mitgliederprofil der NSDAP entsprach weitgehend dem anderer faschistischer Parteien in Europa (➧ M 3). Der Anteil der Frauen war sehr gering, denn die Partei, militaristisch, wie sie sich gab, glich eher einem „Männerbund". Auffallend war die Dominanz der jungen Generation, sogar in der Führungsgruppe der Partei und unter den Abgeordneten. Viele Mitglieder hatten daher noch keine feste Anstellung. Jugendlichkeit und Dynamik zählten zu den Charakteristika der NSDAP, auf deren Betonung sie großen Wert legte.

Erst als die NSDAP ihre Macht im Staat gefestigt hatte, setzte der große Ansturm all derer auf die Hitlerpartei ein, die sich in Politik, Verwaltung und Gesellschaft eine angesehene oder zumindest gesicherte Position versprachen, wenn sie ihre Zugehörigkeit zum neuen Regime dokumentierten. Von nun an vollzog jede neue Generation von Berufsanfängern im öffentlichen Dienst nahezu freiwillig den Akt der *Anpassung*. Auch Industrie und Großfinanz waren schnell darauf bedacht, sich mit dem Regime zu arrangieren, zumal ein starker Staat und die Beseitigung einer selbstständigen Gewerkschaftsbewegung der Wirtschaft günstige Rahmenbedingungen verhießen.

Was machte die NSDAP attraktiv?

Stand die erste Generation der „alten Kämpfer" noch unter dem Eindruck von Schützengraben und der „nationalen Schande" eines verlorenen Krieges, so suchte die nachfolgende Generation die Geschlossenheit einer Gemeinschaft, die scheinbar stark genug war, durch Protest gegen die bestehende Ordnung die Welt nach ihrer Vorstellung neu zu gestalten.

Die Furcht vor dem sozialen Abstieg, vor dem die etablierten Parteien nicht zu schützen schienen, einte Menschen ganz unterschiedlicher Herkunft. Viele waren auf der Suche nach einem „dritten Weg" zwischen Kapitalismus und Sozialismus. Dies gilt vor allem für Angehörige des Mittelstandes, die sich durch linke Bewegungen in ihrem Selbstverständnis bedroht sahen.

Außerdem zogen Tatkraft und Durchsetzungsvermögen der NSDAP Mitglieder und Wähler an, in protestantischen Gebieten mehr als in katholischen, in Kleinstädten bzw. ländlichen Gebieten eher als in Großstädten. Emotionale Bezüge wie „Ehre, Größe, Heroismus, Opferbereitschaft, Hingabe", nicht wirtschaftliche Versprechungen führten der „Bewegung" ihre Wähler und Sympathisanten zu. Viele von ihnen wollten mit ihrem Wahlverhalten nur ihre Unzufriedenheit mit den gegenwärtigen Verhältnissen ausdrücken. Dies erklärt auch die starken Schwankungen der NSDAP in der Gunst der Wähler.

„Führer in ein neues Zeitalter"

Als Hitler am 30. Januar 1933 von Reichspräsident Hindenburg zum Reichskanzler ernannt wurde, schien sich rein äußerlich nichts Wesentliches an der bisherigen politischen Situation geändert zu haben: Hitler war Chef eines Präsidialkabinetts wie seine drei unmittelbaren Amtsvorgänger. Der „Führer" und seine Partei feierten die Berufung in die Regierungsverantwortung jedoch als „Machtergreifung". Die Fackelzüge, die am Abend des 30. Januar in Berlin und vielen Städten Deutschlands von der NSDAP unter Beteiligung konservativer Kräfte inszeniert wurden, huldigten nicht einem weiteren Kanzler der Republik, sondern dem „Führer in ein neues Zeitalter".

Die neue Regierung besaß keine Mehrheit im Reichstag. Hitler ließ dennoch Koalitionsverhandlungen, die ihm eine Majorität hätten sichern können, bewusst scheitern. Stattdessen wurden der Reichstag aufgelöst und Wahlen zum 5. März anberaumt. Die parlamentsfreie Atempause wollte Hitler nutzen, um mit Hilfe von Notverordnungen vollendete Tatsachen zu schaffen und die Wähler massiv zu beeinflussen, denn die Erreichung der absoluten Mehrheit schien für die NSDAP in greifbare Nähe gerückt.

Der Reichstagsbrand und seine Folgen

Am 27. Februar, eine Woche vor der Wahl, brannte der Reichstag in Berlin. Der am Tatort festgenommene Holländer *Marinus van der Lubbe* schien den Beweis zu liefern, dass die kommunistische Bewegung die Brandstiftung als Fanal zu einem Umsturz benutzen wollte. Die genauen Hintergründe des *Reichstagsbrandes* sind bis heute noch nicht einwandfrei geklärt, aber die meisten Historiker gehen inzwischen von einer Alleintäterschaft van der Lubbes aus.

Sofort veranlasste Hitler die Verhaftung von 4 000 kommunistischen Abgeordneten und Funktionären sowie das Verbot der kommunistischen und sozialdemokratischen Presse. Die von Hindenburg am 28. Februar 1933 erlassene *Verordnung „Zum Schutz von Volk und Staat"* schuf dazu die rechtlichen Voraussetzungen, die Grundrechte außer Kraft zu setzen (➧ M 4).

Trotz massiver Behinderung der anderen Parteien und eines pausenlosen Propagandaaufwands war das Wahlergebnis des 5. März für die NSDAP enttäuschend. Sie verfehlte mit 43,9 Prozent der abgegebenen Stimmen klar die erhoffte absolute Mehrheit.

Am 21. März wurde der Reichstag in der Garnisonkirche zu Potsdam mit einem Staatsakt eröffnet. Zwei Tage nach dem *„Tag von Potsdam"* legte Hitler den Abgeordneten ein „Gesetz zur Behebung der Not von Volk und Reich", das so genannte *„Ermächtigungsgesetz"*, zur Abstimmung vor (➧ M 4). Obwohl NSDAP und Deutschnationale Volkspartei (DNVP) eine handlungsfähige Mehrheit im Reichstag bildeten, sollte der Regierung – zunächst auf vier Jahre – das Recht eingeräumt werden, Gesetze ohne Mitwirkung von Reichstag und Reichsrat zu erlassen. Parlamentarismus und Gewaltenteilung wurden damit praktisch aufgehoben, alle Staatsgewalt konzentrierte sich auf die Exekutive. Da die Gesetze auch inhaltlich von der Verfassung abweichen konnten, waren die Grundpfeiler der Staatsordnung von Weimar ausgehöhlt.

Die Vertreter der bürgerlichen Parteien gaben eingeschüchtert nach, in der Hoffnung, Schlimmeres zu verhüten und durch ihr Entgegenkommen später Einfluss auf die Durchführung des Gesetzes nehmen zu können. Nur die SPD – die Kommunisten waren schon ausgeschaltet – verweigerte ihre Zustimmung, ohne die notwendige Zweidrittelmehrheit verhindern zu können. Auch der Reichsrat ließ das Gesetz ohne Einwand passieren.

4.3 „Gleichschaltung“ und Führungschaos

▲ *Szene einer Reichstagssitzung 1935 nach einer Hitlerrede.*

• *Der Volksmund nannte den Reichstag seit 1933 „Reichsgesangverein“. Warum?*

31. 3. 1933
Ein vorläufiges Gesetz schaltet die Länder mit dem Reich gleich

7. 4. 1933
Das „Gesetz zur Wiederherstellung des Berufsbeamtentums“ schließt politisch „unzuverlässige Elemente“ und Juden vom Staatsdienst aus

22. 6. – 5. 7. 1933
Alle übrigen Parteien werden verboten bzw. zur Selbstauflösung gezwungen

30. 1. 1934
„Gesetz über den Neuaufbau des Reiches“: die Länderparlamente werden aufgehoben, und die Hoheitsrechte der Länder fallen an das Reich

M1

„Gleichschaltung“ im Alltag

Ernst Niekisch (1889-1967), der 1939 wegen „literarischen Hochverrats“ zu einer lebenslänglichen Zuchthausstrafe verurteilt wird, beschreibt und interpretiert um 1935 die tief greifenden Veränderungen in der Gesellschaft.

Ein Taumel der „Gleichschaltung“ erfasste das ganze Volk. Alle öffentlichen und privaten Einrichtungen, Organisationen und Korporationen, alle wirtschaftlichen Betriebe und kulturellen Gesellschaften, alle Verbände und Vereine „schalteten sich gleich“. Zweck der Gleichschaltung war die Herstellung der „Volksgemeinschaft“. Die „Volksgemeinschaft“ ist kein gesellschaftlicher Ordnungszustand höherer Art. Nirgends trügt der Schein mehr, als er hier es tut. [...] in der „Volksgemeinschaft“ soll das ganze Volk auf die formlos chaotische Existenzweise menschlichen Abschaums heruntergebracht werden. Sinn und Inhalt der Volksgemeinschaft ist lediglich die Solidarität des lumpenproletarischen Gesindels.

Irgendwelche untergeordneten Organe oder Angestellte zogen plötzlich ihr nationalsozialistisches Mitgliedsbuch, das sie bisher sorgfältig verborgen gehabt hatten, aus der Tasche und trumpften damit auf; zuweilen war es der Portier, der sich überraschend als Vertrauensmann der nationalen Revolution entpuppte und sich über Nacht zum wichtigsten und ersten Mann emporschwang. Das Mitgliedsbuch und das braune Hemd waren Ausweise, durch welche sich die Inhaber befugt hielten, nach den Zügeln zu greifen und die Leitung zu übernehmen. [...]

Der Punkt, an dem der Hebel ansetzt, welcher den Menschen gleichschaltet, ist die Existenzfrage. Wenn der Mann nicht richtig liegt, bekommt er kein Futter mehr. Unverhüllter wurde noch niemals auf den Magen gedrückt, um die richtige Gesinnung herauszupressen. Der Beamte zitterte um Gehalt und Versorgung: Das „Gesetz zur Wiederherstellung des Berufsbeamtentums“ brachte den festen Turm seiner „wohlerworbenen Rechte“ zum Einsturz. [...] Die nationalsozialistische Empörung über marxistische „Parteibuchbeamte“ entlarvte sich als purer Brotneid; die „Wiederherstellung des Berufsbeamtentums“ bestand darin, alle Ämter mit nationalsozialistischen Parteibuchbeamten zu überschwemmen. Die bürokratische Gleichschaltung war eine groß angelegte Veranstaltung allgemeiner „Umbonzung“. Angestellten und Arbeitern erging es nicht besser; sie verloren die Arbeitsplätze, wenn ihr Eifer der Gleichschaltung enttäuschte. Entzog sich ein Arbeiter dem anbefohlenen Aufmarsch, wurde er fristlos entlassen: Er war als „Staatsfeind“ nicht würdig, wirtschaftlich geborgen zu sein. Der Organisationszwang, dem die Angehörigen der freien Berufe, Gewerbetreibenden, Handwerker, Kaufleute, Unternehmer unterlagen, bot Handhaben, sie zu maßregeln; wurden sie aus ihrer „Berufskammer“ entfernt, war ihnen das Recht auf Berufsausübung genommen; sie waren brotlos und ins wirtschaftliche Nichts verstoßen. Die nationalsozialistische Weltanschauung zog ihre überzeugende Kraft aus der Sorge um den Futterplatz; weil der nationalsozialistische Herr den Brotkorb monopolisiert hatte, sang jedermann sein Lied.

Ernst Niekisch, Das Reich der niederen Dämonen, Hamburg 1953, S. 131-135

1. *Wie definiert Niekisch den Begriff „Gleichschaltung“?*
2. *Erläutern Sie die Gründe dafür, dass die „Gleichschaltung“ nach Meinung des Autors so reibungslos verlief.*
3. *Analysieren Sie auf der Basis von Niekischs Erörterung Anspruch und Wirklichkeit der nationalsozialistischen „Volksgemeinschaft“.*

M2

Die Autorität des „Führers“

Hitler erklärt in „Mein Kampf“:

Die Bewegung vertritt im Kleinsten wie im Größten den Grundsatz der unbedingten Führerautorität, gepaart mit höchster Verantwortung.

Die praktischen Folgen dieses Grundsatzes in der Bewegung sind nachstehende:

Der erste Vorsitzende einer Ortsgruppe wird durch den nächsthöheren Führer eingesetzt, er ist der verantwortliche Leiter der Ortsgruppe. Sämtliche Ausschüsse unterstehen ihm, und nicht er umgekehrt einem Ausschuss. Abstimmungs-Ausschüsse gibt es nicht, sondern nur Arbeits-Aus-

schüsse. Die Arbeit teilt der verantwortliche Leiter, der erste Vorsitzende, ein. Der gleiche Grundsatz gilt für die nächsthöhere Organisation, den Bezirk, den Kreis oder den Gau. Immer wird der Führer von oben eingesetzt und gleichzeitig mit unbeschränkter Vollmacht und Autorität bekleidet. Nur der Führer der Gesamtpartei wird aus vereinsgesetzlichen Gründen in der Generalmitgliederversammlung gewählt. Er ist aber der ausschließliche Führer der Bewegung. Sämtliche Ausschüsse unterstehen ihm und nicht er den Ausschüssen. Er bestimmt und trägt damit aber auch auf seinen Schultern die Verantwortung. Es steht den Anhängern der Bewegung frei, vor dem Forum einer neuen Wahl ihn zur Verantwortung zu ziehen, ihn seines Amtes zu entkleiden, insofern er gegen die Grundsätze der Bewegung verstoßen oder ihren Interessen schlecht gedient hat. An seine Stelle tritt dann der besser könnende, neue Mann, jedoch mit gleicher Autorität und gleicher Verantwortlichkeit.
Es ist eine der obersten Aufgaben der Bewegung, dieses Prinzip zum bestimmenden nicht nur innerhalb ihrer eigenen Reihen, sondern auch für den gesamten Staat zu machen.
Wer Führer sein will, trägt bei höchster unumschränkter Autorität auch die letzte und schwerste Verantwortung.
Wer dazu nicht fähig oder für das Ertragen der Folgen seines Tuns zu feige ist, taugt nicht zum Führer. Nur der Held ist dazu berufen.
Der Fortschritt und die Kultur der Menschheit sind nicht ein Produkt der Majorität, sondern beruhen ausschließlich auf der Genialität und der Tatkraft der Persönlichkeit.
Diese heranzuzüchten und in ihre Rechte einzusetzen, ist eine der Vorbedingungen zur Wiedergewinnung der Größe und Macht unseres Volkstums.

Adolf Hitler, Mein Kampf. Zwei Bände in einem Band, 51. Auflage, München 1933, S. 378 f.

Vergleichen Sie das „Führerprinzip" mit den Prinzipien demokratischer Meinungsfindung.

M3
Rivalität

Der britische Historiker Ian Kershaw (geb. 1943) beschreibt im ersten Teil seiner Hitler-Biographie, wie der „Führer" seine Machtposition festigte.

Zusammenstöße in Fragen der Strategie, Streitereien unterschiedlicher Fraktionen und persönliche Rivalitäten traten in der NSDAP beinahe endemisch[1] auf. Die endlosen Konflikte und Animositäten, die gewöhnlich persönliche oder taktische und keine ideologischen Ursachen hatten, machten notwendigerweise vor einem Angriff auf Hitler halt. Er griff so wenig wie möglich ein. Die Rivalität und der Wettstreit zeigten ihm nur, welcher unter seinen miteinander wetteifernden Untergebenen nach seinem eigenen sozialdarwinistischen Begriff der Stärkere sein würde. Auch unternahm er nichts, um die ideologischen Schattierungen innerhalb der Partei miteinander zu versöhnen, es sei denn, sie drohten kontraproduktive Wirkungen zu entfalten. Der Führerkult wurde akzeptiert, weil er allen Beteiligten als einziges Rezept galt. Die persönliche Treue gegenüber Hitler, ob nun aufrichtig empfunden oder einem Zwang folgend, war der Preis der Einheit. In manchen Fällen waren die NS-Führer ganz und gar von Hitlers „Größe" und „Mission" überzeugt. In anderen konnten sie den eigenen Ehrgeiz nur weiterhin befriedigen, indem sie dem obersten „Führer" nach dem Munde redeten. Auf diese Weise wuchs Hitlers Herrschaft über die „Bewegung" bis zu dem Punkt, wo er so gut wie unangreifbar geworden war.

Ian Kershaw, Hitler 1889–1936, übersetzt von Jürgen Peter Krause und Jörg W. Rademacher, Stuttgart 1998, S. 380

1. *Erläutern Sie, wie Hitler nach Meinung von Kershaw das „Führerprinzip" für sich nutzte.*
2. *Vergleichen Sie M 2 und M 3. Diskutieren Sie Anspruch und Wirklichkeit des „Führerprinzips".*
3. *Vergleichen Sie das „Führerprinzip" mit den Grundsätzen eines demokratischen Amtsverständnisses.*

---
[1] *typisch für ein bestimmtes Umfeld*

„Gleichschaltung“ von Ländern, Verwaltung und Parteien

Mit dem „Ermächtigungsgesetz“ hatte Hitler formalrechtlich legal den Freibrief erhalten, Staat und Gesellschaft „gleichzuschalten“. Partei und Regierung beseitigten in den ersten Monaten nach der Machtübernahme schrittweise das föderalistische Eigenleben von Ländern und Gemeinden: Landtage, Stadt- und Gemeinderäte wurden nach dem Ergebnis der Reichstagswahl vom 5. März 1933 umgebildet. Von missliebigen Parteien errungene Sitze verfielen, so dass die Nationalsozialisten fast überall ein Übergewicht erhielten. Darüber hinaus setzte Hitler in den Ländern *Reichsstatthalter* ein, die befugt waren, Regierungen zu bilden und zu entlassen. Jeder Reichsstatthalter war seinerseits an die Weisungen des Führers gebunden, die totale Kontrolle der Gebietskörperschaften damit gesichert.

Maßgeblich zur Festigung des neuen Regimes trug die *„Gleichschaltung“* des Verwaltungsapparats bei. Schon in den ersten Tagen nach der „Machtergreifung“ waren in Säuberungsaktionen widerstrebende Beamte aus dem Dienst entfernt worden. Legalisiert wurden die Entlassungen erst nachträglich durch das *„Gesetz zur Wiederherstellung des Berufsbeamtentums“* vom 7. April 1933. Drohung und Einschüchterung, aber auch das im Beamtentum verankerte obrigkeitsstaatliche Denken passten die Beamtenschaft rasch in das Herrschaftsgefüge ein (➧ M 1).

Um die politische Opposition endgültig auszuschalten, wurde nach der Zerschlagung der KPD im Sommer 1933 die SPD verboten. Die anderen Parteien lösten sich unter massivem Druck selbst auf. Im Reichstag saßen fortan nur noch Mitglieder der NSDAP. Da das Parlament als Gegengewicht zur Exekutive praktisch ausgeschaltet war, konnte Hitler mit „Führererlassen“ regieren, die an die Stelle von Gesetzen traten.

Nach dem Tod Hindenburgs am 2. August 1934 stand der Diktatur Hitlers endgültig nichts mehr im Wege. Ohne Wahl übernahm er das Amt des Reichspräsidenten und nannte sich nun „Führer und Reichskanzler“. Die Reichswehr und alle Beamten mussten sich durch einen Eid persönlich auf Hitler verpflichten (➧ M 2).

Totale Organisation

Bereits mit dem Eintritt in die Grundschule sollten die Jugendorganisationen der NSDAP, *Hitlerjugend (HJ)* und *Bund Deutscher Mädel (BDM)*, möglichst alle Kinder eines Jahrgangs erfassen. Konkurrierende Vereine wurden früher oder später in HJ und BDM überführt. In beiden Organisationen – und ebenso in den Schulen – wurde die Jugend im Sinne der nationalsozialistischen Ideologie gedrillt. Nicht mehr die liberalen humanitären Bildungsziele der Weimarer Zeit zählten, sondern Gleichschritt und Wehrertüchtigung. Der für alle Jugendlichen verpflichtende Reichsarbeitsdienst sollte die in HJ und BDM angelegte ideologische Ausrichtung fortsetzen. Für viele Berufssparten bestanden zudem gesonderte, der NSDAP untergeordnete Vereinigungen, z. B. der NS-Lehrerbund oder der NS-Ärztebund.

Menschen in Beruf oder Freizeit, Gesunde und Invalide, Jugendliche sowie Greise, Frauen und Männer – alle sollte das parteigesteuerte Organisationsnetz des „totalitären Staates“ erfassen, und die Maschen waren so eng geknüpft, dass der Einzelne kaum entschlüpfen konnte.

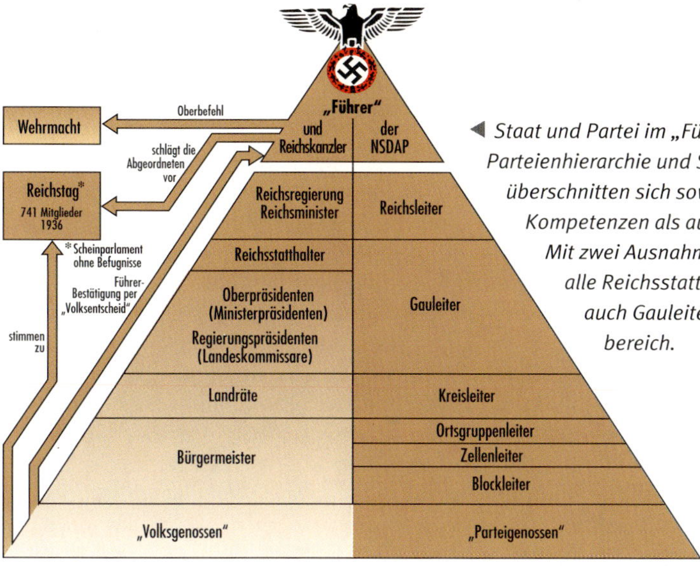

◀ *Staat und Partei im „Führerstaat“. Parteienhierarchie und Staatsämter überschnitten sich sowohl in ihren Kompetenzen als auch personell: Mit zwei Ausnahmen waren z. B. alle Reichsstatthalter zugleich auch Gauleiter in ihrem Amtsbereich.*

Führung oder Chaos?

Die Ausschaltung oppositioneller Gruppen schien auf den ersten Blick die Staatsmacht zu stärken, die sich nicht länger im pluralistisch-liberalen Meinungsstreit behaupten musste. Es zeigte sich jedoch, dass neben den Staat nun die NSDAP als „Trägerin des deutschen Staatsgedankens“ trat. Ihre Stellung war seit der Ausschaltung der anderen Parteien unangefochten. Die Aufgabe der NSDAP bestand nun nicht länger in Opposition und Straßenkampf, sondern in der Durchdringung aller Lebensbereiche, mit dem Ziel einer totalitären Herrschaftsübernahme. Dies gelang mit Hilfe von Unterorganisationen wie *Deutsche Arbeitsfront (DAF)*[1], *NS-Studentenbund*, *NS-Frauenschaft* und anderen mehr. Die Partei durchdrang die Gesellschaft und trat damit in Konkurrenz zu den bestehenden staatlichen oder kommunalen Institutionen.

Die Folge war ein undurchsichtiger Wirrwarr von Kompetenzen (➧ M 3). Während der Staat üblicherweise das öffentliche Leben auf der Basis von Gesetzen reglementiert und gestaltet, trafen jetzt Parteiorganisationen oder deren Repräsentanten neben der staatlichen Bürokratie Einzelentscheidungen oder versuchten zumindest, die Verwaltung in ihrem Sinne zu beeinflussen. Vielfach verschmolzen Partei- und Staatsorganisation miteinander. So hatten die Gauleiter der NSDAP häufig zugleich hohe Ämter in den „gleichgeschalteten“ Ländern inne, oder die Ortsgruppenleiter der Partei übernahmen gleichzeitig das Bürgermeisteramt. Die Kontrolle der öffentlichen Hand und des gesellschaftlichen Alltags insgesamt ließ die *Parteibürokratie* ständig anwachsen. Gab es 1935 33 Gauleiter, 827 Kreisleiter, 21 000 Ortsgruppenleiter und 260 000 Zellen- und Blockleiter, so betrug die Zahl dieser Funktionäre zwei Jahre später bereits 700 000, und während des Krieges waren es zwei Millionen.

Charakteristisch für die *Polykratie*[2] war das Entstehen zahlloser „*Sonderverwaltungen*“, die neben der staatlichen Bürokratie ein Eigenleben führten und dem „Führer“ direkt unterstellt waren. Einer solchen Parteibehörde stand z. B. Hermann Göring ab 1936 als „Beauftragter für den Vierjahresplan“ vor und konnte in dieser Funktion an allen staatlichen Stellen vorbei unmittelbaren Einfluss auf die Wirtschaft nehmen.

---

1) zur DAF siehe auch S. 218

2) von griech. poly: „viel“ und kratos: „Macht“: Vielzahl konkurrierender Herrschaftsansprüche und Zuständigkeiten

Grundbegriff: Diktatur ···> Die Bezeichnung „Diktator" stammt aus der altrömischen republikanischen Verfassung. Der Diktator vereinigte in politischen Notzeiten die Staatsgewalt in seiner Person, allerdings höchstens für sechs Monate. Ursprünglich begrenzte die Diktatur also die Teilhabe berufener Verfassungsorgane an der politischen Macht; demokratische Grundsätze wie die Gewaltenteilung durften aber nur in inneren und äußeren Ausnahmesituationen zum Schutz der Verfassung außer Kraft gesetzt werden.

Solche Grenzsituationen wurden schon zu allen Zeiten ausgenutzt, um an Stelle des Sonderfalls eine Dauereinrichtung zu etablieren. In der Neuzeit bildeten sich Diktaturen häufig im Zusammenhang mit Krisen und revolutionären gesellschaftlichen Umbrüchen, zum Beispiel nach der Revolution von 1789 in Frankreich oder zwischen den beiden Weltkriegen in der Sowjetunion, Italien, Deutschland und Spanien. Heute bestehen solche Tendenzen vor allem in den Entwicklungs- und Schwellenländern der „Dritten Welt".

Einige Strukturmerkmale sind allen Diktaturen der Neuzeit gemeinsam:

1. Die Staatsgewalt wird allein von einer Person oder Gruppe (Partei, Militär) ausgeübt.
2. Es herrscht keine Gewaltenteilung.
3. Oppositionen und pluralistische Gruppen in der Gesellschaft werden unterdrückt.
4. Menschen- und Bürgerrechte sind in der Praxis stark eingeschränkt.
5. Presse und Medien werden zensiert und gleichgeschaltet.

Besonders bedrohlich für den Bürger sind „totalitäre" Diktaturen (vor allem die Sowjetunion in der Stalin-Ära und das Deutsche Reich unter Hitler). Diese wähnen sich im Besitz einer allgemein verbindlichen Heilslehre und sind deshalb in besonders hohem Maße bereit, zur Durchsetzung ihrer Ideologie Gewalt und Terror gegen Andersdenkende einzusetzen.

10. 5. 1933
Bücherverbrennung: unliebsame Autoren werden öffentlich gebrandmarkt

22. 9. 1933
Einrichtung der Reichskulturkammer: der gesamte Kulturbetrieb wird überwacht

4. 10. 1933
Schriftleitergesetz: die ganze deutsche Presse hat der nationalsozialistischen Herrschaft zu dienen; „Schriftleiter“ sind nicht mehr den Verlagen, sondern dem Staat verantwortlich

▲ *Werbung für den Volksempfänger, 1936; zwischen 1933 und 1941 stieg der Anteil der deutschen Haushalte mit Rundfunkgerät von 25 auf 65 Prozent.*

M 1
„Diener dieses Staates“

Karl Overdyck, Hauptschriftleiter und Vorsitzender des Landesverbandes Württemberg im Reichsverband der Deutschen Presse äußerte sich Anfang Oktober 1933 folgendermaßen.

Die Presse und damit der Beruf des Journalisten sind vom Gespenst einer chaotischen Zeit befreit. [… Sie] sind vom Staat und von der Öffentlichkeit berufen, Verteidiger der Volksgemeinschaft, Künder dieses neuen Staates und damit Diener des Volksganzen zu sein. Als Diener dieses Staates ist dem deutschen Journalisten keineswegs eine eigene Meinung oder eine Kritik versperrt, umso weniger als sich seine Meinung und seine Kritik mit der Meinung und der Kritik des Staates im Prinzip deckt. Er hat die Meinung der Öffentlichkeit überall da zum Ausdruck und an das Ohr des Staates zu bringen, wo Schädlinge des Volksganzen und des Staates am Werk sind. Seine erste und wichtigste Aufgabe ist, die geistige und volkliche Einigkeit zu wahren, der Verwirklichung des nationalsozialistischen Gedankenguts zu dienen und die Durchdringung des Einzelnen von den Pflichten jedes deutschen Menschen zu fördern.

Paul Sauer, Württemberg in der Zeit des Nationalsozialismus, Ulm 1975, S. 124 f.

1. *Erläutern Sie die Rolle, die den Journalisten im Nationalsozialismus zugedacht war.*
2. *Formulieren Sie die Gegenerklärung eines Presseleiters aus „chaotischer Zeit“.*
3. *Stellen Sie die Bedeutung einer unabhängigen Presse für das geistige und politische Leben eines Staates dar.*

M2
Bomben im Mathematik-Unterricht

Ein NS-Rechenbuch lieferte Zahlen zur militärischen Stärke benachbarter Länder und stellte dazu unter der Überschrift „Luftangriffe drohen überall“ unter anderem die folgenden Fragen:

a) Wie viele Kriegsflugzeuge haben die angegebenen Staaten, soweit sie Nachbarn Deutschlands sind, insgesamt?
b) Die Stadt Essen ist von der französischen Grenze … Kilometer, von der belgischen Grenze … Kilometer entfernt (Atlas!). Wie viele Minuten braucht ein Flugzeug für diese Strecke bei 250 Kilometern Stundengeschwindigkeit?
Auf dem Messtischblatt 1:25 000 bildet die Innenstadt von Essen einschließlich der Kruppschen Fabrik ein Rechteck von 10-6,5 Zentimetern. Wie viele Quadratkilometer umfasst das Rechteck (auf Ganze genau)? Wie viele Bomben von je 1 000 Kilogramm wären zur Vernichtung dieses Gebiets erforderlich, wenn eine solche Bombe alle Gebäude im Umkreis von 50 Metern zum Einsturz bringt? […] Wie viele Staffeln zu je zehn Flugzeugen müssten eingesetzt werden, wenn jedes Flugzeug zwei solcher Bomben mitführen könnte?
c) Ein moderner Nachtbomber kann 1 800 Brandbomben tragen. Auf wie viel Kilometern Streckenlänge kann er diese Bomben verteilen, wenn er bei einer Stundengeschwindigkeit von 250 Kilometern in jeder Sekunde eine Bombe wirft?

Harald Focke und Uwe Reimer, Alltag unterm Hakenkreuz, Hamburg 1979, S. 90 f.

1. *Erläutern Sie, inwiefern dieser Schulbuchtext als Propaganda zu bezeichnen ist.*
2. *Überlegen Sie, wie diese Form der Propaganda bei den Schülern gewirkt haben mag.*
3. *Auch heute übt der Staat (nicht nur in Deutschland) Kontrolle über Unterrichtsinhalte und Lehrwerke aus. Diskutieren Sie darüber, ob und inwieweit das sinnvoll ist.*

▶ *Hans Albers (1891–1960) war einer der beliebtesten deutschen Schauspieler; hier in „Münchhausen" 1943.*
• *Erläutern Sie, inwiefern mit solchen Filmen Gegenwelten zur Kriegsrealität geschaffen wurden.*

M3
Wie erfolgreich war die Propaganda?

Der Historiker Bernd Jürgen Wendt (geb. 1934) untersucht die tatsächliche Wirkung der nationalsozialistischen Propaganda auf die Bevölkerung.

Dringend muss davor gewarnt werden, unkritisch aus den oft eindrucksvollen Produkten der nationalsozialistischen Propaganda etwa durch die unkommentierte Vorführung von Wochenschauen oder Propagandafilmen bereits auf ihre tatsächliche Wirkung zu schließen.
Resistenz oder Anfälligkeit gegenüber nationalsozialistischer Propaganda und Indoktrination waren wesentlich abhängig von der politischen Einstellung, dem sozialen und politischen Milieu, in dem man aufgewachsen war und lebte, von Erziehung und Schulbildung, Wohnort und persönlichem Umfeld. Goebbels war stets bemüht, in einer taktischen „Variationstoleranz" (Bracher) propagandistische Indoktrination differenziert nach den Adressaten und schichtenspezifisch einzusetzen, auch gewisse Rücksichten auf kulturelles Erbe und bürgerliche Traditionspflege zu nehmen, sterile Uniformität zu vermeiden und dort, wo er es für angebracht hielt, etwa bei der Darbietung eines deutschen (!) Jazz, in der Schlagerkultur oder bei Hollywoodfilmen selbst noch mit der emigrierten Marlene Dietrich[1] die Zügel zu lockern. [...]
Die Propagierung der Idee des Nationalsozialismus, so verschwommen und eklektisch[2] sie auch sein mochte, stieß dort auf eine zusätzliche Resonanz, wo sie offenkundig Erfolge aufweisen konnte. Denn das Leben damals verhieß vielen, die vorher davon nicht einmal zu träumen gewagt hatten, um den Preis der politischen Anpassung einen höheren Grad an Mobilität, freiere Lebensformen etwa für junge Mädchen, die über BDM und Beruf dem Mief dörflicher Enge entwachsen konnten, materielle Vorteile wie einen Arbeitsplatz, die Chance individueller Bewährung, nichtakademische Karrieremuster, soziale Betreuung oder auch ein reiches Angebot für die Gestaltung der Freizeit mit KdF-Reisen[3], Kulturveranstaltungen usf.

Bernd Jürgen Wendt, Deutschland 1933-1945. Das Dritte Reich, Hannover 1995, S. 142-144

1. *Erörtern Sie in Anlehnung an den Text von Wendt, warum die NS-Propaganda nur zum Teil erfolgreich war. Beziehen Sie auch M 2 in Ihre Überlegungen mit ein.*
2. *Sind wir heute resistenter gegen Propaganda? Begründen Sie Ihre Meinung.*

---

1) *Marlene Dietrich (1901–1992) war nach ihrem Welterfolg mit „Der blaue Engel" von 1930 die bekannteste deutsche Schauspielerin. Sie stellte sich gegen die Nationalsozialisten und ging in die USA.*
2) *zusammengesucht, ohne eigenen Stil*
3) *Kraft durch Freude, Unterorganisation der Deutschen Arbeitsfront (DAF); siehe dazu S. 218.*

▲ *„Mutter und Kind". Gemälde von Alfred Bernert. Das Bild wurde während des „Dritten Reiches" als Plakat und Postkarte mit folgender Unterschrift verbreitet: „In meinem Staat ist die Mutter wichtigste Staatsbürgerin. Adolf Hitler."*

• *Analysieren Sie die künstlerischen Mittel, mit denen die Bildaussage erreicht werden soll. Erläutern Sie die kunsthistorische Tradition, an die der Maler anknüpfen will.*

M4
Die deutsche Familie

1939 wurde beim Reichsparteitag eine Ausstellung „Frau und Mutter – Lebensquell des Volkes" gezeigt. Aus einem Begleittext:

Ein deutsches Wort nennt den Mann den Kopf der Familie. Er ist der sorgende Verstand der Seinen, den sein Beruf oftmals zur Härte gegen sich und andere zwingt. Die Frau wird in diesem Sprichwort das Herz der Familie genannt. Ihr wird der Mittelpunkt dieses lebendigen Organismus zugewiesen, von ihr nimmt das Familienleben seinen Ausgang. Noch mehr: So wie wir glauben, dass das Gefühl dem Herzen entströmt, so machen wir alles gefühlsgebundene Erleben des Familienkreises von der Frau abhängig. Sie wahrt und verbreitet Gemütskräfte, von ihr strahlt aus, was wir nur im Deutschen sagen können und auch innerlich verstehen: Gemütlichkeit!

Die Frau in der Familie ist ungleich mehr Gefährtin des Mannes, als es die ledige Frau sein kann, die im Beruf gleichberechtigt neben dem Manne steht. In einem geregelten deutschen Familienleben braucht sich diese Tatsache nicht einmal nach außen hin zu zeigen, allein sie wirkt sich aus im Schaffen und Handeln des Mannes. […]

Die Frau in der Familie ist Mutter. Was wäre eine deutsche Familie ohne Kinder? Wie sich das Frauentum zu höchster Blüte entwickelt durch die Mutterschaft, so wird die Lebensgemeinschaft der Familie erst harmonisch durch die Kinder. Kinder sind auch dort das bindende Glied, wo die Familie in Gefahr gerät durch mangelndes gegenseitiges Verstehen zwischen Frau und Mann.

„Viel Kinder, viel Segen", sagt ein altes deutsches Sprichwort. Tatsächlich sind die kinderreichen Familien zumeist die glücklichsten. Es muss das wohl so sein, weil hier so viele Glieder beitragen zum Glücklichsein und Erleben der Familie. Voraussetzung zu diesem Glück ist aber eine starke innere Bereitschaft der Eltern zum Leben und allen seinen Anforderungen.

Der Nationalsozialismus wertet die Familie höher als jemals eine Weltanschauung vor ihm. Er erkennt die ausschlaggebende Bedeutung der Frau in der Familie und bemüht sich, durch immer neue Maßnahmen Frau und Familie zu schützen, ihre Lebensbedingungen zu erleichtern und die Bildung neuer Familien zu ermöglichen. Das Volk ist die große deutsche Familie, die sich nach dem Vorbild der kleinsten Zelle bemüht, einen jeden Angehörigen zu betreuen und durch Schaffen und Fröhlichsein der Freuden des Lebens und auch seines Ernstes teilhaftig werden zu lassen.

Ute Benz (Hrsg.), Frauen im Nationalsozialismus. Dokumente und Zeugnisse, 2. Auflage, München 1997, S. 105 f.

1. *Erläutern Sie die Rollenzuweisungen, die in dem Text vorgenommen werden.*
2. *Untersuchen Sie den Text auf seinen spezifisch nationalsozialistischen Gehalt hin.*

„Volksaufklärung“

Die wirkungsvollste Form, die Gesellschaft nachhaltig zu beeinflussen, sah Hitler in der *Propaganda*. Sein „Minister für Volksaufklärung und Propaganda“, *Dr. Joseph Goebbels*, schaltete Presse, Film und Rundfunk weitgehend gleich. Er ließ zunehmend nur noch Informationen verbreiten, die sein Ministerium in Reichspressekonferenzen für die Veröffentlichung bekannt gab. Unerwünschte Presseorgane wurden zeitweise oder auf Dauer verboten. Bücher, Illustrierte und Zeitschriften unterlagen der Zensur (➧ M 2).

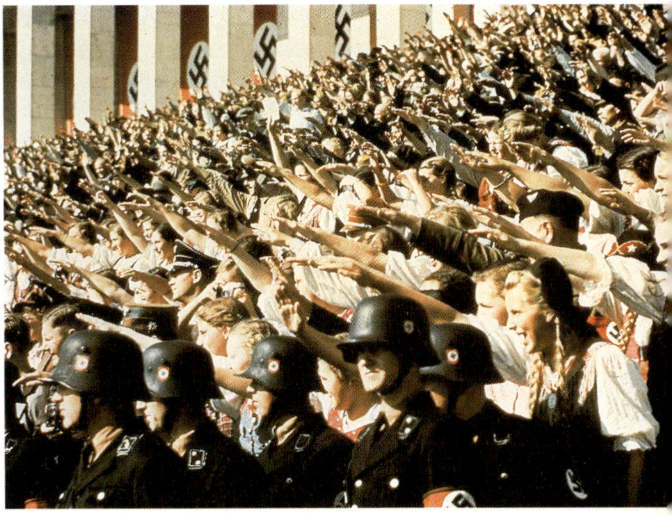

▲ *Jubelndes Publikum beim Reichsparteitag in Nürnberg 1938.*

Vor allem den Rundfunk setzte Goebbels für seine Propaganda ein. „*Volksempfänger*“ waren für jeden erschwinglich und wurden zum Kauf empfohlen. Das „Schwarzhören“ ausländischer Sendestationen war hingegen verboten und gegen Ende des Krieges sogar mit der Todesstrafe bedroht. Die „*Wochenschau*“, die vor den viel besuchten Spielfilmen ablief, wurde genau redigiert. Wie Goebbels selbst erklärt hatte, galt nun ein „neuer Begriff der Meinungs- und Pressefreiheit“, der alle Berichterstattung an das „nationale und völkische Interesse band“ (➧ M 1).
Ein ausgeklügeltes Spitzelsystem, das ganz Deutschland überzog, diente nicht nur dem Aufspüren und der Ausschaltung von Regimegegnern, sondern auch der Erkundung der Volksstimmung. Dabei spielten die Blockwarte, zu deren Aufgaben die genaue Beobachtung der Bewohner der ihnen unterstellten Häuserblocks gehörten, eine wichtige Rolle. Gegenpropaganda sollte da einsetzen, wo sich Unzufriedenheit zeigte (➧ M 3).

Massenmobilisierung

Offizieller Höhepunkt aller Massenmobilisierung war der jährliche *Reichsparteitag* in Nürnberg: Auf einem nie ganz vollendeten Gelände wickelte die NS-Regie beeindruckende Aufmärsche und sportliche Wettkämpfe ab, die der Bevölkerung nationale Größe suggerierten und sie für den Einparteienstaat vereinnahmen sollten. Staatsbesuche, Empfänge, National- und Parteigedenktage oder neue pseudokultische Veranstaltungen vermittelten den Massen das äußere Gepräge religiöser Feste. Auch die *Olympischen Spiele*, die 1936 in Berlin stattfanden, nutzte das Regime zu einer sorgfältig inszenierten Selbstdarstellung.

„Wider den undeutschen Geist“

Auch Kultur und Kirche wurden im „Führerstaat“ gleichgeschaltet. Was wahre Kulturgüter seien, legte die NSDAP fest: Rückbesinnung auf das germanische Erbe, die Hervorhebung der arischen Rasse in allen Epochen der Geschichte, Schlichtheit und Monumentalität waren die Vorgaben eines zentral reglementierten Kunstverständnisses. Juden, Marxisten und Pazifisten verbannte die Partei als „Zerstörer arischen Erbes“ aus dem Kulturbetrieb.

Am 10. Mai 1933 fanden in Berlin und anderen Universitätsstädten öffentliche *Bücherverbrennungen* statt. Studenten warfen die Werke der in Ungnade gefallenen Autoren ins Feuer. Damit sollte die Ausmerzung aller wissenschaftlichen und literarischen Werke, die als „undeutsch" galten, eingeleitet werden.
Wertvolle Kunstwerke wurden als *„entartete Kunst"* aus Museen und Galerien verbannt, beschlagnahmt, zerstört oder ins Ausland verkauft. Die betroffenen Künstler erhielten, soweit sie noch lebten und nicht emigriert waren, Ausstellungs- und Arbeitsverbot. 1937 wurde eine Auswahl eingezogener Kunstwerke zusammengestellt und als Wanderausstellung „Entartete Kunst" in München und anderen Städten Deutschlands bei freiem Eintritt zur „Abschreckung" gezeigt. 1939 verbrannten die Nationalsozialisten in Berlin öffentlich 1000 verfemte Kunstwerke.
Folge dieser Politik und der antijüdischen Gesetzgebung war, dass viele bedeutende Künstler und Gelehrte Deutschland verließen. Die kulturelle Blütezeit der Zwanzigerjahre fand ein jähes Ende. Mancher blieb und beugte sich dem Regime oder begab sich in die *„innere Emigration"*.

Die „deutsche Frau"

Ideologisch wie personell war die NSDAP immer eine Männerpartei, Frauen hatten in den höheren Hierarchie-Ebenen von Partei und Staat keine Chance. *Gertrud Scholtz-Klink*, die „Reichsfrauenführerin" – ein Propagandaposten von politisch geringem Einfluss –, hatte sich im Sinne der Nationalsozialisten vor allem durch eines qualifiziert: Sie war Mutter von elf Kindern.
Natürlich brauchte die Partei auch Wählerinnen, und die Frauen wurden entsprechend umworben. Das ideologische Konzept dazu war denkbar einfach gestrickt: Die deutsche Frau sollte als treu sorgende Gattin und Mutter den „artgerechten" Fortbestand des Volkes gewährleisten und dem Mann zu Hause den Rücken frei halten für seine Pflichten am Arbeitsplatz und im Krieg (➧ M 4).
Vielen Frauen erschien die klare Rolle, die die Nationalsozialisten ihnen zuwiesen, durchaus attraktiv. Wie den Männern wurden auch ihnen eine Gemeinschaft und ein Solidaritätsgefühl angeboten, deren negative Seiten, nämlich der Ausschluss von Kranken, Gebärunfähigen, Jüdinnen, lesbisch Veranlagten und anderen unerwünschten Minderheiten, nur wenigen zu Bewusstsein kam.
Die „Volksgenossinnen" waren ebenso sorgsam organisiert wie die männliche Bevölkerung. Zusätzlich zum „Bund Deutscher Mädel" (BDM) und der „Nationalsozialistischen Frauenschaft" (NSF) entstand im Oktober 1933 das *„Deutsche Frauenwerk" (DFW)* als Sammelbecken für die gleichgeschaltete bürgerliche Frauenbewegung. In diesen Organisationen trafen sich Millionen zum Meinungsaustausch, zu gemeinsamen häuslichen Arbeiten, zu ideologischer Schulung und zu karitativer Tätigkeit. Äußere Ehrungen wurden zudem den Müttern durch die Stiftung des „Ehrenkreuzes der deutschen Mutter" für die Verdienste im „Geburtenkrieg" zuteil: für die Geburt von vier oder fünf Kindern in Bronze, bei sechs oder sieben in Silber und ab acht Kindern in Gold. Hilfswerke für Mutter und Kind, Mütterschulen und die besondere Hervorhebung des Muttertages rundeten das Propagandabild von der „erfolgreichen deutschen Frau" ab.

4.5 Ausgrenzung und Verfolgung

▲ *Fenster eines Berliner Modegeschäfts, 1. April 1933.*

1. 4. 1933
Boykott jüdischer Unternehmen, Geschäfte und Praxen

26. 4. 1933
Bildung der Geheimen Staatspolizei (Gestapo)

24. 4. 1934
Einrichtung des Volksgerichtshofs für Delikte des Hoch- und Landesverrats

30. 6. 1934
„Röhmputsch“ und nachfolgender Justizterror

15. 9. 1935
Nürnberger Gesetze; Ausbürgerung der Juden

9.–11. 11. 1938
„Reichskristallnacht“: Zerstörung von Synagogen; Plünderungen, Verhaftungen und Morde

3. 12. 1938
Einziehung jüdischer Vermögen

▲ *Die Nationalsozialisten fahren am 16. Mai 1933 sieben verhaftete Sozialdemokraten zur Demonstration durch Karlsruhe. Einer von ihnen, Ludwig Marum, wird 1934 im Konzentrationslager Kislau ermordet.*

M1
„Die leiseste Drohung genügt"

Lina Haag, 1907 geboren, war mit Alfred Haag verheiratet, der von 1931 bis 1933 KPD-Abgeordneter im württembergischen Landtag war. Beide wurden 1933 verhaftet, Lina Haag war viereinhalb Jahre lang interniert, zuletzt im KZ Lichtenburg.

Am Ostersonntag peitscht er eigenhändig drei Frauen aus. Die Genossin Steffi ist dabei. Sie hatte ihrem Freund, einem Juden, zur Flucht in das Ausland verholfen. Sie ist schön, intelligent und ein guter Kamerad. Bald darauf stirbt sie. Sie hält das nicht aus. So feiert der Kommandant des Konzentrationslagers Lichtenburg Ostern. Mit drei nackten, auf den Holzpflock geschnallten Frauen, die er auspeitscht, bis er nicht mehr kann. Würde das draußen ein Mensch glauben? Angenommen, es würde einer glauben, vielleicht sogar weitererzählen – ein Gestapodaumennagel auf die Knöchelsehne gedrückt genügt, um ihn augenblicklich alles so vollständig vergessen zu lassen, als hätte er nie davon gehört. Was sage ich, ein Gestapodaumennagel, nein, die leiseste Drohung genügt und das Volk schweigt. Schweigt nicht nur, jubelt, marschiert, denunziert, steht geschlossen hinter dem Führer, wie es der Führer will. Die Drohung ist seine Staatskunst, seine Außenpolitik und seine Innenpolitik, Drohung und Angst, Grausamkeit und Feigheit sind die Fundamente seines Staates. […] Hinter jeder Drohung steht das KZ, ein Abgrund von Verworfenheit, Verbrechen und tiefster Schuld. Die Bürger ahnen es. Das genügt. Mehr darüber zu wissen, ist schädlich. Es soll nicht Empörung, sondern Angst erzeugt werden. Sie wird erzeugt.

Wir können es zur Not verstehen, dass die Menschen draußen eingeschüchtert sind. Unbegreiflich ist uns nur, dass es so viele Sadisten gibt. Sind es wirklich Sadisten, Verbrecher von Grund auf, Mörder? Ich glaube es nicht, und Doris glaubt es auch nicht. Es sind Spießbürger. Nur sind sie zufällig nicht beim Finanzamt, sondern bei der Polizei, zufällig keine Magistratsschreiber oder Metzgermeister oder Kanzleigehilfen oder Bauarbeiter oder Standesbeamte, sondern Gestapoangestellte und SS-Männer. Sie unterscheiden nicht zwischen Gut und Böse, sie tun ganz einfach das, was ihnen befohlen ist. Es ist ihnen nicht befohlen, zwischen Gut und Böse zu unterscheiden oder zwischen Recht und Unrecht, sondern die Staatsfeinde auszurotten und zu vertilgen. Sie tun dies mit derselben sturen Pedanterie, mit demselben deutschen Fleiß und mit derselben deutschen Gründlichkeit, mit der sie sonst Steuererklärungen geprüft oder Protokolle geschrieben oder Schweine geschlachtet hätten. Sie peitschen eine wehrlos an einen Pflock gebundene Frau mit sachlichem Eifer und gewissenhaftem Ernst aus, in der vollen Überzeugung, damit dem Staat zu dienen oder ihrem Führer, was für sie das Gleiche ist. Mag in letzterem Fall ein kleines Vergnügen dabei sein, ausschlaggebend ist das deutsche Pflichtbewusstsein, von einem Dämon ins Dämonische gesteigert. Deshalb steht auf ihrem Koppelschloss „Meine Ehre heißt Treue".

Ich habe in grauenhafte Herzen und Köpfe gesehen, in Herzen, die neben bestialischer Grausamkeit ein stets zu Rührung geneigtes Gemüt bargen, und in Köpfe, die harmlos und einfältig und gutmütig aussahen, aber doch die Köpfe von fleißigen Henkern waren. Wir finden die Tatsache, dass sich Hitlers Kreaturen nicht aus dem asozialen, sondern aus dem kleinbürgerlichen Element des Volkes rekrutieren, schauderhaft und beunruhigend. Es sind also keine geborenen Sadisten, keine professionellen Verbrecher, keine passionierten Mörder, sondern Spießbürger. Wie alle andern. Dasselbe Organisationstalent, das draußen mit Gänsemarsch und Vitamindrops die Volksgesundheit zu heben sich bemüht, treibt hier im Lager die Sterblichkeitsziffer in die Höhe.

Lina Haag, Eine Handvoll Staub, Frankfurt/Main 1977, S. 136 ff.

1. *Welche Funktion hat nach Meinung von Lina Haag das System der Konzentrationslager?*
2. *Nehmen Sie Stellung zu der Interpretation der KZ-Aufseher als „Spießbürger". Welche Konsequenzen ergeben sich aus dieser Interpretation für die Schuldfrage?*

M2

„Recht ist, was dem Volke nützt"

Hans Frank (1900–1946) war seit 1934 Reichsminister, Präsident der Akademie für deutsches Recht (1933–1942) und seit 1939 Generalgouverneur von Polen. Im Jahr 1936 äußerte er sich zur Funktion der Gerichte im „Führerstaat".

1. Der Richter ist nicht als Hoheitsträger des Staates über den Staatsbürger gesetzt, sondern er steht als Glied in der lebendigen Gemeinschaft des deutschen Volkes. Es ist nicht seine Aufgabe, einer über der Volksgemeinschaft stehenden Rechtsordnung zur Anwendung zu verhelfen oder allgemeine Wertvorstellungen durchzusetzen, vielmehr hat er die konkrete völkische Gemeinschaftsordnung zu wahren, Schädlinge auszumerzen, gemeinschaftswidriges Verhalten zu ahnden und Streit unter Gemeinschaftsgliedern zu schlichten.
2. Grundlage der Auslegung aller Rechtsquellen ist die nationalsozialistische Weltanschauung, wie sie insbesondere in dem Parteiprogramm und den Äußerungen unseres Führers ihren Ausdruck findet.

▲ *In Juristenkreisen wurde die nationalsozialistische Verachtung des traditionellen Rechts vielfach begrüßt.*

3. Gegenüber Führerentscheidungen, die in die Form eines Gesetzes oder einer Verordnung gekleidet sind, steht dem Richter kein Prüfungsrecht zu. [...]
4. Gesetzliche Bestimmungen, die vor der nationalsozialistischen Revolution erlassen worden sind, dürfen nicht angewendet werden, wenn ihre Anwendung dem heutigen gesunden Volksempfinden ins Gesicht schlagen würde. [...]
5. Zur Erfüllung seiner Aufgaben in der Volksgemeinschaft muss der Richter unabhängig sein. Er ist nicht an Weisungen gebunden. Unabhängigkeit und Würde des Richters machen geeignete Sicherungen gegen Beeinflussungsversuche und ungerechtfertigte Angriffe erforderlich.

Walther Hofer (Hrsg.), Der Nationalsozialismus. Dokumente 1933–1945, Frankfurt/Main 1957, S. 101 f.

1. *Welche Änderungen im Vergleich zur bisherigen Rechtsauffassung werden hier angesprochen? Vergleichen Sie die Stellungnahme auch mit den einschlägigen Artikeln unseres Grundgesetzes.*
2. *Womit werden diese Änderungen von Frank gerechtfertigt?*
3. *Erörtern Sie die Konsequenzen dieser neuen Auffassung für die Rechtspraxis.*

▲ *Öffentliche Hinweise. Beachten Sie die Straßennamen.*

M3

„Sein eigenes Begräbnis erleben“

Die jüdische Ärztin Hertha Nathorff dokumentiert in ihrem Tagebuch die Repressalien, denen sie mit zahlreichen Kolleginnen und Kollegen zusammen ausgesetzt war. 1939 emigrierte sie in die USA.

14. April 1933
„Sie schalten gleich“. Nein, sie wüten. Aus allen Berufen, aus allen Stellen schalten sie die Juden aus „zum Schutze des deutschen Volks“. Was haben wir diesem Volk denn bis heute getan? In den Krankenhäusern ist es furchtbar. Verdiente Chirurgen haben sie mitten aus der Operation herausgeholt und ihnen das Wiederbetreten des Krankenhauses einfach verboten. Andere haben sie auf Wagen geladen und unter dem Gejohl der Menge durch die Stadt geführt. Verschiedene Bekannte sind Hals über Kopf auf und davon ins Ausland, weil sie politisch verdächtig waren. Mein altes Krankenhaus hat seine tüchtigsten und besten Ärzte verloren, die und die Patienten sind verzweifelt, es geht alles drunter und drüber. Die Hetzreden des Herrn Goebbels übersteigen alles, was an Hetze und Verlogenheit bisher da war, und das Volk hört es an und schweigt – und vor allem, die führenden Ärzte, die prominenten Professoren, was tun sie für ihre verratenen Kollegen? […]

April 1933
Ein Brief vom Magistrat Charlottenburg: „Sie werden gebeten, Ihre Tätigkeit als leitende Ärztin der Frauen- und Beratungsstelle einzustellen!“ Aus. Also herausgeworfen – aus. Meine armen Frauen, wem werden sie nun in die Hände fallen? Fast 5 Jahre habe ich diese Stelle geleitet, groß und bekannt gemacht, und nun? Aus, aus – ich muss es mir immer wieder sagen, damit ich es fassen kann.

Mai 1933
[…] Nun fangen sie in meiner Sprechstunde an, mich zu fragen, ob ich etwa Jüdin bin. Ihr Rasseninstinkt ist bewundernswert. „Frau Doktor, Sie sind doch eine so reizende Frau, warum haben Sie bloß einen Juden geheiratet?“ Ganz fassungslos habe ich die Patientin angeschaut.

12. Mai 1933
Eine Patientin kommt weinend zu mir. Sie war bei der üblichen Vortragsstunde ihres Betriebs, und da wurde gelehrt: Wer einmal Beziehungen zu einem Juden gehabt hat, kann nie mehr rein arische Kinder bekommen. Und sie hat früher einmal einen jüdischen Freund gehabt. Ich habe lange reden müssen, das etwas primitive Geschöpf von dem Blödsinn dieser Behauptung zu überzeugen. Jetzt atmet sie auf: „Frau Doktor, ich wollte schon den Gashahn aufmachen, da bin ich im letzten Augenblick noch zu Ihnen gelaufen.“ Ja, aber wie viele haben niemand, zu dem sie laufen können und dann?

15. Mai 1933
Kollege H. ist tot! Selbstmord – er hat es nicht ertragen können, dass er nicht als voll anerkannt wird. Ich kann es so gut verstehen. Wahrlich, hätte ich nicht Mann und Kind, ich – ich weiß nicht, was ich täte. […]

30. Juni 1933
Die letzte Kassen-Sprechstunde. Ich habe tapfer durchgehalten. Meine Wohnung gleicht einem blühenden Garten. Abschiedsblumen. Wie das ist, sein eigenes Begräbnis zu erleben! […]

Barbara Bronnen (Hrsg.), Geschichten vom Überleben. Frauentagebücher aus der NS-Zeit, München 1998, S. 32–36

1. *Beurteilen Sie die gesellschaftlichen Folgen der antisemitischen Maßnahmen.*
2. *Wie reagierte der nicht betroffene Teil der Bevölkerung auf die Zwangsmaßnahmen?*

M4

Ein Fernschreiben mit Folgen

Am 7. November 1938 erschoss der 17-jährige Herschel Grynszpan, dessen Eltern von den deutschen Behörden aus Hannover nach Polen abgeschoben worden waren, in Paris den deutschen Diplomaten Ernst vom Rath. Folgendes Fernschreiben (FS) des Geheimen Staatspolizeiamtes ging an alle Leiter oder Stellvertreter der Staatspolizeistellen:

1. Es werden in kürzester Frist in ganz Deutschland Aktionen gegen Juden insbesondere gegen deren Synagogen stattfinden. Sie sind nicht zu stören. Jedoch ist im Benehmen mit der Ordnungspolizei sicherzustellen, dass Plünderungen und sonstige besondere Ausschreitungen unterbunden werden können.
2. Sofern sich in Synagogen wichtiges Archivmaterial befindet, ist dieses durch eine sofortige Maßnahme sicherzustellen.
3. Es ist vorzubereiten die Festnahme von etwa 20–30 000 Juden im Reiche. Es sind auszuwählen vor allem vermögende Juden. [...]
4. Sollten bei den kommenden Aktionen Juden im Besitz von Waffen angetroffen werden, so sind die schärfsten Maßnahmen durchzuführen. Zu den Gesamtaktionen können herangezogen werden Verfügungstruppen der SS sowie Allgemeine SS. [...]

Dieses FS ist geheim.

Hans-Jürgen Döscher, „Reichskristallnacht". Die Novemberpogrome 1938, Frankfurt/Main 1990, S. 89

1. *Untersuchen Sie die Rechtsgrundlagen der geplanten Aktionen.*
2. *Erläutern Sie, warum die Geheimhaltung des Fernschreibens wichtig war.*

M5

„Volkszorn"?

Am 12. November 1938 berichten die „Hohenzollerischen Blätter":

Das Bekanntwerden des Ablebens des durch feige jüdische Mörderhand niedergestreckten deutschen Diplomaten, Parteigenossen vom Rath, hat, wie im ganzen Reich, so auch in unserer Stadt tiefste Empörung und gerechten Zorn des Volkes ausgelöst. In der Nacht vom Mittwoch auf Donnerstag sammelten sich in der Goldschmiedstraße vor der Synagoge empörte Volksgenossen, die in durchaus verständlicher und berechtigter Erregung diese jüdische Kultstätte zum Zielpunkt ihres Vergeltungswillens genommen hatten. Binnen kürzester Zeit waren die Türen erbrochen und die gesamten Einrichtungsgegenstände zerstört. In ihrem kaum zu überbietenden Zorn machten die Volksgenossen derart „ganze Arbeit", dass an eine Wiederherstellung der Innenausstattung für den bisherigen Zweck nicht mehr gedacht werden kann. [...] Möge dieses Beispiel der Judenschaft zeigen, dass Deutschland nicht länger mit sich spielen lässt und seine Feinde dort zu treffen weiß, wo es sie am meisten schmerzt. [...]

In Tübingen drang die erregte Menge in die Synagoge ein und zerstörte die Einrichtungsgegenstände. Gegen 4 Uhr morgens stand die Synagoge in Flammen. Die herbeigerufene Feuerwehr musste sich in der Hauptsache darauf beschränken, die nebenanliegenden Gebäude zu schützen. [...]

Gegen drei Uhr nachts standen die beiden großen Synagogen in Stuttgart und Bad Cannstadt in hellen Flammen, die bis zum Anbruch des Tages vollständig aus- und niedergebrannt waren.

Dokumente über die Verfolgung der jüdischen Bürger in Baden-Württemberg durch das nationalsozialistische Regime 1933–1945, II. Teil, bearbeitet von Paul Sauer, Stuttgart 1966, S. 21 f.

1. *Vergleichen Sie die Aussagen der Zeitung mit dem Fernschreiben (M 4) und ziehen Sie Rückschlüsse auf die Spontaneität der Ausschreitungen.*
2. *Kommentieren Sie den Wirkungsgrad der Feuerwehreinsätze.*
3. *Diskutieren Sie über die Wirkung der Ausschreitungen auf das Ausland. Welche Wirkung wollten die Nationalsozialisten erzielen?*
4. *Forschen Sie nach dem Schicksal der Synagoge an Ihrem Wohnort.*

Der Rechtsstaat wird ausgehöhlt

Mit der „Verordnung des Reichspräsidenten zum Schutz von Volk und Staat" vom 28. Februar 1933 war die erste Schranke des Rechtsstaats gefallen. Die Polizei konnte nun ohne Angabe des Grundes Personen bespitzeln oder verhaften, durfte sie ohne Verhör durch einen Richter festsetzen, konnte Wohnungen durchsuchen, Eigentum beschlagnahmen, Zeitungen zensieren und verbieten, Telefone überwachen, Parteien und Vereine auflösen.

Die Schaffung neuer Straftatbestände, so z.B. die Kritik an der Regierung, das Verbreiten ausländischer Nachrichten oder ganz generell der Verstoß gegen das „gesunde Volksempfinden", öffnete willkürlichen Urteilen Tür und Tor. Für Delikte wie Hochverrat legten die neuen Machthaber rückwirkend die Todesstrafe fest. Waren zwischen 1907 und 1932 in Deutschland 1400 Menschen zum Tode verurteilt und 345 hingerichtet worden, so sprachen die Strafgerichte unter nationalsozialistischer Herrschaft zwischen 1933 und 1944 13 405 Todesurteile aus, von denen 11881 vollstreckt wurden.

Polizei und Justiz

Im Rahmen der „Gleichschaltung" übernahmen die Nationalsozialisten in den Ländern die Polizeigewalt. Dies nutzten sie, um neben den regulären Polizeiapparat eine Hilfspolizei zu stellen. Deren Truppen bestanden ganz überwiegend aus Männern der *Sturmabteilung* (SA) und der *Schutzstaffel* (SS). Den paramilitärischen Verbänden der „Kampfzeit" wurden damit hoheitliche Polizeibefugnisse zugestanden. Die Folgen erlebte man anlässlich des „Röhm-Putsches" am 30. Juni 1934, als Hitler Meinungsverschiedenheiten mit dem SA-Führer *Ernst Röhm* zum Anlass nahm, gemeinsam mit Reichswehr und SS Säuberungsaktionen durchzuführen. Ohne Einschaltung der Rechtspflege brachten SS-Männer etwa 100 Angehörige der SA und Bürger verschiedenster politischer und gesellschaftlicher Herkunft um. Das „Gesetz über Maßnahmen der Staatsnotwehr" vom 3. Juli 1934 „rechtfertigte" erst nachträglich die Vorgänge vom 30. Juni bis zum 2. Juli 1934. Ein weiterer Schritt, der die Rechtssicherheit des Bürgers aufhob, war 1936 das Verbot der gerichtlichen Überprüfung von Maßnahmen der *Geheimen Staatspolizei (Gestapo)*.

Bei all diesen Vorgängen gab es kaum Proteste oder Rücktritte, denn viele Richter und Staatsanwälte waren eingeschüchtert, da das „Gesetz zur Wiederherstellung des Berufsbeamtentums" die Möglichkeit geschaffen hatte, missliebige Beamte aus dem Dienst zu entfernen. Seit der „Machtergreifung" liefen sie ohnehin Gefahr, dass ihre Urteile von den Nationalsozialisten „korrigiert" wurden (➧ M 2). Ergingen Freisprüche oder fielen die Strafen nach Meinung der Machthaber zu milde aus, so nahm nicht selten die Gestapo die Angeklagten in „Schutzhaft". Um die Betroffenen davor zu bewahren, verhängten die Gerichte teilweise lieber härtere Urteile, die dann im Rahmen des staatlichen Justizvollzugs vollstreckt werden konnten. Eine andere Aushöhlung des gerichtlichen Rechtsschutzes bedeutete die Einrichtung von Sondergerichten wie dem *Volksgerichtshof*. Vor ihm waren die Rechte der Angeklagten beschränkt, und das Urteil stand in aller Regel im Vorhinein fest. Umgekehrt setzten die Justizbehörden Verfahren gegen Mitglieder der SA und SS aus und verschoben sie bis zur nächsten Amnestie.

Der Weg in den SS-Staat

Die *„Schutzstaffel“ (SS)* war 1925 als Sonderorganisation zum Schutz Hitlers und anderer Funktionäre der NSDAP entstanden. Formal zunächst der Leitung der *„Sturmabteilung“ (SA)* unterstellt, betrachtete sich die SS unter *Heinrich Himmler* als eine Art Geheimorden in schwarzer Uniform, durch einen Schwur dem „Führer“ zu ewiger Treue verpflichtet. Seit dem „Röhmputsch“ 1934 und der Entmachtung der SA blieb sie in ihrer elitären Rolle unangefochten.

Nach der „Machtergreifung“ war die SS Hauptinformant für die *„Geheime Staatspolizei“ (Gestapo)*, ab 1934 einziger Nachrichtendienst der „Partei“, nach 1936 offizieller Nachrichtendienst des Reichs. „Sicherheit“ und Kontrolle gehörten zu den Hauptaufgaben der Organisation. Konsequenterweise wurde deshalb Himmler 1936 Chef der Polizei, die in der Folgezeit praktisch aus dem Staatsapparat ausgegliedert wurde. Die Polizei war damit nicht länger an Recht und Gesetz gebunden, sondern zum Handlanger des „Führerwillens“ geworden.

▲ *Straßenszene in Ulm, 1939.*

SS-Angehörige saßen auf wichtigen Kommandoposten in den Massenorganisationen der Partei wie DAF[1] oder HJ. Sie drangen in vielen Funktionen in die staatliche Verwaltung ein und stellten Dozenten für die Hochschulen. Eigene Forschungsabteilungen sollten die Ideen Hitlers vom „nordischen“ Menschen experimentell beweisen. Nicht zuletzt in den Konzentrationslagern führten SS-Männer entsprechende „Experimente“ durch und quälten Menschen zu Tode.

Die Konzentrationslager

Gegen Ende des Ersten Weltkriegs, ab 1916, war die „Schutzhaft“ von Justizbehörden im Deutschen Reich in Ausnahmefällen als streng begrenzte Vorbeugehaft verhängt worden. Im „Dritten Reich“ entwickelte sie sich zu einem planmäßig eingesetzten Instrument politischen Terrors, das keiner richterlichen Kontrolle unterlag. Die ersten *Konzentrationslager (KZ)* in Deutschland entstanden schon wenige Wochen nach der „Machtergreifung“ in Dachau nahe München und in Oranienburg bei Berlin. Seit Anfang März 1933 wurden vor allem Sympathisanten und Mitglieder der KPD und der SPD eingewiesen (➧ M 1). Ende Juli verzeichnete die amtliche Statistik etwa 27 000 Häftlinge. Ab 1935 dienten die Lager nicht mehr ausschließlich zur „Umerziehung“ oder „Ausschaltung“ von politischen Gegnern, sondern als Ort für Personengruppen, die generell zu „Volksschädlingen“ erklärt worden waren. Dazu zählten „Gewohnheitsverbrecher“, aber auch religiöse Minderheiten wie die Bibelforscher, nationale Randgruppen wie Polen oder Emigranten, dazu Juden und sozial gebrandmarkte Menschen wie „Arbeitsscheue“ und Homosexuelle.

---

1) siehe dazu S. 218

Gewalt gegen Juden von Anfang an

Schon bald nach der „Machtergreifung“ begann die staatlich organisierte Ausgrenzung der Juden. Das „Gesetz zur Wiederherstellung des Berufsbeamtentums“ verlangte von allen Beamten den Nachweis arischer Abstammung. Ähnliche Gesetze traten später für andere einflussreiche Berufsstände in Kraft (➧ M 3). Gleiches galt für den aktiven Wehr- und Arbeitsdienst.

Die *Nürnberger Gesetze* machten 1935 die arische Abstammung zur Bedingung für die Anerkennung als Vollbürger. Eheschließungen zwischen Ariern und Juden wurden als „Rassenschande“ verboten und mit Haft, später mit dem Tode bestraft. Bereits bestehende Ehen wurden für nichtig erklärt. Die folgenden Jahre brachten zahlreiche schwerwiegende Maßnahmen gegen Juden. Angesichts der rechtlichen und wirtschaftlichen Diskriminierung wanderten bis zum November 1938 etwa 170 000 Juden aus – also etwa ein Drittel der in Deutschland lebenden jüdischen Bevölkerung.

Als „Vergeltung“ für das Attentat des 17-jährigen Juden *Herschel Grynszpan* auf den Legationssekretär Ernst vom Rath an der deutschen Botschaft von Paris folgte der Pogrom vom 9.–11. November 1938, der als so genannte „Reichskristallnacht“ (auch „Reichspogromnacht“) bezeichnet wurde (➧ M 4, M 5). Etwa 1 400 Synagogen, über 8 000 jüdische Geschäfte und zahllose Wohnungen wurden zerstört, circa 100 Juden getötet, etwa 30 000 in Konzentrationslager gebracht. Für den „öffentlichen Schaden“ mussten die Juden anschließend auch noch zahlen: Eine Verordnung legte die „Sühneleistung der Juden“ in Höhe von einer Milliarde Reichsmark fest. Versicherungsleistungen wurden zugunsten des Reiches eingezogen. Dieses „Sühnegeld“ bedeutete – zusammen mit der Ausschaltung der Juden aus den letzten Positionen der Wirtschaft – für viele Familien den finanziellen Ruin.

▲ *Jüdische Geschäfte in Berlin nach dem Novemberpogrom.*

4.6 Arbeitswelt und Wirtschaftspolitik

▲ *Nationalsozialistischer Druck.*

- *Erörtern Sie die gesellschaftliche Utopie, die hier entworfen wird. Wie „modern“ ist die skizzierte Wirtschaftswelt?*
- *Analysieren Sie das Verhältnis zu „Heimat und Boden“, das sich hier spiegelt. Nehmen Sie unter umweltgeschichtlichen Gesichtspunkten dazu Stellung.*

2. 5. 1933
Die Gewerkschaften werden zerschlagen

10. 5. 1933
Gründung der „Deutschen Arbeitsfront“ (DAF): Gewerkschaftsmitglieder werden zwangseingegliedert

20. 1. 1934
Das „Gesetz zur Ordnung der nationalen Arbeit“ setzt das Führerprinzip in der Wirtschaft durch

26. 6. 1935
Die allgemeine sechsmonatige Arbeitsdienstpflicht für junge Männer wird eingeführt

22. 10. 1936
Ein Vierjahresplan tritt in Kraft, der Deutschland gezielt auf den Krieg vorbereitet

M1

„Hitlergläubige" Arbeiter?

Führende Mitglieder der verbotenen SPD gingen ins Exil und versuchten Kontakte zur deutschen Arbeiterschaft aufrechtzuerhalten. Ein illegaler Bericht erörtert die Stimmung im Ruhrgebiet im Sommer 1934.

Die indifferente[1] Arbeiterschaft – und sie stellt gerade im Ruhrgebiet die Mehrheit dar – ist noch immer größtenteils hitlergläubig. Der Umstand, dass durch die „Arbeitsbeschaffung" Arbeitslose in wenn auch noch so schlecht bezahlte Arbeit gekommen sind, hat sie sehr beeindruckt. Sie trauen Hitlers „schneller Entschlusskraft" zu, dass er, wenn er „richtig informiert" wird, eines Tages das Steuer über Nacht zu ihren Gunsten herumwerfen wird. Als nach der „Abstimmung" vom 19. August neue Gesetze, die aus Führermund angekündigt waren, nicht herausgegeben wurden, – Gesetze von denen sie, ohne eine Ahnung ihres vermutlichen Inhaltes zu haben, annahmen, sie besserten ihre Lage – da war die Enttäuschung wieder groß. Merkwürdigerweise setzt man in diesen indifferenten Arbeiterkreisen auch Hoffnungen auf Dr. Ley[2], der wegen diesem und jenem Kraftwort als ein vorläufig leider durch böse Mächte verhinderter Arbeiterbeglücker gehalten wird. Dabei wissen die Leute durchaus, dass diese Arbeitsfrontorganisationen keine Gewerkschaften im alten Sinne mehr sind, dass die Organisationen kaum noch einen Überblick über ihre wahre Mitgliederzahl haben und dass die Vertrauensräte feige Hunde sind, von denen kaum einer wagt, den „Betriebsführer" auch nur anzusprechen. Gewisse Auflehnungen kommen auch mal vor.

Hans Mommsen und Susanne Willems (Hrsg.), Herrschaftsalltag im Dritten Reich, Düsseldorf 1988, S. 165 f.

1. *Erläutern Sie die Akzeptanz des NS-Regimes in der Arbeiterschaft.*
2. *Inwiefern ist nach dem Bericht das „Führerprinzip" in der Arbeitswelt durchgesetzt?*

[1] *gleichgültig*

[2] *Robert Ley (1890–1945) war Leiter der Deutschen Arbeitsfront.*

M2

Die DAF ist umstritten

Die Deutsche Arbeitsfront (DAF) trat an die Stelle der zerschlagenen Gewerkschaften und Unternehmerverbände. Die Funktionäre in den Betrieben wurden ausgetauscht. Ein Lagebericht der Staatspolizeistelle Bielefeld vom 4. August 1934 erörtert die Akzeptanz der neuen Arbeiterorganisation.

Die Arbeitsfront ist im Großen und Ganzen noch umstritten. Man kann zwar sagen, dass sich der Arbeiter ständig mehr und mehr der nationalsozialistischen Staatsführung zuwendet. Es wird aber vielfach über die Amtswalter der DAF geklagt und behauptet, dass sie ihren Aufgaben sachlich nicht gewachsen seien. Vielfach seien sie nicht in der Lage, einfache Auskünfte über Rechts- oder Versicherungsfragen zu geben, was im Gegensatz zu den früher im hiesigen Bezirk vorhandenen Gewerkschaftssekretären, die durchweg in dieser Hinsicht gute Leistungen aufzuweisen hatten, besonders unangenehm empfunden wird. [...] Auch werde im Allgemeinen in der DAF eine Abneigung gegen so genannte Intellektuelle genährt, die schon heute wenig erfreuliche Formen zeitige. Immer wieder wird in Arbeiterkreisen die Frage nach der Verwendung der hohen Mitgliedsbeiträge in der DAF gestellt. Für Erhaltung des Vertrauens scheint es notwendig, über diese Gelder öffentlich Rechenschaft abzulegen; um endlich den Gerüchten über unzweckmäßige Verwendung der „Arbeitergroschen" die Spitze abzubrechen. Kennzeichnend für die Stimmung in der DAF ist auch die Tatsache, dass Austritte sich mehren.

Hans Mommsen und Susanne Willems (Hrsg.), a.a.O., S. 165

1. *Erläutern Sie die Kritik an der DAF.*
2. *Nennen Sie mögliche Gründe für die mangelhafte Funktion der neuen Organisation.*
3. *Wenn zwei Berichterstatter mit unterschiedlicher politischer Haltung einen Sachverhalt darstellen, sind die Überschneidungen von besonderer historischer Glaubwürdigkeit. Erläutern Sie dies an den Quellen M 1 und M 2.*

M3
Fritz Kiehn

Die Tübinger Historiker Cornelia Rauh-Kühne und Hartmut Berghoff haben die Biografie des Trossinger Unternehmers Fritz Kiehn (1885-1980) rekonstruiert.

Angefangen hatte der aus ärmlichen Verhältnissen stammende Sohn eines preußischen Polizisten als Handlungsreisender einer Kartonagenfabrik. 1908 hatte es ihn in die schwäbische Kleinstadt Trossingen verschlagen, deren soziales Gepräge durch und durch von der bedeutenden Musikinstrumentenindustrie bestimmt wurde. [...] Schon 1920 war aus dem Detaillisten[1] der Papierwarenfabrikant geworden. [...] Die brüske Zurückweisung durch die alte lokale Elite erklärt, warum der mittelständische Fabrikant trotz eines bereits großbürgerlichen Lebensstils den Prototyp des in der Weimarer Republik politisch radikalisierten Kleinbürgers verkörperte. Diese lebensweltliche Konstellation und sein unbändiger Aufstiegswille veranlassten ihn bereits 1930 samt Frau und Kindern zum Eintritt in die NSDAP. [...] Binnen kurzem wurde Fritz Kiehn zum rührigen Aktivisten und wichtigen Geldgeber der in Württemberg 1930 noch wenig konsolidierten NSDAP. [...] Binnen weniger Jahre nationalsozialistischer Herrschaft hatte der Kleinstadtfabrikant den Aufstieg zum „Führer der Wirtschaft in Württemberg" geschafft, wie er 1935 anlässlich seines 50. Geburtstags stolz vom amtlichen Organ der Wirtschaftskammer verbreiten ließ. Die „Machtergreifung" hatte – wie gerade das Beispiel Kiehns, aber auch das anderer württembergischer NS-Funktionäre verdeutlicht – die Gesellschaft partiell revolutioniert. Die traditionell außerordentlich homogene „württembergische Ehrbarkeit", eine – in den Worten des Historikers Michael Ruck – „hochgradig vernetzte Dienstklasse, aus der sich über Jahrhunderte hinweg das Gros der Beamten, Pastoren, Lehrer, Ärzte und Selbständigen des Herzogtums rekrutiert hatte", wurde 1933 durch die Schaffung neuer und die Besetzung vorhandener prestigeträchtiger Ämter und Funktionen tiefer erschüttert, als dies angesichts der personellen Kontinuität der Staatsbürokratie bislang erkannt wurde. [...] Auf Grund seiner vielfältigen Funktionen konnte Kiehn Willkür gegenüber anderen Unternehmern walten lassen und sich selbst ungeniert Vorteile verschaffen. [...] Dass er seine sonstigen Ämter dazu benutzte, Druck auf Unternehmer auszuüben, sie zu Spenden für NSDAP und SS zu bewegen und dass er ihnen Rohstoffkontingente streitig machte, ist mehrfach belegt. [...]

Auf einen langjährigen Mitarbeiter der IHK Stuttgart[2] und SS-Spitzel machte der braune Präsident „weniger den Eindruck eines arbeitsamen, erfahrenen und soliden Kaufmanns als vielmehr den eines gerissenen Geschäftemachers". [...]

Das Zerwürfnis mit der Gauleitung trug Kiehn ein Verfahren vor dem Gaugericht ein [...]. Kiehn indessen, der einen Großteil seiner Spekulationsgewinne an die SS gespendet hatte und zum Dank in den „Freundeskreis Reichsführer SS" aufgenommen worden war, bat den Persönlichen Stab Heinrich Himmlers um „kameradschaftliche Hilfe" und ging vor dem Obersten Parteigericht in Revision. Er ließ seinen SS-Rechtsbeistand wissen, dass er aus diesem Verfahren unbeschädigt hervorgehen müsse, um nicht von der Gauleitung „wirtschaftlich in meinem Vorwärtskommen" behindert und von „der Entjudung der nicht arischen Papierfabrik Fleischer in Eislingen" abgehalten zu werden. [...] Kiehn wurde rehabilitiert und widmete sich fortan seinem „wirtschaftlichen Vorwärtskommen". Mit anderen Worten: Er bereicherte sich durch den Aufkauf von Unternehmen, die aus dem Besitz von Juden stammten und die wegen der Verfolgung ihrer rechtmäßigen Eigentümer weit unter dem reellen Wert zu haben waren.

Beiträge zur Landeskunde von Baden-Württemberg, April 2000, S. 3 ff.

1. *Zeigen Sie biografische Gründe dafür, dass Fritz Kiehn sich der NSDAP zuwandte.*
2. *Erläutern Sie am Beispiel Fritz Kiehns Merkmale der Verflechtung von Wirtschaft und Politik in der NS-Zeit.*

---

1) *Kleinwarenhändler*
2) *Industrie- und Handelskammer Stuttgart, deren Präsident Kiehn 1934 geworden war*

M4
Die Bedeutung der Autobahn

Der rheinische Schwerindustrielle Fritz Thyssen (1873-1951), ein wichtiger Förderer und Finanzier der NSDAP, schreibt am 20. Juli 1933 an Fritz Todt (1891-1942), den Generalinspektor für das deutsche Straßenwesen.

Das rheinisch-westfälische Industriegebiet ist eines der bedeutendsten Wirtschaftsgebiete Deutschlands und Europas. Strategisch liegt es im Aufmarschgelände künftiger Auseinandersetzungen im Westen. Die Frage seines Anschlusses an das geplante Reichsautobahnnetz wird daher sehr bald an Sie herantreten. Man wird sich hier im Bezirk vor allem des Siedlungsverbandes Ruhrkohlenbezirk bedienen können, der auf dem Gebiet der Straßenplanung und des Straßenausbaus schon seit Jahren vorbildliche Arbeit nach großen Gesichtspunkten geleistet hat. Wie ich höre, ist demnächst eine Besprechung über die Frage der Fortführung der Autobahn Bonn-Köln in Düsseldorf beabsichtigt. Für meine Beteiligung an dieser Besprechung wäre ich Ihnen ergebenst dankbar.

Dietrich Eichholtz und Wolfgang Schumann (Hrsg.), Anatomie des Krieges. Neue Dokumente über die Rolle des deutschen Monopolkapitals bei der Vorbereitung und Durchführung des Zweiten Weltkrieges, Berlin 1969, S. 117 f.

Erläutern Sie die politischen und wirtschaftlichen Motive Thyssens.

▲ *Plakat, ca. 1936.*

• *Erläutern Sie die Einstellung gegenüber Raum, Technik und Umwelt, die das Plakat ausdrückt.*

M5
„Wehrwirtschaft"

Bereits im März 1935 geht ein ausführliches Planungspapier der IG Farben an den Rüstungsbeirat des Reichswehrministeriums, in dem die wirtschaftlichen Voraussetzungen einer militärischen Mobilmachung dargelegt werden. In dem Rüstungsbeirat trafen sich regelmäßig Generäle und führende Vertreter der Wirtschaft wie Robert Bosch, Carl Friedrich von Siemens oder Fritz Thyssen.

Wenn man sich nicht nur an die im Kriege unter dem Zwange der Not entstandene Organisationsform anlehnen will, sondern wenn man darauf ausgeht, die gesamten produktiven Kräfte auf weite Sicht vorbereitend einem einheitlichen Zweck unterzuordnen, so heißt dies – naturgemäß unter Benutzung der im Kriege gesammelten Erfahrungen – eine wehrwirtschaftliche Neuorganisation zu schaffen, die den letzten Mann und die letzte Frau, die letzte Produktionseinrichtung und Maschine sowie den letzten Rohstoff der Erzeugung von kriegswichtigen Produkten zuführt und alle Arbeitskräfte, Produktionseinrichtungen und Rohstoffe in einen militärisch straff geführten wirtschaftlichen Organismus eingliedert. Die gesamte Erzeugung der Industrie, des Handwerks und Gewerbes sowie der Landwirtschaft gilt in diesem Sinne als kriegswichtig und muss daher in den Rahmen einer umfassenden Wehrwirtschaft einbezogen werden […].
Die Planung der Wehrwirtschaft bzw. die Aufstellung der wehrwirtschaftlichen Mobilisierungspläne muss unter Berücksichtigung der vorhandenen Friedenswirtschaft, d.h. unter Mitarbeit der beste-

henden Fachorganisationen der Wirtschaft bzw. der Unternehmer selbst, erfolgen, um die Initiative, Anregung und Mitarbeit der freien Wirtschaft in den Dienst der Sache zu stellen. Diese gesamte Planung, sowohl was die Produktion kriegswichtiger Güter anlangt als auch die gesamte Planung über Rohstofffragen, muss dabei unter einheitlicher zentraler wehrwirtschaftlicher Leitung stehen [...].

Wolfgang Michalka (Hrsg.), Deutsche Geschichte 1933–1945. Dokumente zur Innen- und Außenpolitik, Frankfurt/Main 1993, S. 107 f.

1. *Erläutern Sie die Kriterien, nach denen die deutsche Wirtschaft dem Gutachten der IG Farben zufolge organisiert werden soll.*
2. *Bestimmen Sie aus dem Text die politische Haltung der (Rüstungs-)Industrie.*

M6
„In vier Jahren kriegsfähig!"

Nachdem die deutsche Wirtschaft ihre Krise endgültig überwunden hatte, legte Hitler 1936 engen Vertrauten seine Überlegungen zur Wirtschaftspolitik vor.

So wie die politische Bewegung in unserem Volk nur ein Ziel kennt, die Lebensbehauptung unseres Volkes und Reiches zu ermöglichen, d.h. alle geistigen und sonstigen Voraussetzungen für die Selbstbehauptung unseres Volkes sicherzustellen, so hat auch die Wirtschaft nur diesen einen Zweck. [...]

I. Ähnlich der militärischen und politischen Aufrüstung bzw. Mobilmachung unseres Volkes hat auch eine wirtschaftliche zu erfolgen und zwar im selben Tempo, mit der gleichen Entschlossenheit und wenn nötig auch mit der gleichen Rücksichtslosigkeit. [...]

II. Zu diesem Zwecke sind auf all den Gebieten, auf denen eine eigene Befriedigung durch deutsche Produktionen zu erreichen ist, Devisen einzusparen, um sie jenen Erfordernissen zuzulenken, die unter allen Umständen ihre Deckung nur durch Import erfahren können.

III. In diesem Sinne ist die deutsche Brennstofferzeugung nunmehr im schnellsten Tempo vorwärtszutreiben und binnen 18 Monaten zum restlosen Abschluss zu bringen. [...]

IV. Es ist ebenso augenscheinlich die Massenfabrikation von synthetischem Gummi zu organisieren und sicherzustellen. Die Behauptung, dass die Verfahren vielleicht noch nicht gänzlich geklärt wären, und ähnliche Ausflüchte haben von jetzt ab zu schweigen. [...]

V. [...] Es ist weiter notwendig, die deutsche Eisenproduktion auf das Außerordentlichste zu steigern. Der Einwand, dass wir nicht in der Lage seien, aus dem deutschen Eisenerz mit 26-prozentigem Gehalt ein ähnlich billiges Roheisen zu erzeugen, wie aus den 45-prozentigen Schwedenerzen usw. ist belanglos, weil uns ja nicht die Frage gestellt ist, was wir lieber tun wollen, sondern nur, was wir tun können. [...]

Es ist weiter notwendig, ohne Rücksicht auf Kosten deutsche sonstige Erzförderung zu steigern und insbesondere die Erzeugung von Leichtmetall auf das Äußerste zu erhöhen, um damit einen Ersatzstoff für bestimmte andere Metalle zu finden. [...]

Ich stelle damit folgende Aufgabe:

I. Die deutsche Armee muss in 4 Jahren einsatzfähig sein.

II. Die deutsche Wirtschaft muss in 4 Jahren kriegsfähig sein.

Heinz Hürten (Hrsg.), Weimarer Republik und Drittes Reich 1918–1945 (Deutsche Geschichte in Quellen und Darstellung, Bd. 9), Stuttgart 1995, S. 272–275

1. *Prüfen Sie die Forderungen auf ihre Realisierungschancen.*
2. *Vergleichen Sie M 5 und M 6. Inwieweit ist Hitler den Empfehlungen der IG Farben gefolgt?*

M7
Entwicklung der Arbeitslosigkeit
(Jahresdurchschnitt in 1 000)

	1933	1934	1935	1936	1937	1938	1939
gesamt	4 804,4	2 718,3	2 151,0	1 592,7	912,3	429,5	51,8
männl.	3 863,7	2 223,5	1 806,5	1 233,7	750,5	333,3	33,3
weibl.	940,7	494,8	344,6	269,0	161,8	96,2	18,5

Dörte Winkler, Frauenarbeit im „Dritten Reich", Hamburg 1977, S. 199

M8

Kriegswirtschaft in Zahlen

Selbstversorgungsgrad bei Grundnahrungsmitteln in Prozent

	1927/28	1938/39
Brotgetreide	79	115
Kartoffeln	96	100
Zucker	100	101
Fleisch	91	97
Fett	44	57

Karl-Dietrich Bracher/Manfred Funke/Hans Adolf Jacobsen (Hrsg.), Nationalsozialistische Diktatur 1933-1945, Bonn 1983, S. 308

Produktion im Deutschen Reich nach dem Gebietsstand von 1937 in 1000 Tonnen

	1928	1936	1939
Eisenerz	2089	2259	3928
Hüttenaluminium	33	95	194
Buna	0	1	22
Zellwolle	0	43	192
Flugbenzin	0	43	302
Sonstiges Motorenbenzin	0	1214	1633

Karl-Dietrich Bracher/Manfred Funke/Hans Adolf Jacobsen (Hrsg.), a. a. O., S. 304

Öffentliche Investitionen

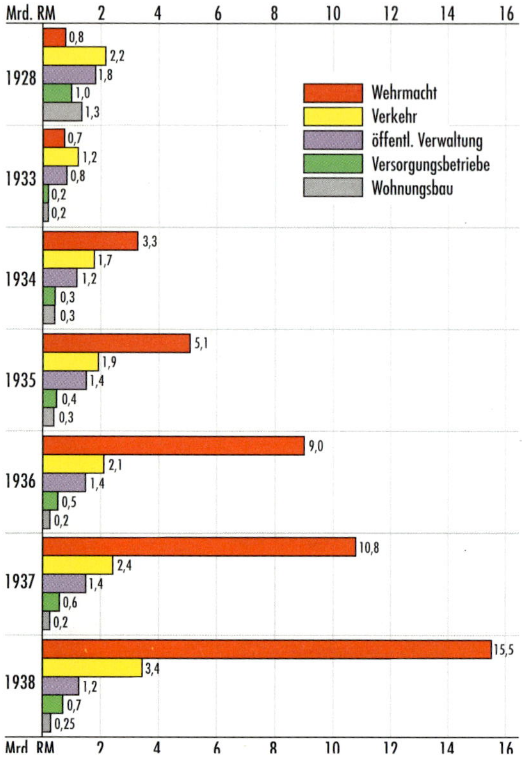

René Erbe, Die nationalsozialistische Wirtschaftspolitik. 1933-1939 im Lichte der modernen Theorie, Zürich 1958

Rüstungsausgaben und Volkseinkommen in Mrd. Reichsmark

Haushaltsjahr	Rüstungsausgaben	Volkseinkommen	Rüstungsausgaben in % des Volkseinkommens
1932	0,6	45,2	1,3
1933	0,7	46,5	1,5
1934	4,1	52,8	7,8
1935	5,5	59,1	9,3
1936	10,3	65,8	15,7
1937	11,0	73,8	15,0
1938	17,2	82,1	21,0

Fritz Blaich, Wirtschaft und Rüstung im „Dritten Reich", Düsseldorf 1987, S. 83

1. *Erläutern Sie die wirtschaftlichen Anstrengungen, die Deutschland zugunsten der Kriegsrüstung unternommen hat.*
2. *Trennen Sie die Bereiche in zivilen und militärischen Sektor und interpretieren Sie die Unterschiede im Versorgungs- bzw. Produktionsfortschritt.*

M9
Südwestdeutscher Maschinenbau

Der Wirtschaftshistoriker Willi A. Boelcke hat Zusammenhänge zwischen Kriegsrüstung und wirtschaftlicher Entwicklung untersucht.

Im Unterschied zum Ersten Weltkrieg, in dem es vor allem die größeren Unternehmen verstanden, mit den wachsenden Produktionsziffern des Kriegsbedarfs ihre Auftragsbücher zu füllen, ging im Zweiten Weltkrieg der Kriegsboom und sein geschäftlicher Nutzen nicht an den Kleineren, den Mittelständlern vorüber. Sie waren vielmehr umso mehr gefragt und unentbehrlich, je stärker die Produktion in den bedeutenden norddeutschen industriellen Ballungsräumen durch den Bombenkrieg gefährdet war und obendrein der Ausstoß wichtiger Schlüsselerzeugnisse der Investitionsgüterindustrie gesteigert werden sollte. Desto intensiver wurden daher die leistungsfähigen, über das Land verstreuten und deshalb weniger luftgefährdeten mittelständischen Unternehmen des Maschinenbaus, der Elektrotechnik und der Metallverarbeitung im Verlaufe des Krieges und durch seinen Dirigismus in kriegswichtige Fertigungen einbezogen. Bedeutende neue Kapazitäten entstanden. Damit aber stellten sich – wie wir heute wissen – entscheidende Weichen in die Zukunft. Die Produktionsstruktur Südwestdeutschlands mit ihrem Primat der Verbrauchsgüterindustrien bis Mitte der 1930er Jahre verschob sich zugunsten der seitdem dominierenden, vielseitigen und äußerst flexiblen Metallindustrie. [...] Fast um 40 Prozent stieg der Absatz des südwestdeutschen Maschinenbaus während des Krieges, der anderer Maschinen und von Maschinenteilen um 200 bis über 300 Prozent.

Willi A. Boelcke, Sozialgeschichte Baden-Württembergs 1800–1989, Stuttgart 1989, S. 332

1. *Erläutern Sie den Zusammenhang zwischen Kriegswirtschaft und Maschinenbau.*
2. *Zeigen Sie Gründe, warum gerade der südwestdeutsche Maschinenbau von der Kriegswirtschaft profitiert hat.*
3. *Forschen Sie nach Metall verarbeitenden Unternehmen in Ihrer Region und versuchen Sie etwas über ihre Geschichte herauszubekommen.*

▲ *„Mobilmachung" fängt beim Fahrrad an; Werbeplakat von 1938.*

• *Finden Sie Hinweise darauf, dass selbst der Fahrradbau als Teil allgemeiner Aufrüstung gesehen werden kann.*

M10
Maschinenbau in Zahlen

Absatz des Maschinenbaus 1938 und 1944 in Baden, Württemberg und Hohenzollern in Mio. Reichsmark

	1938	1944	Steigerung gegenüber 1938 in %	Reichsanteil 1944 in %
Insgesamt	707,0	1028,4	45,5	18,9
Werkzeugmaschinen	111,4	157,3	37,9	20,2
Kraftmaschinen	56,4	113,8	101,7	27,3
Armaturen und Maschinenteile	32,4	144,8	346,9	30,5
Maschinen- und Präzisionswerkzeuge	43,7	134,7	208,2	27,3

Willi A. Boelcke, a.a.O., S. 333

1. *Zeigen Sie die wirtschaftliche Entwicklung des Maschinenbaus.*
2. *Vergleichen Sie die Aussagen der Tabelle mit M 9.*

Die Deutsche Arbeitsfront

Das Schicksal der „Gleichschaltung“ ereilte auch Arbeitnehmer- und Arbeitgeberverbände. Um das eigene Überleben zu sichern, distanzierten sich die Gewerkschaften im März 1933 von der SPD und gelobten, sich künftig auf die Erfüllung sozialer Aufgaben zu beschränken. Die Mitarbeit im neuen Staat schien gesichert, als die Regierung den 1. Mai, den Tag der internationalen Arbeiterbewegung, zum gesetzlichen Feiertag erklärte. Doch bereits weniger als 24 Stunden nach gemeinsam begangenen Großveranstaltungen besetzten parteieigene Kommandotrupps, vorwiegend SA und SS, Büros und Häuser der Freien Gewerkschaften und nahmen die führenden Funktionäre in „Schutzhaft“. Liberale und christliche Gewerkschaften unterstellten sich daraufhin ebenfalls der Hitlerpartei. Alle Arbeitnehmervereinigungen wurden in die am 10. Mai gegründete *Deutsche Arbeitsfront (DAF)* überführt.

Um 1934 waren in dieser Einrichtung 21 Millionen Arbeiter und Angestellte organisiert. Aufgaben der DAF waren vor allem die allgemeine Betreuung und die weltanschauliche Schulung der Mitglieder. Auf Löhne und Arbeitszeit hatte die Organisation keinen Einfluss.

Nachdem auch die Unternehmerverbände unter nationalsozialistische Leitung geraten waren, wurde die DAF im November 1933 in eine Zwangsvereinigung von Arbeitgebern und Arbeitnehmern umorganisiert. Streik und Aussperrung waren verboten (➧ M 1, M 2). Interessenkonflikte durften die Wirtschaftsverbände nicht mehr im Rahmen ihrer Tarifautonomie regeln – dies übernahm ein vom Regime bestellter „*Treuhänder der Arbeit*“. Das „*Gesetz zur Ordnung der nationalen Arbeit*“ vom 20. Januar 1934 machte aus dem Unternehmer einen „Betriebsführer“, der an der Spitze der zu gegenseitigem Vertrauen verpflichteten „Betriebsgemeinschaft“ stand (➧ M 3).

Soziale Errungenschaften?

Zwar waren die Mitbestimmungsrechte der „Gefolgschaft“ entfallen, auf der anderen Seite erhielten die Arbeitnehmer durch eine moderne soziale Absicherung mehr, als die Gewerkschaften bis 1933 erstritten hatten: Gewährung von Kündigungsschutz, Verlängerung des bezahlten Urlaubs (von ursprünglich drei auf sechs bis zwölf Tage), verbesserte Sozialleistungen der Unternehmen.

Sozial als fortschrittlich empfundene Neuerungen verwirklichte die DAF auch aus den Geldern der enteigneten Gewerkschaften. Ihre Unterorganisation „*Kraft durch Freude*“ *(KdF)* wollte das Arbeitsleben in vielerlei Hinsicht angenehmer gestalten; Belegschaftsräume in den Betrieben wurden verbessert, Kantinenessen, Filme und Theatervorstellungen konnten verbilligt angeboten werden. Für den Massentourismus bereitgestellte Erholungsmöglichkeiten, Sonderzug-, sogar Schiffsreisen verwirklichten in bisher nicht gekanntem Ausmaß lang gehegte Urlaubsträume. Der von einem der DAF gehörenden Werk gebaute „*Volkswagen*“ sollte zum Preis von 990 Reichsmark auch für den „kleinen Mann“ erschwinglich sein. All diese Vergünstigungen erfüllten alte Wünsche der Arbeiterschaft und sollten sie mit dem neuen Regime versöhnen.

Ideologische Widersprüche

Zentrale Angriffspunkte der NSDAP vor 1933 waren die Großindustrie, Großbanken, Warenhäuser und Handelsketten gewesen. Gegen diese „Erfindungen des Judentums und des Liberalismus“ hatte die Partei für Kleinhändler, Gewerbetreibende und für die Kleinbauern gekämpft.

Nach der „Machtergreifung" stellten die Nationalsozialisten bald fest, dass sie die Modernisierung der Industriegesellschaft in Deutschland fördern mussten, wenn sie Großmachtpolitik betreiben wollten. Den dafür notwendigen Prozess trieben sie mit den Mitteln modernster Technik bzw. deren industrieller Umsetzung und durch nachhaltige Mobilisierung der Gesellschaft voran. Den Machthabern war der „Verrat" an den eigenen Prinzipien sehr wohl bewusst. Deshalb sollte in einer fernen Zukunft, wenn der „Lebensraum im Osten" gewonnen sein würde, die propagierte Wirtschafts- und Gesellschaftsutopie im neu zu besiedelnden Gebiet verwirklicht werden.

▲ *Hans Toepper (1885–1956), Deutsche Symphonie, ca. 1938.*
● *Interpretieren Sie das hier versinnbildlichte Gesellschaftsmodell und leiten Sie daraus wirtschaftspolitische Konsequenzen ab.*

Die Überwindung der Wirtschaftskrise

Hitler war mit dem Versprechen angetreten, innerhalb von vier Jahren die wirtschaftlichen und sozialen Probleme zu überwinden. Tatsächlich konnte das Regime schneller Erfolge vorweisen als Anhänger und Gegner im In- und Ausland dies für möglich gehalten hätten. Bis 1936 war die Arbeitslosigkeit von über sechs auf weniger als zwei Millionen gefallen (➧ M 7). Industrieproduktion und Sozialprodukt lagen über den Marken der „goldenen Zwanzigerjahre". Wie hatte es zu diesem erstaunlichen Aufschwung kommen können?
Für einige wesentliche Faktoren war die Hitler-Regierung kaum verantwortlich. Bereits vor der „Machtergreifung" signalisierten viele Wirtschaftsdaten einen positiven Trend. Nur mit der Einstellung von Arbeitskräften hatten sich die meisten Unternehmer noch zurückgehalten, so dass die Trendwende bis 1933 in der Öffentlichkeit kaum zur Kenntnis genommen wurde.

Schulden für die Aufrüstung

Soweit man von einem spezifisch deutschen Wirtschaftsaufschwung ab 1933 sprechen kann, stand dieser auf zwei Säulen: auf der langfristigen Planung, Deutschland wieder kriegsbereit zu machen (➧ M 6), und auf einer höchst riskanten *Schuldenpolitik*. Für beides hatten Hitler und sein Wirtschaftsexperte *Hjalmar Schacht* frühzeitig bei Banken und führender Unternehmerschaft um Unterstützung geworben. Nachdem die Nationalsozialisten eine wirtschaftsfreundliche Politik sowie die Beibehaltung einer vom Privateigentum getragenen und am Gewinn orientierten Wirtschaftsordnung in Aussicht gestellt hatten, erhielten sie diese Unterstützung auch reichlich.
In der Folge förderten die Nationalsozialisten konsequenterweise vor allem die rüstungsrelevante Industrie sowie arbeitsintensive und ebenfalls kriegswichtige Infrastrukturverbesserungen: Durch Subventionen, Steuererleichterungen und Staatsauf-

träge wurde insbesondere in der Schwerindustrie, im Fahrzeugbau, in der chemischen und Textilindustrie die Produktion erheblich gesteigert (▶ M 8–M 10). Der Autobahnbau, den schon frühere Regierungen geplant hatten, setzte jetzt mit großem Aufwand ein (▶ M 4). Bei der Auftragserteilung berücksichtigte der Staat vor allem Firmen, die den Einsatz maschineller Hilfsmittel einzuschränken versprachen, um möglichst viele Arbeitsplätze zu schaffen.
Mit der Überwindung der wirtschaftlichen Talsohle machte sich Hitler daran, die Leistungsstärke der deutschen Wirtschaft zur Vorbereitung seiner Kriegspolitik zu nutzen. Die Ausgaben im Bereich von Rüstung und Reichswehr stiegen explosionsartig an. Hatten sie 1933 an den Gesamtausgaben der öffentlichen Hand noch einen Anteil von vier Prozent, so lagen sie 1938 bei 50 Prozent. Dies war nur mit einer skrupellosen Staatsverschuldung zu finanzieren. Der Haushalt des Jahres 1938 von 30 Milliarden Reichsmark konnte lediglich mit knapp 18 Milliarden aus Steuermitteln gedeckt werden. Die Tilgung der Schuldenlast sollte später durch die Einnahmen aus besetzten Territorien erfolgen.

Autarkiestreben

Verbunden mit der Aufrüstung war das Ziel der deutschen Führung, die eigene Wirtschaft autark, also von ausländischen Gütern und Rohstoffen möglichst unabhängig zu machen. Damit sollten sowohl Devisen eingespart als auch die Auswirkungen eines Versiegens der Handelsströme im Kriegsfall gemildert werden. 1936 versuchte Hitler in einem *Vierjahresplan* (▶ M 6), die wichtigsten Initiativen dafür zu bündeln. So mussten unter anderem jetzt einheimische Bodenschätze auch dann abgebaut werden, wenn sie qualitativ schlechter oder aufwändiger zu gewinnen waren als die auf dem Weltmarkt gehandelten Güter. Außerdem trieb man ohne Rücksicht auf Kosten die synthetische Erzeugung von Benzin und Gummi voran. Solche Förderstrategien wurden nicht allein von den führenden Nationalsozialisten entwickelt, sondern trugen zum Teil deutlich die Handschrift derjenigen Großunternehmen, die ein massives Interesse an der Aufrüstung hatten (▶ M 5).
Mit diesen Investitionen in den zukünftigen Krieg brachte sich Hitler-Deutschland am Ende der Dreißigerjahre selbst in Zugzwang, da die Schuldenpolitik ein bedrohlich steigendes Inflationsrisiko verursachte. Die Hypotheken auf die „Eroberung neuen Lebensraumes" mussten eingelöst werden. „Der politisch-ideologische Wille zu Aufrüstung und Krieg hatte eine wirtschaftliche Situation herbeigeführt, die scheinbar keinen anderen Ausweg zuließ als Krieg" (Hans-Ulrich Thamer).

4.7 Der Weg in den Krieg

▲ *Eine englische Karikatur von David Low (1891–1963) setzt sich 1936 mit der Appeasement-Politik auseinander. Die „Führer" der europäischen Demokratien sind „ohne Rückgrat".*

- *Interpretieren Sie die Haltung des Zeichners gegenüber der englischen Politik.*
- *Diskutieren Sie die Einstellung des Karikaturisten gegenüber der Demokratie.*
- *Erläutern Sie die Bedeutung einer nichtdeutschen Quelle für unser Geschichtsbild vom „Dritten Reich".*

14.10.1933
Das Deutsche Reich tritt aus dem Völkerbund aus

26.1.1934
Das Deutsche Reich schließt mit Polen einen Nichtangriffspakt

16.3.1935
Wiedereinführung der allgemeinen Wehrpflicht

7.3.1936
Die Wehrmacht marschiert in das entmilitarisierte Rheinland ein

25.10.1936
Bildung der „Achse Berlin-Rom"

25.11.1936
Das Deutsche Reich und Japan beschließen eine gemeinsame antisowjetische Politik (Antikominternpakt)

6.11.1937
Italien tritt dem „Antikominternpakt" bei; „Achse Berlin-Rom-Tokio"

13.3.1938
„Anschluss" Österreichs an das Deutsche Reich

29.9.1938
Konferenz von München; Großbritannien, Frankreich, Italien und Deutschland beschließen die Eingliederung des Sudetenlandes in das Deutsche Reich

15.3.1939
Einmarsch deutscher Truppen in die „Rest-Tschechei"

23.8.1939
Nichtangriffspakt mit der Sowjetunion („Hitler-Stalin-Pakt")

▲ *Karikatur aus der New Yorker Zeitschrift „The Nation", 1933.*

M1
„Kampf gegen Versailles"

Nur wenige Tage nach der „Machtergreifung", am 3. Februar 1933, führte Hitler vor den Befehlshabern von Heer und Marine seine außenpolitischen Vorstellungen aus. Die Rede wurde von Generalleutnant Liebmann protokolliert.

Ziel der Gesamtpolitik allein: Wiedergewinnung der pol. Macht. Hierauf muss gesamte Staatsführung eingestellt werden (alle Ressorts!).

1. Im Innern. Völlige Umkehrung der gegenwärt. innenpol. Zustände in D. Keine Duldung der Betätigung irgendeiner Gesinnung, die dem Ziel entgegensteht (Pazifismus!). Wer sich nicht bekehren lässt, muss gebeugt werden. Ausrottung des Marxismus mit Stumpf und Stiel. Einstellung der Jugend u. des ganzen Volkes auf den Gedanken, dass nur d. Kampf uns retten kann u. diesem Gedanken gegenüber alles zurückzutreten hat. (Verwirklicht in d. Millionen d. Nazi-Beweg. Sie wird wachsen.) Ertüchtigung der Jugend u. Stärkung des Wehrwillens mit allen Mitteln. Todesstrafe für Landes- u. Volksverrat. Straffste autoritäre Staatsführung. Beseitigung des Krebsschadens der Demokratie!

2. Nach außen. Kampf gegen Versailles. Gleichberechtigung in Genf[1] aber zwecklos, wenn Volk nicht auf Wehrwillen eingestellt. Sorge für Bundesgenossen. [...]

4. Aufbau der Wehrmacht wichtigste Voraussetzung für Erreichung des Ziels: Wiedererringung der pol. Macht. Allg. Wehrpflicht muss wieder kommen. Zuvor aber muss Staatsführung dafür sorgen, dass die Wehrpflichtigen vor Eintritt nicht schon durch Pazif., Marxismus, Bolschewismus vergiftet werden oder nach Dienstzeit diesem Gifte verfallen.

Wie soll pol. Macht, wenn sie gewonnen ist, gebraucht werden? Jetzt noch nicht zu sagen. Vielleicht Erkämpfung neuer Export-Mögl., vielleicht – und wohl besser – Eroberung neuen Lebensraumes im Osten u. dessen rücksichtslose Germanisierung. [...] – Gefährlichste Zeit ist die des Aufbaus der Wehrmacht. Da wird sich zeigen, ob Fr(ankreich) Staatsmänner hat; wenn ja, wird es uns Zeit nicht lassen, sondern über uns herfallen (vermutlich mit Ost-Trabanten).

Walther Hofer (Hrsg.), Der Nationalsozialismus. Dokumente 1933-1945, Frankfurt/Main 1957, S. 180 f.

1. *Benennen Sie die Ziele der nationalsozialistischen Außenpolitik.*
2. *Welche Reaktionen erwartet Hitler von den europäischen Nachbarn auf seine Außenpolitik?*
3. *Charakterisieren Sie stilistische Besonderheiten der hier verwendeten Quellenform. Welche Position nimmt der Schreiber bei der Übermittlung der „Fakten" ein?*

---

1) *Hier ist der Sitz des Völkerbundes gemeint.*

▲ *Im Spanischen Bürgerkrieg zerstörten deutsche Flugzeuge der Legion Condor am 26. April 1937 die baskische Stadt Guernica. Pablo Picasso (1881–1973) dokumentiert das Geschehen in seinem berühmt gewordenen Bild „Guernica".*

- *Analysieren Sie die künstlerischen Mittel, mit denen Picasso den Krieg darstellt.*

M2

„Frieden und Freundschaft"

Für die Öffentlichkeit gab Hitler am 17. Mai 1933 vor dem Reichstag erstmals eine außenpolitische Erklärung ab.

Wenn ich in diesem Augenblick bewusst als deutscher Nationalsozialist spreche, so möchte ich namens der nationalen Regierung und der gesamten Nationalerhebung bekunden, dass gerade uns in diesem jungen Deutschland das tiefste Verständnis beseelt für die gleichen Gefühle und Gesinnungen sowie für die begründeten Lebensansprüche der anderen Völker. Die Generation dieses jungen Deutschlands, die in ihrem bisherigen Leben nur die Not, das Elend und den Jammer des eigenen Volkes kennen lernte, hat zu sehr unter dem Wahnsinn gelitten, als dass sie beabsichtigen könnte, das gleiche anderen zuzufügen. [...] Indem wir in grenzenloser Liebe und Treue an unserem eigenen Volkstum hängen, respektieren wir die nationalen Rechte auch der anderen Völker aus dieser selben Gesinnung heraus und möchten aus tiefinnerstem Herzen mit ihnen in Frieden und Freundschaft leben. [...]

Wir aber haben keinen sehnlicheren Wunsch, als dazu beizutragen, dass die Wunden des Krieges und des Versailler Vertrages endgültig geheilt werden. Deutschland will keinen anderen Weg dabei gehen als den, der durch die Verträge selbst als berechtigt anerkannt ist. Die Deutsche Regierung wünscht, sich über alle schwierigen Fragen mit den Nationen friedlich auseinander zu setzen. Sie weiß, dass jede militärische Aktion in Europa auch bei deren völligem Gelingen, gemessen an den Opfern, in keinem Verhältnis stehen würde zu dem Gewinn.

Max Domarus, Hitler. Reden und Proklamationen 1932-1945, Würzburg 1962, S. 271 ff.

1. *Erläutern Sie, welches Deutschlandbild Hitler zeichnet.*
2. *Vergleichen Sie M 2 mit M 1. Berücksichtigen Sie dabei den jeweiligen Kontext.*

M3

Der Krieg ist kein regionales Problem mehr

Der amerikanische Präsident Franklin D. Roosevelt (1882–1945) kommentiert am 5. Oktober 1937 in seiner so genannten „Quarantäne-Rede" die europäischen Ereignisse um den Spanischen Bürgerkrieg (1936–1939) sowie den Überfall Japans auf China kurz zuvor.

Die Marksteine und Traditionen, die die Entwicklung der Zivilisation zur Gesetzlichkeit, Ordnung und Gerechtigkeit kennzeichnen, werden allmählich zerschlagen.
Ohne Kriegserklärung, ohne irgendwelche Warnung, ohne irgendwelche Berechtigung wird die Zivilbevölkerung, einschließlich der Frauen und Kinder, rücksichtslos durch Luftbombardements hingemordet. In so genannten Friedenszeiten werden ohne Anlass oder Warnung Schiffe von U-Booten angegriffen. Völker schüren den Bürgerkrieg und ergreifen Partei – in fremden Ländern, die ihnen nie etwas zuleide getan haben. Völker, die für sich selber die Freiheit fordern, verweigern sie andern. […]
Wenn so etwas in anderen Gegenden der Welt passiert, dann soll niemand sich einbilden, dass Amerika entrinnen werde, dass es Pardon erwarten dürfe, dass die westliche Hemisphäre keinen Angriff zu befürchten habe, dass sie auch weiterhin ruhig und friedlich die Traditionen der Moral und der Zivilisation bewahren könne. […]
Die friedliebenden Nationen müssen sich gemeinsam bemühen, Front zu machen gegen diese Vertragsbrüche und diese Verachtung für menschliche Gefühle, die einen Zustand der internationalen Anarchie und Unsicherheit schaffen, dem man nicht einfach durch Isolierung oder Neutralität entrinnen kann.
Alle, die ihre Freiheit lieben und ebenso ihren Nachbarn das Recht zubilligen, frei zu sein und in Frieden zu leben, müssen gemeinsam für den Sieg des Rechtes und der Moral wirken, damit Friede, Gerechtigkeit und Zuversicht in der Welt vorherrschen. Es muss wieder dahin kommen, dass man an das gegebene Wort und an den Wert eines unterzeichneten Vertrages glaubt. Es muss als eine Tatsache gelten, dass ein moralisches Verhalten für die Nation genauso wichtig ist wie für den Einzelnen […].
Friede, Freiheit und Sicherheit für neunzig Prozent der Weltbevölkerung werden durch die restlichen zehn Prozent bedroht, die drauf und dran sind, die gesamte internationale Rechtsordnung zu zerschlagen. Die neunzig Prozent, die in Frieden leben wollen, im Einklang mit Gesetzen und moralischen Prinzipien, die im Laufe der Jahrhunderte fast allgemeine Geltung erlangt haben, können und müssen einen Weg finden, um ihren Willen durchzusetzen […].
Krieg – ob mit oder ohne Kriegserklärung – ist ansteckend. Er kann Staaten und Völker erfassen, die von dem ursprünglichen Kriegsschauplatz weit entfernt sind. Wir sind entschlossen, uns nicht in einen Krieg verwickeln zu lassen, aber es gibt keine wirksame Versicherung gegen die verheerenden Auswirkungen eines Krieges und gegen die Gefahr, mit hineingezogen zu werden.
[…] das allerwichtigste ist: Der Friedenswille der friedliebenden Völker muss sich so deutlich geltend machen, dass diejenigen Nationen, die in Versuchung geraten, ihre Verträge zu brechen und die Rechte anderer zu verletzen, von ihren Vorhaben abstehen. Positive Anstrengungen sind notwendig, um den Frieden zu bewahren […].

Günter Schönbrunn (Bearb.), a. a. O., S. 365 f.

1. *Arbeiten Sie heraus, wie der amerikanische Präsident der Forderung nach einem „moralischen Verhalten" der Nationen Nachdruck verleihen will.*
2. *Ermitteln Sie, inwiefern Roosevelt hier ein mögliches militärisches Eingreifen der USA auch in Europa vorbereitet.*
3. *Diskutieren Sie anhand der Ausführungen Roosevelts den (modernen) Begriff der „Weltinnenpolitik".*

M4
Der Nichtangriffspakt mit der UdSSR

Im August 1939 wurde der Öffentlichkeit ein Abkommen präsentiert, das der sowjetische Außenminister Wjatscheslaw M. Molotow (1890–1986) mit dem deutschen Außenminister Joachim von Ribbentrop ausgehandelt hatte.

Art. 1 Die beiden vertragschließenden Teile verpflichten sich, sich jeden Gewaltakts, jeder aggressiven Handlung und jedes Angriffs gegeneinander, und zwar sowohl einzeln als auch gemeinsam mit anderen Mächten, zu enthalten.
Art. 2 Falls einer der vertragschließenden Teile Gegenstand kriegerischer Handlungen seitens einer dritten Macht werden sollte, wird der andere vertragschließende Teil in keiner Form diese dritte Macht unterstützen. […]
Art. 4 Keiner der beiden vertragschließenden Teile wird sich an irgendeiner Mächtegruppierung beteiligen, die sich mittelbar oder unmittelbar gegen den anderen Teil richtet.

Geheimes Zusatzprotokoll[1]
Für den Fall einer territorial-politischen Umgestaltung der zum polnischen Staate gehörenden Gebiete werden die Interessenssphären Deutschlands und der UdSSR ungefähr durch die Linie der Flüsse Narew, Weichsel und San abgegrenzt.
Die Frage, ob die beiderseitigen Interessen die Erhaltung eines unabhängigen polnischen Staates erwünscht erscheinen lassen und wie dieser Staat abzugrenzen wäre, kann endgültig erst im Laufe der weiteren politischen Entwicklung geklärt werden.
In jedem Falle werden beide Regierungen diese Frage im Wege einer freundschaftlichen Verständigung lösen.

OSTEUROPA. Zeitschrift für Gegenwartsfragen des Ostens, 39. Jg. (1989), S. 417 ff.

1. *Erläutern Sie, was der Nichtangriffspakt über die außenpolitischen Planungen beider Länder aussagt.*
2. *Diskutieren Sie die Bedeutung des geheimen Zusatzprotokolls.*

[1] *Das Zusatzprotokoll wurde im Westen 1948 bekannt; die Sowjetunion bestritt die Existenz dieser Abmachung bis 1989.*

M5
Aus Todfeinden werden „Freunde“

Der sowjetische Beamte Viktor A. Kravchenko aus der sibirischen Industriestadt Kemerowo erinnert sich an den Hitler-Stalin-Pakt.

Für uns galt es all die Jahre als ausgemacht, dass der einzige Feind der Nazis die Sowjetunion sei. […] Wir hatten doch unsere führenden Armeegeneräle […] erschossen, weil sie angeblich Verbündete von Hitlers Reichswehr waren. Die großen Verräterprozesse, in denen Lenins vertrauteste Freunde liquidiert wurden, stützten sich auf die Voraussetzung, dass Nazideutschland und seine Achsenfreunde Italien und Japan sich gegen uns zum Kriege rüsteten. Diese Nationen waren angeblich nur die Exponenten einer Weltkoalition von Kapitalisten, die sich verschworen hatten, unser sozialistisches Vaterland zu vernichten. Die einzig mögliche Rechtfertigung der Grausamkeiten der Generalsäuberung war der bevorstehende Naziangriff.
Die Schurkerei Hitlers galt in unserem Land als fast ebenso geheiligter Glaubensartikel wie die Unfehlbarkeit Stalins. Unsere Sowjetkinder spielten Faschisten-gegen-Kommunisten-Spiele, wobei die Faschisten immer deutsche Namen trugen und jedesmal grausam geschlagen wurden […]. Erst als wir die Wochenschauen und Zeitungsbilder sahen, auf denen Stalin lächelnd Ribbentrop die Hand schüttelte, begannen wir das Unglaubliche zu glauben. Hakenkreuz und Hammer-und-Sichel flatterten Seite an Seite in Moskau! Bald darauf erklärte uns Molotow, der Faschismus sei schließlich „Geschmacksache“! Stalin begrüßte seinen diktatorischen Kollegen mit begeisterten Worten über die gemeinsame „mit Blut besiegelte Freundschaft“!

Victor A. Kravchenko, Ich wähle die Freiheit. Das private und politische Leben eines Sowjetbeamten, Zürich 1947, S. 63 f.

Diskutieren Sie die Auswirkungen der außenpolitischen Kehrtwendung auf die sowjetische Bevölkerung.

Grundlagen der NS-Außenpolitik

Die Öffentlichkeit in den europäischen Staaten hatte mit Misstrauen die nationalsozialistische „Machtergreifung" beobachtet. Der NS-Straßenterror, die Aushöhlung der Weimarer Verfassung, die Ausschaltung der Parteien sowie die einsetzende antijüdische Politik kosteten Deutschland sein in der Zeit der Weimarer Republik wiedergewonnenes Ansehen im Ausland.
Indem Hitler zunächst den bisherigen Außenminister *Konstantin von Neurath* im Amt beließ, schien er allerdings die Kontinuität der Weimarer Außenpolitik zu verbürgen, die auf diplomatischem Wege versucht hatte, eine Revision des Versailler Vertrages und politische sowie militärische Gleichberechtigung zu erreichen. In diesen Nahzielen stimmte Hitler durchaus mit den traditionellen Führungsschichten überein. Konsequenterweise folgte er deshalb in seiner Bündnisstrategie den überkommenen Mustern deutscher Außenpolitik: Einvernehmen mit England, um dadurch freie Hand gegen Frankreich und vor allem im Osten zu bekommen.
Die Pläne Hitlers blieben aber nicht bei einer Revision der Versailler Regelungen stehen (➧ M 1 und M 2). Seine weit darüber hinausgehenden Absichten hatte er bereits 1925/26 in seinem Buch „Mein Kampf" entworfen. Ziele der deutschen Außenpolitik waren demzufolge die Eroberung von „Lebensraum" im Osten Europas und die Herrschaft der arischen Rasse. Die Zerschlagung der kommunistischen UdSSR und zugleich des „jüdischen Bolschewismus'" insgesamt bildeten den ideologischen Kern von Hitlers außenpolitischem Programm. Letztendlich sollte die Beherrschung eines europäischen Imperiums als Ausgangspunkt dazu dienen, im Bündnis mit Japan und eventuell Großbritannien in einem Krieg der Kontinente gegen die USA die Weltherrschaft des Deutschen Reiches zu vollenden. Hitler ging dabei in den Dreißigerjahren keineswegs nach einem bestimmten Plan vor, sondern reagierte jeweils mit Skrupellosigkeit und Glück auf sich wandelnde außenpolitische Konstellationen.

Bruch mit Versailles

Schon im Oktober 1933 trat das Deutsche Reich aus dem Völkerbund aus. Im Januar 1934 schloss es einen Nichtangriffspakt mit Polen und tat damit einen Schritt heraus aus der politischen Isolation. Dafür war die Sowjetunion jetzt gewarnt und suchte den Schulterschluss mit den ehemaligen Alliierten. Im September 1934 trat sie dem Völkerbund bei. Schon im Juli 1934 hatte Hitler einen nationalsozialistischen Putsch in Österreich vorangetrieben, um den 1919 von den Alliierten verbotenen *Anschluss Österreichs* an das Deutsche Reich vorzubereiten. Die Aktion scheiterte am massiven Einspruch des Nachbarlandes Italien. Mussolini drohte mit militärischem Eingreifen.
Am 13. Januar 1935 fand die im Versailler Vertrag vorgesehene Volksabstimmung über die Zukunft des Saargebiets statt. Das Votum von 91% der Bevölkerung für die Rückkehr ins Deutsche Reich feierte das Naziregime als großen politischen Erfolg. Kurz darauf erklärte Hitler alle Rüstungsbeschränkungen des Versailler Vertrags für nichtig und führte die *allgemeine Wehrpflicht* wieder ein. Drei Monate später kam sogar ein *deutsch-englisches Abkommen* zustande, in dem die relative Stärke der Flotten beider Länder festgeschrieben wurde. Damit hatte sich ein Siegerstaat über das Verbot hinweggesetzt, militärische Abkommen mit Deutschland zu schließen.
Im März 1936 besetzten deutsche Truppen in einer Blitzaktion das entmilitarisierte Rheinland. Die Westmächte reagierten auch auf diese Vertragsverletzung kaum: Der Versailler Vertrag war bedeutungslos geworden.

▲ *Wandteppich, der als Serienprodukt zwischen 1936 und 1939 vertrieben wurde.*
• *Erläutern Sie die Symbole, die der Teppich zeigt, und interpretieren Sie dessen politische Aussage.*

Neue Bündnisse

Als Hitler Ende 1935 Italien im Krieg gegen Äthiopien unterstützte, kam es zur Annäherung der beiden faschistischen Diktaturen. Am 1. November 1936 verkündete Mussolini die *„Achse Berlin-Rom"*. Ein Jahr später trat Italien auch dem *„Antikominternpakt"* bei, in dem sich Deutschland und Japan 1936 dazu verpflichtet hatten, weltweit den Kommunismus zu bekämpfen bzw. die Sowjetunion außenpolitisch zu isolieren. Im März 1939 schloss sich dem auch Spanien unter General *Franco* an, den die Nationalsozialisten und die italienischen Faschisten im Bürgerkrieg seit 1936 massiv unterstützt hatten.

Wenn auch das von Hitler stets angestrebte Bündnis mit England nicht zustande gekommen war, so schien das „weltpolitische Dreieck" Berlin – Rom – Tokio eine Politik ohne – oder sogar gegen – das britische Weltreich zuzulassen. Zwar signalisierte die Quarantäne-Rede des amerikanischen Präsidenten *Roosevelt* eine Abwendung von der Neutralitätspolitik (➧ M 3), aber weder Hitler noch Mussolini ließen sich davon beeindrucken. England, Frankreich und die meisten anderen westeuropäischen Länder hatten mit inneren Problemen und den Nachwirkungen der Weltwirtschaftskrise zu kämpfen. Sie wollten unbedingt am Frieden festhalten und setzten auf *„Appeasement"* (Beschwichtigung) als Maxime ihrer Außenpolitik. Nur so ist es zu erklären, dass das Deutsche Reich keinen ernsthaften Widerstand fand und ab 1938 die Aggressivität seiner Außenpolitik noch steigern konnte.

Expansion

Anders als 1934 hatte Hitler jetzt die Billigung Mussolinis sicher, als er erneut versuchte, massiven Einfluss auf Österreich zu gewinnen. Die österreichische Regierung setzte in ihrer Not eine Volksabstimmung über die Selbstständigkeit an, doch Hitler kam dem zuvor und marschierte im März 1938 mit seinen Truppen ein. Die Mehrzahl der Österreicher bereitete ihm einen triumphalen Empfang. Auch in Deutschland fand Hitlers Politik jetzt fast uneingeschränkte Zustimmung.

▲ *Die Erweiterung des Deutschen Reiches zwischen 1933 und 1939.*

Nun forderte er die „Lösung des Sudetenproblems“, die für ihn darin bestand, die deutschsprachig dominierten Gebiete der Tschechoslowakei dem Reich einzuverleiben. Hitler machte sich dabei bestehende Konflikte der verschiedenen in der Tschechoslowakei zusammenlebenden Volksgruppen und deren Autonomieforderung zunutze, um das deutsche Herrschaftsgebiet und damit den „Lebensraum“ für das deutsche Volk nach Osten hin zu erweitern. Mit seiner Beteuerung, es sei dies die letzte territoriale Forderung des Deutschen Reiches, konnte Hitler sich wiederum durchsetzen. Auf der *Konferenz von München* am 29. September 1938 legten Deutschland, Italien, Frankreich und England ohne Beteiligung von Vertretern der Tschechoslowakei die Modalitäten für die geforderten territorialen Veränderungen fest.

Nur ein halbes Jahr später waren Hitlers Beteuerungen als Lügen entlarvt. Am 15. März 1939 marschierten deutsche Truppen in der „Rest-Tschechei“ ein. Drei Tage später wurde das *„Protektorat Böhmen und Mähren“* de facto der Reichsverwaltung unterstellt. Diesmal konnte das Deutsche Reich seinen Schritt nicht mehr mit dem Hinweis auf das „Selbstbestimmungsrecht der Völker“ begründen.

Wiederum griffen die anderen europäischen Mächte nicht ein, aber mit ihrer Geduld war es endgültig vorbei. Schon Ende März gaben Frankreich und England eine verbindliche Garantieerklärung für Polen ab, das zunehmend die Zielscheibe aggressiver deutscher Propaganda wurde. Der nächste Schritt der Machtausdehnung musste den von der deutschen Regierung längst einkalkulierten Krieg bedeuten.

In dieser Phase gelang der deutschen Diplomatie ein spektakulärer Erfolg: Die Nationalsozialisten, die sich immer als schärfste Feinde des „Bolschewismus“ verstanden und inszeniert hatten, schlossen einen *Nichtangriffspakt mit der Sowjetunion* (➧ M 4 und M 5). Diese hatte kurz zuvor noch Verhandlungen über einen britisch-französisch-sowjetischen Dreibund unter möglicher polnischer Beteiligung geführt, die aber gescheitert waren.

Der sowjetische Diktator *Stalin* wollte in jedem Fall seine Einflusssphäre in Osteuropa auch im Kriegsfalle gesichert wissen. So konnte er sich bei dem zu erwartenden Angriff Deutschlands auf Polen aus allen Kampfhandlungen heraushalten.

4.8 Der Zweite Weltkrieg

▲ *Europa im Zweiten Weltkrieg.*

1./3.9.1939
Deutschland überfällt Polen, daraufhin erklären Großbritannien und Frankreich Deutschland den Krieg

1940
Deutsche Truppen besetzen Dänemark, Norwegen, Belgien, die Niederlande und Frankreich

22.6.1941
Deutscher Überfall auf die Sowjetunion

7.12.1941
Japanischer Luftangriff auf den amerikanischen Stützpunkt Pearl Harbour im Pazifik

11.12.1941
Deutsche Kriegserklärung an die USA

24.1.1943
Konferenz von Casablanca; die USA und Großbritannien fordern die „bedingungslose Kapitulation Deutschlands, Italiens und Japans"

2.2.1943
Die 6. Armee kapituliert bei Stalingrad – Wende des Krieges

6.6.1944
Invasion der Alliierten in der Normandie

4.–11.2.1945
Konferenz von Jalta: USA, Großbritannien und die Sowjetunion treffen Regelungen zur Besetzung Deutschlands

30.4.1945
Selbstmord Hitlers

7./9.5.1945
Das Deutsche Reich kapituliert bedingungslos; Ende des Krieges in Europa

6./9.8.1945
Der amerikanische Abwurf der ersten Atombomben über Hiroshima und Nagasaki zwingt Japan zur Kapitulation

M1

„Provokationen"

Der deutsche Überfall auf Polen wurde von der Regierung gründlich propagandistisch vorbereitet, wie sich aus dem folgenden Tagebucheintrag der angehenden Studentin Lore Walb (geb. 1919) vom 3. September 1939 erkennen lässt.

Seit Monaten haben sich die Beziehungen Polens zu Deutschland sehr verschlechtert. Schuld daran ist Polen. In unverantwortlicher Weise haben die Polen ihr Benehmen gegenüber den Volksdeutschen in Polen geändert. Wie im vergangenen Jahr unter den Tschechen, haben jetzt die Deutschen unter dem polnischen Terror zu leiden. In fünf Monaten haben sich die Überfälle auf Deutsche, Misshandlungen, Quälereien, Morde gehäuft und immer mehr gesteigert. Jeden Tag haben wir durch den Nachrichtendienst von neuen Schandtaten der Polen gehört. Unerträgliche Leiden mussten und müssen noch die Deutschen erdulden. [...]

Der polnische Terror aber ist deshalb so groß, weil England Polen einen Freibrief gegeben hat durch sein Versprechen, wenn Deutschland sich gegen Polens Provokationen zur Wehr setzt, wird England Polen militärisch zur Seite stehen. Und Frankreich fühlt sich ebenfalls verpflichtet, Polen im Falle kriegerischer Verwicklungen beizustehen. Solche Garantien konnten die polnische Unverschämtheit natürlich nur herausfordern. Und seitdem die Garantien gegeben werden, ist der Terror, unter dem die Deutschen zu leiden haben, unerträglich geworden.

Es ist selbstverständlich, dass das deutsche Reich auf die Dauer solchen Provokationen nicht tatenlos zusieht, und so ist denn nun auch die Explosion eingetreten.

Lore Walb, Ich, die Alte – ich, die Junge. Konfrontation mit meinen Tagebüchern 1933–1945, Taschenbuchausgabe, Berlin 1998, S. 129 f.

1. *Erläutern Sie die Beurteilung der Kriegsschuld durch Lore Walb.*
2. *Beurteilen Sie die Funktion des „Nachrichtendienstes" im Vorfeld des Krieges.*
3. *Suchen Sie nach vergleichbaren zeitgenössischen Berichten und machen Sie sich ein Bild von der Stimmungslage in Deutschland zu Beginn des Krieges.*

M2

Der Kriegsbeginn aus neutraler Sicht

Die „Neue Zürcher Zeitung" vom 4. September 1939 kommentiert den Beginn des Krieges:

Hitlers Krieg gegen Polen hat am dritten Tag nach der Eröffnung des deutschen Angriffs auf die polnische Grenze die Katastrophe des bewaffneten Zusammenstoßes der europäischen Großmächte entfesselt, die von der ersten Stunde an als unvermeidlich erscheinen musste. Was sich zweimal, im Fall der Okkupation Österreichs durch die deutsche Armee und bei der Zertrümmerung und Unterwerfung der Tschechoslowakei, zugetragen hatte, hat sich diesmal nicht wiederholt: Großbritannien und Frankreich haben, nachdem sich die Reichsregierung wiederum über alle Warnungen vor einseitigem Vorgehen und Angriffshandlungen hinweggesetzt hatte, sich diesmal nicht mit verbalen Protesten gegen ein Fait accompli[1] begnügt, sondern in Berlin in ultimativer Form die Forderung nach sofortiger Einstellung der militärischen Operationen gestellt und die letzten Konsequenzen gezogen, als ihre diplomatische Intervention erfolglos blieb.

[...] Wenn die Kabinette in London und Paris [...] nicht vor dem Herrschaftswillen des Dritten Reiches und der Selbstherrlichkeit seines Führers kapitulieren und gleichzeitig ihre eigenen Erklärungen und feierlichsten Verpflichtungen verleugnen, wenn sie nicht das verbündete Polen der deutschen Übermacht ausliefern und sich damit vor ihren eigenen Völkern und in der ganzen Welt um jedes Ansehen und jedes Vertrauen bringen wollten, dann konnten sie nicht anders handeln, als sie es seit dem Morgen des verhängnisvollen 1. Septembers getan haben [...].

Man kann die Augen nicht verschließen vor der Tatsache, dass die Verantwortung für diese europäische Katastrophe auf einem Mann liegt, der – viel eindeutiger als in früheren historischen Kontroversen über die Frage der Kriegsschuld – mit Name und Vorname bezeichnet werden kann. [...] Die britische Regierung hatte mit der Erklärung vom 31. März Polen ihre Hilfe versprochen, bevor Hitler in seiner Reichstagsrede vom 28. April sich öffent-

[1] *frz.: vollendete Tatsache*

lich auf territoriale Forderungen gegenüber Warschau festgelegt hatte. Obwohl die Warnungen verdoppelt wurden und Frankreich und Großbritannien alle Anstrengungen machten und militärische Vorbereitungen trafen zur Abwehr und Bekämpfung der nächsten Angriffsaktion Deutschlands, fuhr Hitler im Sommer mit den Truppenkonzentrationen fort und vollzog im August den kriegsmäßigen Aufmarsch gegen Polen.

Neue Zürcher Zeitung, 4.9.1939

1. *Erläutern Sie die Entwicklung der europäischen Diplomatie, die der Artikel nachzeichnet.*
2. *Zeigen und interpretieren Sie die Unterschiede der Kriegsschuld-Einschätzung in M 1 und M 2.*

M3
Einsatz von Arbeitskräften im Krieg

Die Verteilung der Arbeitskräfte im Deutschen Reich in den Grenzen von 1937, einschließlich Österreich, Sudetenland und Memelgebiet jeweils in Mio. Personen bei einer Gesamtbevölkerung von knapp 80 Millionen (1937):

Zeitpunkt	Zivile dt. Arbeitskräfte			Wehrmacht	Verluste
	Männer	Frauen	insges.	insges. einberufen	insgesamt
1939, Ende Mai	24,5	14,6	39,1	1,4	–
1940, Ende Mai	20,4	14,4	34,8	5,7	0,1
1941, Ende Mai	19,0	14,1	33,1	7,4	0,2
1942, Ende Mai	16,9	14,4	31,3	9,4	0,8
1943, Ende Mai	15,5	14,8	30,3	11,2	1,7
1944, Ende Mai	14,2	14,8	29,0	12,4	3,3
1944, Ende Sept.	13,5	14,9	28,4	13,0	3,9

Einsatz von Ausländern („Fremdarbeitern") und Kriegsgefangenen jeweils in Mio.:

Zeitpunkt	insges.	davon in den Sektoren:				
		Landwirtschaft	Industrie	Handwerk	Verkehr	Übrige
1941, Ende Mai	3,0	1,5	1,0	0,3	0,1	0,1
1942, Ende Mai	4,2	2,0	1,4	0,3	0,2	0,3
1943, Ende Mai	6,3	2,3	2,8	0,4	0,3	0,5
1944, Ende Mai	7,1	2,6	3,2	0,5	0,4	0,4

Nach: Fritz Blaich, Wirtschaft und Rüstung im „Dritten Reich", Düsseldorf 1987, S. 105 f.

1. *Analysieren Sie die Tendenzen und Verschiebungen in den Zahlen der Arbeitskräfte.*
2. *Kommentieren Sie die Entwicklung des Frauenanteils an den zivilen Arbeitskräften.*
3. *Erläutern Sie gesellschaftliche Veränderungen im Reich, die sich durch die Verschiebungen in der Arbeits- und Alltagswelt ergeben haben könnten.*

M4
Feldpost

Der Unteroffizier Robert Rupp schreibt am 1. Juli 1941 an seine Frau.

Man erzählt, ein Befehl des Führers sei herausgekommen, dass Gefangene und solche, die sich ergeben, nicht mehr erschossen werden dürfen. Das freut mich. Endlich! Viele Erschossene, die ich liegen sah, lagen mit erhobenen Händen da und ohne Waffen und sogar ohne Koppel. Mindestens hundert sah ich so liegen. Man erzählt, dass sogar ein Parlamentär, der mit weißer Fahne kam, niedergeknallt wurde! Nachmittags wird gesagt, dass ganze Kompanien der Russen geschlossen sich ergeben. Die Methode war schon schlimm. Man hat auch Verwundete erschossen [...].

Reinhard Rürup (Hrsg.), Der Krieg gegen die Sowjetunion 1941–1945. Eine Dokumentation, Berlin 1991, S. 60

1. *Erläutern Sie die Haltung des Unteroffiziers zu den Kriegsverbrechen.*
2. *Erörtern Sie, was man in Deutschland über die Kriegsverbrechen wissen konnte.*

M5
„Völlige Vernichtung“

Der Oberbefehlshaber der 6. Armee, General von Reichenau, gibt am 10. Oktober 1941 einen Befehl aus, der das „Verhalten der Truppen im Ostraum“ betrifft. Hitler bezeichnete diesen Befehl als vorbildlich, so dass er danach auch von anderen Truppenteilen übernommen wurde.

Hinsichtlich des Verhaltens der Truppe gegenüber dem bolschewistischen System bestehen vielfach noch unklare Vorstellungen.

Das wesentlichste Ziel des Feldzuges gegen das jüdisch-bolschewistische System ist die völlige Zerschlagung der Machtmittel und die Ausrottung des asiatischen Einflusses im europäischen Kulturkreis. Hierdurch entstehen auch für die Truppe Aufgaben, die über das hergebrachte einseitige Soldatentum hinausgehen. Der Soldat ist im Ostraum nicht nur ein Kämpfer nach den Regeln der Kriegskunst, sondern auch Träger einer unerbittlichen völkischen Idee und der Rächer für alle Bestialitäten, die deutschem und anverwandtem Volkstum zugefügt wurden.

Deshalb muss der Soldat für die Notwendigkeit der harten, aber gerechten Sühne am jüdischen Untermenschentum volles Verständnis haben. Sie hat den weiteren Zweck, Erhebungen im Rücken der Wehrmacht, die erfahrungsgemäß stets von Juden angezettelt wurden, im Keime zu ersticken. Der Kampf gegen den Feind hinter der Front wird noch nicht ernst genug genommen. Immer noch werden heimtückische, grausame Partisanen und entartete Weiber zu Kriegsgefangenen gemacht, immer noch werden halb uniformierte oder in Zivil gekleidete Heckenschützen und Herumtreiber wie anständige Soldaten behandelt und in die Gefangenenlager abgeführt. [...]

Fern von allen politischen Erwägungen der Zukunft hat der Soldat zweierlei zu erfüllen:

1.) die völlige Vernichtung der bolschewistischen Irrlehre, des Sowjetstaates und seiner Wehrmacht.

2.) die erbarmungslose Ausrottung artfremder Heimtücke und Grausamkeit und damit die Sicherung des Lebens der deutschen Wehrmacht in Russland.

Nur so werden wir unserer geschichtlichen Aufgabe gerecht, das deutsche Volk von der asiatisch-jüdischen Gefahr ein für allemal zu befreien.

Reinhard Rürup (Hrsg.), a.a.O., S. 122

1. *Erörtern Sie, inwiefern die deutsche Kriegsführung eine Umsetzung der nationalsozialistischen Rassenideologie ist (➧ S. 182 ff.).*
2. *Informieren Sie sich über damalige und heutige Völkerrechtsvereinbarungen, die auch im Krieg gültig bleiben. Inwiefern haben die Deutschen dagegen verstoßen? Einen ersten Überblick bieten die Seiten vom Auswärtigen Amt http://www.auswaertiges-amt.de/www/de/aussenpolitik/vn/hum_vr_html*
3. *Erklären Sie, warum in „der Truppe“ vielfach „unklare Vorstellungen“ über die Kriegsführung bestanden.*

Hitlers Anfangserfolge 1939/40

Am 1. September 1939 griffen deutsche Truppen ohne Kriegserklärung Polen an (➧ M 1 und M 2). Nach Ablauf ihrer Ultimaten erklärten Frankreich und Großbritannien Deutschland am 3. September den Krieg. Allerdings hielten sich die Westmächte vorläufig in der Defensive, weil sie sich militärisch noch zu schwach fühlten. Daher war der erste „Blitzkrieg" der deutschen Wehrmacht erfolgreich. Bereits Ende September wurde Polen – wie im Zusatzprotokoll des Hitler-Stalin-Paktes vereinbart – zwischen Deutschland und der Sowjetunion aufgeteilt.

Als die englische Regierung auf deutsche Friedensangebote nicht reagierte, ließ Hitler im April 1940 Dänemark und Norwegen besetzen, einen Monat später Belgien, die Niederlande und Luxemburg. In Frankreich stießen Streitkräfte bis nach Calais vor, am 14. Juni zogen die Deutschen kampflos in Paris ein.

England – seit Mai 1940 unter dem konservativen Premierminister *Winston Churchill* – zeigte sich entschlossen, den Krieg gegen das Deutsche Reich unter allen Umständen durchzustehen. Daher strebten Hitler und sein Generalstab eine Invasion auf den Britischen Inseln an und forcierten ab Juli 1940 Luft- und U-Boot-Krieg, um eine Landung vorzubereiten. Der Plan erwies sich aber als grobe Fehleinschätzung. Zum ersten Mal erreichte Hitler sein militärisches Ziel nicht. Im Gegenteil, die strategische Lage verschlechterte sich durch die immer deutlichere Parteinahme der USA für die Engländer.

Die Wende in Russland

Ohne im Westen den Gegner besiegt zu haben, kündigte Hitler bereits im Sommer 1940 der Spitze der Wehrmacht den Krieg gegen die Sowjetunion an. Er wartete allerdings dazu noch das nächste Frühjahr ab, weil deutsche Truppen dem italienischen Bündnispartner auf dem Balkan und in Nordafrika beistehen mussten.

Mit einem Überraschungsangriff, der von der Ostsee bis zu den Karpaten auf breiter Front von über drei Millionen Soldaten geführt wurde, eröffnete Hitler im Juni 1941 ohne Kriegserklärung den Krieg (➧ M 4 und M 5). Zwar gelang es in der Anfangsphase, weit ins Innere des Landes vorzudringen, doch auf Dauer erwies sich das simple Prinzip des „Blitzkrieges" hier als völlig unrealistisch. Die Weite des Landes und das raue Klima, auf das die Wehrmacht nur unzureichend vorbereitet war, stoppten den deutschen Vormarsch gemeinsam mit einer zunehmend gut organisierten Roten Armee. Im Dezember 1941 konnte diese eine Gegenoffensive einleiten, der die Deutschen auf Dauer nicht gewachsen waren. In einer Kesselschlacht bei *Stalingrad* gelang der sowjetischen Armee Anfang 1943 ein überwältigender Sieg, dessen psychologische Wirkung für beide Seiten von großer Bedeutung war.

Gegen die tiefe Niedergeschlagenheit in der Bevölkerung versuchte Propagandaminister Goebbels anzukämpfen, indem er zum „*totalen Krieg*" aufrief, doch der Mythos, der den „Führer" umgeben hatte, war zerstört.

Die deutsche Wirtschaft im Krieg

Die NS-Machthaber waren bemüht, die Belastungen für die deutsche Bevölkerung in möglichst engen Grenzen zu halten. Niemand sollte Hunger leiden, denn Hitler lebte in ständiger Angst vor Streiks und inneren Unruhen, wie sie am Ende des Ersten Weltkriegs stattgefunden hatten. Nicht zuletzt durch die enormen Gebietsgewinne gelang es, die Zufuhr an Rohstoffen und Lebensmitteln ins Deutsche

Reich zu steigern. Rücksichtslos wurden Produktion und Ressourcen aller besetzten Länder für die deutschen Bedürfnisse ausgebeutet.
Zu den Maßnahmen, mit denen die Leistung der deutschen Kriegswirtschaft gesteigert werden sollte, zählte auch der Einsatz ausländischer Gefangener und *Zwangsarbeiter* (➧ M 3). Da 1,8 Millionen *Kriegsgefangene* den Ausfall der in die Wehrmacht eingezogenen Männer nicht ausgleichen konnten, wurden in den besetzten Gebieten systematisch arbeitsfähige Menschen gefangen genommen und nach Deutschland geschickt – rund sieben Millionen Frauen und Männer insgesamt. Mehr als vier Millionen *„Fremdarbeiter"* stammten aus der Sowjetunion, eine Million aus Polen. Massentransporte in Güterwaggons, schlechte Behandlung und Unterbringung, mangelhafte Ernährung sowie schwerste körperliche Arbeit gehörten zu den unmenschlichen Bedingungen, denen die Opfer in der Regel ausgesetzt waren. Gleichzeitig nahm mit dem Krieg der politische Druck auf die Bevölkerung zu. Offene Kritik an dem Krieg und Zweifel am Endsieg wurden gerichtlich verfolgt, wobei die Nationalsozialisten sich nicht nur auf ihre Gestapo verlassen konnten, sondern auch auf ein Heer von Denunzianten.

Der europäische Krieg wird zum Weltkrieg

Am 7. Dezember 1941 eröffnete Japan mit einem Luftangriff auf die amerikanische Pazifikflotte in *Pearl Harbor* die Kampfhandlungen gegen die USA. Deutschland und Italien erklärten daraufhin, ohne dazu vertraglich gegenüber Japan verpflichtet zu sein, den Vereinigten Staaten den Krieg.
Dagegen etablierte sich auf der anderen Seite die *Anti-Hitler-Koalition* einschließlich der UdSSR, die der britische Premierminister Churchill – trotz weltanschaulicher Bedenken – förderte.
Die großen Materialreserven, das Industriepotential und die frischen Truppen der USA verhalfen den Alliierten auch im Westen zu einer deutlichen Überlegenheit. Als den Amerikanern und Engländern am 6. Juni 1944 die Landung an der Küste der Normandie gelang, war die deutsche Niederlage nur noch eine Frage der Zeit. Auch die Lufthoheit lag jetzt bei den Westmächten. Da die nationalsozialistische Führung verbissen den Widerstand aufrecht erhielt, sanken die meisten deutschen Großstädte unter den alliierten Luftangriffen in Schutt und Asche.
Erst als die Rote Armee vor Berlin stand, begingen Hitler und mehrere seiner Mitarbeiter Selbstmord. Im Mai 1945 unterzeichnete General Jodl die deutsche *Kapitulation*.
Der Zweite Weltkrieg endete drei Monate später mit der bedingungslosen Kapitulation Japans, nachdem die USA über *Hiroshima* und *Nagasaki* erstmals *Atombomben* abgeworfen hatten.
Diese Waffen waren mit einem riesigen Forschungsaufwand in den USA entwickelt worden. Der amerikanische Präsident *Harry S. Truman*, der nach dem Tode Roosevelts im April 1945 die Macht übernommen hatte, schob Bedenken gegen die gewaltige Zerstörungskraft der Atomwaffen u. a. mit dem Hinweis beiseite, dass die Japaner nur auf diese Weise zur „bedingungslosen Kapitulation" gezwungen werden könnten. Über 200 000 Menschen starben bei den Bombenabwürfen sofort. Die Langzeitfolgen der radioaktiven Verseuchung wurden erst später deutlich: Zahllose Menschen starben an Leukämie und an anderen Krebskrankheiten.

Tote des Zweiten Weltkrieges

Sichere Angaben über die Verluste liegen nicht vor. Neuere Schätzungen gehen von folgenden Zahlen aus:

Sowjetunion	26,3 Mio.	davon 15 Mio. Zivilisten
Deutschland	7,3 Mio.	davon 0,5 Mio. Zivilisten und 2,1 Mio. Flucht- und Vertreibungsopfer
Polen	4,52 Mio.	davon 4,2 Mio. Zivilisten
Japan	1,8 Mio.	davon 0,6 Mio. Zivilisten
Jugoslawien	1,7 Mio.	davon 1,3 Mio. Zivilisten
Frankreich	0,81 Mio.	davon 0,5 Mio. Zivilisten
USA	0,4 Mio.	
Großbritannien	0,39 Mio.	davon 62 000 Zivilisten
Ungarn	0,38 Mio.	davon 0,3 Mio. Zivilisten
Rumänien	0,38 Mio.	
Tschechoslowakei	0,38 Mio.	
Italien	0,33 Mio.	
Niederlande	0,21 Mio.	davon 0,2 Mio. Zivilisten
Gesamtverluste	ca. 55 Mio.	

Nach: Rüdiger Overmans, 55 Millionen Opfer des Zweiten Weltkrieges?, in: Militärgeschichtliche Mitteilungen 2/90, S. 1033 ff., Martin Vogt (Hrsg.), Deutsche Geschichte, 2. Auflage, Stuttgart 1991, S. 725 u. Fischer Weltalmanach '91, Frankfurt/Main 1990, S. 544

▼ *Die zerstörte Kilianskirche in Heilbronn, 1946.*
In Heilbronn wurden durch einen Luftangriff am 4. Dezember 1944 über 80 Prozent der Stadt zerstört und über 7 000 Menschen getötet.

Methoden-Baustein: Tagebücher

Das Tagebuch ist ein Geschichtsbuch im allerengsten Sinne. Viele Menschen halten Gedanken und Geschehnisse, die sie persönlich interessieren, in chronologischer Reihenfolge fest. Nur selten denken die Schreiberinnen und Schreiber dabei an die Möglichkeit späterer Veröffentlichung. Gerade die Intimität des Verborgenen gibt vielen erst die Sicherheit in der Auseinandersetzung mit für sie vielleicht heiklen Themen.

Für die Geschichtsforschung können Tagebücher eine überaus wertvolle Quelle sein. Zum einen gewinnt sie Einblicke in das Alltagsleben, die in ihrer persönlichen Authentizität, also Zeitnähe und „Echtheit", vielleicht nur noch von Briefen oder von mündlicher Überlieferung erreicht werden. Zum anderen bricht sich in solchen Aufzeichnungen das jeweilige Zeitgeschehen. Wir können erfahren, ob und wie die große Politik beim einzelnen Menschen ankam und wie er oder sie darüber dachte.

Aber auch das Tagebuch muss man sorgsam auf die Person der Verfasserin oder des Verfassers und ihre Lebensumstände hin untersuchen. Selbst der Adressatenbezug ist relevant (Familie, „Nachwelt", Öffentlichkeit?). Zudem werden auch hier wiederum Quellen benutzt: die Tageszeitung, die Nachbarin, oder – je nach Anspruch – literarische Vorbilder. Soweit das möglich ist, sollten Ursprung und Glaubwürdigkeit solcher Quellen sichergestellt werden.

Schließlich muss man die Überlieferungsgeschichte des konkreten Textes prüfen: Ist das Tagebuch überhaupt echt? Im Jahr 1983 gab es einen Medienskandal, als eine große deutsche Wochenzeitschrift mit der Sensation aufwartete, dass die Tagebücher Adolf Hitlers gefunden worden seien. Kurze Zeit später stellte sich heraus, dass ein Fälscher am Werk gewesen war.

▲ *Die Deutschjüdin Anne Frank (1929–1945) schrieb in einem Amsterdamer Hinterhaus das wohl bekannteste Tagebuch aus der Kriegszeit. Im März 1945 wurde sie im Konzentrationslager Bergen-Belsen umgebracht.*

Lieselotte G.

Die Berlinerin Lieselotte G., Tochter eines von den Nationalsozialisten entlassenen hohen Verwaltungsbeamten, ist Anfang 1945 17 Jahre alt.

30. 1. [1945] Rede von Adolf Hitler.
Abends Strümpfe gestopft.

1. 2. Papa zum Volkssturm. Alarm. Bis nachts halb 12 Uhr gearbeitet.

2. 2. Alarm. Bis halb 12 Uhr gearbeitet. Papa hat Polizeiuniform bekommen.

[...]

11. 3. Alarm! Schwerer Angriff. Treffer vor der Kirche. Der kleine Uwe Sch. ist an Erkältung gestorben. Zweite Tasche angefangen.

[...]

17. 3. Alarm! Teppiche geklopft.

18. 3. Alarm! Ausgebombt! Gerettet!

19. 3. Haben in Gastwirtschaft auf dem Fußboden geschlafen. Mutti und Kinder zu Tante Eka. Margit ist krank.

20. 3. Nähmaschine ausgebuddelt. Schlafen bei T. Eka.

21. 3. 18. Hochzeitstag meiner Eltern. Fliegeralarm! Wagen mit geretteten Sachen zur T. Eka gefahren. Papa kommt nicht vom Volkssturm bzw. Stadtwacht frei.

22. 3. Alarm! Auf allen Vieren rumgelaufen. Onkel Fritzens Bild rausgebuddelt.

23. 3. Alarm! Gebuddelt. Im Schutt 50,– RM gefunden. Abgegeben.

[...]

20. 4. Alarm! Wenig Wasser, kein Strom, bei Fliegerangriffen ertönen keine Sirenen mehr.

[...]

22. 4. Schlafen jetzt im Keller. Russen sind bis Berlin. Onkel Willi ist geflüchtet und zu uns gekommen.

[...]

7. 5. Straße frei geschippt. Nummern für Brot geholt, aufgeräumt, sauber gemacht.
8. 5. Straße geschippt. Nach Brot angestanden. Nachricht, dass Papa lebt.
9. 5. Waffenstillstand. Für Margit gibt es Milch.
10. 5. Aufgeräumt.

Barbara Bronnen (Hrsg.), Geschichten vom Überleben. Frauentagebücher aus der NS-Zeit, München 1998, S. 167 ff.

Victor Klemperer

Der Romanist Victor Klemperer (1881–1960) war schon vor der nationalsozialistischen Machtergreifung ein renommierter Literaturwissenschaftler. Wegen seiner jüdischer Abstammung verlor er 1935 seinen Lehrstuhl, konnte aber, geschützt durch seine als „arisch" geltende Frau Eva, unter Repressionen in Dresden weiterleben und teilweise seine Studien fortsetzen.

1944
18. Dezember, Montag Morgen (und später – ich werde wohl tagsüber mit Notizen zu tun haben)
[...]
Frau Stühler erzählte früh, während ich abwusch: Sie habe Brief aus Heidelberg; dort, obschon noch nicht zum Kriegsgebiet erklärt, lebe man wie in der Hölle. Mehrere Tage in der Woche ganz ohne Gas, ständig im Keller – wir hier hätten keine Ahnung vom Krieg. [...] Ein paar Leute, nicht ganz ohne Bildung, seien noch immer fest vom Siege Deutschlands überzeugt [...]. Also wirkt die Propaganda der Presse etc. doch? Aber auf wieviel Prozent der Bevölkerung? Und wieweit ist Sachsen, wieweit das verschonte Dresden, wieweit dies Grüppchen von drei, vier Leuten charakteristisch für das Ganze? Immer wieder die gleiche Unmöglichkeit des Wissens.

31. Dezember, Sonntag Abend, halb acht
Eben, ich war beim Vorlesen, kam Alarm. Sehr kurzer, 18.50 Uhr bis 19.10 Uhr, aber wir mussten gleich über glatten Schnee und durch Dunkelheit in den Keller. Ein wenig greift mir doch jeder dieser Alarme an die Nerven [...]. Heute, was ich schon morgens beim Kohlenheraufholen merkte, wurde mir der Treppen-Gepäckmarsch besonders schwer, mein Herz redet mit zum Silvesterrésumé. [...]
Irgendwie mich mit dem Todesgedanken abzufinden vermag ich nicht; religiöse und philosophische Tröstungen sind mir vollkommen versagt. Es handelt sich nur darum, Haltung bis zuletzt zu bewahren. [...]
Zweiter Silvesteralarm, ohne Keller, 22.15 Uhr bis 22.30 Uhr.
Wir wollten gerade schlafen gehn.

1945
15. Januar, Montag vormittag
Am gestrigen Nachmittag Lewinsky hier, für längere Zeit erschien auch Witkowsky, der unverwüstliche Moriturus[1)]. Lewinsky hatte wieder von arischer Seite gehört, was wir nun schon von so verschiedenen Leuten gleich lautend gehört haben, was also keine Erfindung sein kann: dass die Deutschen in Polen die grässlichsten Judenmorde begangen haben. Ein Soldat hatte erzählt, wie man kleine Kinder am Bein gepackt und ihnen die Köpfe an der Hausmauer zerschlagen habe.

Victor Klemperer, Das Tagebuch 1933–1945. Eine Auswahl für junge Leser, 2. Auflage, Berlin 1997, S. 207 f.

1. *Beschreiben Sie die Texte nach formalen Kriterien wie Erzählhaltung, Erzählzeit, (chronologische) Gliederung oder Satzbau.*
2. *Für wen schreiben Lieselotte G. und Victor Klemperer? Lassen sich Adressatenbezüge ermitteln?*
3. *Erörtern Sie jeweils das Verhältnis der Schreibenden zu den öffentlichen Ereignissen und charakterisieren Sie die unterschiedlichen Formen der Auseinandersetzung. Bestimmen Sie jeweils die politische Haltung der Verfasser.*
4. *Untersuchen Sie beide Tagebuchauszüge auf verwendete Quellen.*
5. *Erläutern Sie, inwiefern vor allem der Text von Klemperer den Fluss von Informationen in der Bevölkerung verdeutlicht.*
6. *Erörtern Sie, warum ein Tagebuch im Allgemeinen sowohl Primär- als auch Sekundärquelle sein kann.*

---
1) *lat.: todgeweiht*

Die Kriegskonferenzen der Alliierten – eine Übersicht	
„Prince of Wales" vor Neufundland im **Atlantik** (9. 8.–12. 8. 1941) Beteiligte: Churchill, Roosevelt	„Atlantik-Charta": - Verzicht auf Annexionen - Selbstbestimmungsrecht aller Völker bei der Wahl ihrer Regierungssysteme und bei territorialen Streitigkeiten - Gleichberechtigung im Welthandel und wirtschaftliche Zusammenarbeit - Freiheit der Meere - Entwaffnung von Aggressorstaaten und Errichtung eines Systems der kollektiven Sicherheit
Casablanca (14.–25. 1. 1943) Beteiligte: Churchill, Roosevelt	Beschluss der Landung auf Sizilien Planung der systematischen Bombardierung Deutschlands Ausschluss von Separatfriedensverträgen und Verkündung der „bedingungslosen Kapitulation" Deutschlands, Italiens und Japans als Kriegsziel
Teheran (28. 11.-1. 12. 1943) Beteiligte: Churchill, Roosevelt, Stalin	Beschluss der Invasion in Frankreich Aussiedlung der Deutschen aus den Ostgebieten Stalin beansprucht Königsberg, Memel und den nördlichen Teil Ostpreußens Verschiedene Teilungspläne für Deutschland Frage der Behandlung des besiegten Deutschland an die „Europäische Beratende Kommission" verwiesen Westverschiebung Polens bis zur Oder; „Curzon-Linie" als Ostgrenze Polens Finnland soll als selbstständiger Staat erhalten bleiben Österreich soll wieder selbstständig werden
Jalta (4.–11. 2. 1945) Beteiligte: Churchill, Roosevelt, Stalin ■ Entscheidungen über eine Nachkriegsordnung ■ militärstrategische Planungen ■ Beschlüsse Deutschland betreffend ■ Beschlüsse andere Länder betreffend	Zusage der UdSSR zum Kriegseintritt gegen Japan Einigung über die zu gründende UNO Erklärung über das „befreite Europa": „gemeinsame Behebung politischer und wirtschaftlicher Probleme" … „nach demokratischen Prinzipien" periodische Außenministerkonferenzen als ständige Einrichtung der Alliierten Nachkriegspolitik für Deutschland: - Entmilitarisierung - Beseitigung des Nationalsozialismus und Militarismus - Bestrafung der Kriegsverbrecher - Aufteilung in Besatzungszonen - Einladung Frankreichs als vierte Besatzungsmacht - Gebietsabtretungen - Diskussion über Reparationen - Abbau von Schlüsselindustrien - Endgültige Festlegung der polnischen Ostgrenze

4.9 Terror und Holocaust

▲ *Zeichnung von Doris Zdekauerová; die Elfjährige starb am 16. Oktober 1944 im Konzentrationslager Theresienstadt.*

Herbst 1939
Beginn des „Germanisierungsprogramms“ in Polen

1940/41
Massenmorde an Juden in den besetzten osteuropäischen Gebieten

10. 6. 1941
Vernichtung des tschechischen Dorfes Lidice

1. 9. 1941
Einführung des Judensterns im Deutschen Reich (im besetzten Polen bereits seit Oktober 1939)

20. 1. 1942
Wannsee-Konferenz: Besprechung über die „praktische Durchführung der Endlösung der Judenfrage“

Juni 1942
Erste Massenvergasungen von Juden in Auschwitz

19. 4.–16. 5. 1943
Aufstand im Warschauer Ghetto wird von der SS niedergeschlagen

10. 6. 1944
Massaker der SS in dem französischen Ort Oradour-sur-Glane

1945
In Deutschland und in den von Deutschen besetzten Gebieten sind etwa sechs Millionen Juden ermordet worden

M1

Menschen als „Rohstoffbasis"

Reinhard Heydrich (1904–1942), Chef des Reichssicherheitshauptamtes, hält am 2. Oktober 1941 in Prag einen Vortrag über nationalsozialistische „Neuordnungs-Politik".

Und nun haben wir unter der Führung des Führers unendlich viel Räume in Europa besetzt als militärische Voraussetzung für die weitere Führung und siegreiche Beendigung des Krieges. Wir wollen uns darüber im Klaren sein, dass die Besetzung dieser Räume jedenfalls in vielen Gebieten nicht eine vorübergehende, sondern eine endgültige sein wird, wobei es gleichgültig ist, wie die Form des Kontaktes dieser Räume zu uns werden wird. Das heißt aber, die Zukunft des Reiches hängt nach Beendigung des Krieges ab von der Fähigkeit des Reiches und von der Fähigkeit der Menschen dieses Reiches, diese Räume zu halten, zu beherrschen und gegebenenfalls mit dem Reich zu verschmelzen. Es hängt also ab von der Art, wie wir imstande sind, diese Menschen zu behandeln, diese Menschen zu führen und zu verschmelzen. Wir müssen hier eigentlich große Gruppen unterscheiden:
Das eine sind die Räume mit germanischen Menschen, das sind jene Menschen, die unseres Blutes sind und daher an sich unseres Charakters sind. Es sind jene Menschen, die durch eine schlechte politische Führung und Einfluss des Judentums irgendwie verbogen sind, die sich erst langsam zurückführen müssen zu den Grundelementen des Gegenwartsdenkens. Es sind das die Räume, die ich sehe: Norwegen, Holland, Flandern, so wie in späterer Zukunft ich sehe: Dänemark, Schweden. Es sind jene Räume, die germanisch besiedelt sind und die in irgendeiner Art, darüber müssen wir uns hier im Klaren sein, ob im Staatenbund, Gau oder sonstwie, zu uns gehören werden. Es ist klar, dass wir diesen Menschen gegenüber eine ganz andere Art der Behandlung finden müssen als gegenüber den andersrassigen, slawischen und ähnlichen Völkern […].
Das Zweite sind die Osträume, die zum Teil slawisch besiedelt sind, das sind die Räume, in denen man wissen muss, dass Güte nur als Schwäche ausgelegt wird, das sind die Räume, wo der Slawe selber gar nicht will, dass er gleichberechtigt behandelt wird, wo er gewöhnt ist, dass der Herr sich mit ihm nicht gemein macht. Das sind also die Räume, die wir nun im Osten zu führen und zu behalten haben. Das sind die Räume, in denen eine deutsche Oberschicht nach der militärischen Entwicklung bis weit nach Russland hinein, bis weit an den Ural einmal in der ganz klaren Führungsform als Rohstoffbasis, als Arbeiter für große, auch Kulturaufgaben, als Heloten[1], wenn ich es ganz drastisch sagen will, für uns eingesetzt werden muss […].

Wolfgang Michalka (Hrsg.), Deutsche Geschichte 1933–1945. Dokumente zur Innen- und Außenpolitik. Frankfurt/Main 1993, S. 249 f.

1. *Erläutern Sie die europäische „Völkerordnung", die Heydrich vor Augen hat.*
2. *Analysieren Sie Moralvorstellungen und Menschenbild, die hier zugrunde liegen.*

M2

Der Wert eines Menschen

Die SS stellte Unternehmen der Wirtschaft Insassen von Konzentrationslagern und Kriegsgefangene gegen Zahlungen zur Verfügung.

Täglicher Verleihlohn durchschnittlich	RM 6,–
abzüglich Ernährung	RM –,60
abzüglich Bekl. Amort.	RM –,10
durchschnittl. Lebensdauer 9 Mt.	
= 270 x RM 5,30 =	RM 1 431,–
Erlös aus rationeller Verwertung der Leiche:	
1. Zahngold 2. Kleidung	
3. Wertsachen 4. Geld	
abzüglich Verbrennungskosten RM 2,–	RM 200,–
Gesamtgewinn nach 9 Monaten zuzüglich Erlös aus Knochen und Aschenverwertung.	RM 1 631,–

Eberhard Aleff (Hrsg.), Das Dritte Reich, 5. Auflage, Hannover 1973, S. 208

1) *im antiken Sparta unterdrückte Urbevölkerung, die mit militärischer Gewalt in sklavenähnlichem Rechtsstand gehalten wurde*

M3
Die Entscheidung für die „Endlösung“

Die Frage, wann die Entscheidung fiel, alle europäischen Juden zu ermorden, ist bis heute in der Forschung umstritten, weil es keinen schriftlichen Befehl dazu gibt. Adolf Hitler erklärt am 30. Januar 1939:

Wenn es dem internationalen Finanzjudentum inner- und außerhalb Europas gelingen sollte, die Völker noch einmal in einen Weltkrieg zu stürzen, dann wird das Ergebnis nicht die Bolschewisierung der Erde und damit der Sieg des Judentums sein, sondern die Vernichtung der jüdischen Rasse in Europa.

Zwei Jahre danach, der Höhepunkt des Zweiten Weltkrieges ist erreicht, macht sich Joseph Goebbels Aufzeichnungen über eine Rede Hitlers vom 12. Dezember 1941 auf einer Tagung der Reichs- und Gauleiter der NSDAP:

Bezüglich der Judenfrage ist der Führer entschlossen, reinen Tisch zu machen. Er hat den Juden prophezeit, dass, wenn sie noch einmal einen Weltkrieg herbeiführen würden, sie dabei ihre Vernichtung erleben würden. Das ist keine Phrase gewesen. Der Weltkrieg ist da, die Vernichtung des Judentums muss die notwendige Folge sein. Diese Frage ist ohne jede Sentimentalität zu betrachten. Wir sind nicht dazu da, Mitleid mit den Juden, sondern nur Mitleid mit unserem deutschen Volk zu haben. Wenn das deutsche Volk jetzt wieder im Ostfeldzug an die 160 000 Tote geopfert hat, so werden die Urheber dieses blutigen Konflikts dafür mit ihrem Leben bezahlen müssen.

Christian Gerlach, Krieg, Ernährung, Völkermord. Forschungen zur deutschen Vernichtungspolitik im Zweiten Weltkrieg, Hamburg 1998, S. 123 f.

Erklären Sie, warum die Nationalsozialisten den Juden die Schuld am Krieg zugeschoben haben.

M4
„In Litauen gibt es keine Juden mehr“

Der Leiter des EK (Einsatzkommando) 3, SS-Standartenführer Jäger, fasst am 1. Dezember 1941 für die Dienststelle der Sicherheitspolizei einen Bericht von dem Einsatz seines Kommandos in Litauen ab.

Ich kann heute feststellen, dass das Ziel, das Judenproblem für Litauen zu lösen, vom EK 3 erreicht worden ist. In Litauen gibt es keine Juden mehr, außer den Arbeitsjuden incl. ihrer Familien. […] Diese Arbeitsjuden incl. ihrer Familien wollte ich ebenfalls umlegen, was mir jedoch scharfe Kampfansage der Zivilverwaltung (dem Reichskommissar) und der Wehrmacht eintrug und das Verbot auslöste: Diese Juden und ihre Familien dürfen nicht erschossen werden!
Die Durchführung solcher Aktionen ist in erster Linie eine Organisationsfrage. Der Entschluss, jeden Kreis systematisch judenfrei zu machen, erforderte eine gründliche Vorbereitung jeder einzelnen Aktion und Erkundung der herrschenden Verhältnisse in dem betreffenden Kreis. Die Juden mussten an einem Ort oder an mehreren Orten gesammelt werden. Anhand der Anzahl musste der Platz für die erforderlichen Gruben ausgesucht und ausgehoben werden. Der Anmarschweg von der Sammelstelle zu den Gruben betrug durchschnittlich 4 bis 5 km. Die Juden wurden in Abteilungen zu 500, in Abständen von mindestens 2 km, an den Exekutionsplatz transportiert. […]
Nur durch geschickte Ausnutzung der Zeit ist es gelungen, bis zu 5 Aktionen in einer Woche durchzuführen und dabei doch die […] anfallende Arbeit so zu bewältigen, dass keine Stockung im Dienstbereich eingetreten ist. […]
Ich bin der Ansicht, dass sofort mit der Sterilisation der männlichen Arbeitsjuden begonnen wird, um eine Fortpflanzung zu verhindern. Wird trotzdem eine Jüdin schwanger, so ist sie zu liquidieren.

Reinhard Rürup (Hrsg.), Der Krieg gegen die Sowjetunion 1941–1945. Eine Dokumentation, Berlin 1991, S. 119 f.

1. *Erläutern Sie die internen Querelen um die „Arbeitsjuden“, die der Verfasser andeutet.*
2. *Analysieren Sie die Sprache, in der hier über Massenmorde gesprochen wird.*

M5

Auf dem Weg ins Konzentrationslager

Resi Weglein, Jahrgang 1894, lebte als Geschäftsfrau in Ulm. Im August 1942 wurde sie mit ihrer Mutter und ihrem Ehemann in ein so genanntes „Altersghetto", das KZ Theresienstadt, deportiert.

Der 21. August 42 endete so, dass wir in sehr schlechten Lastkraftwagen auf einen Güterbahnhof außerhalb Stuttgarts befördert und dort in Viehwagen eingeladen wurden. Es handelte sich nur um Kranke, welche die Reise nicht in sitzendem Zustand zurücklegen konnten. […]
Herr Behr und Frau Martha aus Stuttgart. Herr B. bekam während der 30-stündigen Fahrt einige Morphiumspritzen und starb im September 42 in Theresienstadt. Frau Martha B. war erst in der Putzkolonne und dann als Fürsorgerin beschäftigt und wegen ihres Fleißes und ihrer Güte sehr beliebt. Im Oktober 44 kam sie nach Auschwitz und wurde vergast. Herr und Frau Dr. Reiß aus Delmensingen. Dr. R. starb während der Fahrt. Herbeigerufene SS entfernte die Leiche und verbrachte sie in den Gepäckwagen. Frau R. kam am 23. 1. 43 nach Auschwitz, nachdem sie in Th. bereits halb verhungert war.
Herr und Frau Schömann aus Stuttgart. Herr Sch. starb während der Fahrt. Die Leiche nahmen wir mit nach Th. Frau Sch. kam im Oktober 43 nach Auschwitz. […]
Ankunft in Theresienstadt. […]
Der erste Eindruck auf dem Dachboden war: Jetzt bist Du gewiss im Inferno! Es summte und brummte, es weinte und schrie, es herrschte ein merkwürdiges Halbdunkel, da nur ganz vereinzelt eine kleine Glühlampe im Gebälk hing. Dann waren auf der Erde sehr hohe Balken angebracht, die überstiegen werden mussten. Wenn man zu niedrige Schritte machte und nicht aufpasste, fiel man hin und hatte sich sehr weh getan. Oberschenkelhalsbrüche der alten Menschen waren an der Tagesordnung. Betten gab es selbstverständlich nicht; man musste sich auf die nackten roten Steine niederlassen, auf denen der Schmutz vieler Jahre lag. Mutter und ich hatten uns nach vielem Suchen in der Schleuse gefunden und blieben beisammen in dieser Nacht, und das war gut so. Wir ergatterten ein Stück Papier, das Mutter auf den schmutzigen Boden legte. Mir war alles gleichgültig, ich setzte mich auf meinen Mantel. Männer, Frauen und Kinder saßen oder lagen Körper an Körper umher. Es waren 2 500–3 000 Menschen auf diesem Dachboden untergebracht, und an Ruhe war natürlich nicht zu denken. In verschiedenen Winkeln waren leere Marmeladeneimer als Klosetts aufgestellt. Die ganze Nacht war Großbetrieb, weil viele Menschen bereits Durchfall hatten. […]
Es starben auf dem Dachboden täglich viele, viele Menschen. Unzählige haben ihrem Leben durch Herabstürzen von den Balustraden und von den Bodenfenstern aus freiwillig ein Ende gesetzt. Grausig sahen die Herabgestürzten aus, alle Knochen waren gebrochen. Man war damals schon so hart, dass man ohne Bedauern, ja, fast mit Neid den Mut der Menschen bewunderte, die sich zu diesem Schritt entschlossen hatten.

Barbara Bronnen (Hrsg.), Geschichten vom Überleben. Frauentagebücher aus der NS-Zeit, München 1998, S. 112 ff.

▲ *Jerzy Krawczyk (1921–1969), Ein Paket ohne Wert, 1964.*
• *Analysieren Sie, mit welchen Mitteln der polnische Künstler das Schicksal der Juden zu verarbeiten versucht.*

1. *Informieren Sie sich über das KZ Theresienstadt.*
2. *Was bedeutete es, „nach Auschwitz zu kommen"? Informieren Sie sich über dieses Konzentrationslager und seine Funktion.*

M6

„Ganz normale Männer" als Mörder?

Der amerikanische Historiker Daniel Jonah Goldhagen (geb. 1959) sieht die Hauptursache der Judenmorde in einem tief verwurzelten Antisemitismus in der deutschen Bevölkerungsmehrheit im „Dritten Reich".

Es musste sich etwas ändern, unbedingt. Das Wesen der Juden galt den Deutschen jedoch als unveränderlich, da in ihrer „Rasse" begründet, und nach vorherrschender deutscher Auffassung waren die Juden eine Rasse, die der germanischen Rasse in unüberwindlicher Fremdheit gegenüberstand. Hinzu kam, dass der „Augenschein" den Deutschen zeigte, dass die Mehrheit der Juden sich bereits assimiliert hatte, zumindest in dem Sinne, dass sie Manieren, Kleidung und Sprache des modernen Deutschland übernommen hatten. Also hatten die Juden jede erdenkliche Möglichkeit gehabt, zu guten Deutschen zu werden – und diese ausgeschlagen. Der unumstößliche Glaube an die Existenz einer „Judenfrage" führte mehr oder weniger selbstverständlich zu der Annahme, die einzige „Lösung" bestehe darin, alles „Jüdische" in Deutschland zu „eliminieren": auszugrenzen und zu beseitigen. […]
Hätten die ganz gewöhnlichen Deutschen die eliminatorischen Ideale ihrer Führung nicht geteilt, dann hätten sie dem sich stetig verschärfenden Angriff auf ihre jüdischen Landsleute und Brüder mindestens ebenso viel Widerstand und Verweigerung entgegengesetzt wie den Angriffen ihrer Regierung gegen die Kirchen oder dem so genannten Euthanasieprogramm[1]. […] Hätten sie es mit einer deutschen Bevölkerung zu tun gehabt, die Juden als Menschen wie alle anderen auch betrachtet und in ihnen Brüder und Schwestern gesehen hätte, dann wäre den Nationalsozialisten ihre Vernichtungspolitik kaum gelungen. […]
Hitler und die Nationalsozialisten taten also nichts anderes, als den bestehenden und angestauten Antisemitismus freizusetzen und zu aktivieren.

Der Jurist Claus Arendt, der in den Sechzigerjahren an Untersuchungen über die belasteten Polizeieinheiten beteiligt war, schreibt in einem 1998 veröffentlichten Brief an Goldhagen:

Ich muss jedoch erhebliche Zweifel anmelden gegen die Richtigkeit jener These von Ihnen, dass die Mordtaten der Polizeiangehörigen in Polen und anderswo […] antisemitisch begründet waren. Bei aller Würdigung der Abscheulichkeit des Antisemitismus halte ich diese Ursachenfeststellung für eine Verharmlosung der Motivierung der Täter.
Leider war deren Motivation viel schlimmer: Sie bestand in ihrem ethisch-moralischen Unvermögen, von menschlichen Werten getragen zu handeln. Ihr Motto war: „Befehl ist Befehl." Es war die Weigerung und totale Unfähigkeit, nach menschlichen und moralischen Grundsätzen zu handeln. Dies wurde nicht zuletzt dadurch bewiesen, dass die Betroffenen sich nicht nur Juden gegenüber so verhielten, sondern auch jeder Menschengruppe gegenüber, die von den ihnen erteilten Befehlen betroffen war. Die gleichen Polizisten sind bei der Vernichtung und Ermordung zum Beispiel der polnischen Intelligenz gegen die Frauen und Kinder dieser Gruppe mit ebenderselben Grausamkeit, Gefühllosigkeit und Brutalität vorgegangen wie gegen Juden.

Der amerikanische Historiker Christopher Browning (geb. 1944) untersucht am Beispiel des Reserve-Polizeibataillons 101, das in Polen 1942 ca. 1200 Juden erschoss, die Motive der ausführenden Männer.

Im Bataillon kristallisierten sich einige ungeschriebene „Grundregeln" heraus. Für kleinere Erschießungsaktionen wurden Freiwillige gesucht beziehungsweise die Schützen aus den Reihen derjenigen genommen, die bekanntermaßen zum Töten bereit waren […]. Bei großen Einsätzen wurden die, die nicht töten wollten, auch nicht dazu gezwungen. Selbst wenn Offiziere versuchten, einzelne Unwillige zum Töten zu zwingen, konnten diese sich weigern, da die Offiziere in diesem Punkt bei Major Trapp[1] keine Unterstützung fanden. […]
Neben der ideologischen Indoktrinierung war ein

[1] *Euthanasie: eigentlich „Sterbehilfe"; die Nationalsozialisten missbrauchten den Begriff für die gezielte Tötung von Menschen durch Ärzte und Betreuer. Wirklich öffentlich konnten sie die „Tötung unwerten Lebens" aber nie betreiben (➧ S. 246).*

[1] *der Bataillonskommandeur*

◀ *Die Vernichtungs- und Konzentrationslager im „Dritten Reich". In den Vernichtungslagern wurden 165 000 Juden aus Deutschland, 65 000 aus Österreich, 32 000 aus Frankreich und Belgien, mehr als 100 000 aus den Niederlanden, 60 000 aus Griechenland, ebenso viele aus Jugoslawien, über 140 000 aus der Tschechoslowakei, 500 000 aus Ungarn, 2 200 000 aus der Sowjetunion und 2 700 000 aus Polen umgebracht. Dazu fielen zwischen 200 000 und 500 000 Sinti und Roma dem Völkermord zum Opfer. Darüber hinaus wurden in den Konzentrationslagern im Reich weitere 500 000 Menschen umgebracht. Diese Werte gelten als „gesicherte Minimalzahlen" (Wolfgang Benz).*

weiterer entscheidender Aspekt […] das gruppenkonforme Verhalten. Den Befehl, Juden zu töten, erhielt das Bataillon, nicht aber jeder einzelne Polizist. Dennoch machten sich 80 bis 90 Prozent der Bataillonsangehörigen ans Töten, obwohl es fast alle von ihnen – zumindest anfangs – entsetzte und anwiderte. Die meisten schafften es einfach nicht, aus dem Glied zu treten und offen nonkonformes Verhalten zu zeigen. Zu schießen fiel ihnen leichter. Warum? Zunächst einmal hätten alle, die nicht mitgemacht hätten, die „Drecksarbeit" einfach den Kameraden überlassen. Da das Bataillon die Erschießungen auch dann durchführen musste, wenn einzelne Männer ausscherten, bedeutete die Ablehnung der eigenen Beteiligung die Verweigerung des eigenen Beitrags bei einer unangenehmen kollektiven Pflicht. Gegenüber den Kameraden war das ein unsozialer Akt. […]

Es gibt auf der Welt viele Gesellschaften, die durch rassistische Traditionen belastet und aufgrund von Krieg oder Kriegsdrohung in einer Art Belagerungsmentalität befangen sind. Überall erzieht die Gesellschaft ihre Mitglieder dazu, sich der Autorität respektvoll zu fügen, und sie dürfte ohne diese Form der Konditionierung wohl auch kaum funktionieren. Überall streben die Menschen nach beruflichem Fortkommen. In jeder modernen Gesellschaft wird durch die Komplexität des Lebens und die daraus resultierende Bürokratisierung und Spezialisierung bei den Menschen, die die offizielle Politik umsetzen, das Gefühl für die persönliche Verantwortung geschwächt. In praktisch jedem sozialen Kollektiv übt die Gruppe, der eine Person angehört, gewaltigen Druck auf deren Verhalten aus und legt moralische Wertmaßstäbe fest. Wenn die Männer des Reserve-Polizeibataillons 101 unter solchen Umständen zu Mördern werden konnten, für welche Gruppe von Menschen ließe sich dann noch Ähnliches ausschließen?

Erster Text: Daniel Jonah Goldhagen, Hitlers willige Vollstrecker. Ganz gewöhnliche Deutsche und der Holocaust, übers. v. Klaus Kochmann, Berlin 1996, S. 107 f., 489 und 518; zweiter Text: Claus Arendt, in: „Die Zeit" vom 15. 1. 1998; dritter Text: Christopher R. Browning, Ganz normale Männer. Das Reserve-Polizeibataillon 101 und die „Endlösung" in Polen, übers. v. Jürgen Peter Krause, Reinbek bei Hamburg 1993, S. 224, 241 und 246 f.

1. *Suchen Sie Gemeinsamkeiten und Gegensätze der Erklärungsansätze.*

2. *Diskutieren Sie anhand der Überlegungen Brownings die Wiederholbarkeit von Massenverbrechen wie dem Holocaust.*

Unterschiedliches Vorgehen in Ost- und Westeuropa

Die menschenverachtende Infrastruktur, die die Nationalsozialisten in der SS und in den gut organisierten Konzentrationslagern besaßen, übertrugen sie schon zu Beginn des Krieges auf die besetzten Gebiete.
Welch neuartige Dimension der von Hitler vom Zaun gebrochene Krieg erreichen sollte, zeigte sich bereits im Herbst 1939 nach der Aufteilung Polens. Sofort gingen der „Führer" und seine Helfer daran, ihr rassenideologisches Völkermordkonzept in die Tat umzusetzen.
Ein Großteil des eroberten Landes sollte von umgesiedelten Deutschen aus den baltischen Staaten und anderen osteuropäischen Gebieten „germanisiert" werden. Die polnische Bevölkerung wurde ins übervölkerte *Generalgouvernement*[1] vertrieben, viele Angehörige der Intelligenz verhaftet, teilweise sofort erschossen oder in Konzentrationslager deportiert. Gymnasien und Hochschulen sollten geschlossen werden, um die Entstehung einer neuen Führungsschicht zu verhindern. Wer nicht „germanisiert" werden konnte – nach deutschen Schätzungen über 95 Prozent der polnischen Bevölkerung –, war als Arbeitssklave für ein erbärmliches Schicksal vorgesehen (➧ M 1 und M 2).
In der UdSSR waren die einmarschierenden deutschen Truppen 1941 an manchen Orten als Befreier vom Bolschewismus begrüßt worden. Doch die Brutalität der Wehrmacht, der SS und anderer „Sonderkommandos" ließen die Stimmung rasch umschlagen (➧ M 4). Die Behandlung der Bevölkerung war ähnlich wie in Polen, doch steigerte sich der Kampf um „Lebensraum" im Osten jetzt zu einem *„rassischen Vernichtungskrieg"* gegen angeblich minderwertige Völker.
In West-, vor allem aber Nordeuropa behandelten die Besatzer die Bevölkerung anders als in Osteuropa (➧ M 1). Manche Regionen erhielten eine eigene Zivilverwaltung, oder alte Regierungen bestanden zeitweise weiter fort – so in Dänemark bis 1943.
Die unterschiedliche Behandlung resultierte aus der verbrecherischen Rassenideologie des Nationalsozialismus, die „arischen" Angelsachsen, „Wikingern" oder Franken den Vorzug gab vor Slawen oder Juden.

Zwischen Ideologie und Kriegswirtschaft

Dauernde Kompetenzstreitigkeiten und verschiedene einander widersprechende Maßnahmen ließen in der Besatzungspolitik oft keine klare Linie erkennen. Während Teile der neuen Verwaltung einerseits möglichst schnell Ruhe und Ordnung in den annektierten Gebieten herzustellen suchten, wollte anderseits die SS mit Hilfe von Wehrmacht und Polizeieinheiten ihr rassenideologisches Umsiedlungs- und Vernichtungsprogramm durchführen. Kräften der Wirtschaft lag dagegen an der Ausbeutung und Angliederung der Ressourcen. Je länger der Krieg dauerte und je mehr man auf das Wirtschaftspotential der Besatzungsgebiete angewiesen war, desto eher musste man aus rein opportunistischen Gründen auf eine Normalisierung der Beziehungen hinarbeiten. Aber die brutalen Maßnahmen gegen die Widerstandsbewegungen, die die Bevölkerung ebenfalls trafen, sorgten immer wieder für eine Verschärfung der Spannungen. So sollten beispielsweise bei „Vergeltungsaktionen" an der Ostfront für jedes deutsche Partisanenopfer 50–100 Sowjetbürger sterben.

---

[1] *die besetzten polnischen Gebiete, die nicht unmittelbar dem Reich angegliedert worden waren*

Die „Endlösung der Judenfrage"

Seit 1933 waren die Juden planmäßig diskriminiert und stigmatisiert worden. Nach Ausbruch des Zweiten Weltkriegs stellten die Verhängung von Sperrstunden und die Einteilung zur Zwangsarbeit weitere Stufen auf dem Weg zu ihrer völligen Entrechtung dar. 1941 erging schließlich ein Auswanderungsverbot. Nahezu zeitgleich wurden alle Juden gezwungen, in der Öffentlichkeit den gelben *„Judenstern"* zu tragen; dies grenzte sie endgültig aus der Gesellschaft aus.
Spätestens im Sommer 1941 fiel im engsten Führungszirkel des Regimes die Entscheidung für den Massenmord (▶ M 3). Im Osten folgten „Sonderkommandos" der SS und Polizeieinheiten den vorrückenden deutschen Truppen und erschossen bereits in den ersten Monaten des Russlandfeldzugs mehrere hunderttausend Juden; auch Angehörige von Wehrmacht und Zivilverwaltung beteiligten sich an den Massakern (▶ M 6). Im Reich und in den besetzten Ländern wurden seit Oktober 1941 Juden in Konzentrationslagern oder *Ghettos* zusammengezogen und anschließend in neu eingerichtete *Vernichtungslager* nach Osten deportiert (▶ M 5). Die „praktische Durchführung" der *„Endlösung"* wurde Anfang 1942 in Berlin mit hohen Verwaltungsbeamten, SS-Offizieren und Staatssekretären aus den Innen-, Justiz- und Außenministerien besprochen und im so genannten *Wannseeprotokoll* festgehalten.
In den meisten Lagern hat die SS die Ankömmlinge sofort ermordet. Vergiftung durch Dieselmotorabgase und schließlich die fast industriell betriebene Tötung durch das Blausäurepräparat Zyklon B dienten als Verfahren der Ausrottung. Nach polnischen Schätzungen sind allein in Auschwitz etwa 1,5 Millionen Juden umgebracht worden. Insgesamt fielen dem Völkermord etwa sechs Millionen Menschen zum Opfer.

Die Vernichtung anderer Minderheiten

In engem ideologischen Zusammenhang mit der Ermordung von Millionen Juden stand im „Dritten Reich" die „Vernichtung lebensunwerten Lebens". Nach den pervertierten pseudobiologischen Kategorien von *„Rassenhygiene"*, „Zuchtwahl" und „Erbgesundheit", wie die Nationalsozialisten sie vertraten, stellten gesellschaftliche Minderheiten aller Art eine potentielle Bedrohung für das „deutsche Erbgut" dar. Ermordet wurden auch Menschen, bei denen aufgrund pathologischer oder sozialer Abweichungen ein verändertes Erbgut vermutet wurde. Dazu gehörten körperlich und geistig Behinderte ebenso wie Homosexuelle. Ein bereits 1933 von den Nationalsozialisten erlassenes Gesetz verpflichtete Erbkranke und geistig Behinderte zur *Zwangssterilisation*.
1939 ging Hitler noch einen Schritt weiter und gab die Tötung von unheilbar Kranken in eigens ausgewählten „Heil- und Pflegeanstalten" frei. Man schätzt, dass ungefähr 120 000 Menschen, darunter viele Kinder, Opfer dieser Weisung wurden. Vor allem auf Grund von Protesten aus kirchlichen Kreisen wurde das *„Euthanasie-Programm"* zwar 1941 im Reich offiziell eingestellt, doch im Geheimen ging die „Vernichtung unwerten Lebens" weiter. Auch Sinti und Roma galten als schwer in die „Volksgemeinschaft" integrierbar und wurden deshalb in Konzentrationslager eingewiesen. Die SS ermordete bis zu 500 000 Angehörige dieser Volksgruppen.

4.10 Widerstand

Flugblätter der Widerstandsbewegung in Deutschland.

Aufruf an alle Deutsche!

Der Krieg ~~geht~~ seinem sicheren Ende entgegen. Wie ~~im Jahre~~ 1918 versucht die deutsche Regierung alle Aufmerksamkeit auf die wachsende U-Bootgefahr zu lenken, während im Osten die ~~Armeen~~ – unaufhörlich zurückströmen, im Westen die Invasion erwartet wird. Die Rüstung Amerikas hat ihren Höhepunkt noch nicht erreicht, aber heute schon übertrifft sie alles in der Geschichte seither Dagewesene. Mit mathematischer Sicherheit führt Hitler das deutsche Volk in den Abgrund. Hitler kann den Krieg nicht gewinnen, nur noch verlängern! Seine und seiner Helfer Schuld hat jedes Mass unendlich überschritten. Die gerechte Strafe rückt näher und näher!

Was aber tut das deutsche Volk? Es sieht nicht und es hört nicht. Blindlings folgt es seinen Verführern ins Verderben. Sieg um jeden Preis, haben sie auf ihre Fahne geschrieben. Ich kämpfe bis zum letzten Mann, sagt Hitler – indes ist der Krieg bereits verloren.

Deutsche! Wollt Ihr und Eure Kinder dasselbe Schicksal erleiden, das den Juden widerfahren ist? Wollt Ihr mit dem gleichen Masse gemessen werden, wie Eure Verführer? Sollen wir auf ewig das von aller Welt gehasste und ausgestossene Volk sein? Nein! Darum trennt Euch von dem nationalsozialistischen Untermenschentum! Beweist durch die Tat, dass Ihr anders denkt! Ein neuer Befreiungskrieg bricht an. Der bessere Teil des Volkes kämpft auf unserer Seite. Zerreisst den Mantel der Gleichgültigkeit, den Ihr um Euer Herz gelegt! Entscheidet Euch, eh' es zu spät ist!

▲ *Flugblatt „Aufruf an alle Deutsche" der „Weißen Rose" vom Januar 1943. Das fünfte von insgesamt sechs Flugblättern der Widerstandsgruppe wurde in mehreren hundert Exemplaren in der Münchner Universität ausgelegt.*

8. 11. 1939
Georg Elsers Attentat auf Hitler missglückt

26. 5. 1942
Erfolgreiches Attentat auf Reinhard Heydrich in Prag

Herbst 1942
49 Mitglieder der „Roten Kapelle" werden hingerichtet

1943
Die Geschwister Scholl werden bei einer Flugblatt-Aktion ergriffen und hingerichtet

20. 7. 1944
Attentat Graf Stauffenbergs auf Hitler

M1

Kommunistischer Widerstand

Dagobert Biermann war Kommunist und arbeitete im Hamburger Hafen. Nach dem Krieg erzählt seine Frau Emmi vom Schicksal ihres Mannes.

1936 war ich schwanger, und grad da begann wieder die illegale Arbeit. Hitler ließ Kriegsmaterial nach Spanien liefern. Da wollten die Faschisten die Republik kaputthauen, und die Nazis halfen denen dabei. Mein Bruder war Ewerführer[1] im Hamburger Hafen. Er hatte Wind davon bekommen, dass Schiffe mit Munition nach Spanien rausgehen. Getarnt waren die als Handelsschiffe. Wir mussten die Arbeiter in Spanien doch warnen! Die sollten die gleich übern Schnabel nehmen[2], wenn die da ankommen. Mein Bruder spionierte aus, wo die Schiffe lagen und notierte sie. Unter Lebensgefahr! Aber er war ja roter Betriebsrat gewesen und hatte eine gute Nummer im Hafen. Die Kollegen verpfiffen ihn nicht. Die Unterlagen wurden nach Spanien geschmuggelt. Wenn ein Waffenschiff im Hafen lag, rief mein Mann den Herbert Michaelis, unsern Kurier, an, und der nahm die neuesten Nachrichten mit. [...]

Mein Mann kam in „Schutzhaft". So hieß das damals. Ich wollte genau wissen, wo er sitzt, aber ich wurde immer abgewiesen. Eines Tages hab ich dann doch erfahren, dass er in Fuhlsbüttel ist. Und man erlaubte mir, seine Wäsche zu holen und ihm neue zu bringen. Aber ich hab ihn nicht gesehen, nur das Blut, das an der Wäsche klebte. Die Wäsche wurde von der SS in Empfang genommen, und die haben die Wäsche gegen das Licht gehalten, ob auch nichts darin versteckt ist. Einmal machte ich eine Entdeckung. Da, wo die kleinen Stäbe in den Hemdkragen kamen, die Stelle war zugenäht. Darin war ein Kassiber[3], auf dünnem Papier geschrieben. Da stand drauf: „Michaelis packt aus." Das war das Zeichen, jetzt sollte der Prozess beginnen. Zwei Jahre hatte das gedauert. Solange hatten die gebraucht, bis sie was zusammengestoppelt hatten gegen meinen Mann. [...] Für den Prozess kam extra der Volksgerichtshof nach Hamburg. [...] Mein Mann und mein Bruder hatten zuerst immer geleugnet, etwas mit der Sache zu tun zu haben, mit den Waffen und den Informationen für die Spanier. Aber dann wurden Geschosse auf den Tisch gepackt, die mein Bruder aus dem Hafen mitgebracht hatte. Sogar Dumdumgeschosse hatte er von den Schiffen geklaut, die reißen große Wunden. Die hatten wir Michaelis mitgegeben, damit die Spanier wussten, was ihnen blühte.

Mein Bruder hat mir später erzählt, wie er sich verteidigt hat. Er hat auf doof gemacht. Im Hafen klauen alle mal, hat er gesagt, nur so aus Spaß wird geklaut. Und dann hat er immer Platt gesprochen, das war für die Richter was Neues. Die Richter wollten darauf hinaus, mein Mann hätte meinen Bruder beauftragt, die Sache auszubaldowern. Das hätte gereicht, dann hätten sie ihn gleich umgebracht. Der Pflichtverteidiger meines Bruders war aber ausnahmsweise ein guter Mann. Er wollte meinen Bruder direkt fragen: „Hat Biermann Sie beauftragt?" Wenn er dann mit Nein antwortet, musste der Anklagepunkt fallengelassen werden. Aber die Anwälte mussten alle Fragen vorlegen. Die Frage wurde natürlich nicht zugelassen, die wollten meinem Mann an den Kragen. Da hat der Anwalt alles auf eine Karte gesetzt und die Frage einfach dazwischengerufen. Und mein Bruder sagte natürlich sofort: „Nee, mein Schwager hat mich nicht dazu beauftragt." Damit entfiel der Punkt.

Mein Bruder wurde freigesprochen. Ein „irregeleiteter Arbeiter", meinten die Richter. Mein Mann kriegte sechs Jahre. Ich war bei der Urteilsverkündung dabei, bin am Schluss schnell durch die Barriere gelaufen und hab ihm die Hand gedrückt. Wir wurden sofort auseinander gerissen. Er konnte mich noch trösten: „Die sechs Jahre sitz ich auf einer Arschbacke ab." Das war 1937. Er ist nie wieder rausgekommen.

Harald Focke und Uwe Reimer, Alltag der Entrechteten, Reinbek bei Hamburg 1980, S. 27 ff.

1. *Erläutern Sie die politische Arbeit, die hier von Kommunisten geleistet wurde.*
2. *Analysieren Sie die Motive der Beteiligten. Bestimmen Sie mehrere Stufen von „Auflehnungskategorien" von „systemkonformer Handlung" bis zu „aktivem Widerstand".*
3. *Arbeiten Sie aus dem Text die speziellen Merkmale der hier verwendeten Quellengattung heraus.*

---
[1] Ewer: kleines Küstenschiff

[2] umgangssprachlich: etwas übernehmen, in Empfang nehmen

[3] geheimer Brief von einem oder an einen Gefangenen

▲ *Wer regimekritische Meinungen verbreiten wollte, musste erfinderisch sein.*

M2

„Unser Herrgott war auch ein Jude"

Der Sicherheitsdienst (SD) in Ravensburg erhielt folgendes Schreiben vom 12. Juli 1943 aus Saulgau.

Am Sonntag habe ich von einer Bauersfrau, welche drei Söhne im Feld hat und (der) ein Sohn in Stalingrad geblieben ist, folgenden Ausspruch persönlich gehört. Im Laufe einer Unterhaltung über Verschiedenes sagte die Bäuerin: „Ich nehme dies alles als eine Strafe Gottes hin, aber das ist gewiss, dass Ihr (sie meinte uns Nationalsozialisten) bis um diese Zeit nächstes Jahr die Synagoge der Juden in Buchau wieder aufbauen werdet. Ihr werdet die den Juden genommenen Häuser wieder hergeben müssen." Auf meine Frage, woher sie denn diese Weisheit habe, erklärte die Bäuerin: „Ja, die Juden helfen alle zusammen, und wissen Sie, unser Herrgott war auch ein Jude."

Die Richtung des Ursprungs solcher Gerüchte dürfte klar sein. Von sich aus sagt eine einfache Bauersfrau so etwas nicht.

Im Zusammenhang mit diesen Fragen noch ein Beispiel: Vor einigen Wochen hat der Stadtpfarrer von Buchau bei einer christlichen Beerdigung unter anderem laut und deutlich gebetet: „Gott schütze und erhalte Israel."

Heil Hitler

Dokumente über die Verfolgung der jüdischen Bürger in Baden-Württemberg 1933–1945, Band II, Stuttgart 1966, S. 348

1. *Erläutern Sie die ablehnende Haltung der Bäuerin gegenüber dem Antisemitismus und diskutieren Sie deren Gründe.*
2. *Charakterisieren Sie die Haltung des Briefschreibers und seine Interpretation.*

M3
Widerstand im Militär

Die Offiziere Henning von Tresckow (1901–1944, Selbstmord) und Claus Schenk Graf von Stauffenberg (1907–1944, hingerichtet) waren maßgeblich an einem Bombenanschlag auf Hitler am 20. Juli 1944 beteiligt. Tresckow distanzierte sich seit 1934 innerlich vom Regime und beteiligte sich an mehreren Attentaten auf Hitler. Ein Weggefährte erinnert sich an ein Treffen mit ihm am 17. November 1942 beim Oberkommando der Heeresgruppe Mitte in Smolensk:

Hier griff Henning ein. Er müsse mir etwas Entscheidendes sagen. Unser Generalstab verdiene diesen Namen nicht mehr. Nur noch die Kragenspiegel und die karmesinroten Streifen an den Hosen ließen ihn noch als solchen erscheinen. Clausewitz und der alte Moltke seien nicht mehr gefragt. Hitler habe – mit seinen eigenen Worten – gefordert, der Generalstabsoffizier müsse sein wie ein „Bluthund, der gierig an der Leine zerre, um, losgelassen, sich auf den Feind zu stürzen und ihn zu zerfleischen". Eine Beleidigung des Generalstabs seien diese Worte des Führers gewesen. Hitler wolle nur noch „subalterne Erfüllungsgehilfen" im Generalstab haben. „Erfüllungsgehilfen im Dienste eines Kapitalverbrechers", rief er. Und er wiederholte die Worte. […]
Nach einer Pause fragte ich ihn, was an den Gerüchten von Übergriffen der SS gegen die Zivilbevölkerung in den rückwärtigen Gebieten sei. Diese Gerüchte träfen zu, antwortete er, allerdings mit der Ergänzung, dass es sich nicht um einzelne Übergriffe handele, sondern um planmäßige Ausrottungen von Menschen. Man habe bei der Heeresgruppe zuverlässige Informationen, dass der SD und die SS Spezialeinheiten gebildet hätten, die das sorgfältig organisiert betrieben, und zwar in einem Umfang, der jede Phantasie übersteige. Während wir, die Soldaten an der Front, uns vorne totschießen lassen dürften, betreibe die SS in unserem Rücken ein grauenvolles Geschäft. Er, Henning, sehe darin eine Schändung der Opferbereitschaft des Soldaten an der Front.
Fassungslos hatte ich ihm zugehört. Es war ungeheuerlich, was er gesagt hatte. Dann sprach er davon, dass er auf den Tag hinarbeite, an dem dies alles zu Ende sei. Niemand könne heute sagen, wann dieser Tag komme, aber kommen werde er mit Sicherheit, und er werde schrecklich sein.

Im Juni 1944 erklärt Tresckow gegenüber Freunden:
Das Attentat auf Hitler muss erfolgen, um jeden Preis. Sollte es nicht gelingen, so muss trotzdem der Staatsstreich versucht werden. Denn es kommt nicht mehr auf den praktischen Zweck an, sondern darauf, dass die deutsche Widerstandsbewegung vor der Welt und vor der Geschichte unter Einsatz des Lebens den entscheidenden Wurf gewagt hat. Alles andere ist daneben gleichgültig.

Kurz vor dem Attentat vom 20. Juli 1944, das Hitler überlebte, sagt Stauffenberg zu einer Bekannten:

Es ist Zeit, dass jetzt etwas getan wird. Derjenige allerdings, der etwas zu tun wagt, muss sich bewusst sein, dass er wohl als Verräter in die deutsche Geschichte eingehen wird. Unterlässt er jedoch die Tat, dann wäre er ein Verräter vor seinem eigenen Gewissen.

Erster Text: Reinhard Rürup (Hrsg.), Der Krieg gegen die Sowjetunion. Eine Dokumentation, Berlin 1991, S. 193;
zweiter Text: Peter Steinbach und Johannes Tuchel (Hrsg.), Widerstand in Deutschland 1933–1945. Ein historisches Lesebuch, München 1994, S. 326;
dritter Text: Peter Hoffmann, Claus Schenk Graf von Stauffenberg und seine Brüder, Stuttgart 1992, S. 395

1. *Bestimmen Sie die Motive des Widerstandes im Militär.*
2. *Erklären Sie, wie es möglich war, dass ein radikaler Regimegegner jahrelang höchste Funktionen innehatte. Welche Schlüsse lässt das auf die betroffene Person und die Stabilität des Regimes zu?*

Motive

Hitlers Herrschaft wurde über viele Jahre von einer großen Mehrheit des deutschen Volkes akzeptiert. Selbst dort, wo keine enge Identifikation mit den Zielen und Wertmaßstäben der Nationalsozialisten vorhanden war, verließen sich die meisten auf die politische Führung, wie sie es schon immer getan hatten. Widerstand hatte in Deutschland keine nennenswerte Tradition.

Dennoch gab es auch außerhalb der unmittelbar bedrohten Gruppen immer Einzelne und gesellschaftliche Kreise, die sich in keiner Weise mit dem Regime abfinden wollten und die auch bereit waren, dafür viel zu riskieren.

So differenziert die Motive des Widerstands auch waren, gemeinsam war allen Gruppierungen der feste Glaube an ethische Grundnormen, der ihnen die Kraft zu einem eigenverantwortlichen Denken gab.

Nach der „Machtergreifung" stieß der Versuch der „Gleichschaltung" der evangelischen Kirche bei vielen Protestanten auf Ablehnung. Die Abschaffung der Bekenntnisschule, die Beschlagnahmung und Enteignung von Klöstern und kirchlichen Heimen forderte auch die katholische Seite heraus. Judendiskriminierung und Tötung von Geisteskranken gaben manchem Priester und Laien Anlass zum Protest (➧ M 2).

Unvereinbar mit den Ideen des neuen Regimes waren auch die Programme der meisten verbotenen oder aufgelösten Parteien der Weimarer Republik. Kommunisten und Sozialdemokraten hatten schon frühzeitig vor Hitler gewarnt und waren deshalb von Anfang an verfolgt worden (➧ M 1). Revolutionärer oder demokratischer Sozialismus, Klassenkampf und Weltrevolution standen im Widerspruch zu Hitlers nationalistischem und imperialistischem Konzept. Aus der Überzeugung, dass nur die „Überwindung der reaktionären NS-Diktatur den Fortschritt der Menschheit" sichern könnte, entschlossen sich viele zum aktiven Widerstand. Der UdSSR sollte nach Auffassung der Kommunisten in diesem Kampf eine bedeutende Rolle zufallen.

Aber auch Liberale und Konservative stellten sich gegen Hitler. Die brutale Missachtung fundamentaler Grund- und Menschenrechte sowie demokratischer Spielregeln in Staat und Gesellschaft verletzten die freiheitlichen Prinzipien der einen; der Missbrauch tradierter Werte wie Ehre, Treue, Deutschtum, Volk und Vaterland zeigte den anderen, dass sie lange Zeit die wahre Gesinnung Hitlers nicht erkannt hatten. Selbst manche Mitglieder der „Partei" und ihrer Organisationen konnten auf Dauer ihre moralischen Bedenken gegen die welt- und menschenverachtende Ideologie der NSDAP nicht zurückstellen.

Ziele

Hatte auch die letzte Übersteigerung des NS-Regimes seit Beginn des Zweiten Weltkrieges viele von der Notwendigkeit der Gewalt gegen die Diktatur überzeugt, so gab es doch auf die Frage „was dann?" keine eindeutige Antwort. Die Errichtung eines christlich-konservativen Nationalstaates, eine übernationale Ordnung Europas oder die Einführung der Diktatur des Proletariats als Übergang zur Weltrevolution deuteten die Spannweite der Zukunftsvorstellungen an.

Einzelpersonen, lose Gesprächskreise oder Verschwörergruppen arbeiteten auf sehr verschiedene Weise, meist ohne gegenseitige Kontakte wegen des hohen Risikos eines Verrates.

Es wurden Flugblätter verteilt, Gegenparolen an die Hauswände belebter Straßen geschrieben, ausländische Sender abgehört und regimefeindliche Nachrichten verbreitet (➧ M 2). In Rüstungsbetrieben kam es zu Arbeitsniederlegungen und Sabotageakten. Trotz umfangreicher Sicherheitsvorkehrungen sind mehrere Attentate auf Hitler zur

Ausführung gekommen. *Georg Elser*, ein Tischler aus Württemberg, scheiterte aber am 8. November 1939 in München mit einem Bombenanschlag ebenso wie alle weiteren Versuche, Hitler mit Gewalt zu beseitigen.
Dass die Erfolge des Widerstands bescheiden blieben, lag an der Heterogenität der Widerstandsgruppen und vor allem an der Brutalität, mit der die Nationalsozialisten jede Opposition im Keim zu ersticken suchten. Vermutlich wurden über 10 000 Angehörige des Widerstandes von NS-Schergen getötet oder vom Volksgerichtshof zum Tode verurteilt.

Die Weiße Rose

Die Angehörigen der *Weißen Rose* waren fast ausschließlich Studenten bis zum Alter von 25 Jahren. In bürgerlichen Elternhäusern mit vorwiegend christlichen Traditionen aufgewachsen, hatten sie zum Teil begeistert der Hitlerjugend angehört, aber bald die moralische Verwerflichkeit der NS-Bewegung durchschaut. Durch ihren Fronteinsatz wurden einige Zeugen der Unmenschlichkeit von Kriegsführung und Besatzungspolitik und hegten bald Zweifel am „Endsieg“. In München, wo die meisten Angehörigen der „Weißen Rose“ studierten, bildete sich um die Geschwister *Hans* und *Sophie Scholl, Willi Graf, Alexander Schmorell* und ihren Universitätslehrer, den Musikwissenschaftler *Kurt Huber*, ein Freundeskreis.
Im Sommer 1942 erschien das erste Flugblatt der „Weißen Rose“. 100 Exemplare verschickte man an ausgesuchte Adressen. Mitte Februar 1943 wurde das letzte Flugblatt in einer Auflagenstärke von 3 000 Exemplaren erstellt und wieder teilweise per Post versandt. Bei der Verteilung des Restes im Lichthof der Universität stellte ein Hausmeister die Geschwister Scholl und übergab sie der Polizei. In mehreren Prozessen wurden Angehörige des Freundeskreises zum Tode verurteilt und hingerichtet, andere erhielten Gefängnisstrafen.

Militärischer Widerstand

Der einzige Machtfaktor im Hitlerstaat, der zur Organisation und Durchführung eines Umsturzes in der Lage schien, war das Militär. Außerdem waren die Generäle die ersten Befehlsempfänger für Hitlers maßlose Eroberungspläne, und da der Gefreite aus dem Ersten Weltkrieg keineswegs ein souveräner Feldherr war, sondern sprunghaft und ohne großen strategischen Verstand befehligte, musste sich auf Seiten der militärischen Führung die Sachkritik regen. Selbst moralische Einwände kamen zum Tragen, denn der rassistische Vernichtungskrieg Hitlers ging weit über das hinaus, was Berufssoldaten zu tun bereit waren (➧ M 3).
Generaloberst *Ludwig Beck* war bereits 1938 aus Ablehnung gegen Hitlers Einmarsch in die Tschechoslowakei als Generalstabschef zurückgetreten und versuchte seitdem, den Widerstand gegen das Regime zu organisieren. Gemeinsam mit dem ehemaligen Oberbürgermeister von Leipzig, *Carl Friedrich Goerdeler*, plante er schon eine neue deutsche Regierung und knüpfte Kontakte mit dem Ausland. Doch die Arbeit war höchst gefährlich, außerdem fand sie in den scheinbar erfolgreichen Jahren des Regimes weder in der militärischen Führung noch in der Bevölkerung genügend Unterstützung.
Erst nach der militärischen Wende Anfang 1943 erhielt die Verschwörung größeren Rückhalt und mehr Teilnehmer, so neben *Henning von Tresckow* den aus einem alten schwäbischen Adelsgeschlecht stammenden Obersten *Claus Schenk Graf von Stauffenberg*, der als Mitglied des Generalstabs unmittelbaren Zugang zu Hitler hatte. Die

Ausweitung des Kreises der Verschwörer brachte aber auch unmittelbare Gefahr, denn die Sicherheitskräfte waren ihnen auf der Spur und hatten bereits einige Mitwisser verhaftet.
Stauffenberg versuchte daher, die erstbeste Gelegenheit zu nutzen und deponierte am 20. Juli 1944 eine Aktentasche voll Sprengstoff in Hitlers Nähe. Die Bombe verfehlte ihren Zweck, Hitler blieb fast unverletzt, und das Regime nahm grausam Rache. Graf Stauffenberg und seine engsten Mitarbeiter wurden noch in derselben Nacht erschossen. 7000 Personen, auch solche, die mit der Verschwörung nichts zu tun hatten, verhaftete die Gestapo; Himmler hatte die „absolute Sippenhaftung" (Verwandte sind für die Tat mitverantwortlich und werden gleichfalls bestraft) befohlen.

Grundbegriff: Widerstand ···› Seit der Antike haben politische Denker dem Bürger ein sittliches Recht eingeräumt, eine Regierung zu bekämpfen, die entweder unrechtmäßig an der Macht war oder ihre Macht missbrauchte. Tyrannenmörder konnten zum Beispiel in den griechischen Stadtstaaten zu hohen Ehren kommen. Seit dem Mittelalter wurde die Lehre vom Widerstand mit der Berufung auf das Gewissen und einem übergeordneten Naturrecht begründet. Der Engländer John Locke (1632–1704) brachte es in seinem Werk „Über die Regierung" von 1689 auf den Punkt: „Wo immer das Gesetz endet, beginnt Tyrannei"; ihr darf man sich auch gewaltsam widersetzen.
Die moderne Diktatur macht jede Opposition zum „Widerstand", weil schon die freie Gegenrede nicht im System geduldet wird. Wer gegen das herrschende Regime spricht oder handelt, wird zum verfolgten Außenseiter.
Der deutsche Widerstand zwischen 1933 und 1945 war von sehr unterschiedlicher Intensität. Er reichte von der „inneren Emigration" bis zum gezielten politischen Kampf. Zwischen privaten Unmutsäußerungen im Freundeskreis, dem freiwilligen Rücktritt aus einem Amt oder der Planung und Durchführung eines Umsturzes gab es eine Vielzahl von Abstufungen. Eines war allen gemeinsam – der Mut zum unabwägbaren Risiko; denn gerade gegen Ende der NS-Zeit konnte schon der laut geäußerte Zweifel am „Endsieg" oder das Weitererzählen eines politischen Witzes mit dem Tode bestraft werden.
In der modernen demokratischen Grundordnung sind Gegnern der Regierung vielfältige Rechte eingeräumt, die einen „Widerstand" im zerstörerischen Sinne überflüssig machen: freie und öffentliche Meinungsäußerung, Demonstrationsrecht, politische Opposition oder juristischer Einspruch. Ein darüber hinausgehendes Widerstandsrecht ist daher nur gegen Kräfte gerechtfertigt, die diese demokratische Grundordnung beseitigen wollen (Art. 20, IV, Grundgesetz) oder gegen eine völkerrechtswidrige Fremdherrschaft. Offen bleibt dabei die Frage, ab welcher Grenze die freiheitlich-demokratische Grundordnung tatsächlich verletzt ist.

4.11 Umgang mit der NS-Zeit

▲ *Kaiser-Wilhelm-Gedächtniskirche in Berlin mit dem 1961 eingeweihten Kirchenneubau; in vielen deutschen Städten wurden Kriegsruinen erhalten, um die Erinnerung an die Schrecken des Krieges zu bewahren.*

20. 11. 1945 – 1. 10. 1946
Nürnberger Prozess

1945 – 1950
Administrative „Entnazifizierung“ der deutschen Bevölkerung

1963/65
Auschwitz-Prozesse in Frankfurt/Main

1986/87
„Historikerstreit“ in der deutschen Presse

M1
Schlussstrich?

In den Achtzigerjahren fand in der bundesdeutschen Geschichtswissenschaft und Presse eine heftige Debatte um die „Einmaligkeit" des nationalsozialistischen Judenmordes statt (Historikerstreit). Dabei ging es auch um die Frage, wie „normal" die nationalsozialistische Zeit jemals in der deutschen Geschichte werden könne. Der Historiker Ernst Nolte (geb. 1923) bezieht in der „Frankfurter Allgemeinen Zeitung" vom 6. Juni 1986 dazu Stellung.

Mit der „Vergangenheit, die nicht vergehen will", kann nur die nationalsozialistische Vergangenheit der Deutschen oder Deutschlands gemeint sein. Das Thema impliziert die These, dass normalerweise jede Vergangenheit vergeht und dass es sich bei diesem Nicht-Vergehen um etwas ganz Exzeptionelles handelt. Andererseits kann das normale Vergehen der Vergangenheit nicht als ein Verschwinden gefasst werden. Das Zeitalter des Ersten Napoleon etwa wird in historischen Arbeiten immer wieder vergegenwärtigt und ebenso die Augusteische Klassik. Aber diese Vergangenheiten haben offenbar das Bedrängende verloren, das sie für die Zeitgenossen hatten. Eben deshalb können sie den Historikern überlassen werden. Die nationalsozialistische Vergangenheit dagegen unterliegt [...] anscheinend diesem Hinschwinden, diesem Entkräftigungsvorgang nicht, sondern sie scheint immer noch lebendiger und kraftvoller zu werden, aber nicht als Vorbild, sondern als Schreckbild, als eine Vergangenheit, die sich geradezu als Gegenwart etabliert oder die wie ein Richtschwert über der Gegenwart aufgehängt ist. [...]

Gerade diejenigen, die am meisten und mit dem negativsten Akzent von „Interessen" sprechen, lassen die Frage nicht zu, ob bei jenem Nichtvergehen der Vergangenheit auch Interessen im Spiel waren oder sind, etwa die Interessen einer neuen Generation im uralten Kampf gegen „die Väter" oder auch die Interessen der Verfolgten und ihrer Nachfahren an einem permanenten Status des Herausgehoben- und Privilegiertseins.

Die Rede von der „Schuld der Deutschen" übersieht allzu geflissentlich die Ähnlichkeit mit der Rede von der „Schuld der Juden", die ein Hauptargument der Nationalsozialisten war. Alle Schuldvorwürfe gegen „die Deutschen", die von Deutschen kommen, sind unaufrichtig, da die Ankläger sich selbst oder die Gruppe, die sie vertreten, nicht einbeziehen und im Grunde bloß den alten Gegnern einen entscheidenden Schlag versetzen wollen. [...]

Es ist ein auffallender Mangel der Literatur über den Nationalsozialismus, dass sie nicht weiß oder nicht wahrhaben will, in welchem Ausmaß all dasjenige, was die Nationalsozialisten später taten, mit alleiniger Ausnahme des technischen Vorgangs der Vergasung, in einer umfangreichen Literatur der frühen Zwanzigerjahre bereits beschrieben war: Massendeportationen und -erschießungen, Folterungen, Todeslager, Ausrottungen ganzer Gruppen nach bloß objektiven Kriterien, öffentliche Forderungen nach Vernichtung von Millionen schuldloser, aber als „feindlich" erachteter Menschen. [...] Vollbrachten die Nationalsozialisten, vollbrachte Hitler eine „asiatische" Tat vielleicht nur deshalb, weil sie sich und ihresgleichen als potentielle oder wirkliche Opfer einer „asiatischen" Tat betrachteten? War nicht der „Archipel GULag"[1] ursprünglicher als Auschwitz? War nicht der „Klassenmord" der Bolschewiki das logische und faktische Prius[2] des „Rassenmords" der Nationalsozialisten? [...] Rührte Auschwitz vielleicht in seinen Ursprüngen aus einer Vergangenheit, die nicht vergehen wollte? [...]

Wenn sie [die Geschichte des „Dritten Reichs"] in all ihrer Dunkelheit und in all ihren Schrecknissen, aber auch in der verwirrenden Neuartigkeit, die man den Handelnden zugute halten muss, einen Sinn für die Nachfahren gehabt hat, dann muss er im Freiwerden von der Tyrannei des kollektivistischen Denkens bestehen. Das sollte zugleich die entschiedene Hinwendung zu allen Regeln einer freiheitlichen Ordnung bedeuten, einer Ordnung, welche die Kritik zulässt und ermutigt, soweit sie sich auf Handlungen, Denkweisen und Traditionen bezieht, also auch auf Regierungen und Organisationen aller Art, die aber die Kritik an Gegebenheiten mit dem Stigma des Unzulässigen versehen muss, von denen die Individuen sich nicht oder

---

[1] Sammelbegriff für die sibirischen Zwangslager, in denen zwischen 1928 und 1952 ca. 5 Millionen Menschen zu Tode kamen.
[2] lat.: vorher

nur unter größten Anstrengungen lösen können, also die Kritik an „den“ Juden, „den“ Russen, „den“ Deutschen oder „den“ Kleinbürgern. Sofern die Auseinandersetzung mit dem Nationalsozialismus gerade von diesem kollektivistischen Denken geprägt ist, sollte endlich ein Schlussstrich gezogen werden. Es ist nicht zu leugnen, dass dann Gedankenlosigkeit und Selbstzufriedenheit um sich greifen könnten.
Aber das muss nicht so sein, und Wahrheit darf jedenfalls nicht von Nützlichkeit abhängig gemacht werden. Eine umfassendere Auseinandersetzung, die vor allem im Nachdenken über die Geschichte der letzten zwei Jahrhunderte bestehen müsste, würde die Vergangenheit, von der im Thema die Rede ist, zwar ebenso zum „Vergehen“ bringen, wie es jeder Vergangenheit zukommt, aber sie würde sie sich gerade dadurch zu Eigen machen.

Ernst Nolte, Vergangenheit, die nicht vergehen will, in: „Historikerstreit“: Die Dokumentation der Kontroverse um die Einzigartigkeit der nationalsozialistischen Judenvernichtung, München 1987, S. 39 ff.

1. *Inwiefern übt Nolte Kritik am Umgang mit der nationalsozialistischen Vergangenheit?*
2. *Erläutern Sie, für welchen Umgang mit der Geschichte des „Dritten Reichs“ Nolte plädiert.*
3. *Halten Sie die Parallelen, die Nolte zu anderen historischen Epochen zieht, für angemessen?*

In Nürnberg und anderswo

◀ *„Er hat mir’s doch befohlen!“ Karikatur von 1946.*
• *Erörtern Sie die Aussagen der Karikatur.*

M2

Wie lange haften die Nachgeborenen?

Der Philosoph Jürgen Habermas (geb. 1929) äußert sich in der Wochenzeitung „Die Zeit“ vom 7. November 1986 zum Historikerstreit.

Unsere Situation hat sich, im Vergleich zu der vor vierzig Jahren […], gründlich verändert. Damals ging es um die Unterscheidung zwischen der persönlichen Schuld der Täter und der kollektiven Haftung derer, die es – aus wie immer verständlichen Gründen – unterlassen hatten, etwas zu tun. Diese Unterscheidung trifft nicht mehr das Problem von Nachgeborenen, denen das Unterlassungshandeln ihrer Eltern und Großeltern nicht zur Last gelegt werden kann. Gibt es für diese überhaupt noch ein Problem der Mithaftung? […]
Nach wie vor gibt es die einfache Tatsache, dass auch die Nachgeborenen in einer Lebensform aufgewachsen sind, in der das möglich war. Mit jenem Lebenszusammenhang, in dem Auschwitz möglich war, ist unser eigenes Leben nicht etwa durch kontingente[1] Umstände, sondern innerlich verknüpft. Unsere Lebensform ist mit der Lebensform unserer Eltern und Großeltern verbunden durch ein schwer entwirrbares Geflecht von familialen, örtlichen, politischen, auch intellektuellen Überlieferungen – durch ein geschichtliches Milieu also, das uns erst zu dem gemacht hat, was und wer wir heute sind. Niemand von uns kann sich aus diesem Milieu herausstehlen, weil mit ihm unsere Identität, sowohl als Individuen wie als Deutsche, unauflöslich verwoben ist. […] Wir müssen also zu unseren Traditionen stehen, wenn wir uns nicht selber verleugnen wollen. […] Aber was folgt aus dieser existentiellen Verknüpfung mit Traditionen und Lebensformen, die durch unaussprechliche Verbrechen vergiftet worden sind? […] Überträgt sich etwas von dieser Haftung auch noch auf die nächste und die übernächste Generation? Aus zwei Gründen, denke ich, sollten wir die Frage bejahen.
Da ist zunächst die Verpflichtung, dass wir in Deutschland – selbst wenn es niemand sonst mehr auf sich nähme – unverstellt, und nicht nur mit dem Kopf, die Erinnerung an das Leiden der von deutschen Händen Hingemordeten wach halten

---
[1] *zufällig, nicht wesensnotwendig*

müssen. [...] Wenn wir uns über dieses Benjamin'sche Vermächtnis[1] hinwegsetzten, würden jüdische Mitbürger, würden überhaupt die Söhne, die Töchter und die Enkel der Ermordeten in unserem Lande nicht mehr atmen können. Das hat auch politische Implikationen. Jedenfalls sehe ich nicht, wie sich das Verhältnis der Bundesrepublik beispielsweise zu Israel auf absehbare Zeit „normalisieren" könnte. [...]
Nach Auschwitz können wir nationales Selbstbewusstsein allein aus den besseren Traditionen unserer nicht unbesehen, sondern kritisch angeeigneten Geschichte schöpfen. Wir können einen nationalen Lebenszusammenhang, der einmal eine unvergleichliche Versehrung der Substanz menschlicher Zusammengehörigkeit zugelassen hat, einzig im Lichte von solchen Traditionen fortbilden, die einem durch die moralische Katastrophe belehrten, ja argwöhnischen Blick standhalten. Sonst können wir uns selbst nicht achten und von anderen nicht Achtung erwarten.
Diese Prämisse hat bisher das offizielle Selbstverständnis der Bundesrepublik getragen. Der Konsens wird heute von rechts aufgekündigt. Man fürchtet nämlich eine Konsequenz: Eine kritisch sichtende Traditionsaneignung fördert in der Tat nicht das naive Vertrauen in die Sittlichkeit bloß eingewöhnter Verhältnisse; sie verhilft nicht zur Identifikation mit ungeprüften Vorbildern.

Jürgen Habermas, Vom öffentlichen Gebrauch der Historie, in: „Historikerstreit", a. a. O., S. 246 ff.

1. *Erläutern Sie, was Habermas mit einer „kritisch angeeigneten Geschichte" meint.*
2. *Vergleichen Sie M 1 und M 2. Welche „Erkenntnisinteressen" in der Interpretation des „Dritten Reichs" werfen Nolte und Habermas jeweils bestimmten Gruppen von Zeitgenossen vor?*
3. *Nehmen Sie Stellung zur Frage des „richtigen" Umgangs mit der Geschichte des „Dritten Reichs".*

[1] *Der Literaturwissenschaftler Walter Benjamin (1892–1940) war jüdischer Herkunft und nahm sich auf der Flucht vor der Gestapo das Leben. In seinen Aufzeichnungen fand sich die dringende Mahnung, dass die immer währende Erinnerung an die grausamen Verbrechen der Deutschen die einzig mögliche Sühne wäre.*

M3
Unverstehbar

Der Politikwissenschaftler Dolf Sternberger (1907–1989) setzt sich mit der These Ernst Noltes auseinander, die stalinistischen Massenmorde seien „ursprünglicher" als die nationalsozialistischen Morde.

Die wahnsinnige Untat, die mit dem Namen „Auschwitz" bezeichnet wird, lässt sich in Wahrheit gar nicht verstehen, sie lässt sich nur berichten. Auch wenn nachgewiesen würde, dass der Plan zur „Endlösung der Judenfrage" als eine Art Antwort auf frühere („ursprünglichere") Untaten des Bolschewismus ausgeheckt worden wäre, so würde das die wirkliche Ausführung, nämlich den tatsächlichen fabrikmäßigen Massenmord, nicht um einen Deut verstehbarer machen. [...]
Es scheint mir ganz vergeblich, ja von Grund auf verfehlt, sich um ein Verständnis von Auschwitz zu bemühen. Verstehen lässt sich das Verständige – und wäre es etwa die technische Verbesserung der Kapazität der Gaskammern von Auschwitz im Vergleich zu denen von Treblinka, deren sich der Lagerkommandant Höß gerühmt hat. Wer aber den Zweck dieser Vorrichtung, wer die Ausführung dieses Planes als solche verstehen wollte, der müsste darüber den Verstand verlieren. [...]
Wenn wahrhaftig die Absicht des Verstehens den Sinn von Wissenschaft ausmachte, so müsste man den Schluss ziehen, dass zur Erkenntnis des Phänomens „Auschwitz" die Wissenschaft untauglich sei.

Frankfurter Allgemeine Zeitung, 6. 4. 1988

1. *Was kritisiert Sternberger an der Argumentation Noltes (➧ M 1)?*
2. *Welche Konsequenzen hätte die Haltung Sternbergers für die Erforschung des Nationalsozialismus?*
3. *Erörtern Sie, ob Auschwitz „verstehbar" ist.*

Die erste Phase der „Aufarbeitung“

In den ersten Nachkriegsjahren war nur eine Minderheit der Deutschen an einer kritischen Auseinandersetzung mit der jüngsten Vergangenheit interessiert. Abgesehen davon, dass die schwersten Verbrechen juristisch verfolgt wurden, gehörte es zu der von den Siegermächten verordneten politischen Bewältigung des „Dritten Reichs“, dass alle Erwachsenen über ihre Funktion und Einstellung im NS-Regime Rechenschaft ablegen sollten. Vor allem die amerikanische Besatzungsmacht nahm diesen Vorgang sehr ernst. Doch als die *„Entnazifizierungen“* 1950 abgeschlossen waren, wandte sich die deutsche Bevölkerung den Herausforderungen des Alltags zu und verdrängte die unangenehme Vergangenheit.

Vor diesem Hintergrund wird es verständlich, dass die erste Phase der *„Aufarbeitung“ der NS-Zeit* in der Geschichtswissenschaft von zwei Deutungsmustern dominiert ist, die vor allem den Wunsch erkennen lassen, sowohl die deutsche Geschichte als auch den „ganz normalen Deutschen“ von der Verantwortung zu entlasten. Erstens: Der Nationalsozialismus sei ein „Betriebsunfall“ gewesen, eine absolute Ausnahmesituation, die mit der deutschen Geschichte kaum etwas zu tun gehabt habe. Damit versuchten sich die Deutschen von der *historischen Kontinuität* abzugrenzen, die die Nationalsozialisten sehr betont hatten und die auch für die Siegermächte – unter umgekehrten Vorzeichen – maßgeblicher Bestandteil der politischen Schuldzuweisung war. Das zweite Deutungsmuster besagte, dass Deutschland Opfer eines verbrecherischen Führers und seiner Clique geworden sei, die es geschafft hätten, das Not leidende Volk zu verführen, durch einen totalen Zwangsstaat zu unterjochen und ins Verderben zu treiben.

Einen anderen Weg der Entlastung wählte die DDR. Der Faschismus wurde als letzte Steigerung der kranken kapitalistischen Gesellschaftsform interpretiert. Seine historisch folgerichtige Überwindung durch die sozialistische Revolution schloss die Läuterung fast aller Beteiligten gleich mit ein. Die „Aufarbeitung“ nach westlichem Muster wurde nicht für nötig erachtet. Historische Kontinuität leitete die DDR vor allem aus dem kommunistischen Widerstand im NS-Regime ab.

Unterschiedliche Erklärungsversuche

Im Westen ist die These vom „Betriebsunfall“ bereits in den Fünfzigerjahren widerlegt worden, als Historiker nachweisen konnten, dass nicht nur im Antisemitismus, sondern auch im obrigkeitsstaatlichen Denken und im ausgeprägten Hang zum Militarismus eine Kontinuität vom Kaiserreich über die Weimarer Republik hinweg bestanden hatte.

In den Sechzigerjahren wurde im Zusammenhang mit den großen *Frankfurter Auschwitz-Prozessen* eine Menge von bis dahin nicht zugänglichem Aktenmaterial veröffentlicht, das zeigte, wie weit die NS-Herrschaft in alle Bereiche von Staat und Wirtschaft hineinreichte und wie groß die Unterstützung war, die sie dort fand.

Außerdem gewann die Geschichtswissenschaft ein zunehmendes Interesse an gesellschaftlichen Fragestellungen. Die daraus resultierenden Forschungsergebnisse waren geeignet, auch die These von der „Opferrolle“ des deutschen Volkes kritisch zu beleuchten. Detaillierte Untersuchungen der Funktionsweise einzelner NS-Institutionen legten den Schluss nahe, dass die NS-Herrschaft keineswegs so „monolithisch“ und allumfassend war, wie sie es dem nationalsozialistischen Anspruch nach zu sein schien. Auch wenn ein ständiges Gefühl der Bedrohung und reale Angst in der Bevölkerung unterstellt werden müssen: Von einer totalen Durchdringung und Überwa-

chung des Alltags durch das Regime konnte keine Rede sein. Zivilcourage und unangepasste Handlungsweisen waren möglich und wurden nicht immer verfolgt.
Wenn aber der individuelle Entscheidungsspielraum der Bürger größer war als zuvor angenommen, konnte das NS-Regime offenbar auf ein weit höheres Maß an freiwilliger Gefolgschaft und Akzeptanz in der Bevölkerung zurückgreifen. Gestützt wurde diese Annahme durch ein genaues Studium von Gestapo-Akten: Ein nicht unerheblicher Teil der deutschen Bevölkerung hat, teils unter Druck oder in jugendlichem Fanatismus, teils aber auch bewusst kalkulierend, freiwillig und regelmäßig Auskünfte über das Verhalten anderer Personen gegeben und damit die Gewaltherrschaft aktiv unterstützt.
Besonderes Augenmerk gilt in der Forschung dem Holocaust. Eine frühe Deutung besagte, dass der persönliche Judenhass Adolf Hitlers entscheidenden Anteil an den Massenmorden gehabt habe. In den Sechziger- und Siebzigerjahren war dann viel von einem „Selbstläufertum" der Institutionen die Rede, von einer seelenlosen Maschinerie des Tötens, die, einmal in Gang gesetzt, kaum noch zu stoppen gewesen sei. Dass für diese „Maschinerie" aber der bereitwillig Ausführende eine ebenso tragende Rolle spielte wie eine verbreitete Volksmentalität, in der ein aggressiver Antisemitismus sich seit dem 19. Jahrhundert kontinuierlich entwickeln konnte, ist erst in jüngster Zeit von Forschern hervorgehoben worden.
In der *„Stockholmer Erklärung"*, die Regierungsvertreter aus rund vierzig Staaten aller Kontinente Ende Januar 2000 verabschiedeten, heißt es unter anderem: „Der Holocaust (Shoah) hat die Fundamente der Zivilisation grundlegend in Frage gestellt. Der beispiellose Charakter des Holocausts wird immer universelle Bedeutung behalten."

Zwangsläufig in die Katastrophe?

Ein weiterer „entlastender" Ansatz ist die *„Totalitarismus"*-Interpretation. Sie sieht die eingeschränkten Rechte des Individuums, die Verfolgung Andersdenkender oder personifizierte Machthierarchien ohne klare Kompetenzenteilung ebenso im Stalinismus wie in vielen rechten Diktaturen verwirklicht. Daraus schließt sie auf eine allgemeine, nicht nur den Deutschen eigene Neigung zu autoritärer Herrschaft.
Einen Schritt weiter ist Ernst Nolte gegangen, der die These vom *„europäischen Bürgerkrieg"* vertrat: Er hat versucht, Faschismus und Bolschewismus konsequent als gesamteuropäisches Phänomen zu interpretieren, das mit einer gewissen Zwangsläufigkeit und in gegenseitiger Abhängigkeit zur Katastrophe geführt habe. Die Deutungsvarianten „Totalitarismus" und „europäischer Bürgerkrieg" sehen sich freilich dem Vorwurf ausgesetzt, durch die Betonung des internationalen Kontextes die spezifisch deutschen Verbrechen relativieren und verharmlosen zu wollen. An diesen Auffassungen entzündete sich in den Achtzigerjahren der *„Historikerstreit"* in Fachwelt und Presse (➧ M 1–3).
Die heftige Diskussion um die deutsche Beteiligung am Nato-Einsatz in Ex-Jugoslawien 1999 hat einmal mehr gezeigt, wie aktuell die deutsche Vergangenheit sein kann. Einen besonders kritischen Umgang mit der Geschichte fordern unsere europäischen Nachbarn ebenso wie Opfer und Hinterbliebene. Auch wenn das Deutschland der Nachkriegszeit einen überwiegend positiven Beitrag zum friedlichen Zusammenleben der Völker leisten konnte, wird es doch noch lange an den dunklen Seiten seiner Vergangenheit gemessen werden.

5 Individuum und Gesellschaft im Wandel – Vorschläge für Module

5.1 Die Familie in der Neuzeit

◀ *Die Familie Tillmann. Gemälde von Simon Meister, 1832.*

17./18. Jh.
Die moderne bürgerliche Familie bildet sich zuerst bei protestantischen Pfarrern, Beamten und Intellektuellen heraus

1794
Das „Allgemeine Landrecht für die Preußischen Staaten" erklärt die Ehe zum privatrechtlichen Vertragsverhältnis; ihre Gültigkeit ist von der freiwilligen Einigung beider Gatten abhängig und kann durch richterliche Entscheidung wieder aufgelöst werden

1919
Die Verfassung des Deutschen Reich verkündet: „Die Ehe steht als Grundlage des Familienlebens und der Erhaltung und Vermehrung der Nation unter dem besonderen Schutz der Verfassung. Sie beruht auf der Gleichberechtigung der beiden Geschlechter."

◀ *Familie aus einfachen Verhältnissen. Foto um 1880.*

Einleitung

Jeder Mensch entstammt einer Familie. Sein (Über-) Leben und seine Lebensgestaltung hängen entscheidend davon ab, ob und wie seine Familie ihn auf das Leben vorbereitet hat. Unter Familie im engeren Sinne verstehen wir heute jene Lebensform, in der Erwachsene – in der Regel die leiblichen Eltern – sich der Erziehung von Kindern und Jugendlichen widmen. Familie im weiteren Sinne ist identisch mit Verwandtschaft, d. h. auch die verheirateten Kinder und deren Kinder gehören dazu.

Die historische Familienforschung versucht Antworten auf folgende Fragen zu geben: Was hieß es zu verschiedenen Zeiten in unterschiedlichen Schichten Vater, Mutter und Kind zu sein? Welchen Einfluss hatten Bevölkerungsentwicklung, Industrialisierung, Verstädterung, Recht, Herrschaft, Wertvorstellungen, Bildungswesen und Konsummöglichkeiten auf Familie, Haushaltsgröße, Heiratsalter und Ehescheidung? Welchen besonderen Einfluss hatte dazu der Wandel der Geschlechtervorstellungen (▶ S. 286 ff.) auf Ehe und Familie?

In der deutschen Umgangssprache „eingebürgert" hat sich der Begriff „Familie" erst um 1800. Doch schon 1837 stellte der aufklärerische Liberale *Carl von Rotteck* in der ersten Auflage seines „Staats-Lexikons" fest, dass die Familie die „Grundlage der Staaten und alles edleren menschlicheren und bürgerlichen Lebens (und Glücks)" sei. Aber bereits 1855 klagte der konservative Kulturhistoriker *Wilhelm Heinrich Riehl* über den Verfall der Familie. Er wollte „die verklungene Idee" des „ganzen Hauses" wieder aufleben lassen. Darum idealisierte er die vorindustrielle Vergangenheit, in der das Familienoberhaupt eine patriarchalische Stellung innegehabt habe, der sich alle übrigen Haushaltsmitglieder untergeordnet hätten.

Tatsächlich ging die Soziologie lange davon aus, dass aufgrund der Industrialisierung (▶ S. 51 ff.) der „vormoderne" Typ der traditionsgebundenen, „großen Haushaltsfamilie" durch den „modernen" Typ der „Kleinfamilie" abgelöst worden sei. Diese Annahme hat sich aber empirisch nicht belegen lassen. Die vorindustrielle „große Haushaltsfamilie" war statistisch gesehen nicht die Norm. Sie war den mittleren und größeren Bauern sowie dem gut situierten städtischen Handwerk vorbehalten. Die Mehr-Generationen-Familie war – vor allem in den Unterschichten – schon wegen der geringen Lebenserwartung eher die Ausnahme als die Regel. Eltern konnten daher glücklich sein, wenn ein bis zwei ihrer zahlreich geborenen Kinder sie überlebten.

Die „moderne" Familie entstand im 17./18. Jahrhundert. Grundlegend dafür war das Auseinanderfallen von Produktion und Konsum, von Arbeitsplatz und Wohnung, während des allmählichen Wandels vom Agrar- zum Industriesystem. Aus der vorindustriellen Lebens- und Produktionsgemeinschaft entstand eine Konsumgemeinschaft. Und mit der Auflösung der Haus- und Arbeitsverfassung wurde der Mann zum „Geldverdiener" und die Frau hatte sich – nach bürgerlichen Vorstellungen – auf die Familie zu konzentrieren. Diese Entwicklung betraf auch die Unterschichten. Dort entwickelte sich aus der Produktionsgemeinschaft eine Erwerbsgemeinschaft, in der beide Gatten erwerbstätig sein mussten, um den Lebensunterhalt bestreiten zu können.

Ideengeschichtlicher Hintergrund

M1

„Die Idee der Familie" und die Gefahren für das häusliche Leben

Wilhelm Heinrich Riehl (1823–1897), einer der Wegbereiter der deutschen Volkskunde, legt 1855 den 3. Band seiner „Naturgeschichte des Volkes als Grundlage einer Social-Politik" über „Die Familie" vor. In dem einflussreichen Werk – bis 1925 erschienen 13 Auflagen – schreibt er zur „Idee der Familie":

In einem einzelnen Mann oder einer einzelnen Frau kann sich die Idee der Menschheit niemals vollständig darstellen. Ein Ehepaar gibt erst einen Mikrokosmos der ganzen Menschheit. Die Menschheit ist ausgegangen von dem „ersten Paar"; und wenn sie ausstürbe bis nur auf ein Paar, könnte sie doch wieder aufwachsen und blühend werden wie vorher.

Durch die leibliche und sittliche Verbindung von Persönlichkeiten der beiden Geschlechter zur Wiederherstellung des ganzen Menschen – die Ehe – entsteht die Familie. Denn mit jener Wiederherstellung des ganzen Menschen ist zugleich die Fortpflanzung des Menschengeschlechtes gegeben, und die drei Elemente der Familie: Vater, Mutter und Kinder sind in ihr bereits vollständig vorausgesetzt. Die Familie ist darum der erste und engste Kreis, in welchem wir unser ganzes menschliches Wesen wiederfinden, uns in uns befriedigt und bei uns selbst daheim fühlen.

Sie ist die ursprünglichste, urälteste menschlich-sittliche Genossenschaft, zugleich eine allgemein menschliche; denn mit der Sprache und dem religiösen Glauben finden wir die Familie bei allen Völkern der Erde wieder. […]

Die Familie ist uns aber nicht bloß religiös, sondern auch sozial und politisch ein Heiligtum. Denn die Möglichkeit aller organischen Gliederungen der bürgerlichen Gesellschaft ist in der Familie im Keim gegeben, wie der Eichbaum in der Eichel steckt. In der Familie ist gegründet die sozial-politische Potenz der Sitte, aus welcher das Gesetz hervorgewachsen ist. Die Familie ist überhaupt die notwendige Voraussetzung aller öffentlichen Entwicklungen der Völker. Die Familie antasten heißt, aller menschlichen Gesittung den Boden wegziehen.

Im vierten Kapitel seines oben genannten Werkes beschreibt Riehl die Folgen der Französischen Revolution auf das Familienleben:

Die nivellierenden Ideen des vorigen Jahrhunderts, deren literarisches, theoretisches Eindringen bei den Gebildeten ich eben angedeutet, sind hier durch die Französische Revolution und die napoleonische Herrschaft auch in das kirchliche, soziale und häusliche Leben des Volkes eingezogen. […] Die französische Fassung sozialer Freiheit und Unabhängigkeit unterscheidet sich von der deutschen wesentlich dadurch, dass sie das Individuum als solches selbstständig und fessellos machen will, während es deutsch ist, in der Macht und Unabhängigkeit der Gesellschaftsgruppe und der Familie, welcher der Einzelne angehört, seine persönliche Unabhängigkeit mit eingeschlossen zu finden.

Wilhelm Heinrich Riehl, Die Naturgeschichte des Volkes als Grundlage einer deutschen Social-Politik. 3. Bd.: Die Familie, Stuttgart und Augsburg 1855, S. 113 ff. und 205 f.

▲ *Der Hausvater. Bilderbogen des 19. Jahrhunderts.*

Familienmodelle der Neuzeit

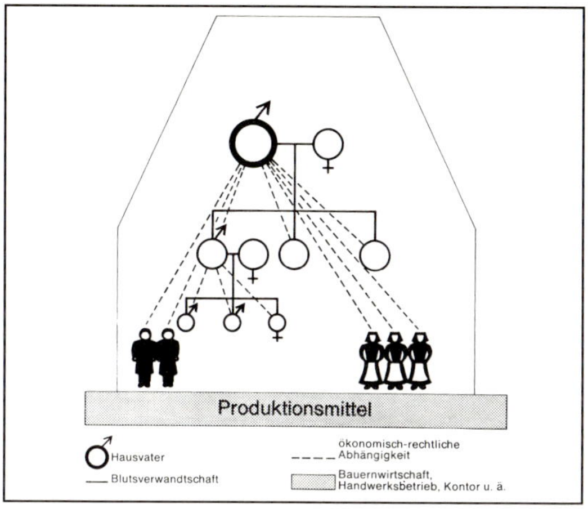

▲ *Große Haushaltsfamilie (Weber-Kellermann)*

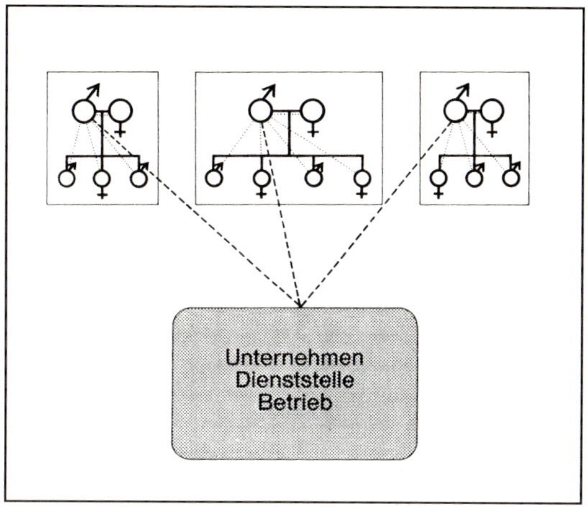

▲ *Kleinfamilie (Weber-Kellermann)*

M2

Grundformen der Familie

Die Marburger Ethnologin Ingeborg Weber-Kellermann (1918–1993) nennt folgende Grundformen der Familie, die in der Geschichte in unterschiedlichen Variationen auftauchen. Sie orientiert sich dabei allein am Mittelstand.

Die kleinste Form bildete die *Kernfamilie*, bestehend aus einem Zweigenerationenzusammenhang. Im frühen Verband der Urgesellschaft dürfte sie nur die Mutter und deren Kinder umfasst haben, dazu den ältesten Mutterbruder als Repräsentanten des Schutzes in einem Stadium, in dem die Frage der Vaterschaft ohne Relevanz war.

Nicht nur im quantitativen Gegensatz zur Kern- oder Kleinfamilie steht die *Großfamilie*, eine Gruppe von Blutsverwandten in mehreren Generationsschichten, die an einem Ort zusammenleben und meist von einem patriarchalen Oberhaupt geleitet werden. Sie verwalten und bewirtschaften gemeinsam ein gemeinschaftliches Eigentum, Herden, Äcker oder andere Produktionsmittel wie handwerkliche oder kaufmännische Betriebe im Geiste eines ständigen und ununterbrochenen verwandtschaftlichen Fortlaufes. [...]

Für die *große Haushaltsfamilie* galt das Kriterium des Zusammenlebens und -wirtschaftens, doch muss es sich bei dieser Gruppe nicht ausschließlich um Blutsverwandte und auch nicht um eine Organisation mehrerer Generationsschichten handeln. Hier war vielmehr der ganze Hausverband als Lebens- und Wirtschaftsgemeinschaft gemeint, dem auch nicht blutsverwandte Mägde, Knechte, Bediente und Gesellen angehören konnten. Er wurde wirtschaftlich und rechtlich vertreten von dem „Hausvater" im verantwortlichen Geiste autoritärer Patriarchalität. Diese Familienform war im Mittelalter und in der Neuzeit in Deutschland dominierend bis zur Herausbildung der bürgerlichen Kleinfamilie. Die Kleinfamilie (Gattenfamilie) des 19. Jahrhunderts entstand im Zusammenhang mit der Industrialisierung und der Trennung von Wohnplatz und Arbeitsplatz. Die Produktionsmittel befanden sich nun nicht mehr im Bereich des „Hauses". Damit verlor die patriarchale Autoritätsstruktur des Vaters als Vorstand des „ganzen Hauses" eine wirtschaftliche Komponente.

Ingeborg Weber-Kellermann, Die deutsche Familie. Versuch einer Sozialgeschichte, Frankfurt/Main 1996, S. 12 und 14 ff.

M3

Der Mythos von der Zerstörung der Großfamilie durch die Industrialisierung

1977 legt der Wiener Historiker Michael Mitterauer einen Aufsatz vor, der das bis dahin bestehende Bild von der historischen Entwicklung der Familie korrigiert. Er weist nach, dass die alte Vorstellung vom Wandel der „großen Haushaltsfamilie" zur „Kleinfamilie" im 19. Jahrhundert historisch nicht haltbar ist.

Die von der Familiensoziologie behauptete Reduktion von Großfamilie zu Kleinfamilien im Zuge der Industrialisierung ist ein statistisch überprüfbares Phänomen. [...] Die [...] für die vorindustrielle Zeit berechneten durchschnittlichen Haushaltsgrößen ergaben gewisse Differenzen gegenüber den heutigen, der Unterschied ist jedoch nicht besonders eindrucksvoll. Während im 16., 17. und 18. Jahrhundert die Mittelwerte ziemlich gleichbleibend 4,75 Personen ausmachten, beträgt der Durchschnitt für die Gegenwart 3,04. Von einer vorindustriellen Großfamilie lässt sich in Hinblick auf diese älteren Daten kaum sprechen. Ein anderer Gesichtspunkt erscheint jedoch noch viel wesentlicher: Zu einer Verkleinerung der Familienhaushalte kam es keineswegs mit dem Einsetzen der Industrialisierung. Im Gegenteil, in einigen ländlichen Industriegebieten lässt sich sogar im Lauf des 19. Jahrhunderts eine gewisse Zunahme beobachten. Der starke Abfall der durchschnittlichen Haushaltsgröße setzt erst zu Beginn des 20. Jahrhunderts ein. Er hängt wohl mit den verbesserten Wohnverhältnissen und dem Rückgang der Kinderzahlen zusammen. [...]
Überblickt man die [...] Wandlungsprozesse, so lässt sich sagen, dass es tatsächlich im Lauf der neueren historischen Entwicklungen zu gewissen Veränderungen der Familiengröße gekommen ist, allerdings zu keinen besonders einschneidenden. Als Hintergrund dieser Veränderungen sind neben der Industrialisierung auch noch andere, zum Teil schon viel früher einsetzende Modernisierungsprozesse wie Urbanisierung und Bürokratisierung zu sehen. Das entscheidende Moment des Wandels wird freilich mit der rein quantitativen Erscheinung abnehmender Familiengröße völlig unbefriedigend erfasst. Wesentlich ist vielmehr die Veränderung der personellen Zusammensetzung, hinter der wiederum Prozesse des Funktionswandels der Familie stehen. Von einer allgemeinen Entwicklung von der Großfamilie zur Kleinfamilie kann nicht gesprochen werden [...]. Einerseits sind die größeren Hausgemeinschaften älterer Zeiten durch andere Strukturmerkmale bestimmt, etwa durch das Zusammenleben mit dem Gesinde oder sonstigen nichtverwandten Mitbewohnern. Andererseits ist die „vollständige" Kernfamilie in der Gegenwart keineswegs die allein bestimmende Familienkonstellation. Zu bedenken sind neben ihr etwa die verschiedenen Formen der „unvollständigen" Familie, die Einzelhaushalte als Familienreste oder die unverheiratet zusammen lebenden Paare.

Michael Mitterauer, Der Mythos von der vorindustriellen Großfamilie, in: Michael Mitterauer und Reinhard Sieder, Vom Patriarchat zur Partnerschaft. Zum Strukturwandel der Familie, 4. Auflage, München 1991, S. 41 f. und 64

▲ *Die Hausmutter. Bilderbogen des 19. Jahrhunderts.*

Demographische Veränderungen in Deutschland

M4

Eheschließungen 1871–1940

Eheschließungen auf 1000 der Gesamtbevölkerung

1871/75	9,4
1876/80	7,8
1881/85	7,7
1886/90	7,9
1891/95	7,9
1896/1900	8,4
1901/05	8,0
1906/10	8,0
1911/15	6,9
1916/20	8,4
1921/25	9,5
1926/30	8,7
1931/35	9,3
1936/40	7,9
1941/43	7,3
1946/50	10,1*

** Reichsgebiet vom 31. 12. 1937*

M5

Ehescheidungen 1881–1940

auf 1000 Eheschließungen

1881/85	15
1886/90	17
1891/95	18
1896/1900	19
1901/05	21
1906/10	27
1911/15	35
1916/20	35
1921/25	62
1926/30	68
1931/35	75
1936/40*	78
1946/50**	154

** 1936/40 Reichsgebiet vom 31. 12. 1937*
*** 1946/50 Bundesgebiet mit Saarland, aber ohne Berlin*

M6

Durchschnittliche Haushaltsgröße 1871–1933

1871	4,6
1880	4,6
1890	4,6
1900	4,5
1910	4,4
1925	4,0
1933	3,6

Weitere für die historische Familienforschung relevante statistische Daten finden Sie auf den Seiten 63, 215 und 297.

M7

Zahl der Lebendgeborenen pro Ehe 1899–1940

Ehejahrgang	Von den 1000 Ehen haben nach 20-jähriger Dauer … Kinder: keine	1	2	3	4 +	Durchschnittszahl der Lebendgeborenen
1899 und früher*	87	90	116	123	584	4,9
1900	100	105	150	147	498	4,1
1910	119	167	213	168	333	3,0
1920**	158	236	245	154	207	2,3
1930**	181	221	252	155	191	2,2
1940***	211	242	276	148	123	1,8

** bis 1910 Preußen ** Reichsgebiet *** auf dem Gebiet der alten Bundesrepublik ohne Berlin*

Alle Statistiken aus: William H. Hubbard, Familiengeschichte. Materialien zur deutschen Familie seit dem Ende des 18. Jahrhunderts, München 1983, S. 73, 87, 101, 125

Bäuerliches, bürgerliches und proletarisches Familienleben

M8

Bäuerliches Familienleben um 1910

Marta Wohlgemuth hat Anfang des 20. Jahrhunderts die Lebensverhältnisse von Bäuerinnen in zwei badischen Gemeinden untersucht. Sie informiert uns auch über die Probleme, mit denen eine junge Bäuerin zu rechnen hatte.

Das Mädchen [...] tritt, wenn sie heiratet, in einen ihr bis jetzt ziemlichen fremden Wirkungskreis; ihre Hauptbetätigung war außer dem Hause in der Unterstützung des Vaters oder auch der Mutter in weniger wichtigen Verrichtungen gelegen; wohl hatte sie im Elternhause von morgens bis abends tüchtig arbeiten müssen, aber sie tat es unter Leitung der Eltern, ohne viel Nachdenken über das Ganze des Betriebes, ohne Sorgen. Mit der Heirat fällt ihr plötzlich in einem ihr fremden Betrieb mit der umfassenderen Arbeitslast ungeübter Verrichtungen auch noch die Notwendigkeit der Organisation der Arbeit und die Verantwortung für das Gelingen zu. Unter der Anweisung des Mannes beginnt sie ihre Tätigkeit; sobald sie unsicher ist, steht der Mann ungeduldig hinter ihr, der vor allem eine tüchtige Bäuerin und Hausfrau wünscht und braucht und dies auch nach der Hochzeit vor allem anderen in den Vordergrund treten lässt; er übt scharfe Kritik an ihrem Tun und die Bäuerin muss bald fühlen, dass seine Achtung nicht ihr als Frau, sondern nur ihrer Tüchtigkeit und Selbstständigkeit gilt. Ferner bringt häufig das Zusammenwohnen der jungen Leute mit den Schwiegereltern für die junge Frau eine Menge Schwierigkeiten mit sich [...]. Die Kämpfe sind hier gewöhnlich die des Neuen, Jungen mit dem Alten und Gewohnten im Betrieb: Für die noch unerfahrene junge Frau ergibt sich daraus eine Fülle von Kränkungen, denn die Kritik der alten Bäuerin an ihrer Tätigkeit ist noch härter als die des Mannes. Aus allen diesen Umständen heraus erwachsen mannigfache Konfliktmöglichkeiten zwischen Bauer und Bäuerin, wobei das Prinzip der Unterordnung der Frau sich geltend machen wird und sich ihr scharf zum Bewusstsein bringen kann. [...] Aber die Sitte verweist die junge Frau, besonders wenn sie Kinder erwartet oder kleine Kinder hat, in das Haus und an dieser Sitte lässt der Mann nicht gerne rütteln. Ein selbstständiges Ausgehen der Bäuerin auf Unterhaltung, etwa eine kleine Reise, eine Wallfahrt, muss vom Bauer schwer erkämpft werden, auch wenn sie von eigenen Einnahmen bezahlt wird. Der Bauer dagegen geht jeden Sonntag mit den Nachbarn in das Wirtshaus, wo er häufig Nachmittag und Abend verbringt. Die Bäuerin bleibt zu Hause. [...] Zu einer Auflehnung gegen den Mann oder gegen das Prinzip gelangt die Bäuerin nur ganz selten und dann bereut sie sie; denn es ist für sie göttliches Gebot, sich unterzuordnen und Selbstverleugnungen zu üben.

Jens Flemming (Hrsg.), Quellen zur Alltagsgeschichte der Deutschen vom Mittelalter bis heute, Darmstadt 1997, S. 223 f.

◀ *Familie beim Essen. Zeichnung von Bernhard Winter, 1913.*

M9
Bürgerliches Familienleben um 1930

Wie das tägliche Arbeitspensum in einem Ingenieurhaushalt einer süddeutschen Mittelstadt aussah, geht aus Beobachtungen hervor, die Marie Baum und Alix Westerkamp Ende der 1920er-Jahre zusammengetragen haben:

Die Familie besteht aus dem Hausherrn, der Hausfrau, einer Stütze, einer Hausgehilfin und drei vorschulpflichtigen Kindern, von denen das älteste zur Zeit der Beobachtung, Juni 1929, auswärts bei den Großeltern war.
Der Hausherr ist Ingenieur bei einem Großbetrieb der Nachbarstadt. Er fährt täglich um 7 Uhr im eigenen Kleinauto fort und kommt abends frühestens $\frac{1}{2}$ 6 Uhr, oft später heim. Er führt sein Auto selbst und hält es selbst im Stand.
Die Hausfrau, vor ihrer Heirat Sozialbeamtin, ist seither berufslos. Sie betätigt sich im Haushalt anordnend, einteilend und rechnend, hilft gelegentlich in der Küche, besorgt im Sommer das Einmachen und zusammen mit dem Hausherrn die Gartenarbeit, führt alle Besorgungen aus und beschäftigt sich sehr intensiv mit den Kindern. Geistig rege nimmt sie an Vorträgen außerhalb des Hauses teil und pflegt religionswissenschaftliche Studien.
Die Stütze, die das Familienleben teilt, versorgt die Kinder, näht, hilft bei der Hausarbeit und bei der wöchentlich stattfindenden Reinigung der Wäsche und vertritt die Hausfrau, wenn diese, was häufig vorkommt, den Hausherrn auf Dienstreisen begleitet.
Der Haushilfe liegt die Reinigung der Zimmer, die Küche und die Besorgung der Wäsche ob; soweit ihre Zeit dazu reicht, hilft sie bei der Gartenarbeit. Die kleinen Kinder halten sich während des Sommers viel im Garten auf und werden nachmittags einige Stunden ausgefahren bzw. spazieren geführt. Die Hausschneiderei erfordert alle 6-8 Wochen einige Tage; sie wird mit Hilfe einer Näherin durchgeführt.
Das Eigenhaus umfasst 6 kleine Zimmer, zwei Wohnräume, zwei Schlaf-, ein Kinder-, ein Gastzimmer, welches zur Zeit von der Stütze bewohnt wird, und eine Mädchenkammer. Dazu Bad, Küche und Diele. Der 500 qm große Garten wird vom Hausherrn und der Hausfrau versorgt, außer Blumen wird auch Gemüse gepflanzt und im Hause verbraucht.
Wie aus dem Abbild eines typischen Tages ersichtlich, ist das Leben durch die ausgedehnte außerhäusliche Arbeit des Hausherrn charakterisiert, in Folge derer die verantwortliche Gestaltung des Tages fast vollständig in der Hand der Frau liegt.
Die Kinder sind noch zu klein, um anders denn als Gegenstände der Pflege und der Freude im Laufe des Tages gewertet zu werden. Sie verursachen in dem praktisch eingerichteten und ruhigen Fluss des Lebens wenig Mühe, wenn auch natürlich die Stütze ihnen verhältnismäßig viel ihrer Arbeitszeit widmen muss.

William H. Hubbard, Familiengeschichte, a.a.O., S. 238 f.

▲ *Stickerei um 1900.*
Vorlagen für diese Arbeiten lieferten Versandhauskataloge und Frauenzeitschriften.

M10

Strukturelle Merkmale proletarischen Familienlebens zwischen 1880 und 1900

Für die Zeit zwischen 1880 und 1900 stellt Margarete Freudenthal folgende strukturellen Besonderheiten des proletarischen Familienlebens fest:*

1. Fast alle Arbeiter, die uns begegnet sind, stammen von Vätern ab, die Handwerker waren. Sie selbst sind zum Teil auch noch durch eine Lehre gegangen, mussten aber den Handwerkerberuf mit einem abhängigen Lohnarbeiter- oder Tagelöhnerberuf vertauschen.

2. Die Unsicherheit begleitet das Leben des Arbeiters. Sobald Arbeitslosigkeit eintritt, erfolgt stets das gleiche stufenweise Herabsinken. Es fängt an mit den Mietrückständen, die zu Wohnungswechsel und Pfändung durch den Hauswirt führen; die Armenfürsorge greift ein. [...]

3. In den meisten Fällen werden mittellose Frauen geheiratet (Arbeiterinnen, Hausangestellte). Viele Schwangerschaften machen es der Frau in zahlreichen Fällen unmöglich, zum Verdienst beizutragen. Viele der geborenen Kinder sterben wieder. Die Frauen sind durch die Schwangerschaften so geschwächt, dass sie meist auch später, wenn die Kinder groß sind, keinem geregelten Verdienst mehr nachgehen können.

4. Selbst bei einer geordneten Stellung des Ehemannes ist die Bezahlungsart in den seltensten Fällen eine ganz regelmäßige. Kombinationen von Akkord- und Zeitlohn, von Normalarbeitszeit, Überstunden, Nacht- und Sonntagsarbeit, sowie teils 14-tägige, 8-tägige und monatliche Bezahlung haben zur Folge, dass der Arbeiter selten mit einer bestimmten Summe zu bestimmter Zeit rechnen kann. Dadurch sind zwischenzeitliche Schulden, obgleich sie im Allgemeinen vermieden werden, häufig unabwendbar. [...]

6. Substanz und Fundierung des Haushalts sind kaum vorhanden; trotzdem gehören Anschaffungen zu den Unmöglichkeiten.

7. Eine Verbesserung der Stellung ist in den wenigsten Fällen möglich; die Familien sind sich der Aussichtslosigkeit eines Aufstiegs meist bewusst.

8. Eine häusliche Hilfe wird nicht gehalten; nur während der Wochenbetten kommt eine Hilfe, sehr oft durch Verwandtschaft oder Nachbarschaft, für den Haushalt in Betracht.

9. Sozialversicherungen wurden in jener Zeit erst eingeführt, die Beitragszahlungen waren noch höchst ungeordnet. Zum Teil bestanden gar keine Versicherungen, zum Teil wurden sie vom Arbeitgeber getragen.

10. Für die Arbeitszeit ist charakteristisch, dass sie sehr früh, meist um 7 Uhr, beginnt und des weiten Weges halber über Tisch, d.h. bis 4 oder 6 Uhr am Nachmittag ausgedehnt wurde.

11. Die Wohnungen zeigen fast alle ein außerordentlich ärmliches, unhygienisches und unpraktisches Gepräge. Durchschnittlich bestehen sie aus ein bis zwei Zimmern und einer Küche oder einer Kochgelegenheit. Die Licht- und Lüftungsverhältnisse sind sehr schlecht. Der Abort ist meist für mehrere Familien gemeinsam auf der Treppe. Die Zimmer, meist jedenfalls die Küche, haben keine direkte Lüftung ins Freie. Dazu sind die Preise dieser Wohnungen außerordentlich hoch.

12. Untervermietung, Schlafgänger und Kostgänger sollen den Verdienst erhöhen. Es ist aber ein sehr unsicherer Verdienst.

13. Das Mobiliar dieser Wohnungen besteht nur aus dem Allernotwendigsten. Es ist zum Teil geerbt, zum Teil auf Abschlag erstanden, zum Teil gebraucht gekauft, zum Teil selbst gezimmert, zum Teil gemietet. Es finden sich stets sehr viel weniger Betten als Menschen in der Wohnung. Ein paar Bilder an der Wand oder eine Schwarzwälder Uhr oder einige Blumenstöcke finden sich fast in jeder Familie.

14. Ob in der Küche gegessen wird, hängt von den Wohn-, den Licht- und den Heizverhältnissen ab.

15. Ebenso mangelhaft wie das Mobiliar ist die Kleidung. Auch sie wird auf Abschlag bezahlt. Die Schuhe nehmen darunter den Hauptposten ein. Eine Nähmaschine ist selten vorhanden. Die Leibwäsche wird wöchentlich gewechselt, die Bettwäsche alle vier bis sechs Wochen. Dass die Frauen mit bloßem Kopf gehen, im Winter ein Kopftuch

** Zur Lage der Arbeiter siehe auch die Quellentexte M 4, S. 65, M 9, Seite 283, und M 10, S. 284.*

umnehmen, dass Handschuhe selten getragen werden und dass die Kinder im Sommer barfuß gehen, war allgemein üblich.

16. Die Kleidung wird oft durch Geschenke ergänzt. Neben Kohlen und Kartoffeln sind Kleidung und Wäsche die Hauptposten für die private Wohltätigkeit.

17. Für die Lebensmittelversorgung ist charakteristisch, dass keinerlei Vorräte gekauft werden können. Auch bei Kohlen und Kartoffeln ist dies nicht möglich. [...]

18. Bei der Einteilung der Lebensmittel kommt auf den Mann eine größere und bessere Portion als auf Frau und Kinder.

19. Der Hauptposten, der auf Geistiges und auf Freizeitgestaltung geht, besteht aus den Ausgaben für die Schule der Kinder. Die sonstigen Vergnügungen erschöpfen sich in einem Sonntagsspaziergang mit der Familie, bei dem hier und da eingekehrt wird, in der Zugehörigkeit zu einem Verein und im Halten einer Zeitung. Die beiden letzteren Faktoren sind aber nur teilweise zu beobachten.

20. Die Mitarbeit der Frau ist in allen den Fällen vorhanden, in denen der Verdienst des Mannes zum Lebensunterhalt nicht ausreicht und dauernde Schwangerschaften es nicht unmöglich machen. (Vgl. 3.) [...] In allen Fällen, in denen eine häusliche Mitarbeit der Frau besteht, zeigen sich folgende Symptome in den Haushaltungen:

a) Die Frau muss früh morgens, abends nach Rückkehr von der Arbeit und am Sonntag ihren Haushalt in Ordnung bringen. Sehr frühes Aufstehen, spätes zu Bett Gehen und außerordentliche Anspannungen aller Kräfte sind für diese Leistungen erforderlich.

b) Kinder, die noch nicht in die Schule gehen, müssen meist einer Aufsicht übergeben werden, falls nicht eine Verwandte innerhalb der Familie dies übernehmen kann.

c) Mann und Frau nehmen das Essen mit, die Kinder kochen sich selbst oder essen auswärts, die Hauptmahlzeit findet am Abend statt. Es werden schnell kochbare Gerichte bevorzugt. Gemüse kann es z.B. selten geben, weil es zu lang aufhält.

d) Die beiden letzteren Umstände, d.h. b) und c) verteuern die Lebenshaltung in der gleichen Richtung, aber in noch höherem Maße, als wir sie schon beobachtet haben. Trotzdem lohnt sich der Verdienst der Frau, weil der Verdienst die Mehrkosten übersteigt.

▲ *Postkarte von 1912. Die Zeichnung stammt von Käthe Kollwitz.*

Heidi Rosenbaum (Hrsg.), Seminar: Familie und Gesellschaftsstruktur. Materialien zu den sozioökonomischen Bedingungen von Familienformen, 4. Auflage, Frankfurt/Main 1988, S. 342 f.

Demographische Entwicklung und Stellenwert von Ehe und Familie

1. Interpretieren und aktualisieren Sie die hier vorgelegten statistischen Materialien (M 4 bis M 7). Historische Anhaltspunkte dazu bieten die entsprechenden Kapitel des vorliegenden Lehrbuches. Aktuelles statistisches Material gibt das Statistische Bundesamt regelmäßig heraus. Berücksichtigen Sie die methodischen Hinweise auf Seite 319.

2. Untersuchen Sie – das Einverständnis der Beteiligten vorausgesetzt – die Veränderungen der Familienstrukturen in den letzten zwei Generationen der Familien Ihrer Mitschülerinnen und Mitschüler. Erarbeiten Sie dazu Erhebungsbögen, die z.B. folgende Daten erfragen: Eheschließungen (Alter) und/oder Ehescheidungen (nach wie viel Ehejahren), Zahl der Kinder, Zahl der insgesamt im Haushalt lebenden Personen.

3. Untersuchen Sie den Stellenwert von Ehe und Familie in Ihrem Umfeld. Fragen sie nach der Bedeutung von Familie, Liebe und Partnerschaft. Differenzieren Sie die Antworten nach Altersgruppen (16–30 Jahre, über 31 Jahre) und Bedeutung („sehr wichtig", „wichtig"). Vergleichen Sie Ihre Ergebnisse mit anderen Erhebungen (siehe dazu die vom Statistischen Bundesamt herausgegebenen „Datenreporte").

Recht und Familie

Stellen Sie die Veränderungen der rechtlichen Verhältnisse zwischen den Ehepartnern fest. Vergleichen Sie dazu die §§ 174 ff. des „Allgemeinen Landrechts für die Preußischen Staaten" von 1794 mit den §§ 1353 ff. des „Bürgerlichen Gesetzbuches" von 1900, 1957 und 1980. Die Gesetzestexte befinden sich z.B. in William H. Hubbard (siehe Quellensammlungen). Präsentieren Sie die Ergebnisse als Thesenpapier. Beachten Sie die „Arbeits- und Präsentationsformen", S. 308 ff.

Lebenserinnerungen, Tagebücher und Romane als Quellen

In Biografien (siehe Methoden-Baustein, S. 102), Tagebüchern (siehe Methoden-Baustein, S. 236) und in der Literatur (z.B. in Johann Wolfgang von Goethes „Hermann und Dorothea" von 1797, in Émile Zolas „Das Glück der Familie Rougon" von 1870, in Theodor Fontanes „Irrungen und Wirrungen" von 1888 sowie „Der Stechlin" von 1898, in Gerhart Hauptmanns „Die Weber" von 1892 oder „Die Ratten" von 1911 oder in Thomas Manns „Buddenbrooks. Verfall einer Familie von 1901") wird Familienleben dargestellt. Erstellen Sie in Gruppenarbeit eine Anthologie mit Texten zum Thema „Familienkonflikte". Neben den hier genannten Titeln bietet der Band „Die Familie. Geschichte, Geschichten und Bilder" von Ingeborg Weber-Kellermann, Frankfurt/Main 1976, eine anschauliche Textgrundlage; weitere Angaben finden Sie in den folgenden Literaturhinweisen.

Literaturhinweise

- Beuys, Barbara: Familienleben in Deutschland. Neue Bilder aus der deutschen Vergangenheit, Reinbek bei Hamburg 1980
- Burguière, André u.a. (Hrsg.): Geschichte der Familie. Bd. 3: Neuzeit, Frankfurt/Main 1997; Bd. 4: 20. Jahrhundert, Frankfurt/Main 1998
- Gestrich, Andreas: Geschichte der Familie im 19. und 20. Jahrhundert, München 1999
- Goody, Jack: Geschichte der Familie, München 2000
- Mitterauer, Michael/Sieder, Reinhard: Vom Patriarchat zur Partnerschaft. Zum Strukturwandel in der Familie, München 4. Aufl. 1991
- Rosenbaum, Heidi (Hrsg.): Seminar: Familie und Gesellschaftsstruktur. Materialien zu den sozioökonomischen Bedingungen von Familienformen, Frankfurt/Main, 4. Aufl. 1988
- Dies. (Hrsg.): Formen der Familie. Untersuchungen zum Zusammenhang von Familienverhältnissen, Sozialstruktur und sozialem Wandel in der deutschen Gesellschaft des 19. Jahrhunderts, Frankfurt/Main, 7. Aufl. 1996
- Sieder, Reinhard: Sozialgeschichte der Familie, Frankfurt/Main 1987
- Weber-Kellermann, Ingeborg: Die deutsche Familie. Versuch einer Sozialgeschichte, Frankfurt/Main Neuauflage 1996

Quellensammlungen

- Emmrich, Wolfgang (Hrsg.): Proletarische Lebensläufe. Autobiographische Dokumente zur Entstehung der Zweiten Kultur in Deutschland, Band 1: Anfänge bis 1914, Reinbek bei Hamburg 1974
- Flemming, Jens u.a. (Hrsg.): Familienleben im Schatten der Krise. Dokumente und Analysen zur Sozialgeschichte der Weimarer Republik 1918–1933, Düsseldorf 1988
- Hubbard, William H.: Familiengeschichte. Materialien zur deutschen Familie seit dem Ende des 18. Jahrhunderts, München 1983
- Saul, Klaus u.a. (Hrsg.): Arbeiterfamilien im Kaiserreich. Materialien zur Sozialgeschichte in Deutschland 1871–1914, Düsseldorf 1982

Adressen zum Thema

Statistisches Bundesamt
Gustav-Stresemann-Ring 11
65189 Wiesbaden

http://www.destatis.de

Bundesministerium für Familie, Senioren, Frauen und Jugend
Glinkastraße 18-24
Jägerstraße 8/9
10117 Berlin

http:/www.bmfsfj.de

5.2 Die Entwicklung der Menschenrechte

▲ *„Niemand zu Hause", Zeichnung von Borislav Sajtinac, 1992.*

1776
In der amerikanischen Bill of Rights wird erstmals ein Menschenrechtskatalog formuliert

1789
Die französische „Erklärung der Menschen- und Bürgerrechte" wird verkündet

1948
Die Vereinten Nationen veröffentlichen die „Allgemeine Erklärung der Menschenrechte"

Einleitung

▲ *Verhaftete Antifaschisten in einem „wilden Konzentrationslager" der „Sturmabteilung" (SA), Ende März 1933.*

Einen Tag nach dem Reichstagsbrand, am 28. Februar 1933, setzten die Nationalsozialisten eine Notverordnung zum „Schutz von Volk und Staat" in Kraft. Darin stand:
„Es sind daher Beschränkungen der persönlichen Freiheit, des Rechtes der freien Meinungsäußerung, einschließlich der Pressefreiheit, des Vereins- und Versammlungsrechts, Eingriffe in das Brief-, Post-, Telegraphen- und Fernsprechgeheimnis, Anordnungen von Haussuchungen und von Beschlagnahmen sowie Beschränkung des Eigentums auch außerhalb der sonst hierfür bestimmten gesetzlichen Grenzen zulässig."
Damit begannen die Nationalsozialisten mit dem Einverständnis der bürgerlich-konservativen Parteien eine Errungenschaft der Weimarer Republik außer Kraft zu setzen: die verfassungsrechtliche Verankerung der Menschen- und Bürgerrechte. Alle Staatsbürger waren nun mehr oder weniger schutzlos der nationalsozialistischen Verfolgung ausgeliefert. Die politischen Gegner waren die Ersten, die dies zu spüren bekamen. Bereits vier Wochen später, am 24. März 1933, schalteten die Nationalsozialisten mit dem so genannten „Ermächtigungsgesetz" das Parlament aus. Mit Ausnahme der SPD stimmten alle Parteien zu. Die verfolgten KPD- Abgeordneten hatten gar nicht mehr an der Abstimmung teilnehmen können.
Am 31. Juli 1933 befanden sich im Deutschen Reich insgesamt 26 789 Menschen in „Schutzhaft"[1)]. Die Mehrzahl war in Konzentrationslagern interniert. Dies war der Anfang. Am Ende stand die Entfesselung des Zweiten Weltkrieges und die Vernichtung von Millionen von Menschen aus rassistischen Motiven.
Wie war das möglich? Die Politik hatte am Ende der Weimarer Republik versagt. Lag es daran, dass es vor 1918 nicht gelungen war, die liberale Demokratie in Deutschland zu verankern? Lag es in der autoritär und repressiv geprägten deutschen Geschichte des 19. Jahrhunderts?
Nach der Beseitigung der nationalsozialistischen Herrschaft führten die Alliierten die „Nürnberger Prozesse" durch, um die Hauptverantwortlichen für die Verbrechen der Nationalsozialisten zu bestrafen. Dies war gleichzeitig der erste Versuch, Verbrechen

---

1) Seit 1848 war in Preußen die Inschutzhaftnahme einer verdächtigen Person bis längstens drei Monate erlaubt, den Verhafteten stand ein Beschwerderecht zu. Die „Verordnung zum Schutz von Volk und Staat" von 1933 ließ eine zeitlich unbegrenzte Haft zu, die von keiner richterlichen und rechtsstaatlichen Kontrolle beschränkt wurde und die den Festgenommenen keinerlei Rechtsmittel oder Rechtsbehelfe gestattete.

gegen die Menschlichkeit zu verfolgen. Die gewonnenen Erkenntnisse trugen wesentlich zur ersten Festlegung der Menschenrechte durch eine überstaatliche Institution bei: die *Menschenrechtskonvention* der *Vereinten Nationen* von 1948.

Menschenrechte: ein Definitionsversuch

Als „Menschenrechte" werden bestimmte Rechte des Einzelnen auf Schutz vor Eingriffen des Staates bezeichnet. Aus der aufklärerischen Argumentation gegen den Absolutismus stammt ihre Kennzeichnung als „angeborene" und „unveräußerliche" Rechte. Diese *naturrechtliche* Grundauffassung wirkt bis in die moderne Zeit fort. Bei den von den modernen Verfassungen gewährten Garantien wird von „Grundrechten" gesprochen.

Hierbei handelt es sich sowohl um Rechte, die dem Einzelnen unabhängig von staatlicher Verleihung oder Anerkennung als im Kern unantastbare und unveräußerliche Rechte zustehen, als auch um Rechte, deren Anerkennung und Ausgestaltung vom Willen des Verfassunggebers abhängen.

Zu den Menschen- und Grundrechten des Grundgesetzes der Bundesrepublik zählen:

- die Menschenwürde,
- das Recht auf Entfaltung der Persönlichkeit,
- Gleichheit vor dem Gesetz und Gleichberechtigung,
- Religions- und Gewissensfreiheit (mit der Folgerung des Rechts auf Kriegsdienstverweigerung in bestimmten Fällen),
- Meinungs-, Presse-, Informations- und Lehrfreiheit,
- Versammlungs- und Vereinigungsfreiheit,
- Freizügigkeit,
- Berufs- und Arbeitsfreiheit,
- Unverletzlichkeit der Wohnung,
- Garantie des Eigentums und des Erbrechts,
- Asyl- und Petitionsrecht.

Das Grundgesetz schränkt einzelne *staatsbürgerliche* Grundrechte wie die Versammlungs- und Vereinigungsfreiheit auf deutsche Staatsangehörigkeit ein. Eine besondere Ausgestaltung haben die Grundrechte im Bereich der Justiz erfahren: Verbot der Ausnahmegerichte, Anspruch auf rechtliches Gehör, Verbot der Doppelbestrafung, Garantie gegen ungerechtfertigte Verhaftung.

Außer der Grundrechtssicherung im Verfassungsrecht gibt es auch zwischenstaatlich (völkerrechtlich) vereinbarte Garantien der Menschenrechte und Grundfreiheiten. So hat die Vollversammlung der Vereinten Nationen am 10. 12. 1948 eine Deklaration der Menschenrechte verabschiedet. Die Europarats-Staaten haben am 4. 11. 1950 die *Europäische Konvention zum Schutze der Menschenrechte und Grundfreiheiten* unterzeichnet (in der Bundesrepublik Deutschland Gesetz vom 7. 8. 1952) und meist in das innerstaatliche Recht übernommen. Zur Durchsetzung dieser Vorschriften wurde ein *Europäischer Gerichtshof zum Schutze der Menschenrechte und Grundfreiheiten* gebildet, vor dem Staatsangehörige gegen ihren eigenen Staat klagen können.

Ideengeschichtliche Hintergründe

M1
Aristoteles

Der griechische Philosoph Aristoteles (384–322 v. Chr.) beschreibt den Unterschied zwischen positivem und natürlichem Recht.

Es ist ja definiert worden, daß Recht und Unrecht im Hinblick auf zweierlei Arten von Gesetzen und in Hinsicht auf die, an denen es zur Anwendung kommt, in zweifacher Weise existieren. Unter Gesetz aber verstehe ich teils das besondere, teils das allgemeine; und zwar ist das besondere das, was von einzelnen Menschen für sie selbst festgestellt wurde, und zwar entweder schriftlich festgelegt oder ungeschrieben. Das allgemeine Gesetz ist das Naturgesetz. Es gibt nämlich – wie alle ahnen – ein von Natur aus allgemeines Recht und Unrecht – auch […] wo keine Übereinkunft besteht.

Aristoteles, Rhetorik, übersetzt von Franz G. Sieveke, München 1980, S. 70

M2
Thomas Hobbes

Der englische Philosoph und Politiker Thomas Hobbes (1588–1679) veröffentlicht 1651 sein Hauptwerk „Leviathan".

Die letzte Ursache und der Hauptzweck des Zusammenlebens der Menschen in einem Staat und somit auch der damit verbundenen Selbstverpflichtung (die in offenem Gegensatz zu seiner natürlichen Freiheitsliebe und seinem Machttrieb steht) ist sein Selbsterhaltungstrieb und sein Wunsch nach einem gesicherten Leben. Damit ist gemeint: der Wunsch, jenem elenden Zustand des Krieges aller gegen alle (*bellum omnium contra omnes*) zu entrinnen, der […] unweigerlich eintritt, wenn der Mensch allen seinen Trieben folgt, d.h. wenn keine sichtbare Gewalt da ist, die ihn in Zucht hält, die ihn durch die Furcht vor Strafen bindet und ihn zur

▲ *Titelblatt von Thomas Hobbes' „Leviathan", Amsterdamer Ausgabe von 1669 (Ausschnitt).*

Einhaltung jener Naturgesetze [Gerechtigkeit, Gleichheit, Bescheidenheit, Barmherzigkeit] zwingt […]. Die einzige Möglichkeit, eine Gewalt zu schaffen, die in der Lage ist, die Menschen ohne Furcht vor feindlichen Einfällen oder den Übergriffen ihrer Mitmenschen ihres Fleißes und des Bodens Früchte genießen und friedlich für ihren Unterhalt sorgen zu lassen, liegt darin, dass alle Macht einem Einzigen übertragen wird – oder aber einer Versammlung, in der durch Abstimmung der Wille aller zu einem gemeinsamen Willen vereinigt wird. […] Wenn sich Menschen so zu einer Person vereinigen, bilden sie einen Staat, der Lateiner sagt civitas. Dies ist die Geburt des Großen Leviathan, oder vielmehr (um ehrerbietiger zu sprechen) des *sterblichen Gottes*, dem allein wir unter dem ewigen Gott Schutz und Frieden verdanken. Durch die (ihm von jedem Einzelnen im Staate zuerkannte) Autorität und die ihm übertragene Macht ist er nämlich in der Lage, alle Bürger zum Frieden und zu gegenseitiger Hilfe gegen auswärtige Feinde zu zwingen.

Hagen Schulze/Ina Ulrike Paul (Hrsg.), Europäische Geschichte. Quellen und Materialien, München 1994, S. 479

M3
John Locke

Der englische Arzt und Philosoph John Locke (1632–1704) veröffentlicht 1690 seine Schrift „Two Treatises of Government" („Zwei Abhandlungen über die Regierung").

Um politische Gewalt richtig zu verstehen und sie von ihrem Ursprung abzuleiten, müssen wir betrachten, in welchem Zustand sich die Menschen von Natur befinden. Dies ist ein Zustand völliger *Freiheit*, innerhalb der Grenzen des Naturrechts ihre Handlungen zu regeln und über ihren Besitz und ihre Person zu verfügen, wie sie es für am besten halten, ohne die Erlaubnis eines anderen zu fordern oder von seinem Willen abzuhängen. Ebenso ein Zustand der *Gleichheit*, worin alle Gewalt und Jurisdiktion gegenseitig ist und einer nicht mehr hat als der andere; denn nichts ist klarer, als dass Geschöpfe derselben Gattung und desselben Ranges [...] ohne Unterordnung und Unterwerfung, auch untereinander gleich sein müssen [...].
Aber obwohl dies ein Zustand der Freiheit ist, so ist es doch kein Zustand der Zügellosigkeit. Der Mensch hat in jenem Zustande eine unwiderlegbare Freiheit, über seine Person oder seinen Besitz zu verfügen; aber er hat keine Freiheit, sich selbst oder auch nur ein in seinem Besitz befindliches Geschöpf zu vernichten, außer wo ein edlerer Zweck als seine bloße Erhaltung es erfordert. Der Naturzustand wird durch ein natürliches Gesetz regiert, das einen jeden verpflichtet. Dieses Gesetz ist die Vernunft, und sie lehrt die ganze Menschheit, [...] dass, da alle gleich und unabhängig sind, niemand dem anderen an seinem Leben und Besitz, seiner Gesundheit und Freiheit Schaden zufügen soll [...].
Und da sie alle mit den gleichen Fähigkeiten ausgestattet sind, alle an einem einzigen gemeinschaftlichen Besitz der Natur teilhaben, so kann auch unter uns keine Unterordnung angenommen werden, die uns ermächtigte, einander zu vernichten, als ob, wie die niederen Klassen von Geschöpfen zu unserem Gebrauch geschaffen sind, wir auch untereinander für den gegenseitigen Gebrauch geschaffen wären.
Die *natürliche* Freiheit des Menschen besteht darin, frei zu sein von jeder höheren Gewalt auf Erden; nicht unter dem Willen oder der gesetzgebenden Autorität von Menschen zu stehen, sondern einzig und allein das Naturrecht als Vorschrift zu haben.

Zwei Abhandlungen über Regierung, II § 4, 6–8, 22, 95; zit. nach: Arnold Bergstraesser/Dieter Oberndörfer (Hrsg.), Klassiker der Staatsphilosophie, 2. Auflage, Stuttgart 1975, S. 184 f. und 190

M4
Jean-Jacques Rousseau

Der französisch-schweizer Philosoph Jean-Jacques Rousseau (1712–1788) antwortet in seinem Hauptwerk „Contrat Social" („Der Gesellschaftsvertrag") von 1762 auf die Ansichten Lockes und Hobbes:

Da jedoch die Stärke und die Freiheit jedes Menschen die Hauptwerkzeuge seiner Erhaltung sind, wie kann er sie hergeben, ohne sich Schaden zu tun und die Sorgfalt zu versäumen, die er sich schuldig ist? Diese Schwierigkeit lässt sich [...] in die Worte zusammenfassen:
„Wie findet man eine Gesellschaftsform, die mit der ganzen gemeinsamen Kraft die Person und das Vermögen jedes Gesellschaftsgliedes verteidigt und schützt und kraft dessen jeder Einzelne, obgleich er sich mit allen vereint, gleichwohl nur sich selbst gehorcht und so frei bleibt wie vorher?" Dies ist die Hauptfrage, deren Lösung der Gesellschaftsvertrag gibt. [...]
Scheidet man also vom Gesellschaftsvertrag alles aus, was nicht zu seinem Wesen gehört, so wird man sich überzeugen, dass er sich in folgende Worte zusammenfassen lässt: „Jeder von uns stellt gemeinschaftlich seine Person und seine ganze Kraft unter die oberste Leitung des allgemeinen Willens, und wir nehmen jedes Mitglied als untrennbaren Teil des Ganzen auf." [...]
Damit demnach der Gesellschaftsvertrag keine leere Formel sei, enthält er stillschweigend folgende Verpflichtung, die allein den übrigen Kraft gewäh-

ren kann; sie besteht darin, dass jeder, der dem allgemeinen Willen den Gehorsam verweigert, von dem ganzen Körper dazu gezwungen werden soll; das hat keine andere Bedeutung, als dass man ihn zwingen werde, frei zu sein. [...]

Aus dem Vorhergehenden ergibt sich, dass der allgemeine Wille *[volonté générale]* beständig der richtige ist und immer auf das allgemeine Beste abzielt; daraus folgt jedoch nicht, dass Volksbeschlüsse immer gleich richtig sind. Man will stets sein Bestes, sieht jedoch nicht immer ein, worin es besteht. Das Volk lässt sich nie bestechen, wohl aber oft hinters Licht führen, und nur dann scheint es Böses zu wollen. Oft ist ein großer Unterschied zwischen dem Willen aller *[volonté de tous]* und dem allgemeinen Willen; letzterer geht nur auf das allgemeine Beste aus, ersterer auf das Privatinteresse und ist nur eine Summe einzelner Willensmeinungen. [...]

Solange mehrere vereinigte Menschen sich als einen einzigen Körper betrachten, haben sie nur einen einzigen Willen, der die gemeinsame Erhaltung und die allgemeine Wohlfahrt zum Gegenstande hat.

Gesellschaftsvertrag I, 6–7; II, 3; III, 1; IV, 1; zit. nach Arnold Bergstraesser/Dieter Oberndörfer (Hrsg.), a. a. O., S. 252 ff.

M5
Die Geschichte der Menschenrechte

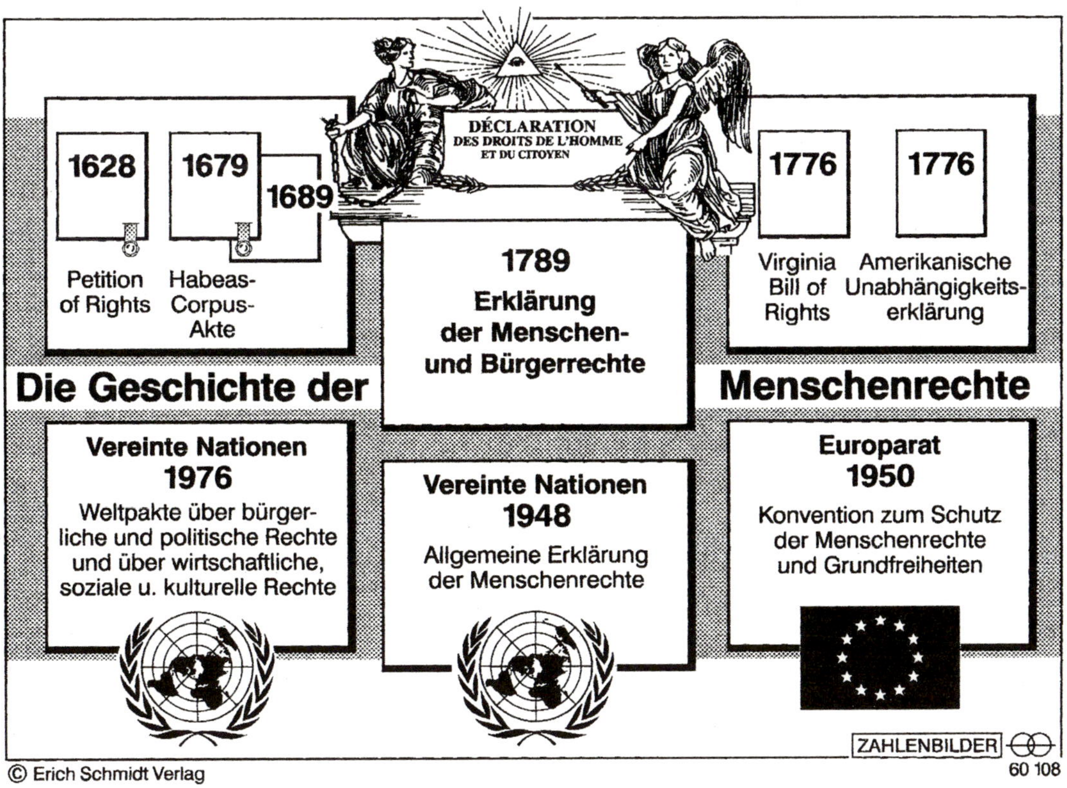

M6

Die „Virginia Bill of Rights" von 1776

(Text ➧ siehe M3, S. 18 f.)

M7

Die französische Menschenrechtserklärung

Die französische Nationalversammlung verkündet am 26. August 1789 die „Erklärung der Menschen- und Bürgerrechte", die der Verfassung von 1791 vorangestellt wird. In Anlehnung an dieses Dokument veröffentlicht 1791 die Schriftstellerin Olympe de Gouges (1748–1793, hingerichtet) die „Erklärung der Rechte der Frau und Bürgerin", die jedoch zunächst folgenlos bleibt.

Da die Vertreter des französischen Volkes, als Nationalversammlung eingesetzt, erwogen haben, dass die Unkenntnis, das Vergessen oder die Verachtung der Menschenrechte die einzigen Ursachen des öffentlichen Unglücks und der Verderbtheit der Regierungen sind, haben sie beschlossen, die natürlichen und unveräußerlichen und heiligen Rechte der Menschen in einer feierlichen Erklärung darzulegen, damit diese Erklärung allen Mitgliedern der Gesellschaft beständig vor Augen ist und sie unablässig an ihre Rechte und Pflichten erinnert; damit die Handlungen der Gesetzgebenden wie der Ausübenden Gewalt in jedem Augenblick mit dem Endzweck jeder politischen Einrichtung verglichen werden können und dadurch mehr geachtet werden; damit die Ansprüche der Bürger, fortan auf einfache und unbestreitbare Grundsätze begründet, sich immer auf die Erhaltung der Verfassung und das Allgemeinwohl richten mögen. Infolgedessen erkennt und erklärt die Nationalversammlung […] folgende Menschen- und Bürgerrechte:

Art. 1: Die Menschen sind und bleiben von Geburt frei und gleich an Rechten. Soziale Unterschiede dürfen nur im gemeinen Nutzen begründet sein.
Art. 2: Das Ziel jeder politischen Vereinigung ist die Erhaltung der natürlichen und unveräußerlichen Menschenrechte. Diese Rechte sind Freiheit, Eigentum, Sicherheit und Widerstand gegen Unterdrückung. […]

▲ *„Moi Libre", Stich, Antillen 1794.*
Die Französische Revolution schafft gegen den Widerstand der Händler und Pflanzer in den französischen Kolonialgebieten die Sklaverei ab. 1802 wird sie von Napoleon wieder eingeführt.

Art. 4: Die Freiheit besteht darin, alles tun zu können, was einem anderen nicht schadet. So hat die Ausübung der natürlichen Rechte eines jeden Menschen nur die Grenzen, die den anderen Gliedern der Gesellschaft den Genuss der gleichen Rechte sichern. Diese Grenzen können allein durch Gesetz festgelegt werden.

Ute Gerhard, Menschenrechte – Frauenrechte 1789, in: Viktoria Schmidt-Linsenhoff (Hrsg.), Sklavin oder Bürgerin? Französische Revolution und neue Weiblichkeit, Frankfurt/Main 1989, S. 70 ff.

Vgl. hierzu die „Erklärung der Rechte der Frau und Bürgerin" von 1791 ➧ M2, S. 288 f.

M8
Allgemeine Erklärung der Menschenrechte der Vereinten Nationen

Am 10. Dezember 1948 verkünden die Vereinten Nationen diese von einer international und multikulturell zusammengesetzten Kommission erarbeitete Erklärung. Bei der vorhergegangenen Abstimmung enthielten sich acht der 58 Mitgliedsstaaten der Stimme (Sowjetunion mit fünf verbündeten Ostblockstaaten, Südafrika und Saudi-Arabien), es gab keine Gegenstimme. Obwohl die Allgemeine Erklärung noch keinen rechtsverbindlichen Anspruch besaß und in der Folgezeit durch konkrete Gesetze ergänzt wurde, hat sie große Bedeutung für die Entwicklung der Menschenrechte: Viele nationale Verfassungen, darunter das Grundgesetz der Bundesrepublik Deutschland und die Verfassung der DDR, entstanden unter ihrem Einfluss. Heute haben 171 der 185 UN-Mitgliedstaaten die Erklärung anerkannt. In Erinnerung an die Verkündung wird jährlich am 10. Dezember weltweit der „Tag der Menschenrechte" begangen.

▲ *Plakat der Vereinten Nationen von 1948.*

Präambel
Da die Anerkennung der allen Mitgliedern der menschlichen Familie innewohnenden Würde und ihrer gleichen und unveräußerlichen Rechte die Grundlage der Freiheit, der Gerechtigkeit und des Friedens in der Welt bildet, da Verkennung und Missachtung der Menschenrechte zu Akten der Barbarei führten, die das Gewissen der Menschheit tief verletzt haben, und da die Schaffung einer Welt, in der den Menschen, frei von Furcht und Not, Rede- und Glaubensfreiheit zuteil wird, als das höchste Bestreben der Menschheit verkündet worden ist, da es wesentlich ist, die Menschenrechte durch die Herrschaft des Rechtes zu schützen, damit der Mensch nicht zum Aufstand gegen Tyrannei und Unterdrückung als letztem Mittel gezwungen wird, [...] da die Mitgliedstaaten sich verpflichtet haben, in Zusammenarbeit mit den Vereinten Nationen die allgemeine Achtung und Verwirklichung der Menschenrechte und Grundfreiheiten durchzusetzen, da eine gemeinsame Auffassung über diese Rechte und Freiheiten von größter Wichtigkeit für die volle Erfüllung dieser Verpflichtung ist, proklamiert die Generalversammlung, diese Allgemeine Erklärung der Menschenrechte als das von allen Völkern und Nationen zu erreichende gemeinsame Ideal [...].

Art. 1: Alle Menschen sind frei und gleich an Würde und Rechten geboren. [...]
Art. 2: Jedermann hat Anspruch auf die in dieser Erklärung proklamierten Rechte und Freiheiten ohne irgendeine Unterscheidung, wie etwa nach Rasse, Farbe, Geschlecht, Sprache, Religion, politischer oder sonstiger Überzeugung, nationaler oder sozialer Herkunft, nach Vermögen, Geburt oder sonstigem Status. [...]
Art. 3: Jedermann hat das Recht auf Leben, Freiheit und Sicherheit der Person.
Art. 4: Niemand darf in Sklaverei oder Leibeigenschaft gehalten werden; Sklaverei und Sklavenhandel sind in allen ihren Formen verboten.
Art. 5: Niemand darf der Folter oder grausamer, unmenschlicher oder erniedrigender Behandlung oder Strafe unterworfen werden. [...]
Art. 7: Alle Menschen sind vor dem Gesetz gleich und haben ohne Diskriminierung Anspruch auf gleichen Schutz durch das Gesetz. [...]

Art. 9: Niemand darf willkürlich festgenommen, in Haft gehalten oder des Landes verwiesen werden. [...]

Art. 14: (1) Jedermann hat das Recht, in anderen Ländern vor Verfolgung Asyl zu suchen und zu genießen. [...]

Art. 15: (1) Jedermann hat Anspruch auf eine Staatsangehörigkeit. [...]

Art. 19: Jedermann hat das Recht auf Freiheit der Meinung und der Meinungsäußerung; dieses Recht umfasst die unbehinderte Meinungsfreiheit und die Freiheit, ohne Rücksicht auf Staatsgrenzen Informationen und Gedankengut durch Mittel jeder Art sich zu beschaffen, zu empfangen und weiterzugeben.

Art. 20: (1) Jedermann hat das Recht auf Versammlungs- und Vereinigungsfreiheit zu friedlichen Zwecken.

(2) Niemand darf gezwungen werden, einer Vereinigung anzugehören.

Art. 21: Jedermann hat das Recht, an der Gestaltung der öffentlichen Angelegenheiten seines Landes unmittelbar oder durch frei gewählte Vertreter teilzunehmen. [...]

Art. 22: Jedermann hat als Mitglied der Gesellschaft Recht auf soziale Sicherheit und hat Anspruch darauf, durch innerstaatliche Maßnahmen und internationale Zusammenarbeit unter Berücksichtigung der Organisation und der Hilfsmittel jedes Staates in den Genuss der für seine Würde und die freie Entwicklung seiner Persönlichkeit unentbehrlichen wirtschaftlichen, sozialen und kulturellen Rechte zu gelangen.

Art. 23: (1) Jedermann hat das Recht auf Arbeit, auf freie Berufswahl, auf angemessene und befriedigende Arbeitsbedingungen sowie auf Schutz gegen Arbeitslosigkeit.

(2) Alle Menschen haben ohne jede Diskriminierung das Recht auf gleichen Lohn für gleiche Arbeit. [...]

Art. 25: (1) Jedermann hat das Recht auf einen für die Gesundheit und das Wohlergehen von sich und seiner Familie angemessenen Lebensstandard, einschließlich ausreichender Ernährung, Bekleidung, Wohnung, ärztlicher Versorgung und notwendiger sozialer Leistungen, sowie ferner das Recht auf Sicherheit im Falle von Arbeitslosigkeit, Krankheit, Invalidität, Verwitwung, Alter oder von anderweitigem Verlust seiner Unterhaltsmittel durch unverschuldete Umstände.

Art. 26: (1) Jedermann hat das Recht auf Bildung.

Bundeszentrale für politische Bildung (Hrsg.), Menschenrechte. Dokumente und Erklärungen, 3., aktualisierte und erweiterte Auflage, Bonn 1999, S. 52ff.

M9

Die Allgemeine Erklärung der Menschenrechte im Islam

Für die Menschenrechtsdiskussion im Islam bildet die Erklärung vom 19. September 1981 einen Höhepunkt: Verabschiedet von der Organisation der Islamischen Konferenz (OIK), die sich als Unterabteilung der UNO auf islamischer Ebene versteht, ist sie der Versuch einer eigenständigen islamischen Begründung von Menschenrechten. Die Menschenrechte sind in der islamischen Erklärung nicht vernunftrechtlich begründet, sondern Teil des göttlichen Gesetzes, der Scharia. Problematisch wird dies durch die zweifache Bedeutung des Begriffs Scharia: Zum einen wird er als ewiges göttliches Gesetz verstanden, zum anderen als dessen konkrete Formulierung in menschlicher Sprache, in Form des traditionellen islamischen Rechts. Den Hintergrund dieser Erklärung bildet die Aktivierung des Islam als ein politisches Phänomen seit Beginn der 1970er-Jahre, das in der Ausrufung der „Islamischen Republik Iran" 1979 zum ersten Mal politisch institutionalisiert wurde. Die Ziele dieser islamischen Bewegung sind die Befreiung der islamischen Welt und die Wiederherstellung einer umfassenden islamischen Ordnung im Inneren wie auf internationaler Ebene.

Präambel

Vor 14 Jahrhunderten legte der Islam die „Menschenrechte" umfassend und tiefgründend als Gesetz fest. Zu ihrem Schutze umgab er sie mit ausreichenden Sicherheiten. Er gestaltete seine Gesellschaft nach Grundregeln und Prinzipien, die diese Rechte stärken und stützen. [...]

Wir Muslime der verschiedensten Völker und Länder

- in unserer demütigen Verehrung des einzigen und allmächtigen Gottes;
- in unserem festen Glauben, dass er der unbestrittene Herr des Diesseits und des Jenseits ist; dass wir alle letztendlich zu ihm zurückkehren; dass allein er es ist, der den Menschen zu seinem Besten und zu seinem Wohle leiten kann [...];
- in unserer vorbehaltslosen Anerkennung der Tatsache, dass der menschliche Verstand unfähig ist, ohne die Führung und Offenbarung Gottes den bestgeeigneten Weg des Lebens zu beschreiten; [...]

verkünden wir Muslime [...] diese Deklaration im Namen des Islam über die Menschenrechte hergeleitet aus dem edlen Koran und der reinen Sunna[1] des Propheten.

Sie sind in dieser Niederlegung ewige Rechte, von denen nichts abgestrichen, geändert, aufgehoben oder ausgesetzt werden darf. Sie sind Rechte, die der Schöpfer [...] festgelegt hat. Der Mensch, wer immer er auch sei, hat kein Recht, sie auszusetzen oder zu verletzen. [...]

Art. 1: (a) Das Recht des Menschen ist heilig. Niemand darf es verletzen [...]. Diese Heiligkeit kann nur durch die Macht der Scharia und durch die von ihr zugestandenen Verfahrensweisen angetastet werden. [...]

Art. 2: (a) Die Freiheit des Menschen ist wie sein Leben geheiligt. [...] Ausreichende Garantien zum Schutz der Freiheit der Individuen müssen geschaffen werden. Nur durch die Scharia und die durch sie zugestandenen Verfahrensweisen dürfen sie eingeschränkt oder begrenzt werden. [...]

Art. 3: (a) Alle Menschen sind vor der Scharia gleich [...].

(b) Alle Menschen haben den gleichen menschlichen Wert [...].

(c) Jeder hat Anspruch auf Nutzung der materiellen Ressourcen der Gesellschaft, wobei er die gleiche Arbeitsmöglichkeit wie der andere hat. [...]

Art. 4: (a) Jeder hat das Recht darauf, sich in seiner Angelegenheit an die Scharia zu wenden, und darauf, dass er nur nach der Scharia beurteilt wird [...]. (e) Niemand kann einen Muslimen zwingen, einem Befehl, der der Scharia widerspricht, zu gehorchen [...].

Art. 5: (d) Es ist keinesfalls erlaubt, eine von der Scharia für eine Straftat vorgesehene Strafe zu überschreiten [...].

Art. 12: (a) Jeder kann denken, glauben und zum Ausdruck bringen, was er denkt und glaubt, ohne dass ein anderer einschreitet oder ihn behindert, solange er innerhalb der allgemeinen Grenzen, die die Scharia vorschreibt, bleibt. Nicht erlaubt ist die Verbreitung von Unwahrheit und die Veröffentlichung dessen, was der Verbreitung von Unwahrheit oder Schwächung der Umma[2] dient [...].

(e) Hochachtung vor den Empfindungen der Andersgläubigen ist ein Charakterzug des Muslims. Keinem ist es erlaubt, die Überzeugung eines anderen zu verspotten, ebensowenig, die Gesellschaft gegen ihn aufzuhetzen [...].

Art. 19: (a) Die Ehe in ihrem islamischen Rahmen ist das Recht eines jeden Menschen. [...] Jeder der beiden Ehegatten hat gleiche Rechte und Pflichten gegen den anderen, wie die Scharia sie aufführt: „Die Frauen haben dasselbe zu beanspruchen, wozu sie verpflichtet sind, in rechtlicher Weise. Und die Männer stehen eine Stufe über ihnen" (Koran 2, 228). Dem Vater obliegt die Erziehung seiner Kinder [...].

Bundeszentrale für politische Bildung (Hrsg.), Menschenrechte, a. a. O., S. 619 ff.

1) *Lebensweise des Propheten Mohamed*

2) *islamische Gemeinschaft*

Was kann die Weltgemeinschaft tun, um Menschenrechtsverletzungen zu ahnden?

M10

Grundlegende Rede vor dem Internationalen Militärgerichtshof in Nürnberg

Am 21. November 1945 eröffnet Robert H. Jackson im Auftrage der Vereinigten Staaten von Amerika vor dem Internationalen Militärgerichtshof in Nürnberg die Anklage gegen führende Vertreter der nationalsozialistischen Politik:

Ich bin mir der Schwächen eines Gerichtsverfahrens allein zu gut bewusst, als dass ich behauptete, Ihr Urteil als solches, das Sie nach dem Statut fällen, könnte künftige Kriege verhindern. Vor Gericht wird immer erst verhandelt, wenn eine Sache geschehen ist. [...] Aber der letzte Schritt, ständig wiederkehrende Kriege zu verhüten, die bei internationaler Gesetzlosigkeit unvermeidlich sind, ist, die Staatsmänner vor dem Gesetz verantwortlich zu machen. Und lassen Sie es mich deutlich aussprechen: Dieses Gesetz wird hier zwar zunächst auf deutsche Angreifer angewandt, es schließt aber ein und muss, wenn es von Nutzen sein soll, den Angriff jeder anderen Nation verdammen, nicht ausgenommen die, die jetzt hier zu Gericht sitzen. [...]
Um den Wert dieser Bemühung, Gerechtigkeit zu üben, abschätzen zu können, darf das Gesetz oder Ihr Urteilsspruch nicht gesondert betrachtet werden. Dieser Prozess ist ein Teil der großen Anstrengung, den Frieden sicherer zu machen. Ein Schritt in dieser Richtung ist die Bildung der Vereinten Nationen. Sie können sich politisch zu gemeinsamem Handeln zusammentun, um einen Krieg zu verhindern, wenn das möglich ist, und können militärisch gemeinsam handeln, um gewiss zu machen, dass jede Nation, die einen Krieg beginnt, ihn auch verliert. [...]
Die wahre Klägerin vor den Schranken dieses Gerichts ist die Zivilisation. Sie ist noch unvollkommen und ringt in allen unseren Ländern. Sie behauptet nicht, dass die Vereinigten Staaten oder irgend ein anderes Land an den Zuständen schuldlos seien, die das deutsche Volk so leicht dem Schmeicheln und der Einschüchterung der Nazi-Verschwörer haben zum Opfer fallen lassen. [...]
Die Zivilisation fragt, ob das Recht so zaudernd und träge sei, dass es gegenüber so schweren Verbrechen, begangen von Verbrechern so hoch im Rang, völlig hilflos ist. Die Zivilisation erwartet nicht, dass Sie den Krieg unmöglich machen können. Wohl aber erwartet sie, dass Ihr Spruch die Kraft des Völkerrechts mit seinen Vorschriften und seinen Verboten und vor allem mit seiner Sühne dem Frieden zum Beistand geben werden, so dass Männer und Frauen guten Willens in allen Ländern leben können „keinem untertan und unterm Schutz des Rechts".

Robert H. Jackson, Grundlegende Rede vorgetragen im Namen der Vereinigten Staaten von Amerika, Frankfurt/Main 1946, S. 69 ff.

M11

Menschen- und Bürgerrechte in Gefahr?

In einer Presseerklärung vom 23. November 2001 kommentieren sechzehn Menschenrechtsorganisationen (u.a. amnesty international, Deutscher Frauenrat und PRO ASYL) die Reaktionen auf die Terroranschläge vom 11. September 2001 in New York und Washington, bei denen ca. 3000 Menschen starben.

Die Reaktionen der weltweiten „Allianz gegen den Terror" haben in vielen Mitgliedsländern dieser Allianz zu einer bedrohlichen Einschränkung von Menschen- und Bürgerrechten geführt. Die Freiheitsrechte der Bürgerinnen und Bürger in diesen Ländern stehen auf dem Spiel. Als Beispiel sind die in Großbritannien geführte Diskussion zum Austritt aus den Verpflichtungen der Europäischen Menschenrechtskonvention (EMRK) ebenso zu nennen, wie die von der Bundesregierung im Rahmen des Terrorbekämpfungsgesetzes geplanten asyl- und ausländerrechtlichen Verschärfungen sowie die weitreichenden Maßnahmen im Rahmen der Datenerhebung und Speicherung [...].

▲ *Die Zwillingstürme des World Trade Centers am 11. September 2001 – getroffen von zwei entführten Flugzeugen, die von den islamistischen Terroristen Mohammed Atta und Marwan al-Shehhi gesteuert wurden.*

Die Menschenrechtsorganisationen warnen vor den weitreichenden Folgen dieser Einschränkungen von Menschen- und Bürgerrechten für alle Länder gleichermaßen.

Auch international bedeuten viele Maßnahmen der Allianz gegen den Terror eine Verschlechterung des Menschenrechtsschutzes. Im Rahmen dieser „Allianz gegen den Terror" verbünden sich so heterogene Partnerstaaten wie Russland, China, die Vereinigten Staaten, aber auch die Bundesrepublik Deutschland und Pakistan. In vielen Ländern dieses Zweckbündnisses werden Menschenrechte mit Füßen getreten. Es ist zu befürchten, dass durch diese „unheilige Allianz" es immer weniger möglich wird, die in diesen Staaten geschehenden schweren Menschenrechtsverletzungen anzuklagen und zwischenstaatlich auf eine Beendigung dieser Menschenrechtsverletzungen zu drängen. [...]

Durch die kriegerischen Maßnahmen gegen Afghanistan wurden von den USA und ihren Verbündeten schwere Menschenrechtsverletzungen bewusst in Kauf genommen. So wurden durch die Bombardierung der USA, zum Teil mit Streubomben, die Menschenrechte der Zivilbevölkerung des Landes, wie z.B. das Recht auf Leben, Nahrung und Sicherheit schwer verletzt [...].

Es ist äußerst zweifelhaft, ob der Einsatz von Militär durch die USA und ihren Bündnispartnern durch das Völkerrecht gedeckt ist. Statt das brüchige Völkerrecht fortzuentwickeln, das auf der Ächtung des Krieges basiert, stellt die Rückkehr zum Krieg einen schweren Rückschritt für die zukünftige Entwicklung der Vereinten Nationen dar.

http:/www.proasyl.de/presse01/nov23.htm

M12

„What we're fighting for"

Am 12. Februar 2002 veröffentlichen 58 amerikanische Intellektuelle einen Appell, den „Krieg gegen den Terror" zu unterstützen.

Manchmal wird es notwendig für eine Nation, sich mit Waffengewalt selbst zu verteidigen. Weil aber Krieg eine schwerwiegende Angelegenheit ist, die das Opfern und Auslöschen wertvoller Menschenleben einschließt, verlangt das Gewissen von jenen, die den Krieg erwägen, dass sie die moralische Begründung ihres Handelns klar benennen, um voreinander und vor der Weltgemeinschaft die Prinzipien zu klären, die sie verteidigen. [...]

Keine andere Nation in der Geschichte hat ihre Identität [...] so direkt und ausdrücklich mit den universalen Menschenrechten verbunden. [...] Wir glauben daran, dass die Freiheit aller Menschen möglich und gewünscht ist. Wir glauben, dass bestimmte grundlegende moralische Werte überall in der Welt anzuerkennen sind. Wir stimmen [...] der UN-Menschenrechts-Charta zu. [...]

Wir anerkennen, dass jeder Krieg schrecklich ist und das Ergebnis des politischen Versagens von Menschen darstellt. [...] Doch die Vernunft und die moralische Abwägung lehren uns, dass es Zeiten gibt, in denen die erste und wichtigste Reaktion auf das Böse sein muss, es zu stoppen. Es gibt Zeiten, in denen es nicht nur moralisch gerechtfertigt, sondern sogar geboten ist, den Krieg zu erwägen – als Antwort auf katastrophale Gewaltakte, Hass und Ungerechtigkeit. Derzeit erleben wir einen solchen Moment. [...]

Wenn [...] die Gefahr für unschuldiges Leben real und gewiss ist, und besonders wenn der Aggressor von unversöhnlichem Hass getrieben ist – wenn also sein Ziel nicht ist, Verhandlungen oder Nachgeben zu erzwingen, sondern die Zerstörung des Gegners –, dann ist Gewalt gegen ihn als letzter Ausweg moralisch gerechtfertigt.

Der Tagesspiegel vom 12. Februar 2002

Menschenrechtsvorstellungen seit der Antike
Zeigen Sie an M1–M9, welches Menschenbild hinter den jeweiligen Entwürfen steht und welche Konsequenzen für ein menschliches Miteinander daraus abgeleitet werden. Berücksichtigen Sie zusätzlich auch Texte von Thomas von Aquin, Martin Luther und Francisco de Vitoria sowie das Projekt „Weltethos" des Theologen Hans Küng. Erarbeiten Sie aus Ihren Ergebnissen fiktive Streitgespräche, die sie anschließend als Radiobeitrag präsentieren.

Die Entwicklung der Menschenrechte
Stellen Sie die einzelnen in M5 genannten Kodifikationen vor und erklären Sie ihre Bedeutung für die Entwicklung der Menschenrechte. Zeigen Sie auf, wie darin auf die jeweilige historische Situation und deren besondere Probleme reagiert wird. Formulieren Sie dazu eine Rede mit Hilfe der Strukturierungsanleitung im Methodenteil. Recherchieren Sie die wichtigsten Menschenrechtsdokumente der Vereinten Nationen nach 1948 und stellen Sie eine Dokumentation zusammen.

Die „Kopftuchdebatte" in Baden-Württemberg
Vergleichen Sie die „Allgemeine Erklärung der Menschenrechte" der Vereinten Nationen (M8) mit der „Allgemeinen Erklärung der Menschenrechte im Islam" (M9) und informieren Sie sich über die so genannte „Kopftuchdebatte" von 1998 in Baden-Württemberg. Stellen Sie dann die verschiedenen Positionen dieser Debatte in einer Broschüre zusammen und verteilen Sie diese in der Schule. Bitten Sie die Schüler, ihre Meinungen in Form von Leserbriefen zu äußern, werten Sie die Beiträge im Unterricht aus.

Sklavenhandel – (k)ein aktuelles Thema?
Nach Untersuchungen verschiedener Menschenrechtsorganisationen ist der Sklavenhandel keineswegs ein abgeschlossenes Kapitel der Geschichte. Im Gegenteil: Die Zahl gewaltsam zur Arbeit gezwungener Menschen ist hoch – und das auch in Westeuropa. Informieren Sie sich über den Sklavenhandel zu Beginn des 21. Jahrhunderts und sammeln Sie Material zu diesem Thema. Entwickeln Sie dann fiktive Interviews mit Betroffenen und präsentieren Sie diese in Form einer Radioreportage.

Kinder als Opfer
Kinder sind häufig Opfer von Menschenrechtsverletzungen. Sie werden zu harter körperlicher Arbeit, zu Prostitution gezwungen und als Soldaten eingesetzt. Kinderrechtsorganisationen, aber auch Organisationen wie das Rote Kreuz setzen sich dafür ein, dass diese Form der Menschenrechtsverletzung weltweit bekämpft wird. Wenden Sie sich an diese Organisationen und sammeln Sie Materialien. Entwerfen Sie dann eine Ausstellung in Ihrer Schule. Da dieses Thema Kinder betrifft, ist es sinnvoll, Schüler der Mittelstufe durch die Ausstellung zu begleiten und mit ihnen anschließend ein Gespräch zu führen.

Menschenrechtssituation heute
Dokumentieren Sie die Menschenrechtssituation in einem von Ihnen ausgewählten Land (möglicherweise in Zusammenarbeit mit dem Erdkunde-Unterricht). Recherchieren Sie selbstständig in entsprechenden Länderberichten. Stellen Sie dann eine CD-ROM her, die es ermöglicht über Links Informationen über die verschiedenen Länder zu bekommen. Organisieren Sie an Ihrer Schule einen Informationsabend mit Referenten von Menschenrechtsgruppen.

Literaturhinweise

- Abou, Selim: Menschenrechte und Kulturen, Bochum 1994
- Engelmann, Reiner/Fiechtner, Urs M. (Hrsg.): Frei und gleich geboren. Ein Menschenrechte-Lesebuch, Frankfurt/Main 1997
- Dies.: „aller menschen würde". Ein Lesebuch – amnesty international gewidmet, Frankfurt/Main 2001
- Hufton, Olwen: Menschenrechte in der Geschichte. The Oxford Amnesty Lectures 1994, Frankfurt/Main 1998
- Kühnhardt, Ludger (Hrsg.): Die Universalität der Menschenrechte, Bonn 1987

Quellensammlungen

- Heidelmeyer, Wolfgang (Hrsg.): Die Menschenrechte. Erklärungen, Verfassungsartikel, Internationale Abkommen, 2. Auflage, Paderborn 1977
- Bundeszentrale für politische Bildung (Hrsg.): Menschenrechte. Dokumente und Deklarationen, 3., aktualisierte und erweiterte Auflage, Bonn 1999

Adressen zum Thema

(Diese Liste stellt nur eine kleine Auswahl an Gruppen und Organisationen für Bürger- und Menschenrechte vor und erhebt keinen Anspruch auf Vollständigkeit.)

<u>Aktion Courage SOS Rassismus</u>
Postfach 2644
53106 Bonn
http:/www.aktioncourage.org

<u>amnesty international (ai)</u>
Sekretariat der deutschen Sektion
53108 Bonn
http:/www.amnesty.de

<u>Internationale Liga für Menschenrechte e.V.</u>
Oldenburger Str. 33
10551 Berlin
http:/www.ilmr.org

Bundesweite Arbeitsgemeinschaft für Flüchtlinge
<u>PRO ASYL</u>
Postfach 160624
60069 Frankfurt/Main
http:/www.proasyl.de

<u>TERRE DES FEMMES (TDF)</u>
Menschenrechte für die Frau e.V.
Postfach 2565
72015 Tübingen
http://www.terre-des-femmes.de/

<u>terre des hommes Deutschland e.V. (tdh)</u>
Hilfe für Kinder in Not
Postfach 4126
49031 Osnabrück
http://www.tdh.de/

<u>UNICEF Deutschland</u>
Kinderhilfswerk der Vereinten Nationen
Höninger Weg 104
50969 Köln
http://www.unicef.de/

<u>Vereinte Nationen</u>
Informationszentrum Bonn
Martin-Luther-King-Str. 8
53175 Bonn
http://www.uno.de
(mit eigenem Link zum Thema „Menschenrechte")

5.3 Der Kampf um die Rechte der Frau

▲ *„Heraus mit dem Frauenwahlrecht", Plakat von Karl Maria Stadler zum Frauentag am 8. März 1914, mit dem die sozialistische Frauenbewegung für das Frauenwahlrecht warb. Die „Eroberung des allgemeinen Frauenwahlrechts" war Anlass zur Einführung des Internationalen Frauentags, der 1911 zum ersten Mal begangen wurde.*

1791
Olympe de Gouges veröffentlicht die „Erklärung der Frau und Bürgerin" als Antwort auf die allgemeine „Erklärung der Menschen- und Bürgerrechte"

1848
Im amerikanischen Seneca Falls findet die erste Versammlung von Frauenrechtlerinnen statt

1865
Louise Otto-Peters initiiert auf dem ersten überregionalen Frauenkongress in Leipzig die Gründung des Allgemeinen Deutschen Frauenvereins (ADF)

1889
In Berlin werden erste Realkurse zur Erweiterung der höheren Töchterschule eingerichtet, die 1893 zu Gymnasialkursen ausgebaut werden

1891
Die SPD nimmt als erste deutsche Partei die Forderung des Frauenwahlrechts in ihr Programm auf

1893
In Karlsruhe wird das erste deutsche Mädchen-Gymnasium gegründet

1900
Als erster Bundesstaat lässt das Großherzogtum Baden Frauen zum regulären Universitätsstudium zu, die anderen deutschen Staaten folgen bis 1908 (Preußen) nach

1919
Die Weimarer Verfassung führt das aktive und passive Wahlrecht für Frauen ein

1949
Im Grundgesetz der Bundesrepublik und in der Verfassung der DDR werden die Gleichberechtigung von Männern und Frauen festgeschrieben

Einleitung

Die Gleichberechtigung von Frauen und Männern, die wir heute für selbstverständlich nehmen, ist ein noch keineswegs abgeschlossener Prozess mit einer langen Vorgeschichte. Bereits 1789 hatte *Olympe de Gouges* analog zur französischen „Erklärung der Menschen und Bürgerrechte" die „Erklärung der Rechte der Frau und Bürgerin" verfasst – und damit ein grundlegendes Defizit des revolutionären Gleichheitspostulats entlarvt: Es schloss Frauen aus. Es dauerte noch lange, bis den Frauen verfassungsmäßig dieselben Rechte zugestanden wurden wie den Männern. Obwohl schon nach der Weimarer Verfassung 1919 „dieselben staatsbürgerlichen Rechte und Pflichten" für Männer und Frauen galten, bedurfte es des ganzen Einsatzes der „Mütter des Grundgesetzes"[1)] und unzähliger Briefe von protestierenden Frauen, bevor 1949 das Grundgesetz der Bundesrepublik Deutschland in Art. 3 Abs. 2 festschrieb: „Männer und Frauen sind gleichberechtigt." Die Umsetzung dieses Grundsatzes, der auch in der DDR galt, blieb in beiden deutschen Staaten mangelhaft. Nach der Wiedervereinigung wurde das Grundgesetz ergänzt: „Der Staat fördert die tatsächliche Durchsetzung der Gleichberechtigung von Frauen und Männern und wirkt auf die Beseitigung bestehender Nachteile hin."

Wichtige Impulse für den Kampf um die Rechte der Frau gingen von der Aufklärung und der Französischen Revolution aus. Der mit der Industriellen Revolution verbundene gesellschaftliche Wandel warf mit der „Sozialen Frage" zugleich die „Frauenfrage" auf. Eine wichtige Vorreiterrolle übernahmen Feministinnen aus den angelsächsischen Ländern: Publizistisch engagierte sich *Mary Wollstonecraft* für „Eine Verteidigung der Rechte der Frauen" (1792). Die Teilnehmerinnen an der Versammlung im amerikanischen Seneca Falls demonstrierten 1848 vehement für die Verbesserung weiblicher Lebensbedingungen. Besonders öffentlichkeitswirksam und kämpferisch setzten sich die englischen Suffragetten[2)] seit 1860 für das gleiche Wahlrecht ein.

In den deutschen Staaten hatten Frauen bereits im Vormärz und noch mehr während der Revolution von 1848 auf gesellschaftliche Veränderungen gedrängt und erstmals politische Freiheit auch für sich erhofft (➧ S. 104 f.). Aber erst 1865 begannen sich Frauen übergreifend zu organisieren und gründeten in Leipzig den *Allgemeinen Deutschen Frauenverein (ADF)* (zum Programm des ADF ➧ S. 121). Daraufhin entstanden zahlreiche weitere Organisationen, die sich seit 1894 im Dachverband des *Bundes Deutscher Frauenvereine (BDF)* zusammenschlossen. Parallel zur bürgerlichen Frauenbewegung schuf sich die proletarische Frauenbewegung eigene Organisations- und Publikationsformen. Zum breiten Spektrum an „Frauenbestrebungen" trugen außerdem den christlichen und jüdischen Kirchen nahe stehende Vereine bei. Die Selbstauflösung des BDF am 15. Mai 1933 als Folge der nationalsozialistischen „Machtergreifung" markierte das Ende der „ersten" Frauenbewegung. Im Zuge der Studentenbewegung von 1968 entstand in der Bundesrepublik die „neue" Frauenbewegung. In der DDR galt nach sozialistischem Selbstverständnis mit dem Sieg des Proletariats die „Frauenfrage" als gelöst und die Unterdrückung der Frau als historisch überholt. Dennoch betätigten sich auch hier seit den frühen 1980er-Jahren wieder Frauen im Umfeld der Friedens-, Umwelt- und Bürgerrechtsbewegung.

---

1) *Friederike Nadig und Elisabeth Selbert (beide SPD), Helene Weber (CDU) und Helene Wessel (Zentrum)*
2) *von lat. suffragium „Stimmrecht": Bezeichnung für die radikalen Aktivistinnen der britischen Frauenbewegung vor 1914, später auch allgemein für Frauenrechtlerinnen benutzt*

Wandel der Geschlechterkonzepte

M1

Unterschiede in Erziehung begründet

Der französische Mathematiker, Philosoph und Politiker Jean Antoine de Condorcet (1743 - 1794) schreibt 1789 im Journal de la société „Über die Zulassung der Frauen zum Bürgerrecht":

Die Menschenrechte leiten ihre Berechtigung [...] allein daraus ab, dass Menschen sinnliche Wesen sind, sich moralische Ideen aneignen und mit diesen Ideen umgehen können. Da nun die Frauen die gleichen Fähigkeiten aufweisen, haben sie notwendigerweise auch die gleichen Rechte. [...] Es wird gesagt, dass Frauen zwar besser als die Männer, sanfter, sensibler und weniger den Lastern unterworfen seien, die auf Egoismus und Hartherzigkeit zurückzuführen sind, dass sie aber kein richtiges Gerechtigkeitsgefühl hätten, dass sie eher ihrem Gefühl als ihrem Gewissen gehorchten. Diese Beobachtung ist schon richtiger, aber sie beweist nichts: nicht die Natur, sondern die Erziehung, die soziale Existenz, verursachen diesen Unterschied. Weder die eine noch die andere haben den Frauen beigebracht, was recht und gerecht ist, sondern nur, was sich schickt, geziemt. Ferngehalten von den großen Geschäften, von allem, was sich nach einer rigorosen Rechtsprechung, nach positiven Gesetzen entscheidet, sind die Dinge, mit denen sie sich befassen, auf die sie Einfluss nehmen, genau die, die sich durch natürlichen Anstand und durch das Gefühl regeln lassen. Es ist also ungerecht, den Frauen weiterhin den Genuss ihrer natürlichen Rechte zu verweigern und dafür Gründe anzuführen, die nur deshalb eine gewisse Berechtigung haben, weil sie diese Rechte nicht genießen.

Hannelore Schröder (Hrsg.), Die Frau ist frei geboren. Texte zur Frauenemanzipation, Bd. 1, München 1979, S. 55 ff.

M2

Menschenrechte für Frauen

In Anlehnung an die am 26. August 1789 von der französischen Nationalversammlung verkündete „Erklärung der Menschen- und Bürgerrechte" (➧ M 7, S. 278) veröffentlicht 1791 die Schriftstellerin Olympe de Gouges die „Erklärung der Rechte der Frau und Bürgerin".

Wir, die Mütter, Töchter, Schwestern, Vertreterinnen der Nation, verlangen in die Nationalversammlung aufgenommen zu werden. In Anbetracht dessen, dass Unkenntnis, Vergessen oder Missachtung der Rechte der Frauen die alleinigen Ursachen öffentlichen Elends und der Korruptheit der Regierungen sind, haben wir uns entschlossen, in einer feierlichen Erklärung die natürlichen, unveräußerlichen und heiligen Rechte der Frau darzulegen, damit diese Erklärung allen Mitgliedern der Gesellschaft ständig vor Augen ist und sie unablässig an ihre Rechte und Pflichten erinnert; damit die

▲ *Lithografie, Augsburg um 1815. Der Bilderbogen schildert in sechs Folgen die Entwicklung eines weiblichen Kindes bis zur erwachsenen Frau mit der traditionellen Rollenfestlegung auf den häuslichen Bereich.*

Machtausübungen von Frauen ebenso wie jene von Männern jederzeit und somit auch mehr geachtet werden können; damit die Beschwerden von Bürgerinnen, nunmehr gestützt auf einfache und unangreifbare Grundsätze, sich immer zur Erhaltung der Verfassung, der guten Sitten und zum Wohl aller auswirken mögen. Das an Schönheit wie Mut im Ertragen der Mutterschaft überlegene Geschlecht anerkennt und erklärt somit, in Gegenwart und mit dem Beistand des Allmächtigen, die folgenden Rechte der Frau und Bürgerin:

I. Die Frau ist frei geboren und bleibt dem Manne gleich in allen Rechten. Die sozialen Unterschiede können nur im allgemeinen Nutzen begründet sein.

II. Ziel und Zweck jedes politischen Zusammenschlusses ist der Schutz der natürlichen und unveräußerlichen Rechte sowohl der Frau als auch des Mannes. Diese Rechte sind: Freiheit, Sicherheit, das Recht auf Eigentum und besonders das Recht auf Widerstand gegen Unterdrückung. [...]

IV. Freiheit und Gerechtigkeit besteht darin, den anderen zurückzugeben, was ihnen zusteht. So wird die Frau an der Ausübung ihrer natürlichen Rechte nur durch die fortdauernde Tyrannei, die der Mann ihr entgegensetzt, gehindert. Diese Schranken müssen durch Gesetz der Natur und Vernunft revidiert werden.

VI. Das Gesetz sollte Ausdruck des allgemeinen Willens sein. [...] Alle Bürgerinnen und Bürger, die gleich sind vor den Augen des Gesetzes, müssen gleichermaßen nach ihren Fähigkeiten, ohne andere Unterschiede als die ihrer Tugenden und Talente, zu allen Würden, Ämtern und Stellungen im öffentlichen Leben zugelassen werden.

VII. Für Frauen gibt es keine Sonderrechte; sie werden verklagt, in Haft genommen und gefangen gehalten in den durch das Gesetz bestimmten Fällen. Frauen unterstehen wie Männer den gleichen Strafgesetzen.

X. Niemand darf wegen seiner Meinung, auch wenn sie grundsätzlicher Art ist, verfolgt werden. Die Frau hat das Recht, das Schafott zu besteigen. Sie muss gleichermaßen das Recht haben, die Tribüne zu besteigen, vorausgesetzt, dass ihre Handlungen und Äußerungen die vom Gesetz gewahrte öffentliche Ordnung nicht stören.

XI. Die freie Gedanken- und Meinungsäußerung ist eines der kostbarsten Rechte der Frau, denn diese Freiheit garantiert die Vaterschaft der Väter an ihren Kindern. [...]

XVII. Das Eigentum gehört beiden Geschlechtern vereint oder einzeln. Jede Person hat darauf ein unverletzliches und heiliges Anrecht. [...]

Ute Gerhard, Menschenrechte – Frauenrechte 1789, in: Viktoria Schmidt-Linsenhoff (Hrsg.), Sklavin oder Bürgerin? Französische Revolution und neue Weiblichkeit, Frankfurt/Main 1989, S. 70 ff.

Die Frauenbewegung und ihre Erfolge

M3

Die Seneca Falls-Erklärung über die Rechte der Frauen

Die amerikanische Frauenrechtsbewegung formiert sich im Zusammenhang mit der Anti-Sklaverei-Bewegung. Als auf der World Anti-Slavery Convention in London 1840 Frauen der Zutritt verwehrt wird, verstärkt sich das Bewusstsein, dass die Lage der Frauen viele Parallelen zur Situation der Sklaven aufweist. Lucretia Mott, die zu den in London abgewiesenen Delegierten gehört, und Elisabeth Cady Stanton organisieren 1848 die erste „Woman's Rights Convention" in Seneca Falls, New York. Der Kongress und die Erklärung stellen den Beginn der organisierten Frauenrechtsbewegung dar. Das Frauenwahlrecht wurde jedoch erst 1920 in den USA eingeführt.

Wir halten diese Meinung für offenbar und selbstverständlich: dass alle Männer und Frauen gleich geschaffen sind, dass sie von ihrem Schöpfer mit gewissen unveräußerlichen Rechten ausgestattet sind, so da sind: Leben, Freiheit und das Streben nach Glück; dass, um diese Rechte zu sichern, Regierungen eingesetzt sind, die ihre legitime Macht aus der Zustimmung der Regierten erhalten. Wenn immer eine Regierung diesen Zwecken nicht dient, sondern sie zerstört, dann ist es das Recht derjenigen, die unter ihr leiden, ihr die Loyalität zu verweigern und auf Einberufung einer neuen Regierung zu bestehen, einer Regierung, die auf den genannten Prinzipien beruht und die ihre Macht dergestalt organisiert, dass sie in Zukunft den Zwecken der Sicherheit und des Glücks der Menschen dient. […]

Die Geschichte der Menschheit ist eine Geschichte wiederholter Ungerechtigkeiten und Übergriffe von Seiten des Mannes gegenüber der Frau mit dem Ziel der Errichtung einer absoluten Tyrannei über sie. Um das zu beweisen, sollen einer vorurteilslosen Welt Tatsachen unterbreitet werden:

- Er hat ihr niemals erlaubt, ihr unveräußerliches Recht auf politische Wahl auszuüben.
- Er hat sie gezwungen sich Gesetzen zu unterwerfen, bei deren Zustandekommen sie keine Stimme hatte.
- Er hat ihr Rechte verweigert, die er den ignorantesten und niedrigsten Männern, Einheimischen und Ausländern, einräumt.

  Solchermaßen dieses ersten Bürgerrechts, nämlich des Wahlrechts, durch ihn beraubt und dadurch am Ort der Gesetzgebung ohne Repräsentanten gelassen, hat er sie in jeder Hinsicht unterdrückt.
- Er hat sie als verheiratete Frau in den Augen des Gesetzes bürgerlich tot gesagt.
- Er hat ihr alles Recht auf Eigentum genommen, sogar das Recht auf Lohn, den sie selbst verdient hat.
- Er hat sie zu einem moralisch verantwortungslosen Wesen gemacht, da sie viele Verbrechen ohne Strafe begehen kann, wenn sie in Gegenwart des Ehemannes geschehen.
- In der Heiratszeremonie wird sie gezwungen ihrem Ehemann Gehorsam zu versprechen, der Herr aller Absichten und Bestrebungen wird: Das Gesetz gibt ihm die Macht sie ihrer Freiheit zu berauben und körperliche Züchtigungen anzuwenden.
- Er hat in den Scheidungsgesetzen bestimmt, was die eigentlichen Gründe sein sollen, und im Trennungsfalle, an wen die Vormundschaft über die Kinder gegeben wird […]. Die Gesetze beruhen in jedem Falle auf der falschen Annahme der Überlegenheit des Mannes und geben ihm alle Macht in die Hand. […]
- Er hat fast alle einträglichen Berufe monopolisiert; für diejenigen, die sie ausüben darf, erhält sie völlig unzureichenden Lohn. Er versperrt ihr alle Wege zu Wohlhabenheit und Ansehen, die er für sich selbst als höchst ehrenhaft betrachtet. Als Lehrer der Theologie, der Medizin oder des Rechts gibt es die Frau nicht.
- Er verweigert ihr die Möglichkeiten, eine gründliche Ausbildung zu erwerben: Alle höheren Bildungsstätten sind ihr verschlossen. […]

  Angesichts dieser völligen Rechtlosigkeit der einen Hälfte der Menschen dieses Landes, angesichts ihrer sozialen und religiösen Erniedrigung, angesichts der ungerechten Gesetze, die wir oben genannt haben und weil die Frauen selbst sich ungerecht behandelt, unterdrückt und in betrügerischer Weise ihrer heiligsten Rechte beraubt fühlen, bestehen wir jetzt darauf, dass sie sogleich Zugang haben zu allen Rechten und Privilegien, die ihnen als Bürger der Vereinigten Staaten gehören.

Hannelore Schröder (Hrsg.), Die Frau ist frei geboren. Texte zur Frauenemanzipation, Bd. 1: 1789–1870, München 1979, S. 92 ff.

M4
Unverantwortlicher Gesetzgeber

Hedwig Dohm (1833–1919) engagiert sich bereits in den 1870er-Jahren für das Frauenwahlrecht sowie die unbeschränkte Zulassung der Frauen zum Universitätsstudium und beeinflusst damit den radikalen Flügel der bürgerlichen Frauenbewegung. Im Deutschen Reich wird das Frauenwahlrecht erst 1919 durch die Weimarer Verfassung eingeführt (➧ S. 154 f.). Der folgende Auszug entstammt Dohms Aufsatz „Der Frauen Natur und Recht“ von 1876.

Die Frauen fordern das Stimmrecht als ihr Recht. Warum soll ich erst beweisen, dass ich ein Recht dazu habe? Ich bin ein Mensch, ich denke, ich fühle, ich bin Bürgerin des Staats, ich gehöre nicht zur Kaste der Verbrecher, ich lebe nicht von Almosen, das sind meine Beweise, die ich für meinen Anspruch beizubringen habe. […] Aus ihrer Macht über die Frauen leiten die Männer ihre Rechte den Frauen gegenüber her. Die Tatsache der Herrschaft ist aber kein Recht. Gesetzlich bestimmen sie alle die Maßregeln, Gebräuche und Ordnungen, die zur Unterdrückung des weiblichen Geschlechts dienen und nennen diese Arrangements dann einen Rechtszustand. Das Unrecht wird aber nicht geringer, wenn ein Gesetz es sanktioniert hat, die Unterdrückung nicht weniger nichtswürdig, sondern nur um so furchtbarer, wenn sie einen universellen, einen weltgeschichtlichen Charakter trägt. […] So lange es heißt: der Mann will und die Frau soll, leben wir nicht in einem Rechts-, sondern in einem Gewaltstaat. Und so lange der Mann unverantwortlicher Gesetzgeber für die Frau ist, werden im Wesentlichen die Zustände bleiben, wie sie sind […].

Margrit Twellmann, Die Deutsche Frauenbewegung. Ihre Anfänge und erste Entwicklung. Quellen 1843–1889, Meisenheim am Glan 1972, S. 548 ff.

M5

„Wir wollen einen Platz im Leben ausfüllen"

1893 wird in Karlsruhe das erste deutsche Mädchen-Gymnasium gegründet. Rahel Gothein gehört zu den ersten Absolventinnen, die 1899 ihr Abitur ablegen. Aus ihrer Abitursrede:

Mir ist die Ehre zu Teil geworden, […] einige Worte des Abschieds sprechen zu dürfen. Ein bedeutungsvoller Moment ist dies […], [i]st es doch das erste Mal, dass Schülerinnen eines regelrechten Gymnasiums in unserm Vaterland das Abitur machen durften […]. Ja, Einzelne haben es längst gefühlt, bedeutende Menschen helfen mit Einsetzung ihrer ganzen Persönlichkeit daran zu arbeiten – die große Mehrzahl aber verlacht's und belächelt's höhnisch, der Gedanke, dass Gymnasien, Universitäten auch den Frauen offenstehen sollen. […] Ich will hier nicht über Frauenbildung, Frauenstudium, über die Frauenfrage im Allgemeinen sprechen, dazu fühle ich mich weder berufen noch befähigt, auch wäre dies wohl nicht der rechte Platz dafür. Nein, ein Bekenntnis will ich hier ablegen in meinem und meiner Freundinnen Namen, warum wir diesen Weg gehen, warum wir unsere Befriedigung auf diesem Wege zu finden hoffen. Etwa weil wir emanzipiert sein wollen? Etwas anderes sein wollen als unsere Mitschwestern? Nein. Wir wollen nicht emanzipiert sein im schlechten häufig gebrauchten Sinn dieses Wortes. Wir wollen nicht – das Schreckbild der Emanzipation – unser[e] Haare kurz scheren und Zigarren rauchen, wir wollen nicht unsere weibliche Natur, unser Wesen aufgeben, um die Männer nachzuahmen, in der Meinung, dass wir dadurch etwas Besseres, Höheres werden. Nein, wir bleiben in unserem Wesen unverändert, wir fühlen uns nach wie vor eins mit unseren Schwestern, denn wir wollen gar nichts anderes sein als sie alle. – Warum habt ihr dann diese Laufbahn betreten? so höre ich fragen. […] Vor allem war es die Lust am Lernen, am Wissen, die uns diesen Weg gewiesen. […] Der zweite und stärkere Grund aber war der Gedanke: Wir wollen einen Beruf haben, wir wollen einen Platz im Leben ausfüllen. Nicht dass wir damit behaupten wollen, andere Frauen haben keinen Beruf, haben keine genügende Stelle auszufüllen! Nein, so töricht denken wir nicht! Aber können wir wissen, wohin das Schicksal uns führt? Kann nicht eine Zeit kommen, wo das Geschick uns auf uns selbst anweist und auf einen Posten stellt und uns zuruft: steht fest! Wie sollen wir dann stehen können, wenn wir das Stehen nie gelernt? Wir müssten fallen, zu eigener und andrer Last leben. Das wollen wir nicht; dagegen wollen wir gewappnet sein! Ja, es gibt noch andere Wege, das zu erreichen; es ist wahr. Aber wer kann es uns verargen, wenn wir denn stehen lernen müssen, dass wir da stehen wollen, wo wir es am besten für uns halten; dass wir den Posten suchen, wo wir glauben, etwas leisten zu können. […]
Auch noch ein dritter Gedanke hat uns diesen Weg vorgezeichnet, wenigstens denen unter uns, die sich wie heute die meisten studierenden Frauen dem medizinischen Studium zuwenden wollen. Der Gedanke, den Armen und Kranken, den Leidenden und Schwerbeladenen zu helfen, ihre Schmerzen zu lindern, ihre Leiden zu beheben! Und das ist doch

ein Wunsch, den jede Frau nachfühlen und verstehen muss. Vielleicht höre ich hierauf die Erwiderung: Ja, das ist alles schön und gut, besser und schöner, als wir gedacht, aber was sollen wir einem Gedanken nähertreten, der unausführbar, der unmöglich ist! Doch dieser Gedanke ist keine Utopie, ist kein leerer Traum nur, längst haben ihn bedeutende Frauen schon zur herrlichen Wirklichkeit gemacht.

Zitiert nach: 100 Jahre Mädchen-Gymnasium in Deutschland/ Karlsruhe, hg.v. der Stadt Karlsruhe, Karlsruhe 1993, S. 46ff.

▲ *Titelblatt der 50. Auflage von August Bebels „Die Frau und der Sozialismus" von 1910. Die erste Auflage erschien 1879 und beeinflusste die sozialistische Emanzipationstheorie sowie die sozialistische Frauenbewegung. Bebel kritisiert die Unterdrückung der Frau in der bürgerlichen Gesellschaft, die sich in der sozialen und wirtschaftlichen Abhängigkeit vom Mann äußert. Vom Sozialismus erwartet er die Emanzipation der Frau sowie des gesamten Proletariats.*

M6

Auseinandersetzung über das Frauen-Wahlrecht

Am 9. November 1904 debattiert die Abgeordnetenkammer des Königreichs Württemberg über den Antrag der SPD, das Frauenwahlrecht in die neue württembergische Gemeindeordnung aufzunehmen (die SPD hatte als erste deutsche Partei 1891 das Frauenstimmrecht und die rechtliche Gleichstellung der Frau in ihr Parteiprogramm aufgenommen). Am Ende dieser Debatte zieht die SPD ihren Antrag zurück.

Leonhard Tauscher, SPD: „Wir stellen hier den Antrag, auch den weiblichen [ledigen oder verwitweten] Gemeindeangehörigen das Bürgerrecht zu geben angesichts der immer stärker hervortretenden Gleichberechtigungsbewegung der Frauen. Meine Herren, ich muss da sagen, dass wir Sozialdemokraten bei der konservativen Gesinnung der Frauen wohl im Anfang keinen Nutzen haben werden, und dass der Nutzen viel mehr Ihren Parteien zu gut kommen wird. Das soll uns aber nicht hindern, auch für die Frau das gleiche Recht zu fordern wie für den Mann. " [...]

Theodor Liesching, DDP: „Ganz gewiss, meine Herrn, es wird die Zeit kommen [...], wo die Frauenbewegung so stark ist, dass die Frauen auch einmal an den politischen Geschicken des Landes aktiv teilnehmen. [...] Ich bin aber der Ansicht, dass man [...] ihnen [dann] das Wahlrecht zum Reichstag und zum Landtag geben soll [...]. Ich bin nun der Ansicht, dass, wenn auch die Frauenbewegung in den Städten eine zahlreiche Anhängerschaft hat, dass doch die Mehrzahl unserer Frauen zur Zeit nicht das Bedürfnis *(Rufe: Sehr richtig!)* und nicht den Wunsch hat, am Gemeindewahlrecht teilzunehmen. Ich habe mich wiederholt überzeugt, dass gerade auch aus den einfachsten Verhältnissen heraus die Frauen sagen: nein, das wollen wir doch nicht. Sie fühlen, dass sie noch nicht die politische Schulung hinter sich haben, die sie dazu befähigte, an dem Wahlrecht richtig teilzunehmen.
Der Antrag [...] ist auch ein außerordentlich inkonsequenter *(sehr richtig!)* [...] [Ich verstehe nicht], warum die Frau, die das Glück oder das Unglück hat, verheiratet zu sein, mit dem Moment der Verheiratung, indem sie unter das „brutale Joch" des

Ehemanns kommt, auch noch das Wahlrecht verlieren soll, neben manchen anderen Rechten [...]. Die zweite Inkonsequenz ist [...], dass nur die verwitweten Frauen aufgenommen sind, warum wollen Sie denn den geschiedenen Ehefrauen nicht auch das Wahlrecht geben? [...]" [...]

Karl Röder (von der rechtsliberalen Deutschen Partei): „Die Erteilung des Wahlrechts an Frauen lehnen wir zur Zeit ab."

Heinrich Kraut, Konservative: „Was [...] die Beteiligung der Frauen an dem Wahlrecht betrifft, so muss ich gestehen, ich bin noch nicht zu der sozialpolitischen Höhe emporgestiegen, dass ich auch auf diesem Gebiet die Gleichberechtigung des Ewig-weiblichen – so sehr ich es sonst zu schätzen weiß – anerkennen möchte. *(Rufe: Sehr richtig!)* Ich glaube, das sollten wir dem sozialdemokratischen Zukunftsstaat überlassen, der muss doch schließlich auch noch etwas zu tun haben. *(Heiterkeit.)*"

Karl Hildenbrand, SPD: „Meine Herrn, [...] [ich] habe bei Veranstaltungen von Frauen, bei Kongressen usw. den Eindruck bekommen, dass wir gar keinen Grund haben, die Fähigkeiten der politisch denkenden Männer höher zu stellen als die Fähigkeiten von politisch denkenden Frauen. [...] Bei uns gibt es gewiss Tausende, die ohne irgend welches tiefes Verständnis an dem Gemeindeleben sich beteiligen, die nicht so klar darüber sind, wie viele Frauen es sein würden, wenn man sie zu diesem Recht zulassen würde. *(Glocke.)* [...] Meine Herrn, Sie haben den Anfang machen müssen, den Frauen eine bessere Bildung zugänglich zu machen, weil sie bei der Industrie und sonstigen Beschäftigungen notwendig sind; Sie haben den Anfang machen müssen, den Frauen zu konzedieren, dass sie das Studium ergreifen können, Sie bilden sie zu höheren Lebensstellungen aus und damit haben Sie den Grund gelegt, dass Sie ihnen auch das Feld einräumen müssen, das, was sie gelernt haben, betätigen zu können. Ganz abgesehen von diesen frauenrechtlerischen Bestrebungen, kommt aber noch etwas ganz anderes in Frage. Meine Herrn, die Gemeinde verpflichtet die selbstständige Einwohnerin zu Beitragsleistungen [...]; sobald sie über ein gewisses Einkommen verfügt, wird sie auch zur Steuer herangezogen. Ich meine, wenn nicht nur die Industrie, die Landwirtschaft, sondern alle Betätigungen des öffentlichen Wirkens mit Frauenhänden aufgebaut werden, dann ist nicht einzusehen, warum [...] man die Frauen [nicht] an den Rechten teilnehmen lässt, die den übrigen Arbeitenden der Gesellschaft eingeräumt werden.

Also, meine Herrn, die Forderung des Frauenwahlrechts lässt sich nicht mit [...] Witzen abtun [...]. Unserem Antrag macht man besonders zum Vorwurf, dass er das Wahlrecht nur für die Ledigen und Verwitweten verlangt. [...] Es ist einer der Fehler, die wir gemacht haben, dass wir glaubten, bei Ihnen besser Anklang zu finden, wenn wir Ihnen Konzessionen machen."

Dr. Johann Baptist von Keine, Zentrum: „[D]ie Bewegung, welche man im Allgemeinen kurzweg als Frauenrechtsfrage bezeichnet, ist gewiss eine solche, der alle im öffentlichen Leben Stehenden, auch speziell wir von der Zentrumspartei, vollste Beachtung schenken und eine große Bedeutung beimessen. Wir sind vollauf überzeugt und auch bestrebt, dass [...] der Frauenwelt bessere Bedingungen und weitere Gebiete eröffnet, überhaupt günstigere Verhältnisse geschaffen werden sollen als bisher, und wir werden in diesem Sinn an der Regelung der so genannten Frauenfrage unserseits gewiss stets und gerne mitarbeiten.

Aber diese Frage, ich sage das große Buch der Frauenfrage, hat eben recht verschiedene Kapitel; sehr verschiedene Seiten, Ziele und Richtungen [...] und da ist es eben die Aufgabe des Gesetzgebers, dass er wohl zu unterscheiden weiß und scharf untersucht, wie weit die Berechtigung einer Forderung und eines Zieles geht. [...] Bei all unserer vollsten Sympathie für die Frauenbewegung [...] müssen wir nun sagen, die Frage des Wahlrechts der Frau [...] gehört in dasjenige Kapitel, in welchem an sich und jedenfalls derzeit unberechtigte Frauenforderungen gestellt sind – ich meine Forderungen, die über das in dieser Materie natürlich und tatsächlich zulässige Ziel hinausschießen. *(Sehr richtig!)*"

Verhandlungen der württembergischen Kammer der Abgeordneten auf dem 36. Landtag, Protokoll-Bd. 1, Stuttgart 1905, S. 40–62

M7
Einführung des Frauenwahlrechts in europäischen Ländern

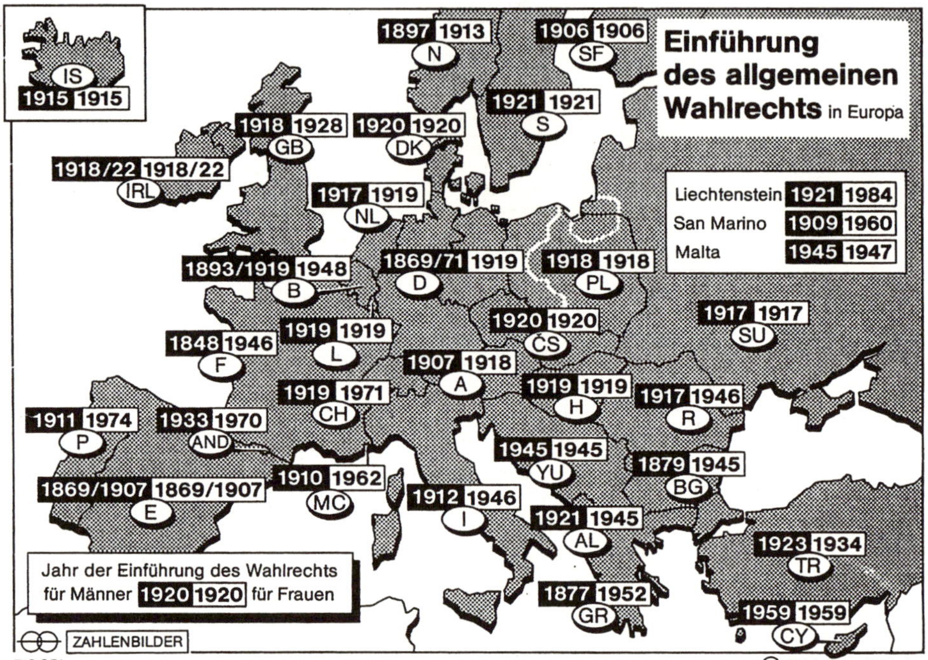

710 051 © Erich Schmidt Verlag

Die Situation der Frau in den verschiedenen gesellschaftlichen Gruppen des 19. Jahrhunderts

M8
Bitte um Gnadengehalt

Aus einem Bittschreiben eines Mannes an den Großherzog von Baden, der 1801 im Namen seiner Schwester um eine Pension für diese und die Mutter bat. Dem Gesuch wurde entsprochen: Mutter und Tochter bekamen je eine Pension von 450 Gulden jährlich. Oft wurden solche Bittgesuche jedoch auch ohne weitere Begründung abgelehnt.

[Für meine Schwester] ist der tödliche Hintritt meines seligen Vaters [eines Staatsrats] nicht nur ein tiefbeugender, sondern auch, zumal für meine unverheiratete Schwester, welche als großjährig keine Unterstützung aus der Witwenkasse zu erwarten hat, ein sehr harter Fall, indem sie aus dem jährlichen Ertrag ihres Erbteils ihren Lebensunterhalt nicht bestreiten kann. Da es nun traurig wäre, wenn die Hinterbliebenen eines 50jährigen [d.h. über 50 Jahre] treuen Dieners Mangel leiden oder ihr Leben unter Stand mit Händearbeit durchbringen müssten, so wage ich es untertänigst Eure Königliche Hoheit um einigen Gnadengehalt aus der Staatskasse [...] für beide [Mutter und Tochter] anzuflehen.

Susanne Asche u.a. (Hrsg.), Karlsruher Frauen 1715–1945. Eine Stadtgeschichte, Karlsruhe 1992, S. 129

M9

Arbeit im Schnellschritt

Der typische Tagesablauf einer Arbeiterin im 19. Jahrhundert:

▲ *Blick in das Innere der Parfümerie- und Toilettenseifenfabrik Wolff & Sohn, Karlsruhe 1887.*

Je nach der Entfernung der Wohnung von der Fabrik, nach dem Beginn der Fabrikarbeit und je nach dem Arbeitsbeginne des Mannes steht die Frau um $3\frac{1}{2}$, 4, $4\frac{1}{2}$ oder 5 Uhr auf. Nur in den Städten gestatten zuweilen jene Voraussetzungen, dass sie bis $5\frac{1}{2}$ Uhr ruhen kann. Dann wird das Frühstück für Mann, Frau und Kinder zubereitet und genossen, das abends vorher schon vorbereitete und angekochte Essen aufs Feuer gebracht und – wenn Mann und Frau oder eines von ihnen mittags nicht heimkehren kann – für diese in Blechtöpfe gefüllt, für die Kinder zum Wärmen hergerichtet. Die Kinder werden dann angekleidet, wenn sie größer sind, schulfertig gemacht, wenn sie kleiner und der Aufsicht und Wartung bedürftig, genährt und zur Hütfrau getragen; wo eine Krippe vorhanden ist oder eine Bewahrschule, werden die Kleinen und Kleinsten diesen viel billigeren Anstalten anvertraut. Von da geht es zur Fabrik. Entfernungen von 2–3 km gelten als nahe, es gibt aber zahlreiche Arbeiterinnen, welche täglich 10–12 km auf ihren Fabrikwegen zurücklegen müssen. Danach die nur von Kaffee-, Vesper- und Mittagspause unterbrochene Tagesarbeit. Wo die Frauen während der Mittagspause heimgehen, stellt sich diese angebliche Ruhezeit als regelmäßige Arbeit dar. Im Schnellschritt eilt die Frau heim, macht Feuer, stellt die in Scheiben geschnittenen Kartoffeln auf, wärmt das vorher fertiggestellte Essen und speist mit den Angehörigen, denen sie die weitere Haussorge überlassen muss, um den Beginn der Fabrikarbeit nicht zu versäumen. Manch eine hat in der kurzen Pause auch noch den in der Obhut älterer Kinder belassenen Säugling zu nähren oder Kranke oder Altersschwache zu versorgen und in Ordnung zu bringen, ehe sie das Haus verlässt. Abends dasselbe, Abend essen, Schularbeiten der Kinder, Flicken und Waschen der Kleider und Wäsche, Vorbereitung des Essens für den anderen Tag. Vor 9 Uhr endet der Arbeitstag nie, vor 10 Uhr selten und oft erst nach 11 Uhr. 16 Stunden im besten, ihrer 20 im ungünstigsten Fall.

Zit. nach Ingeborg Weber-Kellermann, Frauenleben im 19. Jahrhundert, München 1991, S. 165 f.

M10

Die Lebenssituation von Arbeiterinnen und Arbeitern in Mannheim um 1890

Friedrich Wörishoffer verfasst 1891 im Auftrag der badischen Regierung einen Bericht über die soziale Lage der Fabrikarbeiter in Mannheim. Als staatlicher Fabrikinspekteur ist er für die Einhaltung der Arbeitsschutzgesetzgebung zuständig.

Eine 20-jährige Arbeiterin in der chemischen Fabrik, verdient in der Woche 10,20 Mark: Liefert den ganzen Verdienst an ihre Eltern ab, welche für sämtliche Bedürfnisse sorgen [...]. Ist oft an Rheumatismus krank und verdient wenig. Von 3 Geschwistern verdient eine Schwester denselben Lohn.

Eine 17-jährige Arbeiterin verdient in derselben Fabrik 9,40 Mark wöchentlich, den sie ebenfalls an die Eltern abliefert:
Der Vater ist Taglöhner in der Landwirtschaft. Die andere Schwester arbeitet in derselben Fabrik. Der Verdienst des Vaters ist unregelmäßig und gering. Er hat früher bei der Arbeit eine Verletzung erlitten.

Der Wochenlohn einer 21-jährigen Weberin in einer Asbestfabrik beträgt 12 Mark:
Liefert 10 M[ark] in der Woche an ihre Eltern ab [bei denen sie wohnt], welche ihr auch die nötigsten Kleider liefern. Der Verdienst wird durch 13-stündige Arbeit verdient.

In dieser Asbestfabrik verdient eine 29-jährige Arbeiterin 8,40 Mark an Wochenlohn, wovon sie für die Wohnung 1,50 Mark ausgibt:
Kann für Verköstigung nur 3 bis 3,50 M[ark] aufwenden. Isst mittags nur einen Teller Suppe für 10 Pfg. in einem Kosthause und lebt im Übrigen von Kaffee und Brot. Erzielt ihren Verdienst nur durch 14-stündige Arbeitszeit. Die Bezahlung ist 10 Pfg. für die Stunde.

Der Wochenlohn einer 40-jährigen Maschinenarbeiterin in einer Federfabrik beträgt 8 Mark:
Hat ein Zimmer für 8 M[ark] monatlich angemietet. Bereitet sich ihr Essen selbst, lebt meist von Suppe, Kartoffel, Kaffee und Brot. Gibt an, bei der größten Sparsamkeit gerade auszukommen. Die meisten Arbeiterinnen verdienen weniger, gerade nur das Kostgeld, so dass anzunehmen ist, dass sie für ihre übrigen Bedürfnisse durch Prostituierung aufkommen. Hat selbst einen fünfzehnjährigen Sohn zu sich genommen, welcher in der Lehre ist und täglich 80 Pf. verdient.

In derselben Fabrik bekommt eine 23-jährige Arbeiterin einen Wochenlohn von 6 Mark, wovon 5 Mark wöchentlich für Kost und Logis abgehen:
Wohnt bei ihrem verheirateten Bruder, welcher in der Zementfabrik arbeitet. Fleisch wird selten gegessen, welches der Bruder bei seiner schweren Arbeit allein verzehrt. Ist mit ihrer Lebenshaltung zufrieden. Erhält von ihrem Liebhaber, welcher sie angeblich heiraten will, einen Zuschuss. Ein Kind aus einem früheren Verhältnis ist bei den Eltern der Mutter.

Die männlichen Arbeiter sind in Mannheim [...] meist ziemlich gut, zum Teil sehr gut bezahlt und sie halten mit Recht darauf, ihre Frauen nicht in den Fabriken arbeiten zu lassen. Mitwirken mag auch dabei, dass bei der kleinen Zahl der von den meisten Mannheimer Industrien in Anspruch genommenen Arbeiterinnen deren Verdienst im Gegensatze zu dem der Männer gering bemessen ist.

Friedrich Wörishoffer, Die sociale Lage der Fabrikarbeiter in Mannheim und dessen nächster Umgebung, Karlsruhe 1891, S. 227 ff.

M11
Weibliche Erwerbsbeteiligung 1882–1939

	1882	1895	1907	1925	1933	1939[1]
Weibliche Wohnbevölkerung (in Mio.)	23,07	26,36	31,26	32,21	33,53	35,40
Weibliche Erwerbspersonen (in Mio.)	7,79	8,22	9,74	11,48	11,48	12,80
Weibliche Erwerbsquote (in %)	33,8	31,2	31,2	35,6	34,2	36,1
Erwerbsquote der Frauen im erwerbsfähigen Alter			48,9	48,0	49,8	
Erwerbsquote verheirateter Frauen unter 60 Jahren			29,1	30,1	33,8	

Nach Ute Frevert, Frauen-Geschichte. Zwischen Bürgerlicher Verbesserung und neuer Weiblichkeit, Frankfurt/Main 1986, S. 290

1) Gebietsstand v. 31.12.1937

M12
Strukturen weiblicher Erwerbsarbeit 1882–1939

	1882	1895	1907	1925	1933	1939[1]
A. *Weibliche Erwerbspersonen* (in %)						
Mithelfende Familienangehörige	40,7	34,1	35,2	36,0	36,1	36,3
Dienstmädchen/Hausangestellte	17,9	18,2	16,1	11,4	10,5	10,5
Arbeiterinnen						
– in Industrie und Handel	11,8	17,0	18,3	23,0	22,9	24,8
– in der Landwirtschaft	15,5	16,6	14,5	9,2	7,5	6,2
Angestellte und Beamtinnen	1,7	2,6	6,5	12,6	14,8	15,6
Selbstständige	12,3	11,4	9,2	7,7	8,0	6,4
B. *Anteil der Frauen in einzelnen Wirtschaftsbereichen an allen weiblichen Erwerbspersonen* (in %)						
Landwirtschaft	61,4	53,5	49,8	43,3	40,5	38,3
Hauswirtschaft	18,0	18,2	16,1	11,4	10,5	10,5
Industrie und Handwerk	12,8	16,8	19,5	24,8	23,6	25,0
Dienstleistungen	7,7	11,5	14,6	20,5	25,4	26,1

Nach Ute Frevert, a.a.O., S. 291

1) Gebietsstand v. 31.12.1937

Geschlechterkonzepte
Zeigen Sie an M 1–M 6, welches Bild der Frau hinter den jeweiligen Entwürfen steht bzw. gegen welches vorherrschende Rollenverständnis sich die Texte wenden. Erarbeiten Sie dazu fiktive Streitgespäche.

Frauengeschichte vor Ort
Suchen Sie nach Spuren von „Frauenbestrebungen", z.B. zum Thema „Mädchenbildung" in Ihrem Ort. Werten Sie dazu lokale Vereinsregister, Zeitungsberichte oder -anzeigen aus. Dokumentieren Sie Ihre Ergebnisse in einer Wandzeitung.

Auseinandersetzung um das Frauenwahlrecht
Nehmen Sie die Debatte im württembergischen Abgeordnetenhaus 1904 (M 6) zum Anlass, um die kontroversen Positionen in der Frage des Frauenstimmrechts zu skizzieren. Informieren Sie sich über die Position einer der folgenden Frauenrechtlerinnen und verfassen Sie einen Kommentar aus ihrer Sicht:
a) Anita Augspurg b) Helene Lange c) Clara Zetkin

Auseinandersetzung um den § 218
Recherchieren Sie die Auseinandersetzung um den § 218. Gehen Sie beispielweise von Friedrich Wolfs 1929 veröffentlichten Drama „Zyankali" oder die 1971 von Alice Schwarzer in der Zeitschrift Stern ausgelöste Kampagne „Ich habe abgetrieben" aus und skizzieren Sie die zeitgenössischen Debatten. Informieren Sie sich über die gegenwärtige rechtliche Situation bei Schwangerschaftsunterbrechungen und die Haltung wichtiger gesellschaftlicher Gruppen dazu.

Scheidungsrecht
Informieren Sie sich über die rechtliche Lage der Frau nach einer Scheidung um 1900. Recherchieren Sie, warum die Frauenbewegung gegen die Einführung des Bürgerlichen Gesetzbuches 1900 einen „Frauenlandsturm" initiierte. Verfassen Sie einen Zeitungskommentar über die Entwicklung bis heute.

Frauenpresse
Sammeln Sie Informationen – ggf. in Zusammenarbeit mit dem Deutschunterricht – über Frauenzeitschriften. Grenzen Sie Ihre Recherchen zeitlich ein, z.B. auf das Kaiserreich oder auf die Gegenwart. Stellen Sie verschiedene Publikationsorgane vor: Unter welchen Bedingungen schreiben und publizieren Frauen, welche Themen werden behandelt, gibt es politische Zuordnungen u.a.? Stellen Sie Ihre Ergebnisse in Form von kurzen Referaten, Lesungen und/oder Biografien[1)] vor.

Krieg und Nachkriegszeit
Untersuchen Sie die Auswirkungen von Kriegen und Nachkriegszeiten auf die Lebensbedingungen von Frauen, z.B. auf das Erwerbsleben. Suchen Sie dazu statistisches Material, autobiografische Darstellungen und literarische Zeugnisse über die Rolle von Frauen nach 1918 bzw. 1945.

Frauen in den Revolutionen der Neuzeit
Informieren Sie sich über die Beteiligung von Frauen an revolutionären Erhebungen (1789–1848–1918/19). Erarbeiten Sie Ziele und Motive der beteiligten Frauen.

1) *Vgl. Methoden-Baustein: Biografien* ➧ *S. 102 f.*

Literaturhinweise

- Bundeszentrale für politische Bildung (Hrsg.): Frauen in Deutschland. Auf dem Weg zur Gleichberechtigung (=Informationen zur politischen Bildung 254), Bonn 1997 (online abrufbar unter *http://www.bpb.de/info-franzis/html/body_i_254.html*)
- Frevert, Ute: Frauen-Geschichte zwischen bürgerlicher Verbesserung und neuer Weiblichkeit, Frankfurt/Main 1986
- Gerhard, Ute: Unerhört. Die Geschichte der deutschen Frauenbewegung, Reinbek bei Hamburg 1990
- Hervé, Florence (Hrsg.): Geschichte der deutschen Frauenbewegung, 6. Auflage, Köln 2000
- Jenisch, Susanne (Hrsg.): Standpunkte. Ergebnisse und Perspektiven der Frauengeschichtsforschung in Baden-Württemberg, Tübingen 1993
- Twellmann, Margrit: Die deutsche Frauenbewegung. Ihre Anfänge und erste Entwicklung 1843–1889, Frankfurt/Main 1993

Quellensammlungen

- Brinker-Gabler, Gisela (Hrsg.): Frauenarbeit und Beruf, Frankfurt/Main 1979
- Frederiksen, Elke (Hrsg.): Die Frauenfrage in Deutschland 1865–1915. Texte und Dokumente, Stuttgart 1981
- Klucsarits, Richard/Kuerbisch, Friedrich G. (Hrsg.): Arbeiterinnen kämpfen um ihr Recht. Autobiographische Texte zum Kampf rechtloser und entrechteter „Frauenspersonen“ in Deutschland, Österreich und der Schweiz, 2. Auflage, Wuppertal 1981
- Möhrmann, Renate (Hrsg.): Frauenemanzipation im deutschen Vormärz. Texte und Dokumente, Stuttgart 1978
- Schröder, Hannelore (Hrsg.): Die Frau ist frei geboren; Texte zur Frauenemanzipation, 2 Bde., München 1979-81

Literaturrecherche

- ARIADNE-Datenbank der Österreichischen Nationalbibliothek (*http://euler.onb.ac.at/ariadne/dbinhalt.htm*): erfasst nicht nur Monographien, sondern auch frauenspezifische unselbstständige Literatur.

Adressen zum Thema

Frauenforschungs-, -bildungs- und -informationszentrum e.V. (FFBIZ)
Danckelmannstraße 47
14059 Berlin
http://www.ffbiz.de

FrauenMediaTurm
Das feministische Archiv und Dokumentationszentrum
Bayenturm
50678 Köln
http://www.frauenmediaturm.de

Archiv der deutschen Frauenbewegung
Gottschalkstr. 57
34127 Kassel
http://www.uni-kassel.de/frau-bib/
Vom Archiv der deutschen Frauenbewegung wird zweimal jährlich die Zeitschrift ARIADNE – Forum für Frauen- und Geschlechtergeschichte herausgegeben.
unter *www.uni-kassel.de/frau-bib/links/dickel.htm* viele nützliche Links

BAF – Bildungszentrum und Archiv zur Frauengeschichte Baden-Württembergs e.V.
Wöhrdstr. 25
72072 Tübingen

Museen

Frauenmuseum Bonn
http://www.frauenmuseum.textur.com/
(der Schwerpunkt des Museums liegt auf den Bildenden Künsten, aber es gibt immer wieder Projekte mit historischem Bezug)

Frauenmuseum Wiesbaden
http://www.frauenmuseum-wiesbaden.de

Online-Ausstellungen

http://www.frauengeschichte.uni-bonn.de/ausstell/ausstart.htm

http://www.dhm.de/lemo/html/kaiserreich/innenpolitik/frauen/index.html

http://www.nmwh.org/: (englischsprachig)

5.4 Migration

▲ *„Abschied der Auswanderer", Gemälde von Antonie Volkmar, 1860.*

Seit ca. 8000 v. Chr.
In der Menschheitsgeschichte vollzieht sich der Übergang von umherziehenden Sammlern und Jägern zu sesshaften Bauern

Mitte des 8.–6. Jh. v. Chr.
Griechische Kolonisation im Mittelmeerraum und am Schwarzen Meer

Um 300 n. Chr.
Beginn der Völkerwanderung

Zwischen 1492 – 1820
Ca. 13 Mio. Schwarzafrikaner werden von Afrika nach Amerika verschleppt

16. und 17 Jh.
Religiöse Intoleranz führt zu Auswanderungen, z. B. der Hugenotten aus Frankreich, der Böhmischen Brüder und der Salzburger Protestanten

18.–19. Jh.
Ca. 8 Mio. Deutsche wandern nach Amerika aus

1871–1914
Ca. 2 Mio. Menschen wandern auf der Suche nach neuen Arbeitsplätzen vom Osten in den Westen des Deutschen Reiches

1939–1945
Ca. 9 Mio. Menschen verlieren infolge der nationalsozialistischen Politik durch Umsiedlung, Emigration oder Vertreibung ihre Heimat; ca. 7 Mio. Menschen werden als Zwangs- oder Fremdarbeiter ins Deutsche Reich verschleppt

1951
Die Genfer Flüchtlingskonvention definiert, wer ein Flüchtling ist und verbietet die Ausweisung oder Abschiebung von Flüchtlingen

Bis 1960
Ca. 13 Mio. Vertriebene und Flüchtlinge aus den deutschen Ostgebieten und der sowjetisch besetzten Zone (SBZ) bzw. DDR kommen in die Bundesrepublik Deutschland

1950er- und 1960er-Jahre
Die Bundesrepublik Deutschland wirbt ca. 2,3 Mio. Arbeitskräfte aus Südeuropa an

1986
Der GAU des Atomreaktors Tschernobyl zwingt über 100 000 Menschen ihre Heimatorte zu verlassen

2001
Ca. 42 Mio. Menschen sind weltweit auf der Flucht oder in fluchtähnlichen Situationen

Einleitung

Was bringt Menschen dazu, ihre Heimat, Familie, Freunde, Arbeitsplätze, Wohnungen und vieles mehr auf Dauer aufzugeben? Was veranlasst ganze Gruppen, Ethnien oder Angehörige bestimmter Konfessionen dazu, ihre Heimat zu verlassen? Wanderungsprozesse – Migrationen – begleiten die Menschheitsgeschichte von Anfang an: von der Sesshaftwerdung über die griechische Kolonisation, die Völkerwanderung und die Kreuzzüge bis zu den Flüchtlingsströmen der Weltkriege und ethnischen Konflikten. Die Gründe für Migration sind dabei politisch, religiös, demographisch, wirtschaftlich oder rassistisch bedingt. Oft gehen sie ineinander über und sind nicht streng voneinander zu trennen: Wer unter den Auswirkungen von Krieg oder rassistischer Verfolgung leidet, gerät wegen fehlender Versorgungs- und Arbeitsmöglichkeiten in wirtschaftliche Not. Beispiele für eine Flucht aus politischen Gründen sind die Auswanderung oder Abschiebung der 1848er-Demokraten oder die Vertreibungen im und nach dem Zweiten Weltkrieg. Die Waldenser, Hugenotten und böhmischen Brüder zogen im 16. und 17. Jahrhundert aus religiösen Gründen in andere Staaten. Die Deutschen, die im 19. Jahrhundert nach Amerika auswanderten, waren zum größten Teil „Wirtschaftsflüchtlinge“. Die Ost-West-Wanderung aus den ostdeutschen Gebieten in den industrialisierten Westen des Deutschen Reiches stellte die bis dahin „größte Wanderungsbewegung der deutschen Geschichte“ *(Wolfgang Köllmann)* dar. Während der Entschluss zur Migration von diesen Menschen „freiwillig“ getroffen wurde, sind die afrikanischen Sklaven sowie die Deportierten, Fremdarbeiter und Vertriebenen im Zweiten Weltkrieg als Zwangsmigranten zu bezeichnen.

Räumlich betrachtet kann zwischen Aus-, Ein- und Binnenwanderung unterschieden werden. Dabei ist Migration nicht nur eine Wanderung von Menschen über Grenzen, sondern auch eine Wanderung von Grenzen über Menschen hinweg *(Klaus J. Bade)*: Beispiele dafür sind die polnischen Teilungen im 18. Jahrhundert und die Grenzveränderungen des Versailler Vertrages bzw. der Potsdamer Vereinbarungen.

Zunehmend sind auch ökologische Gründe ausschlaggebend für Wanderungsbewegungen: Im südlichen Afrika sind derzeit nach Schätzungen der UN über 100 Millionen Menschen akut durch Dürrekatastrophen und die Ausbreitung von Wüsten bedroht.

Der Schutz von Flüchtlingen wird durch die *Genfer Konvention*[1] von 1951 bestimmt, die es den Unterzeichnerstaaten verbietet, Flüchtlinge in Gebiete zurückzuweisen oder abzuschieben, in denen ihr Leben oder ihre Freiheit bedroht sind. Die Konvention definiert Flüchtlinge als Menschen, die ihr Heimatland aus begründeter Furcht vor Verfolgung wegen Rasse, Religion, Nationalität, politischen Überzeugungen oder der Zugehörigkeit zu einer sozialen Gruppe verlassen haben. Migranten unterscheiden sich von Flüchtlingen vor allem hinsichtlich ihres Aufenthaltsstatus, indem von vornherein nur wenige Länder (v.a. USA, Kanada und Australien) den Zuzug zur dauerhaften Niederlassung gestatten.[2] In der Bundesrepublik Deutschland, die sich bisher nicht als Einwanderungsland sah, jedoch in den 1950er- und 1960er-Jahren Arbeitskräfte aus Südeuropa als „Gastarbeiter“ anwarb, ist in den letzten Jahren eine Debatte um ein neues Zuwanderungsgesetz entstanden. Es soll den Zuzug ausländischer Arbeitskräfte regeln und die Integration der im Lande lebenden Migranten und ihrer Nachkommen verbessern.

1) *Die von den Vereinten Nationen verabschiedete Genfer Flüchtlingskonvention ist mittlerweile von 140 Staaten unterzeichnet worden.*

2) *Vgl. dazu die „Allgemeine Erklärung der Menschenrechte“ von 1948, Art. 13 (➧ M 8, S. 283).*

Auswanderung nach Amerika

M1

Immigranten in den USA 1850–1940

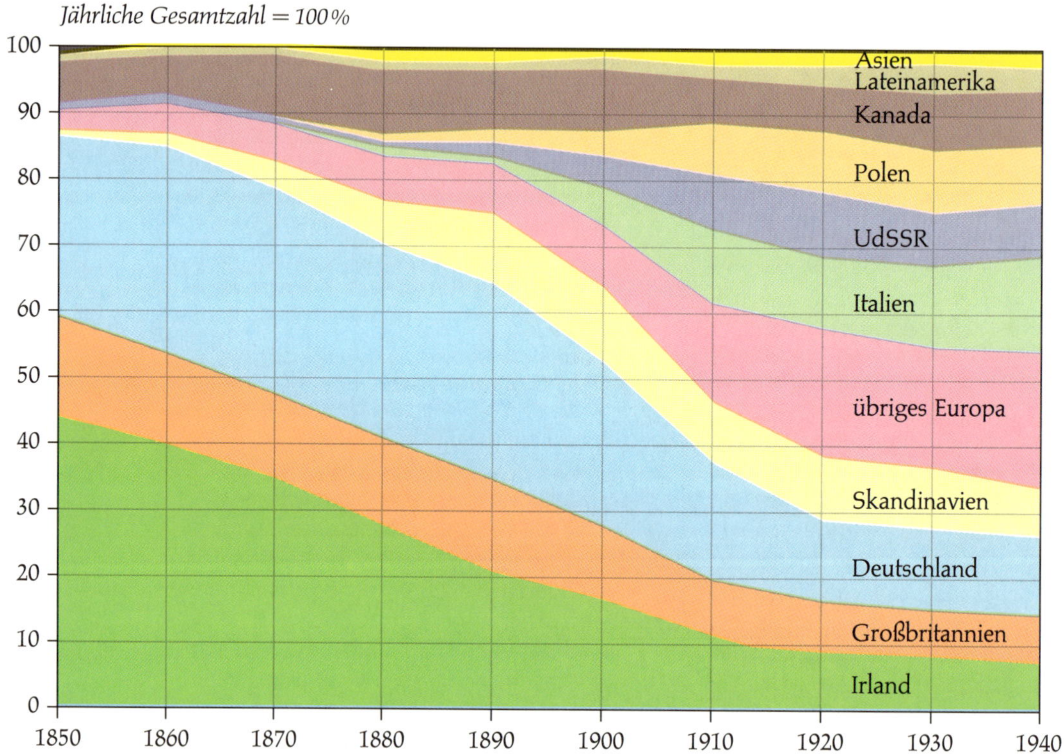

Willi Paul Adams, Deutsche im Schmelztiegel der USA: Erfahrungen im größten Einwanderungsland der Europäer, hg. von der Senatsverwaltung für Soziales – Ausländerbeauftragte, Berlin 1994, S. 7 (gekürzt)

M2

Württembergische Amerika-Auswanderer

1816/17 kam es in Württemberg zu einer ersten Auswanderungsbewegung von ca. 20 000 Menschen nach Amerika. Im Auftrag des württembergischen Königs befragte der Rechnungsrat und spätere Nationalökonom Friedrich List zwischen dem 30. April und dem 6. Mai 1817 Auswanderungswillige nach ihren Motiven.

Jacob Hampp, Weingärtner aus Eglosheim:

Ich habe ungefähr 350 Gulden mit meinem Weibe zusammengebracht und habe mich seither als Taglöhner genährt. Mein Schultheiß[1] hat mich sehr gedrückt, und mich namentlich zweimal in den Turm gesperrt, weil ich nicht bei der Jagdfron[2] erschienen bin, was mir unmöglich gewesen ist, da ich jedes Mal an einer Fußkrankheit, welche ich mir im Rus-

---

[1] *Gemeindevorsteher*
[2] *Frondienst bei landesherrlichen Jagden*

sischen Feldzug[1] durch Frost zugezogen, darnieder gelegen bin. Einzig deswegen gehe ich fort, und es gehen noch mehrere aus diesem Grund.

Adam Rühle, von Beutelspach:
Man sehe nur die Steuerzettel an, und man wird unsere Beschwerden selbst finden. Von sechs Morgen Guts habe ich in drei Jahren 279 Gulden zahlen müssen. Die Königssteuer beträgt fast nichts, aber der Amts- und Fleckenschaden ist unerschwinglich, wenn man sich darüber beklagt, so geben die Ortsvorsteher keine Auskunft, man lässt eben den Bürger nicht in die Sache hineinsehen.

Friedrich Huber, von Scheppach:
Ich wandere nicht aus, muss aber wegen meinem Tochtermann, der auswandern will, von der Farb sprechen[2]. Der Staatsschultheiß hat meinem Tochtermann zugesprochen er soll auswandern, und hat demselben angepriesen wie gut man es dort habe; ich habe ihn darüber zu Rede gestellt, weil mir mein Schwager, der in Amerika ist, geschrieben hat, die gebratenen Tauben fliegen einem auch nicht in den Mund.

Johann Adam Wieland, von Scheppach:
Man will mein Weib in Busch, woher ich gebürtig bin und wo ich mich verheiratet habe, nicht aufnehmen, weil sie nicht 200 Gulden Vermögen besitzt, und da ich nicht getrennt von ihr leben kann, so muss ich fortziehen.

20 Bürger aus Hambach geben an:
[…] Dann sei keine Unterstützung von den Herrschaften, sie haben einem nicht einmal Saatfrucht gegeben, so dass jetzt die Güter wüst liegen […]. Dann seien Gülten, Zinse, große Sterbfälle[3], welche die Herren nach Willkür erhöhen. Ihre Güter liegen in der Jagd des Herrn von Weiler zu Weiler, dessen wilde Säue ihnen vor einem Jahr ihre Felder ruiniert haben, so dass sie nun nichts zu essen haben, und dabei sei nun noch nicht einmal eine Vergütung bezahlt. […] Sie müssen das Vieh abschaffen, nur weil sie keine Streu haben. Auch müssen sie sich darüber beschweren, dass sie Strassenbauabgaben für ihr Vieh zahlen sollen, das keine Straßen sieht. Vor diesem haben die Gemeindekosten 200 Gulden ausgemacht, und jetzt langen 1000 Gulden nicht. Die Rechnung werde zwar publiziert, aber man dürfe nichts darüber sagen, sonst werde man gleich ungnädig angesehen oder Rebellen geheißen.

Günter Moltmann (Hrsg.), Aufbruch nach Amerika. Die Auswanderungswelle von 1816/1817, Stuttgart 1989, S. 131–156

1) *Ein württembergisches Truppenkontingent hatte auf Seiten Napoleons 1812 gegen Russland gekämpft.*
2) *Von der Farbe sprechen: die Wahrheit sagen*
3) *Gülten, Zinse, Sterbefälle: Abgaben und Leistungen an die Grundherren, unter anderem Anteil vom Nachlass eines Verstorbenen*

M3
Amtliche Beurteilung der Auswanderung

Aus einem Bericht des Bezirksamtes Hornberg im Schwarzwald vom 4. Mai 1817:

Nun ist zwar vorauszusehen, und alle so ziemlich sicheren Nachrichten sprechen dafür, dass diese Menschen, wenn sie nicht das gehörige Schiffgeld bezahlen können in Holland zurückgewiesen werden und genötigt sind, entweder ihre alte Heimat wieder aufzusuchen oder als Gauner und Diebe in der Welt herum zu irren. Die Gemeinden erklären aber schon zum Voraus, solche Abenteurer, die ihre wenigen eigenen Liegenschaften und alle Fahrnis[4] verkauft und den Erlös auf ihrem leichtsinnigen Zug nach Holland durchgebracht haben, nicht wieder anzunehmen, wenn sie zurückkehren und man wird dieses den Gemeinden auch nicht verargen können. Es ist also rätlich den Auswanderungen Einhalt zu tun, weil mit Gewissheit voraus zu sehen ist, dass ein Unglücklicher kein besseres Los erwartet, wenn auch einer oder der andere nach Amerika übergeschifft werden sollte, wogegen der Staat, von dem sie ausgegangen sind und in welchen sie zurückkehren, nur mit Leuten, die ihre letzte Habe aufgezehrt, sich der Arbeit entwöhnt und dagegen einen

4) *fahrende Habe, bewegliche Güter*

Hang zum Schlechten angenommen haben, belästigt wird. Man muss diese Menschen als Geisteskranke betrachten, sie geben keiner wohlgemeinten Vorstellung ihrer Beamten Gehör, verspotten und verlachen diese vielmehr und sind geneigt, jedes alberne Geschwätz über den Zustand des neuen Feenlandes und des sie dort erwartenden Glückes leichtgläubig aufzunehmen. Keiner bestimmt sich aus Überzeugung des wirklichen Zustandes, sondern weil er wähnt, er komme unter einem ganz warmen Himmelsstrich, wo Häuser und kultivierte Güter seiner warten, die er nicht viel zu bauen, sondern nur zu ernten habe, indem die Natur allein wirke und keines Zutuns menschlicher Kräfte bedürfe und weil er glaubt, die Produkte der heißen Zone und Gold und Silber zu finden!!

Günter Moltmann (Hrsg.), Aufbruch nach Amerika, a.a.O., S. 99 f.

M4

Ursachen für die Auswanderungen

Der königliche Landrat Spangenberg aus Trier verfasst 1852 einen Bericht an den königlichen Regierungspräsidenten über die Auswanderungen:

Abgesehen von der allgemeinen dem Deutschen beiwohnenden Wanderungslust lassen sich als äußere Grundursachen für die Auswanderungen folgende hervorheben:

1. die rückgängigen Vermögensverhältnisse der auswandernden Personen. Ein großer Teil der Auswanderungslustigen, namentlich der Familienväter, ist sehr verschuldet und wird von seinen Gläubigern auf Zahlung von Zinsen und oft auch des Kapitals gedrängt, wodurch er sich veranlasst findet, sein ganzes Vermögen mit den Grundgütern zu veräußern, um auf diese Weise seine Schulden zu bezahlen. Der verbleibende Teil des Kaufpreises aber zu gering [sic], um mit demselben hier eine die Familie ernährende Wirtschaft begründen zu können […].

2. Eine zweite Ursache für die Auswanderung ist in den günstigen Nachrichten zu suchen, welche von den Verwandten und Bekannten in Amerika […] hierher gelangen. Die von denselben geschriebenen Briefe stellen eine sorgenfreiere Subsistenz in Aussicht und laden die hiesigen Angehörigen nach dorthin ein. […] Vorzugsweise jüngere Leute lassen sich durch solche Nachrichten bestimmen, ihre Arbeitskraft in Amerika vorteilhafter, wie dies hier möglich wäre, zu verwerten.

3. Die in einem geordneten Staatsorganismus notwendigen Beschränkungen willkürlicher Handlungen des Einzelnen erscheinen Manchem so lästig, dass er es vorzieht, sich in ein Land zu begeben, wo zwar nicht so gesicherte Zustände wie hier, aber doch eine unbeschränktere Bewegung des Einzelnen zugelassen wird. Namentlich sind es die Gesetze zum Schutze der Forsten, der Wald- und Feldprodukte, welche dem weniger ordentlichen Landmann über die Maßen beengend erscheinen und ihn bestimmen, dorthin zu gehen, wo Holz, Streu und Gras nach seiner Ansicht von Jedem in Besitz genommen werden kann, wo er es findet […].

4. Die Abgaben, welche für Staat, Kirche, Schule und Gemeinde zu zahlen sind, werden dem weniger bemittelten Landmann […] schwer beizubringen und machen ihn unmutig. Weniger ist dies noch bei den Staatsabgaben der Fall […]. Dagegen nehmen die kirchlichen Bedürfnisse in manchen Gemeinden die Kräfte der Eingesessenen sehr in Anspruch, da […] die dafür erforderlichen Kosten bei dem Mangel an Kirchenvermögen von den Bewohnern des Ortes aufgebracht werden müssen. Auch unterwirft sich Mancher nicht gerne der allgemeinen Militärpflicht und mag dieselbe wohl hier und da mit ein Motiv für einen Familienvater sein, mit seinen heranwachsenden Söhnen auszuwandern […].

5. Endlich mag auch mancher unruhiger Kopf mit geordneten und gesicherten Zuständen im Staate nicht zufrieden sein, und in der Erkenntnis, dass seine Revolutionsideen hier keinen Anklang mehr finden, sich eine andere Heimat suchen.

Wolfgang J. Helbich, „Alle Menschen sind dort gleich …“. Die deutsche Amerika-Auswanderung im 19. und 20. Jahrhundert, Düsseldorf 1988, S. 84 ff.

M5

Briefe aus Amerika

Briefe von Auswanderern geben die Perspektive der Betroffenen direkter als jedes andere Medium wider. Ihre Subjektivität erfordert jedoch einen besonders vorsichtigen Umgang mit dieser Quellengattung. Oftmals beschönigen die Auswanderer in ihren Briefen die Lebensbedingungen in der neuen Heimat und erwecken damit bei den zurückgebliebenen Angehörigen falsche Vorstellungen.

Joseph Ignatz Scheuermann aus Altheim im Odenwald wandert 1872 in die USA aus. In einem Brief an seinen Bruder vom 12. Januar 1881 schreibt er:

Amerika ist immer noch viel besser für arme Leute als Deutschland. Die Landwirtschaft bezahlt nur geringe Steuer, ein jeder ist berechtigt, seine Güter selbst zu taxieren. […] Militär hat man hier nicht viel, das ganze Land hat nicht so viel zusammen als Baden für sich hat. Alle Soldaten sind gedungene Leute hier, ein Jeder bekommt 16 Dollar den Monat. Folglich braucht ein Vater oder Mutter nicht Angst zu haben, Söhne für den König aufzuziehen und sie in ihrem besten Alter ihrer Grausamkeit, Krieg usw. preiszugeben. Auch ist hier in den westlichen Staaten noch sehr viel unbewohntes Land, welches für einen geringen Preis verkauft wird. Dieses gibt den Einwohnern eine günstige Gelegenheit, sich für weniges Geld gute Güter zu kaufen. Sind sie auch für kurze Zeit vom guten Markt und menschlicher Gesellschaft getrennt, so sind sie doch der Hoffnung solches bald zu haben und sind hier nicht der Armut und der Verachtung preisgegeben. Meine Teuren, ich muss hart arbeiten, aber ich tue solches mit Freude, denn ich habe die Überzeugung, dass solches mit der Zeit besser wird.

Wolfgang J. Helbich, a. a. O., S. 115 f.

Der folgende Brief vom 7. November 1881 stammt von Johann Joseph Mentges aus Pünderich/Mosel an seinen Bruder Leopold, der im selben Jahr seiner Schwester Margarete Gille nach Arkansas gefolgt war.

Deinen werten Brief habe ich gestern erhalten und daraus ersehen, dass Ihr alle nicht auf Rosen gebettet seid. Ich habe mir immer gedacht, Gillen wären nicht in den glänzenden Verhältnissen, darum hielt ich Dich auch nicht zurück, wenn ich aber gewusst hätte, dass sie in solcher Not wären, so hätte ich keine Rast und keine Ruh gehabt. Was Du für sie tun kannst, das tue […]. Lieber Bruder, meine Ansicht über Deine Verhältnisse ist die: Kannst Du die Farm neben Gillen billig bekommen, so denke ich, das Klügste ist, kaufe sie, ich glaube sicher, wenn Du wieder kommen willst, dass Du Dein Geld wieder zurückbekämst, und was die Hauptsache ist, dann bist Du um meine Schwester und [ihre] Kinder herum, und kannst ihnen mit Rat und Tat beistehen und manches schlichten.

Wolfgang J. Helbich, a. a. O., S. 124

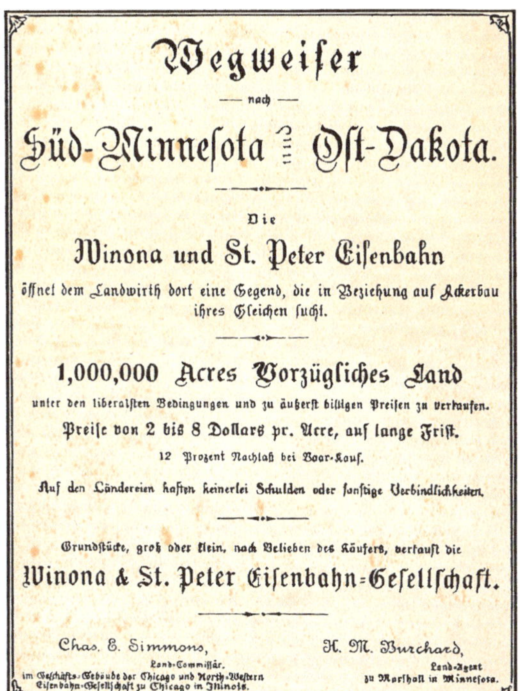

▲ *Werbeplakat der Winona & St. Peter Eisenbahn-Gesellschaft, um 1883.*

„Hoffnung Amerika"
Erstellen Sie, ausgehend von den Quellen, eine CD-Rom zum Thema „Auswanderung aus Württemberg und Baden im frühen 19. Jahrhundert". Die einzelnen Seiten sollen dabei als Links miteinander verknüpft werden. Elemente der erstellten Seite können sein: Landkarten, die zeigen, woher die Auswanderer gekommen sind, Biografien von Auswanderern, Zeitleisten, Bildmaterial, Erlebnisberichte von Auswanderern in Amerika, Liste mit weiterführender Literatur und Internetadressen.

Auswanderung aus meiner Heimat – eine Ortserkundung
Forschen Sie in Ihrem Heimatort (oder in einem geeigneten Ort in der Nähe) nach Zeugnissen der Auswanderung und stellen Sie Ihre Ergebnisse in einer Ausstellung (ggf. auch außerhalb Ihrer Schule) zusammen. Denkbar ist auch eine Reportage in der Regionalzeitung.

Arbeitsmigration früher und heute – ein Vergleich
Erstellen Sie in Ihrer Schule eine Ausstellung zum genannten Thema. Es bietet sich z. B. ein Vergleich der Ruhrpolen am Ende des 19. Jahrhunderts und der „Gastarbeiter" in den 1960er-Jahren an. Darstellbar sind z. B. die getroffenen Regelungen, die Anwerbungsstrategien, die Versprechungen, die jeweilige Entwicklung und der Alltag der Migranten.

Dimensionen der Bevölkerungsbewegung im Zweiten Weltkrieg
Erarbeiten Sie eine Ausstellung zum genannten Thema. Gehen Sie dabei zunächst auf die Ursachen der Bevölkerungsbewegung ein, berücksichtigen Sie dabei die so genannte NS-Heimholungspolitik sowie den Kriegsverlauf.

Die Heimatvertriebenen und ihre Verbände im Spiegel der Presse
Das Thema „Heimatvertriebene" ist ein sensibles Thema der deutschen Geschichtswissenschaft. Zeigen Sie, worin die Probleme dieses Themas liegen, und untersuchen Sie, wie in der Presselandschaft der Bundesrepublik Deutschland Heimatvertriebene und ihre Verbände dargestellt werden. Berücksichtigen Sie dabei auch Zeitungen mit deutlicher politischer Ausrichtung. Erarbeiten Sie zunächst einen Kriterienkatalog, der Ihnen als Leitfaden der Analyse dient. Stellen Sie Ihr Gesamtergebnis in einer Dokumentation in Buchform zusammen.

Deutschland – ein Einwanderungsland?
Seit einiger Zeit wird diskutiert, ob Deutschland ein Einwanderungsland ist und ob wir Einwanderer brauchen. Die Debatte über ein Einwanderungsgesetz, die Staatsbürgerschaft und die Einführung der Green Card für bestimmte Berufsrichtungen sind Einzelaspekte dieser Diskussion. Erstellen Sie zunächst eine Materialsammlung zu diesem Thema (Presseberichte, Parteiprogramme etc.). Laden Sie dann Vertreter verschiedener Parteien ein, mit denen Sie entweder innerhalb des Kurses oder – für ein breiteres Publikum – in Form einer Podiumsdiskussion in der Aula Ihrer Schule über das Thema diskutieren.

Flucht vor der Katastrophe – Migration aus ökologischen Gründen
In den letzten zwanzig Jahren sind weltweit Millionen von Menschen aufgrund ökologischer Katastrophen geflohen. Die Ursachen der Katastrophen haben dabei Menschen zu verantworten. Erstellen Sie eine Broschüre, die einen Überblick über diese Form der Migration gibt. Folgende Themen sind u.a. denkbar: Das Reaktorunglück von Tschernobyl, Staudammprojekte in China (Jangtse) und Indien (Narmada-Tal in Gujarat), die Katastrophe von Bophal.

Literaturhinweise

- Angenendt, Steffen: Eine Welt der Wanderungen, in: Karl Kaiser/Hans-Peter Schwarz (Hrsg.), Weltpolitik im neuen Jahrhundert, Bonn 2000 (Schriftenreihe der Bundeszentrale für politische Bildung Bd. 364), S. 90–101
- Bade, Klaus J. (Hrsg.): Deutsche im Ausland – Fremde in Deutschland. Migration in Geschichte und Gegenwart, München 1992
- Ders., Europa in Bewegung. Migration vom späten 18. Jahrhundert bis zur Gegenwart, München 2000
- Demandt, Alexander (Hrsg.): Mit Fremden leben. Eine Kulturgeschichte von der Antike bis zur Gegenwart, München 1995
- Gemein, Gisbert/Oezsinmaz, Metin: Deutsche und Türken in der Geschichte (Geschichte, Politik und ihre Didaktik, Sonderheft 8), Münster 2001
- Herbert, Ulrich: Geschichte der Ausländerpolitik in Deutschland. Saisonarbeiter, Zwangsarbeiter, Gastarbeiter, Flüchtlinge, München 2001
- Marrus, Michael R.: Die Unerwünschten. The Unwanted. Europäische Flüchtlinge im 20. Jahrhundert, Berlin 1999
- Meiners, Uwe/Reinders-Düselder, Christoph (Hrsg.): Fremde in Deutschland – Deutsche in der Fremde. Schlaglichter von der Frühen Neuzeit bis in die Gegenwart (Ausstellungskatalog), Cloppenburg 1999

Quellensammlungen

- Helbich, Wolfgang: „Alle Menschen sind dort gleich …". Die deutsche Amerika-Auswanderung im 19. und 20. Jahrhundert, Düsseldorf 1988
- Helbich, Wolfgang/Kamphoefner, Walter D./Sommer, Ulrike (Hrsg.): Briefe aus Amerika. Deutsche Auswanderer schreiben aus der Neuen Welt 1830–1930, München 1988
- Moltmann, Günter (Hrsg.): Aufbruch nach Amerika. Die Auswanderungswelle von 1816/1817, Stuttgart 1989
- Pandel, Hans-Jürgen (Hrsg.): Angelockt und fortgetrieben. Migration in der Neuzeit, Frankfurt/Main 1998

Adressen zum Thema

(vgl. auch die zum Thema „Menschenrechte" angegebenen Adressen auf S. 293)

Die Beauftragte der Bundesregierung für Ausländerfragen
Mauerstr. 45–52
10117 Berlin
http://www.bundesauslaenderbeauftragte.de

europäisches forum für migrationsstudien (efms)
Institut an der Otto-Friedrich-Universität Bamberg
Katharinenstr. 1
96052 Bamberg
http://www.uni-bamberg.de/~ba6ef3/ins_d.htm

Institut für Migrationsforschung und Interkulturelle Studien (IMIS)
Universität Osnabrück
Neuer Graben 19/21
49069 Osnabrück
http://www.imis.uni-osnabrueck.de

UNHCR – Der Hohe Flüchtlingskommissar der Vereinten Nationen
Vertretung in Deutschland
Wallstr. 9-13
10173 Berlin
www.unhcr.de

http://www.auswanderer.lad-bw.de
(Daten und Dokumente aus Baden-Württembergischen Archiven zum Thema)

http://www.migration-online.de (Arbeitsbereich Migration und Qualifizierung vom Deutschen Gewerkschaftsbund mit Bildungs- und Informationsangeboten)

http://www.bonn.iz-soz.de/themen/migration/
(Sammlung von Online-Informationsanbietern, Institutionen, Forschungsnachweisen zum Thema Migration im WWW)

Teamarbeit

Von Abiturientinnen und Abiturienten wird heute überall erwartet, dass sie in einem Team arbeiten können. Das muss man lernen. Eine Gruppe ist nur dann leistungsfähig, wenn ihre einzelnen Mitglieder mit den Regeln der Teamarbeit gut vertraut sind und sich daran halten.

Regeln für die Teamarbeit

ORGANISATION
- Gruppengröße 4–8 Schüler (je nach Thema)
- Thema/Aufgabe(n) klar formulieren
- Zeitplan aufstellen
- Arbeitsschritte gemeinsam planen
- Aufgabenbereiche auf Einzelteams/Einzelne verteilen
- Entscheidungen gemeinsam treffen
- Ergebnisse gegenseitig vorstellen
- Präsentation planen
- Erfahrungen austauschen

Dabei auch „Atmosphärisches" berücksichtigen:
- Angenehme Arbeitsatmosphäre schaffen
- Arbeitspausen einplanen

KOMMUNIKATION
- Eigene Lernbedürfnisse formulieren
- Fragen zu Stoff, Gruppe, Methodik stellen
- Konflikte in der Gruppe sofort direkt ansprechen

Grundregeln:
- Jedes Mitglied der Gruppe respektieren
- Kompromissbereit und offen sein, aber auch eigene Interessen wahren
- Aktiv zuhören und Blickkontakt halten
- Ich-Botschaften äußern
- Vorwürfe, Angriffe, Unterstellungen vermeiden
- Konstruktive Kritik üben
- Eigene Verbesserungsvorschläge einbringen
- Zuverlässigkeit fordern und selbst beweisen

Mind-Map

Mind-Maps – „Gedankenlandkarten" – sind eine Möglichkeit, Ideen zu entwickeln, zu ordnen und übersichtlich darzustellen. Sie eignen sich also bestens dazu, Problemlösungen zu finden. Das Arbeiten mit Mind-Maps ist leicht erlernbar. Man benötigt ein Blatt Papier im Querformat und einen Stift. Zunächst wird in der Mitte des Blattes das Thema notiert und umrahmt. Von diesem Zentrum aus laufen Linien in alle Richtungen. Sie stellen die Hauptaspekte des Themas dar und werden mit Stichworten beschriftet. Jeder neue Gedanke erhält eine eigene Linie (Ast).

Danach sind die Nebenaspekte an der Reihe: Den Stichworten werden alle weiteren Ideen zugeordnet, die auf zusätzlichen Verästelungen festgehalten werden. So entsteht allmählich ein übersichtliches Gedankennetz, das jederzeit erweitert werden kann, wenn neue Aspekte auftauchen.

Ein *Vorzug* von Mind-Maps besteht darin, dass diese Methode durch die Verbindung von bildlichem und begrifflichem Denken der Funktionsweise des menschlichen Gehirns entgegenkommt. Dadurch wird die Kreativität angeregt.

Gestaltungsregeln für Mind-Maps

- Blatt im Querformat benutzen
- In Druckschrift schreiben
- Worte, Farben und Symbole benutzen
- Thema in der Mitte platzieren
- Äste und Zweige mit jeweils nur einem Begriff beschriften
- Äste symbolisieren Hauptaspekte, Verzweigungen führen zu Nebenaspekten

TIPP

Beim ersten Arbeiten mit Mind-Maps nicht sofort die zeichnerische Darstellung anstreben, sondern zunächst alle Ideen in einer Liste notieren und daraus dann die Grafik erstellen.

Mind-Maps sind vielfältig einsetzbar: Vorwissen und neue Informationen können geordnet werden, Wichtiges und Nebensächliches lassen sich unterscheiden, Zusammenhänge werden deutlich und Präsentationen gewinnen an Überzeugungskraft.
Außerdem helfen Mind-Maps einer Gruppe die *Arbeit aufzuteilen*: Dazu erstellt jeder Teilnehmer ein individuelles Mind-Map zum Thema. Die Varianten werden verglichen und zu einem Gruppen-Mind-Map entwickelt. Die Zuordnung der Aufgabenfelder erfolgt beispielsweise dadurch, dass jeder die Bereiche bearbeitet, zu denen er/sie mehrere Begriffe eingebracht hat. Mit unterschiedlichen Farben können sie markiert und so veranschaulicht werden.

▼ *Mind-Map zum Thema „Entstehung der USA“*

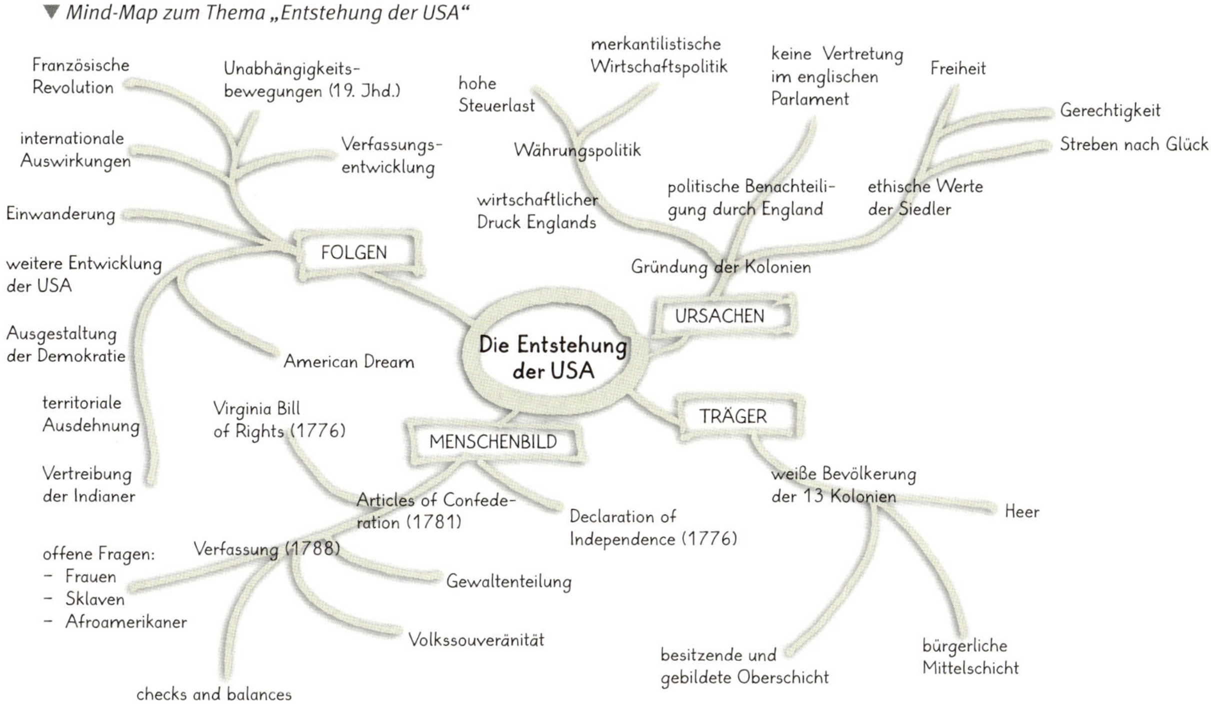

Gruppenpuzzle

Das Gruppenpuzzle ist eine arbeitsteilige Teamarbeit, bei der die Gruppenmitglieder die einzelnen Puzzleteile erarbeiten. Indem sie ihre individuell oder gemeinsam erzielten Resultate verzahnen, entsteht ein in sich geschlossenes Gesamtergebnis.

Phase 1
- *Stammgruppen* werden gebildet.
- Arbeitsmaterialien werden ausgegeben.
- Die Gruppenmitglieder sichten die Materialien und entscheiden, wer für welches Thema Experte werden will.

Phase 2
- Die Stammgruppen werden vorübergehend aufgelöst und stattdessen *Expertengruppen* (entsprechend der Festlegung in Phase 1) gebildet.
- Die Experten bearbeiten die Arbeitsmaterialien, diskutieren die Aufgaben und klären offene Fragen.
- Sie planen die Unterrichtung der Kursmitglieder (Infopapier, Kontrollfragen).

Phase 3
- Die Expertengruppen werden aufgelöst und jede/r kehrt in die Stammgruppe zurück.
- Jeder Experte berichtet über seinen Bereich (evtl. anhand des Infopapiers).
- Am Ende sollte jedes Mitglied der Stammgruppe den Zusammenhang verstanden haben.
- Die Stammgruppe erarbeitet eine Präsentation zum gesamten Thema.

Phase 4
- Präsentation

▲ *Verlaufsschema Gruppenpuzzle*

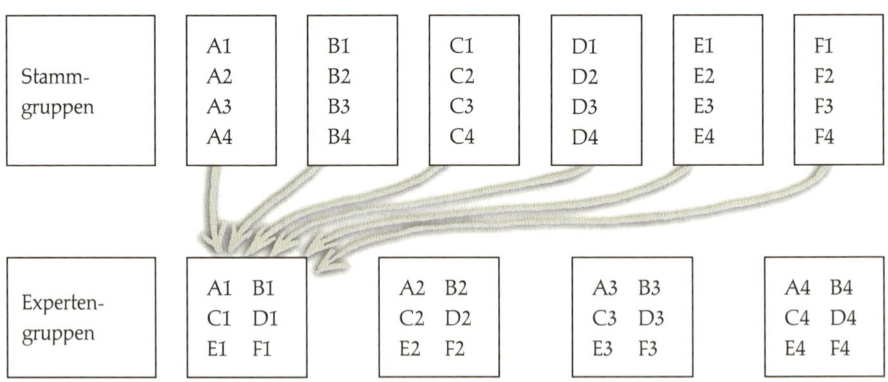

▲ *Einteilung der Gruppen beim Gruppenpuzzle*
Die Einteilung der Expertengruppen 2, 3 und 4 erfolgt nach dem gleichen Verfahren wie die Bildung der Gruppe 1 und wurde aus Gründen der Übersichtlichkeit in der Grafik nicht dargestellt.

TIPP

1. Die Zahl von vier Mitgliedern pro Stammgruppe sollte nicht überschritten werden. Bei größeren Kursen empfiehlt es sich, gegebenenfalls mehr Stammgruppen zu bilden.
2. Es fördert die Arbeit im Team, wenn die Stammgruppen aus Schülerinnen und Schülern unterschiedlicher Leistungsstärke zusammengesetzt sind.

Moderation

Die Moderationsmethode eignet sich vor allem zur Bearbeitung umfangreicher Problem- und Fragestellungen. Sie ist deshalb bei der Beschäftigung mit den Modulthemen (▸ S. 260 ff.) sinnvoll. Das Interessante an diesem Verfahren ist, dass die Schülerinnen und Schüler weitgehende Entscheidungsfreiheit bei der Gestaltung des Arbeitsprozesses haben. Sie beschließen gemeinsam, welche Schritte sie gehen wollen, wann und wo die Arbeit stattfindet. Die Lehrkraft gibt den zeitlichen Rahmen und die Problemstellung vor, liefert jedoch kein Arbeitsmaterial. Sie moderiert lediglich den Gang der Arbeit, d.h. sie unterstützt die Gruppe bei der Willensbildung. Inhaltlich greift sie aber nicht ein.

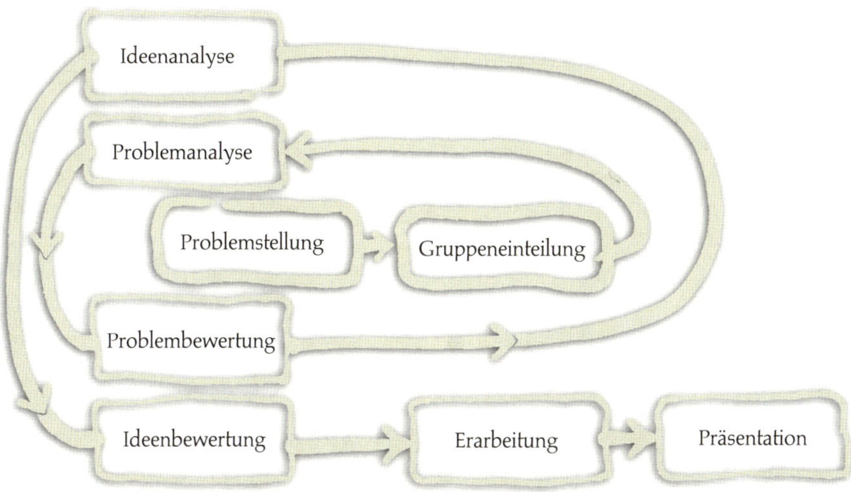

▲ *Moderationsschnecke*

Problemanalyse

Zumnächst sammelt die Gruppe möglichst viele Informationen. Jeder Schüler/jede Schülerin notiert auf Kärtchen Ideen zum Problem (jeweils nur einen Begriff). Diese werden auf einem Tisch ausgebreitet. Die Kärtchen, deren Informationsgehalt miteinander in Beziehung steht, werden zu kleinen Stapeln zusammengefasst. Für jeden entstandenen Stapel wird von der Gruppe eine Deckkarte formuliert, die den Inhalt der darunter liegenden Informationen als Oberbegriff bündelt. Die zunächst unüberschaubare Aufgabe ist damit in Teilbereiche gegliedert.

Problembewertung

Jetzt werden die herausgearbeiteten Bereiche bewertet. Dazu ordnet sie jeder individuell in eine Prioritätenskala ein. Diese hat folgende Stufen:

- in hohem Maße bearbeitungswürdig,
- bedingt bearbeitungswürdig,
- kaum bearbeitungswürdig,
- nicht bearbeitungswürdig.

Die Auswertung ergibt eine Rangordnung der Themenfelder.

Ideenanalyse

Im Anschluss daran suchen die Teilnehmer nach Ideen, um die analysierten und bewerteten Probleme zu bearbeiten. Dabei werden inhaltliche und organisatorische Arbeitsschritte berücksichtigt. Jedes Kursmitglied erhält zwei leere Blätter, schreibt maximal drei Vorschläge untereinander auf und legt sie in die Mitte eines Tisches. Hat ein Schüler keine Ideen mehr, greift er nach einem fremden Blatt auf dem Tisch und liest die notierten Vorschläge. Wenn ihm durch die Lektüre ein neuer Gedanke kommt, schreibt er ihn auf dieses Papier unter die vorhandenen Vorschläge. Abgeschlossen ist dieser Prozess, wenn niemandem mehr etwas einfällt.

Ideenbewertung

Zur Bewertung werden zunächst die gesammelten Blätter von den Teilnehmern vorgelesen und auf einem Poster festgehalten. Jeder sagt seine Meinung zu den einzelnen Vorschlägen. Anschließend werden die mehrheitlich favorisierten Vorschläge herausgefunden und das weitere Vorgehen wird abgesprochen.

Bearbeitung

Der gemeinsamen Festlegung des Problemlösungsweges durch die Moderationsmethode folgt die inhaltliche Arbeit im Team oder in Einzelarbeit. Hierzu wird in Übereinstimmung mit der Lehrkraft ein zeitlicher Rahmen festgelegt. Notwendige Arbeitsmittel beschaffen die Gruppenmitglieder selbst.

Präsentation

Abgeschlossen wird die Arbeit durch eine Präsentation der Ergebnisse.

Spielregeln für die Moderationsmethode

- ☑ Die Bereitschaft zu gemeinsamer Arbeit ist Voraussetzung für den Erfolg.
- ☑ Alle Arbeitsschritte müssen von der Gruppe beschlossen und durchgeführt werden.
- ☑ (Teil-)Ergebnisse werden nicht diskutiert, kritisiert oder kommentiert.
- ☑ Die Lehrkraft moderiert den Arbeitsprozess.
- ☑ Eine Gruppe besteht aus maximal acht Personen.

TIPP

Das zu bearbeitende Modul sollte vom Kurs zu Beginn des Schuljahrs festgelegt werden, sodass die Schüler Zeit haben, sich Informationen zu beschaffen.

Präsentationsformen

Mit mediengestützten Präsentationen können die Ergebnisse von Team- oder Einzelarbeit vorgestellt werden. Es können ganz unterschiedliche Formen einer Präsentation eingesetzt werden. Ziel ist es die Zuhörer informieren und überzeugen zu wollen. Dazu muss eine Präsentation sowohl den Verstand als auch die *Gefühle* des Publikums ansprechen.

„Um sich begreiflich zu machen, muss man zum Auge reden."
(Johann Gottfried Herder)

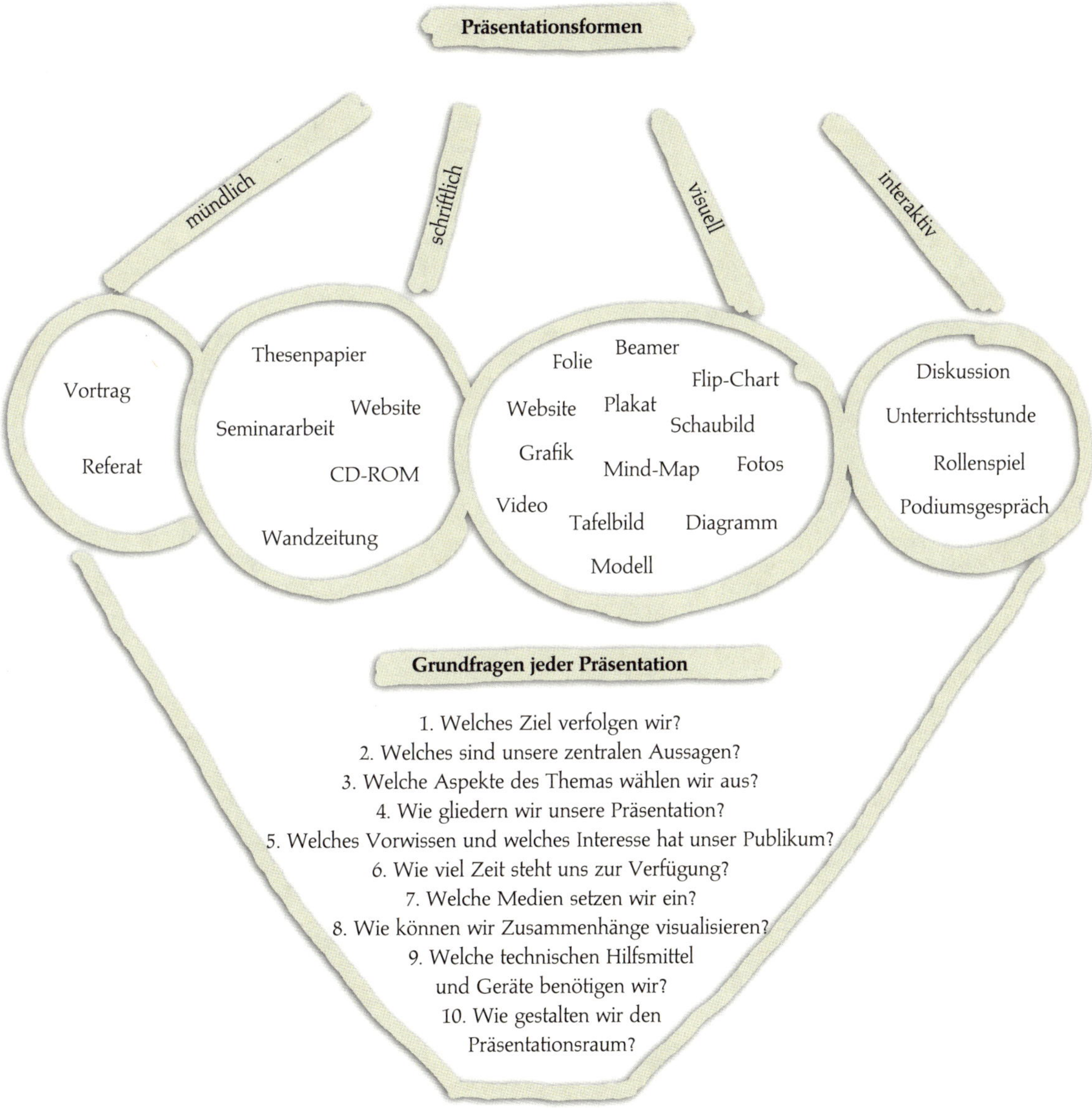

„Beherrsche die Sache, dann folgen die Worte"
(Cato)

Referat

Referate sind in der Oberstufe eine wichtige Möglichkeit der Leistungsmessung. In einem Referat wird ein Publikum über einen fachlich abgegrenzten und inhaltlich bearbeiteten Sachbereich informiert. Wie aber erstellt man ein Referat? Den Ausgangspunkt bildet ein klar formuliertes und eingegrenztes Thema mit einer durchdachten Fragestellung. Informationsbeschaffung, -auswahl und -ordnung führen zu einer sachlichen Gliederung, die die Stofffülle bündelt.

TIPP Um sich einen Überblick über ein Thema zu verschaffen oder es einzugrenzen, eignet sich ein Mind-Map.

▼ *Arbeitsschritte beim Anfertigen eines Referats*

Thema

Beispiel:
Der Kampf um die Rechte der Frau

Themenfindung

- Eigene Interessenlage klären
- Vorwissen überprüfen
- Erkenntnisinteresse formulieren
- Bedeutung des Themas klären
- Überblick über Stoffgebiet verschaffen
- Zusammenhang mit Kurzthema formulieren
- Mögliche Interessenlage des Publikums berücksichtigen
- Thema eingrenzen: Aspekte auswählen, Schwerpunkte setzen

Themenformulierung

Beispiel:
Das Recht auf einen eigenen Beruf – Louise Otto-Peters und der Allgemeine Deutsche Frauenverein

Informationen sammeln

Orientierung

Auswertung von:
- Lexika
- Handbüchern
- Internet
- Monografien

Konkretisierung

Gezielte Informationsbeschaffung in:
- Bibliotheken
  - Schlagwortkatalog
  - Verfasserkatalog
- Bibliografien
- Datenbanken

Informationen auswählen

Sichten

- Inhaltsverzeichnis und Register durchsehen
- Einleitung lesen
- geeignete Kapitel anlesen
- ungeeignete Kapitel aussortieren

Markieren

- verwertbare Passagen durcharbeiten und mit Farben und Symbolen strukturieren

Exzerpieren

- Informationen schriftlich zusammenfassen
- zentrale Aussagen wörtlich übernehmen (Zitierregeln beachten)

Informationen ordnen

Form

- Karteikarten
- DIN-A4-Blätter
- Computer

Systematik

- formal:
  - alphabetisch (nach Verfassernamen)
  - chronologisch (nach Entstehungs-/Erscheinungsjahr)
- inhaltlich:
  - Hauptaspekte
  - Nebenaspekte

Jede Präsentation bedarf einer guten Vorbereitung und genauen Planung. Meist gibt es einen festen Termin, an dem das Referat fertig sein muss. Die zur Verfügung stehende Zeit muss daher sinnvoll genutzt werden, die folgenden Fragen können dabei helfen:

- Wie ist mein persönlicher Arbeits- und Leistungsrhythmus?
- Wie ist mein persönliches Arbeitstempo?
- Welche parallel laufenden Arbeiten muss ich erledigen?
- Welche technischen Hilfsmittel benötige ich?
- Wie sind die Zugriffsmöglichkeiten auf Informationen?
- Wie lange benötige ich zur Fertigstellung und technischen Umsetzung meiner Präsentation?
- Welche Zeit steht mir für meine Präsentation zur Verfügung?

Im Einzelnen sollte der Referent vorab klären: Wie sieht mein Präsentationsraum aus? Welche Medien stehen mir zur Verfügung? Welche davon möchte ich einsetzen? Wie gestalte ich meine eigenen Redeunterlagen (z.B. Stichworte auf Karteikarten)? Was mache ich, wenn ich den Faden verliere?

Vertiefung

Einbeziehung von:
- Archivmaterial
- Zeitungen/Interviews
- Quellen

Bewerten

- Ist das Material widerspruchsfrei?
- Wird sachlich argumentiert?
- Wie stehe ich zu den Aussagen?

- Leitfrage formulieren
- Materialien zusammenstellen und den Haupt- und Unterthemen zuordnen
- Aussagen in eine logische Reihenfolge bringen
- Überschriften formulieren
- Gliederung ständig überprüfen und gegebenenfalls aktualisieren

Gliederung

Ein mediengestützter Vortrag sollte immer nach folgendem Muster gegliedert sein:

▼ *Struktur einer Rede*

Neben dem argumentativen Hauptteil, in dem die wesentlichen inhaltlichen Ergebnisse dargelegt werden, kommt der Begrüßung und dem Schluss eine hohe Bedeutung zu, da die Zuhörer diese Teile eines Vortrags besonders aufmerksam wahrnehmen. Die Elemente einer gelungenen Präsentation veranschaulicht die Grafik:

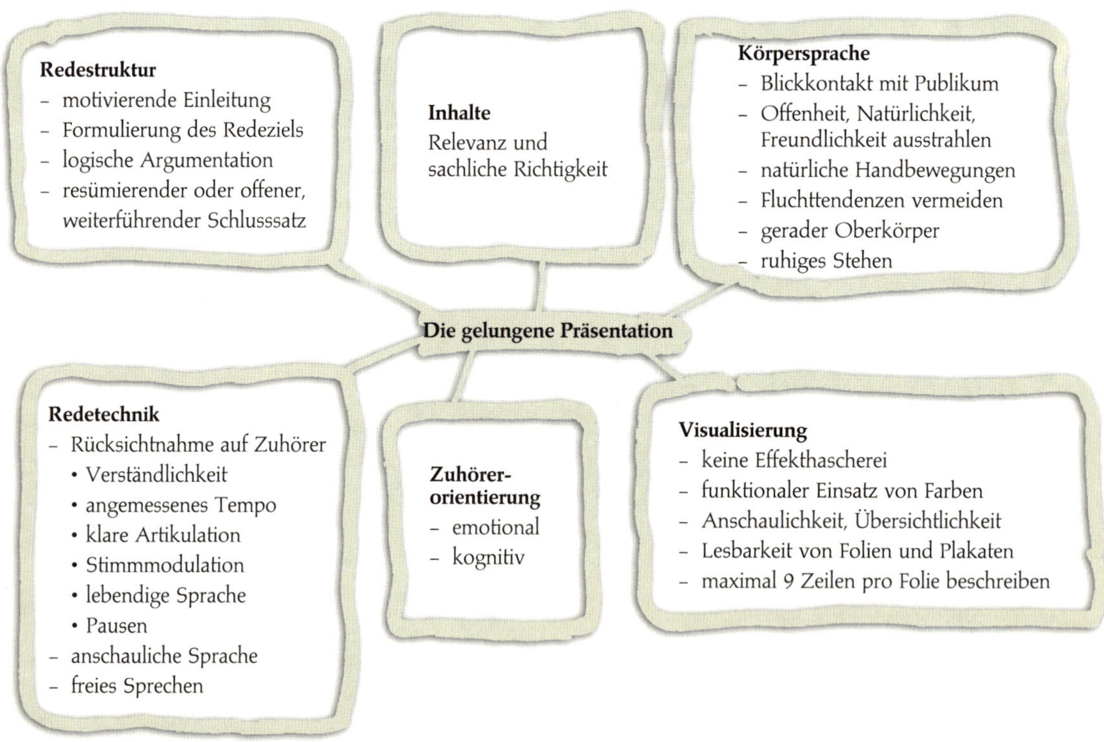

▲ *Elemente einer gelungenen Präsentation*

Protokoll

Protokolle fassen die Ergebnisse einer Diskussion, einer Besprechung oder eines Vortrags zusammen und dokumentieren sie. Mit ihrer Hilfe können sich auch Personen, die bei der Veranstaltung nicht anwesend waren, informieren. Protokolle sind sachlich, knapp und frei von Wertungen. Grundsätzlich werden zwei Formen unterschieden:

Das *Verlaufsprotokoll* hält den genauen Ablauf einer Sitzung in Stichworten fest. Dabei wird der Austausch von Argumenten in sachlicher Form wiedergegeben.
Das *Ergebnisprotokoll* dokumentiert Stundenergebnisse oder Beschlüsse von Gruppensitzungen. Es ist kurz, enthält die wesentlichen Arbeitsresultate und ist thematisch gegliedert.

Alle Protokolle stehen im Präsens und nennen:
- Ort, Zeit und Thema der Veranstaltung
- Name des Protokollanten
- Teilnehmerinnen und Teilnehmer
- Behandelte Sachverhalte

Thesenpapier

Ein Thesenpapier richtet sich an einen Kreis von Diskussionsteilnehmern. Es soll diese über die Ansichten des Verfassers zu einem Problem unterrichten. Darüber hinaus will es die Adressaten zu einer Diskussion anregen. Dementsprechend ist das Thesenpapier nicht ausgewogen, sondern es präsentiert die Meinung des Autors in zugespitzter Form. Aus einer Fülle von Material werden wenige zentrale Aspekte des Themas ausgewählt.

„Was nicht auf einer einzigen Manuskriptseite zusammengefasst werden kann, ist weder durchdacht noch entscheidungsreif."
(Dwight D. Eisenhower)

Der Aufbau eines Thesenpapiers lässt sich folgendermaßen gestalten:
- Einführung ins Thema und seine Bedeutung
  Darlegung der Problemstellung
- Darlegung der Kernthesen mit stützenden Begründungen und Belegen
  Entkräftung möglicher Gegenargumente
- Schlussfolgerungen

Im Rahmen eines mündlichen Vortrags oder einer Präsentation erläutert, ergänzt und vertieft ein Verfasser sein Thesenpapier.

TIPP
Das Thesenpapier sollte nicht umfangreicher als eine DIN-A4-Seite sein.

Auf den folgenden vier Seiten finden Sie kompakt und übersichtlich einige grundlegende Hinweise zur methodischen Arbeit im Geschichtsunterricht.

Eine schriftliche Quelle analysieren und interpretieren

- Klären Sie zunächst Ihnen unbekannte oder unklare Begriffe.
- Sammeln Sie Hinweise und Informationen über
  - den Autor: seine Funktion, seinen Beruf, seine soziale Stellung und Lebensumstände, seine politische Haltung, seinen Bezug zum Thema,
  - die Entstehungszeit der Quelle, die Einordnung in den historischen Kontext (Anlass, Umstände),
  - die Gattung der Quelle (primär: Urkunde, Vertrag, Rede, Brief, Tagebuch[1], Flugblatt, Denkschrift, Biografien (Lebenserinnerungen)[2], Zeitungsartikel; sekundär: nachträglich verfasste Beschreibung eines Ereignisses oder einer Person; wissenschaftliche Arbeit) und deren spezifische Kennzeichen sowie ihre begrifflichen und sprachlichen Besonderheiten,
  - die Intentionen (Absichten), die Perspektive der Darstellung, die Interessenlage und den Standort des Verfassers, seine Wertungen, Belege, Lücken, Glaubwürdigkeit und Urteilsfähigkeit,
  - die Adressaten des Textes (eventuelle Beeinflussungsversuche durch den Autor?).
- Erarbeiten Sie aus Ihren Notizen strukturiert und prägnant
  - die formalen Merkmale der Quelle, beschreiben Sie in eigenen Worten den Aufbau und Gang der Argumentation,
  - die inhaltlichen Aussagen, um das Verständnis zu klären, und belegen Sie Ihre erläuternden Aussagen mit wichtigen, markant formulierten Zitaten aus der Vorlage. Ziehen Sie ein Fazit.
- Prüfen Sie abschließend kritisch den Gehalt, nennen Sie erkannte Probleme.
  Ordnen Sie die Ergebnisse Ihrer Quellenanalyse in den historischen Kontext ein.

Mit wissenschaftlichen Texten (Sekundärliteratur) arbeiten

- Bestimmen Sie nach dem ersten Lesen das Problem, um das es dem Autor geht, und seine Absicht.
- Gliedern Sie den Text. Unterstreichen Sie wichtige Aussagen. Beschränken Sie sich dabei weitgehend auf das Markieren einzelner Wörter (Schlüsselbegriffe). Fassen Sie in eigenen Worten die wesentlichen Aussagen zusammen. Zitieren Sie dabei kurze, besonders aussagestarke Textstellen und erläutern Sie diese. Formulieren Sie ein abstrahierendes Fazit ohne Wiederholungen.
- Prüfen Sie die Art der Darstellung: Überwiegen Thesen und Beispiele oder werden Argumente sorgfältig entwickelt? Was wird festgestellt? Was wird erklärt? Was will der Autor zeigen? Werden die Aussagen belegt? Ist die Darstellung multiperspektivisch? Wie wird gewertet? Welche Kriterien sind dem Autor dabei wichtig? Formulieren Sie Einwände gegen die Darstellung, falls es Ihnen notwendig erscheint.

---

[1] *Vgl. Methoden-Baustein: Tagebücher ▸ S. 236 f.*
[2] *Vgl. Methoden-Baustein: Biografien ▸ S. 102 f.*

Eine Statistik auswerten

Zu unterscheiden sind Zahlentabellen und Diagramme. Sie präsentieren und veranschaulichen ermittelte Daten und zeigen, wie sich Mengen im Laufe einer Zeiteinheit verändern, wie sich eine Gesamtzahl in Teile gliedern lässt oder welchen Anteil bestimmte Gruppen am Ganzen haben. Um gültige Aussagen zu erlangen, benötigen wir möglichst viele, einheitliche, untereinander vergleichbare, lückenlose Angaben über eine Sache oder einen Zusammenhang. Meistens sind die in diesem Buch abgedruckten Tabellen bereits bearbeitet worden. Die ihnen zugrunde liegenden ursprünglichen Rohdaten wurden beispielsweise für eine Region zusammengefasst, in einer überschaubaren Messgröße vereinheitlicht, umgerechnet oder nach bestimmten Gesichtspunkten ausgewählt und sortiert.

- ✔ Sammeln Sie zunächst Aussagen zu Thema, Zeit, Raum, Messgrößen sowie ihre Beziehung zueinander.
- ✔ Ermitteln Sie die Art der verwendeten Daten. Achten Sie auf Prozentwerte oder Indexierungen (Verhältniszahlen, die sich auf einen gleich 100 gesetzten Wert eines Ausgangsjahres beziehen).
- ✔ Vergleichen Sie die Angaben in den einzelnen Zeilen und Spalten miteinander. Achten Sie auf besonders hohe und niedrige Werte. Suchen Sie nach Schwerpunkten und Trends. Beschreiben und erläutern Sie die Veränderungen. Ermitteln Sie Gründe.
- ✔ Stellen Sie Ihre Erkenntnisse in den Zusammenhang mit anderen Informationsquellen. Vergleichen Sie die Aussagen miteinander.
- ✔ Fassen Sie Ihre Arbeitsergebnisse in einem strukturierten Text prägnant und so klar nachvollziehbar zusammen, dass sie für andere ohne Blick auf das bearbeitete Material verständlich sind.

TIPP

Sie können Statistiken sich selbst und anderen veranschaulichen, indem Sie diese in Diagramme umwandeln. Für den Vergleich absoluter Werte eignen sich Säulen, für langfristige Entwicklungen bieten sich Kurven an und in Kreisen lassen sich gut prozentuale Teile eines Ganzen zeigen.

Historische Karten lesen

Geschichtskarten berücksichtigen räumliche, chronologische, thematische und quantitative Aspekte. Sie setzen geografische Bedingungen in eine Beziehung zu historischen Zuständen und Entwicklungen.

- ✔ Worüber informiert die Karte? Auf welche Region und Zeit beziehen sich ihre Aussagen? Zeigt sie einen Zustand oder eine Entwicklung? Welche Bedeutung haben die Zeichen der Legende? Was ist wann wo in welchem Ausmaß vorhanden?
- ✔ Formulieren Sie anschließend, welche Schlussfolgerungen sich ziehen lassen, wenn Sie die einzelnen Fakten miteinander verknüpfen und im Zusammenhang betrachten. Ziehen Sie bei Bedarf andere Quellen heran, um Ihre Erkenntnisse abzusichern oder zu erweitern.

Bildquellen interpretieren

Karikaturen

Karikaturen sind gezeichnete Kommentare. Sie gehen von der Realität aus, die sie jedoch subjektiv vereinfachen und verzerrt wiedergeben, um einen zentralen Aspekt hervorzuheben. Sie zeigen Schwächen von Personen, kritisieren Zustände und Entwicklungen, wollen sie vielleicht verändern.
Meist finden Sie unter dem Bild eine kurze Textzeile, beispielsweise die Aussage einer Person, eine bekannte Redewendung, ein mehrdeutiges Stichwort.

- Klären Sie zunächst den Bildinhalt.
- Erläutern Sie dann seinen historischen Kontext, bevor sie schließlich
- die Intention bestimmen und
- die Wirkung kommentieren.

Plakate

Plakate sollen Aufmerksamkeit wecken und müssen auf den ersten Blick wirken. Sie vereinfachen deshalb eine beabsichtigte Aussage.

- Beschreiben Sie die bildliche Darstellung. Achten Sie auf dominierende Farben, die mit ihnen verbundenen Assoziationen und auf Symbole.
- Erläutern Sie den Text und stellen Sie eine Beziehung zwischen ihm und dem Motiv her. Berücksichtigen Sie die Entstehungszeit und den Ort der Veröffentlichung.
- An welche Adressaten wendet sich das Plakat? Wer hat es entwerfen lassen? In welcher Absicht?

TIPP

Schließen Sie aufgrund Ihrer Kenntnisse aus anderen Materialien auf die Mentalität der Zielgruppen. Berücksichtigen Sie dabei den „Zeitgeist".

Fotos

- Beschreiben Sie möglichst genau, was das Bild zeigt (Personen, Objekte, Umgebung).
- Handelt es sich um eine (zufällige) Amateur- oder um eine (geplante / bestellte) Profiaufnahme?
- In welcher Absicht wurde fotografiert? Für wen? Beachten Sie den Kontext (Entstehungszeit und -ort).
- Entdecken Sie Hinweise auf Manipulationen (Retuschen, Montagen, unpassende Übergänge und Perspektiven)?

Gemälde

- Ausgangspunkt ist wie bei jeder Bildquelle die genaue Beschreibung des Kunstwerks (Formen, Farben, Bildaufbau, Personen, Gegenstände, Raumbeziehungen, Größenverhältnisse, Perspektive).
- Erklären und deuten Sie danach die verwendeten bildlichen Elemente vor dem historischen Hintergrund des Dargestellten.
- Bestimmen Sie schließlich die Bildaussage des Künstlers (Intention).
- Hatte der Künstler einen Auftraggeber? Aus welchem Anlass und für welchen Zweck entstand das Kunstwerk?
- Berücksichtigen Sie bei jedem Arbeitsschritt Ihre im Kunstunterricht erworbenen spezifischen Kenntnisse oder informieren Sie sich aus der Literatur über Kennzeichen jener Epoche, der das Bild zuzuordnen ist.

Filme [1)]

- Fassen Sie zunächst den Gang der Handlung knapp zusammen. Nennen Sie dabei besonders Ort und Zeit. Wird fortlaufend „erzählt" oder gibt es Sprünge?
- Charakterisieren Sie die wichtigsten Personen. Bestimmen Sie ihre Beziehung(en) zueinander.
- Ermitteln und erläutern Sie zeittypische Merkmale des Films. Berücksichtigen Sie allgemeine Grundsätze filmischer Gestaltung. Ziehen Sie ein Filmlexikon zu Rate, um Ihren Blick zu schärfen.
- Informiert der Film sachlich? Prüfen Sie kritisch politische oder ideologische Aussagen vor dem Hintergrund der Entstehungszeit des Films.
- Gab es Reaktionen auf den Film, die Ihnen bei der Interpretation helfen?

TIPP

Ist der Film ein historisches Dokument? Erläutern und begründen Sie Ihr zusammenfassendes Urteil.

Bauwerke

Wir gehen hier davon aus, dass Sie gelegentlich mit Abbildungen von Bauwerken arbeiten. Deshalb zählen wir sie zu den *Bild*quellen.

- Wer war der Auftraggeber des Gebäudes/Bauwerks?
- Welchen Zwecken sollte das Bauwerk dienen?
- Wurde der Bau verwirklicht? Wie lange wurde von wem an dem Bauwerk gearbeitet? Wer bezahlte es?
- Was kennzeichnet das Bauwerk (Stilelemente, Form, Größe, Platzierung, Besonderheiten)?
- In welchem Zusammenhang stehen Stil und Funktion des Baus? Ziehen Sie bei Bedarf für architekturgeschichtliche Aspekte ein Fachbuch oder Speziallexikon heran.
- Welche Reaktionen auf das Bauwerk gab es? Wurde es später verändert? Warum?

[1)] *Vgl. Methoden-Baustein: Geschichte im Film* ➧ *S. 40 f.*

Bebel, August (1840–1913): gelernter Drechsler, 1869 Mitbegründer der „Sozialdemokratischen Arbeiterpartei" (später SPD), die er zu einer Massenpartei ausbaute.

Bethmann Hollweg, Theobald von (1856–1921): preußischer Beamte und parteiloser Politiker, 1905 preußischer Innenminister, 1909–17 Reichskanzler und preußischer Ministerpräsident; er wurde im Juli 1917 auf Druck der Obersten Heeresleitung entlassen.

Bismarck, Otto Fürst von (1815–1898): 1862–90 preußischer Ministerpräsident und Minister des Auswärtigen, von 1871–90 auch Reichskanzler; er gilt als eigentlicher Gründer des Deutschen Kaiserreiches.

Brüning, Heinrich (1885–1970): Gewerkschafter und Politiker (Zentrum), 1930–32 Reichskanzler, 1934 emigrierte er in die USA.

Bülow, Bernhard Fürst von (1849–1929): Diplomat und Politiker; 1900–09 Reichskanzler und preußischer Ministerpräsident; er stand während der zunehmenden außenpolitischen Isolierung des Reiches an der Spitze der Regierung.

Churchill, Sir Winston (1874–1965): britischer Journalist, Offizier und Politiker; 1940–45 und 1951–55 Premierminister, 1940–55 Führer der Konservativen; 1953 erhielt er den Nobelpreis für Literatur.

Dohm, Hedwig (1831–1919): Schriftstellerin und Frauenrechtlerin; sie setzte sich vor allem für das Frauenwahlrecht ein.

Ebert, Friedrich (1871–1925): ab 1913 SPD-Vorsitzender; nach Ausrufung der Republik 1918 übernahm Ebert die Regierungsgeschäfte und wurde 1919 zum ersten Reichspräsidenten der Weimarer Republik gewählt.

Engels, Friedrich (1820–1895): Kaufmann, Philosoph und sozialistischer Politiker, Freund von ➧ Karl Marx, mit dem zusammen er 1848 das „Manifest der kommunistischen Partei" schrieb.

Franklin, Benjamin (1706–1790): Schriftsteller, Politiker und Naturwissenschaftler; er gehörte mit zu den Unterzeichnern der amerikanischen Unabhängigkeitserklärung (1776), von 1776–85 Gesandter in Frankreich, 1787/88 an der Ausarbeitung der amerikanischen Verfassung beteiligt.

Franco Bahamonde, Francisco (1892–1975): spanischer General und Politiker; 1939 konnte er mit faschistischer und nationalsozialistischer Hilfe eine autoritäre Herrschaft errichten; er hielt Spanien im Zweiten Weltkrieg neutral und wurde 1947 durch Volksabstimmung als „Staatschef und Präsident" bestätigt.

Friedrich Wilhelm IV. (1795–1861): seit 1840 König von Preußen; er erließ 1848 eine Verfassung und lehnte 1849 die ihm von der Frankfurter Nationalversammlung angebotene Kaiserkrone ab; seit 1857 war Friedrich Wilhelm IV. wegen Geisteskrankheit regierungsunfähig.

Goebbels, Paul Joseph (1897–1945, Selbstmord): Germanist, Schriftsteller und nationalsozialistischer Politiker; 1933–45 Reichsminister für Volksaufklärung und Propaganda.

Göring, Hermann Wilhelm (1893–1946, Selbstmord): Offizier und nationalsozialistischer Politiker; 1933–45 Reichsminister und preußischer Ministerpräsident, 1935–45 Oberbefehlshaber der Luftwaffe, ab 1936 Beauftragter für den Vierjahresplan.

Gouges, Olympe de (1748–1793, hingerichtet): Schriftstellerin und Frauenrechtlerin.

Hecker, Friedrich Karl (1811–1881): Rechtsanwalt, Journalist und Politiker; seit 1842 Mitglied der badischen Zweiten Kammer. 1848 rief er mit ➧ Struve in Baden zum bewaffneten Aufstand auf, um die deutsche Republik zu errichten. Nach dem Scheitern des Aufstandes floh er zunächst in die Schweiz und wanderte von dort in die USA aus.

Heydrich, Reinhard (1904–1942, ermordet): nationalsozialistischer Politiker; 1934 Chef der Geheimen Staatspolizei, 1939 Chef des Reichssicherheitshauptamtes, 1941/42 stellvertretender Reichsprotektor in Böhmen und Mähren.

Himmler, Heinrich (1900–1945, Selbstmord): nationalsozialistischer Politiker; 1923 am „Hitler-Putsch" beteiligt; Reichsführer der SS und (ab 1936) Chef der Deutschen Polizei, 1939 Reichskommissar für die Festigung des deutschen Volkstums, 1943 Reichsinnenminister, 1944 Befehlshaber des Ersatzheeres; Ende April 1945 von Hitler wegen heimlicher Friedensverhandlungen mit dem Feind aus der Partei ausgeschlossen.

Hindenburg, Paul von Beneckendorff und von H. (1847–1934): 1914–16 Oberbefehlshaber Ost, 1916–18 Chef des Generalstabs, 1925–34 Reichspräsident; er berief nach langem Zögern ➧ Adolf Hitler zum Reichskanzler (30. Januar 1933).

Hitler, Adolf (1889–1945, Selbstmord): seit 1921 Vorsitzender der „Nationalsozialistischen Deutschen Arbeiterpartei" (NSDAP), ab dem 30. Januar 1933 Reichskanzler, 1934 übernahm er auch das Amt des Reichspräsidenten (Titel: „Führer und Reichskanzler").

Jefferson, Thomas (1743–1826): Jurist und Politiker; er gilt als Begründer der amerikanischen Demokratie und war von 1797–1801 Vize- und von 1801–09 Präsident der USA.

Kapp, Wolfgang (1858–1922): nationalistischer Politiker; 1920 unternahm er den nach ihm benannten Putsch zum Sturz der Reichsregierung; der Putsch scheiterte.

Krupp, Alfred (1812–1887): Unternehmer, der das Werk seines Vaters Friedrich K. zur größten Gussstahlfabrik der Welt ausbaute.

Lassalle, Ferdinand (1825–1864, im Duell getötet): Philosoph, Journalist und Politiker; er kam aus einer jüdischen Familie und war ab 1848 Mitarbeiter der von ➧ Marx gegründeten „Neuen Rheinischen Zeitung". 1863 gründete Lassalle den „Allgemeinen

Deutschen Arbeiterverein", aus dem die „Sozialdemokratische Arbeiterpartei" hervorging.

Liebknecht, Karl (1871–1919, ermordet): Jurist und sozialistischer Politiker; 1918 Mitbegründer der Kommunistischen Partei Deutschlands.

Liebknecht, Wilhelm (1826–1900): Journalist und sozialdemokratischer Politiker; er nahm an der Revolution von 1848/49 teil und gründete gemeinsam mit ➧ Bebel 1869 die „Sozialdemokratische Arbeiterpartei".

Lincoln, Abraham (1809–1865, ermordet): Anwalt und republikanischer Politiker; 1861–66 Präsident der USA; er verkündete 1863 die Aufhebung der Sklaverei.

Ludendorff, Erich (1865–1937): 1914–16 Armeestabschef, 1916–18 Generalquartiermeister; er verbreitete nach 1918 die „Dolchstoßlegende" und nahm 1923 am „Hitler-Putsch" teil.

Luxemburg, Rosa (1870–1919, ermordet): Journalistin und sozialistische Theoretikerin; die aus einer jüdischen Familie stammende Politikerin war 1918 Mitbegründerin der Kommunistischen Partei Deutschlands.

Marx, Karl (1818–1883): Journalist, Philosoph und sozialistischer Theoretiker. Er verfasste zusammen mit ➧ Friedrich Engels 1848 das „Manifest der kommunistischen Partei". Der erste Band seines Hauptwerks „Das Kapital" erschien 1867, die beiden weiteren wurden nach seinem Tod von Engels herausgegeben.

Mussolini, Benito (1883–1945, erschossen): Journalist, Politiker und Parteiführer der Faschisten; 1922 wurde er zum Ministerpräsidenten ernannt und errichtete schrittweise eine Diktatur; 1940 führte er Italien an der Seite Deutschlands in den Zweiten Weltkrieg; 1943 wurde er gestürzt.

Otto-Peters, Louise (1819–1895): Schriftstellerin, Journalistin und Frauenrechtlerin; sie gründete 1849 die „Frauen-Zeitung", war 1865 Mitbegründerin des „Allgemeinen Deutschen Frauenvereins" und setzte sich als eine der Ersten für das Frauenwahlrecht ein.

Rathenau, Walter (1867–1922, ermordet): Großindustrieller und liberaler Politiker; 1921 Reichsminister für Wiederaufbau, 1922 Reichsaußenminister.

Röhm, Ernst (1887–1934, ermordet): Offizier und nationalsozialistischer Politiker, der 1923 am „Hitler-Putsch" beteiligt war; 1931–34 Stabschef der SA.

Roosevelt, Franklin D. (1882–1945): amerikanischer Politiker (Demokrat); 1933–45 Präsident der USA; er verkündete zusammen mit ➧ Churchill 1941 die Atlantik-Charta und engagierte sich für die Gründung der Vereinten Nationen.

Scheidemann, Philipp (1865–1939): Journalist und sozialdemokratischer Politiker; 1918 Staatssekretär; Scheidemann rief am 9. November 1918 die Republik aus.

Schleicher, Kurt von (1882–1934, erschossen): 1932 Reichswehrminister und 1932/33 Reichskanzler.

Scholl, Hans (1918–1943, hingerichtet): Student der Medizin; er gründete an der Münchener Universität die Widerstandsgruppe „Weiße Rose"; der Volksgerichtshof verurteilte ihn zum Tode.

Scholl, Sophie (1921–1943, hingerichtet): Studentin der Biologie und Philosophie; sie schloss sich der von ihrem Bruder ➧ Hans gegründeten Widerstandsgruppe an.

Stalin, Jossif W. (eigentlich Dschugaschwili, 1878–1953): russischer Revolutionär, ab 1922 Generalsekretär der Kommunistischen Partei, 1941–53 Vorsitzender des Rates der Volkskommissare/des Ministerrates der UdSSR; er prägte die kommunistische Partei, den Sowjetstaat und den Sozialismus in Theorie und Praxis entscheidend und herrschte als Diktator.

Stauffenberg, Claus Schenk von (1907–1944, hingerichtet): Offizier und Widerstandskämpfer; am 20. Juli 1944 scheiterte sein Attentat auf Hitler.

Struve, Amalie (1824–1862): Schriftstellerin; sie nahm an der Seite ihres Mannes ➧ Gustav von Struve aktiv am badischen Aufstand 1848 teil und emigrierte mit ihm zusammen nach der Niederschlagung des Aufstandes nach Amerika, wo sie 1862 starb.

Struve, Gustav von (1805–1870): Rechtsanwalt, Schriftsteller und Politiker. Er entwickelte sich zum radikalen Demokraten und war 1848 gemeinsam mit ➧ Friedrich Hecker Führer des badischen Aufstandes. Er wurde gefangengenommen und 1849 durch den Maiaufstand befreit. Nach dem Scheitern der Revolution flohen er und seine Frau ➧ Amalie in die USA; 1862 kam er nach Deutschland zurück.

Truman, Harry S. (1884–1972): 1945–52 amerikanischer Präsident (Demokrat).

Washington, George (1732–1799): Plantagenbesitzer, General und erster Präsident der USA.

Wilhelm I. (1797–1888): seit 1861 König von Preußen und ab 1871 Deutscher Kaiser.

Wilhelm II. (1859–1941): Enkel ➧ Wilhelms I.; 1888–1918 König von Preußen und Deutscher Kaiser. Er lebte nach der November-Revolution im Exil in den Niederlanden.

Wilson, Woodrow Th. (1856–1924): Jurist, Historiker und amerikanischer Politiker (Demokrat); 1913–21 Präsident der USA; Wilson war im Ersten Weltkrieg um die Neutralität der USA bemüht und engagierte sich für die Errichtung des Völkerbundes; er konnte die Ratifizierung des Völkerbundvertrages durch den amtierenden Senat nicht durchsetzen.

Zetkin, Clara (1857–1933): Sozialistische Politikerin; 1878 schloss sie sich den Sozialdemokraten an und wurde daraufhin aus dem Schuldienst entlassen; ab 1890 organisierte sie die sozialdemokratische Frauenbewegung.

Sachregister

Auf eine Kennzeichnung von ideologisch geprägten Begriffen durch Anführungszeichen wurde verzichtet.

USA

Behringer, Wolfgang: Lust an der Geschichte: Amerika. Die Entdeckung und Entstehung einer neuen Welt. Ein Lesebuch, München-Zürich 1992

Dippel, Horst: Geschichte der USA, München 1996

Flexner, Eleanor: Hundert Jahre Kampf. Die Geschichte der Frauenrechtsbewegung in den Vereinigten Staaten, Frankfurt/Main 1978

Franklin, John H., und Alfred A. Moss jr.: Von der Sklaverei zur Freiheit. Die Geschichte der Schwarzen in den USA, Berlin 1999

Frantz, Klaus: Die Indianerreservationen in den USA, 2. Auflage, Stuttgart 1995

Heideking, Jürgen: Geschichte der USA, 2. Auflage, Tübingen 1999

Helbich, Wolfgang (Hrsg.): Briefe aus Amerika: Deutsche Auswanderer schreiben aus der neuen Welt. 1830-1930, München 1988

Jäger, Wolfgang und Wolfgang Welz (Hrsg.): Regierungssystem der USA. Lehr- und Handbuch, München 1995

Landauer, Carl: Sozial- und Wirtschaftsgeschichte der Vereinigten Staaten von Amerika, Stuttgart 1981

McPherson, James M.: Für die Freiheit sterben. Die Geschichte des amerikanischen Bürgerkrieges, 2. Auflage, München 1995

Meuschel, Sigrid: Kapitalismus oder Sklaverei. Die langwierige Durchsetzung der bürgerlichen Gesellschaft in den USA, Frankfurt/Main 1981

Moltmann, Günter: USA-Ploetz: Geschichte der Vereinigten Staaten zum Nachschlagen, 4. Auflage, Würzburg 1998

Sautter, Udo: Lexikon der amerikanischen Geschichte, München 1997

Schäfer, Peter: Alltag in den Vereinigten Staaten. Von der Kolonialzeit bis zur Gegenwart, Graz 1998

Schambeck, Herbert, Helmut Widder und Marcus Bergmann (Hrsg.): Dokumente zur Geschichte der Vereinigten Staaten von Amerika, Berlin 1993

Schröder, Hans-Christoph: Die Amerikanische Revolution. Eine Einführung, München 1982

Van der Heyden, Ulrich (Hrsg.): Indianer-Lexikon. Zur Geschichte und Gegenwart der Ureinwohner Nordamerikas, Berlin 1992

Wehler, Hans-Ulrich: Grundzüge der amerikanischen Außenpolitik 1750-1900, Frankfurt/Main 1984

Industrialisierung

Buchheim, Christoph: Industrielle Revolutionen. Langfristige Wirtschaftsentwicklung in Großbritannien, Europa und Übersee, München 1994

Cipolla, Carlo M./Borchardt, Knut (Hrsg.): Europäische Wirtschaftsgeschichte, Bd. 3: Die industrielle Revolution, Stuttagrt 1985

Kiesewetter, Hubert: Industrielle Revolution in Deutschland, Frankfurt/Main 1989

Kocka, Jürgen: Unternehmer in der deutschen Industrialisierung, Göttingen 1975

Pierenkemper, Toni: Gewerbe und Industrie im 19. und 20. Jahrhundert, München 1994

Ders., Umstrittene Revolutionen. Die Industrialisierung im 19. Jahrhundert, Frankfurt/Main 1996

Ritter, Gerhard A.: Arbeiter, Arbeiterbewegung und soziale Ideen in Deutschland. Beiträge zur Geschichte des 19. und 20. Jahrhunderts, München 1996

Schildt, Gerhard: Die Arbeiterschaft im 19. und 20. Jahrhundert, München 1996

Deutschland im 19. Jahrhundert

Craig, Gordon A.: Geschichte Europas 1815-1980. Vom Wiener Kongreß bis zur Gegenwart, München 1995

Fehrenbach, Elisabeth: Verfassungsstaat und Nationsbildung 1815-1871, 3. Auflage, München 1993

Flemming, Jens u.a. (Hrsg.): Quellen zur Alltagsgeschichte der Deutschen 1871-1914, Dramstadt 1997

Hildebrand, Klaus: Deutsche Außenpolitik 1871-1918, 2. Auflage, München 1994

Langewiesche, Dieter: Europa zwischen Restauration und Revolution 1815-1849, 3. Auflage, München 1993

Nipperdey, Thomas: Deutsche Geschichte 1800-1918, 3 Bände, München 1983-1992

Schulze, Hagen: Der Weg zum Nationalstaat. Die deutsche Nationalbewegung vom 18. Jahrhundert bis zur Reichsgründung, 2. Auflage, München 1986

Siemann, Wolfram: Vom Staatenbund zum Nationalstaat. Deutschland 1806–1871, München 1995
Stürmer, Michael: Das ruhelose Reich. Deutschland 1866–1918, Berlin 1983
Ders., Die Reichsgründung. Deutscher Nationalstaat und europäisches Gleichgewicht im Zeitalter Bismarcks, München 1984
Tilly, Richard H.: Vom Zollverein zum Industriestaat, München 1990
Ullrich, Volker: Die nervöse Großmacht 1871–1918. Aufstieg und Untergang des deutschen Kaiserreichs, Frankfurt/Main 1997
Volkov, Shulamit: Die Juden in Deutschland 1780–1918, München 1994
vom Bruch, Rüdiger/Hofmeister (Hrsg.): Kaiserreich und Erster Weltkrieg 1871–1918, Stuttgart 2000

Die Weimarer Republik

Bracher, Karl D.: Die Auflösung der Weimarer Republik, 2. Nachdruck, Düsseldorf 1984
Falter, Jürgen W.: Hitlers Wähler, München 1991
Flemming, Jens, u.a. (Hrsg.): Familienleben im Schatten der Krise. Dokumente und Analysen zur Sozialgeschichte der Weimarer Republik. Düsseldorf 1988
Hürten, Hein (Hrsg.): Weimarer Republik und Drittes Reich. Deutsche Geschichte in Quellen und Darstellung, Bd. 9, Stuttgart 1995
Kolb, Eberhard: Die Weimarer Republik, 4. Auflage, München 1998
Longerich, Peter (Hrsg.): Die Erste Republik. Dokumente zur Geschichte des Weimarer Staates, München 1992
Longerich, Peter: Deutschland 1918–1933. Die Weimarer Republik. Handbuch zur Geschichte, Hannover 1995
Mommsen, Hans: Aufstieg und Untergang der Republik von Weimar. 1918–1933, überarbeitete Auflage, Berlin 1998
Peukert, Detlev: Die Weimarer Republik. Krisenjahre der klassischen Moderne. Frankfurt/Main 1987
Pörtner, Rudolf (Hrsg.): Alltag in der Weimarer Republik, München 1993
Radkau, Joachim: Das Zeitalter der Nervosität. Deutschland zwischen Bismarck und Hitler, München 1998
Schulze, Hagen: Weimar. Deutschland 1917–1933, durchgesehene Ausgabe, Berlin 1994
Steitz, Walter (Hrsg.): Quellen zur deutschen Wirtschafts- und Sozialgeschichte vom Ersten Weltkrieg bis zum Ende der Weimarer Republik, Darmstadt 1993
Winkler, Heinrich August: Der Weg in die Katastrophe. Arbeiter und Arbeiterbewegung in der Weimarer Republik 1930 bis 1933, 2. Auflage, Bonn 1990
Winkler, Heinrich August: Weimar 1918–1933. Die Geschichte der ersten deutschen Demokratie, Nachdruck, München 1998

Der Nationalsozialismus

Becker, Josef und Ruth (Hrsg.): Hitlers Machtergreifung. Dokumente vom Machtantritt Hitlers, 30. Januar 1933 bis zur Besiegelung des Einparteienstaates 14. Juli 1933, 2. Auflage, München 1992
Benz, Ute: Frauen im Nationalsozialismus. Dokumente und Zeugnisse, 2. Auflage, München 1997
Benz, Wolfgang (Hrsg.): Legenden, Lügen, Vorurteile. Ein Wörterbuch zur Zeitgeschichte, München 1992
Benz, Wolfgang, Hermann Graml und Hermann Weiß (Hrsg.): Enzyklopädie des Nationalsozialismus, München 1997
Benz, Wolfgang: Der Holocaust, München 1995
Benz, Wolfgang: Geschichte des Dritten Reiches, München 2000
Blaich, Fritz: Wirtschaft und Rüstung im „Dritten Reich", Düsseldorf 1987
Bronnen, Barbara (Hrsg.): Geschichten vom Überleben. Frauentagebücher aus der NS-Zeit, München 1998
Browning, Christopher R.: Ganz normale Männer. Das Reserve-Polizeibataillon 101 und die „Endlösung" in Polen, Neuauflage, Reinbek bei Hamburg 1999
Focke, Harald und Uwe Reimer: Alltag unterm Hakenkreuz, 2 Bde., Reinbek 1979, 1980
Friedländer, Saul: Das Dritte Reich und die Juden. Die Jahre der Verfolgung 1933–1939, München 1998

Weiterführende Literatur

Gerlach, Christian: Krieg, Ernährung, Völkermord. Forschungen zur deutschen Vernichtungspolitik im Zweiten Weltkrieg, Hamburg 1998

Ginzel, Günther Bernd: Jüdischer Alltag in Deutschland 1933-1945, Düsseldorf 1993

Herbert, Ulrich: Fremdarbeiter. Politik und Praxis des „Ausländer-Einsatzes" in der Kriegswirtschaft des Dritten Reiches, Neuausgabe, Bonn 1999

Hilberg, Raul: Täter, Opfer, Zuschauer. Die Vernichtung der Juden 1933-1945, Frankfurt/Main 1992

Kershaw, Ian: Hitler 1889-1936, übersetzt von Jürgen Peter Krause und Jörg W. Rademacher, Stuttgart 1998

Kershaw, Ian: Hitler 1936-1945, übersetzt von Klaus Kochmann, Stuttgart 2000

Klemperer, Victor: Das Tagebuch 1933-1945. Eine Auswahl für junge Leser, 2. Auflage, Berlin 1997

Klönne, Arno, Jugend im Dritten Reich. Die Hitler-Jugend und ihre Gegner, München-Zürich 1995

Kuhn, Annette: Frauenpolitik im NS-Staat, Düsseldorf 1987

Michalka, Wolfgang (Hrsg.): Deutsche Geschichte 1933-1945. Dokumente zur Innen- und Außenpolitik, Frankfurt/Main 1993

Mommsen, Hans, und Susanne Willems (Hrsg.): Herrschaftsalltag im Dritten Reich, Düsseldorf 1988

Mommsen, Hans: Das Volkswagenwerk und seine Arbeiter im Dritten Reich, 3. Auflage, Düsseldorf 1997

Ruhl, Klaus-Jörg: Unsere verlorenen Jahre. Frauenalltag in Kriegs- und Nachkriegszeit 1939-1949 in Berichten, Dokumenten und Bildern, Darmstadt 1985

Rürup, Reinhard (Hrsg.): Der Krieg gegen die Sowjetunion 1941-1945. Eine Dokumentation, Berlin 1995

Steinbach, Peter, und Johannes Tuchel (Hrsg.): Widerstand in Deutschland 1933-1945. Ein historisches Lesebuch, München 1994

Literaturhinweise zu den Modulthemen finden Sie im jeweiligen Kapitel.

Bildnachweis

Archiv für Kunst und Geschichte, Berlin (15), Artothek Peissenberg (1), Bertelsmann Lexikon Verlag, Gütersloh (1), Bibliothèque des arts décoratifs, Paris (1), Bildarchiv Foto Marburg (1), Bundesarchiv Koblenz (1), Chicago Historical Society Museum, Chicago (1), Deutsches Historisches Museum Berlin (10), dpa, Frankfurt am Main (1), Frankfurter Allgemeine Zeitung, Frankfurt (1), Gedenkstätte Deutscher Widerstand, Berlin (Manuel Aicher, Dietikon) (1), Geheimes Staatsarchiv/Preußischer Kulturbesitz Berlin (1), Immanuell Geiss (Hrsg.), Chronik des 19. Jahrhunderts, Dortmund 1993 (2), Germanisches Nationalmuseum, Nürnberg (1), Ruth Glatzer, Berlin wird Kaiserstadt, Berlin 1993 (1), Historisches Museum der Stadt Wien (1), Historisches Museum Frankfurt am Main (2), Imperial War Museum, London (1), Institut für Zeitungsforschung der Stadt Dortmund (2), Interfoto, München (4), Jamestown-Yorktown Foundation, Virginia (1), Jewish National and University Library, Jerusalem (1), Keystone, Hamburg (1), Kölnisches Stadtmuseum (1), Krupp Archiv, Essen (1), Annette Kuhn (Hrsg.), Chronik der Frauen, Dortmund 1992 (3), Landesbildstelle Württemberg, Stuttgart (1), Library of Congress, Washington (1), Militärhistorisches Museum der Stadt Dresden (1), Museum of Fine Arts, Springfield (1), Nationalgalerie Berlin (1), Preußischer Kulturbesitz Berlin (12), Rheinisches Industriemuseum Ratingen (1), Borislav Sajtinac (1), Erich Schmidt Verlag (2), Hagen Schulze, Kleine Deutsche Geschichte, München 1996 (1), Sheffield City Museum (1), Sony Video-Print (4), Staatsbibliothek Bamberg (1), Stadtarchiv Freiburg (1), Stadtarchiv Karlsruhe (1), Stadtarchiv Ulm (1), Stadtmuseum Berlin (1), Stadtmuseum München (1), Wilhelm Stöckle, Filderstadt (1), Michael Stürmer, Das ruhelose Reich. Deutschland 1866–1918, Berlin 1983 (1), Süddeutscher Verlag, München (2), The Heartfield Community of Heirs/VG Bild-Kunst, Bonn 1999 (1), The Museum of the City of New York, New York (1), The Oakland Museum, Oakland (1), Ullstein, Berlin (3), Universitätsbibliothek Bonn (1), Verlagsarchiv (46), Ingeborg Weber-Kellermann, Die Familie. Geschichten und Bilder, Frankfurt/Main 1990 (7)